Carl Friedrich Wilhelm von Gerber als sächsischer Kultusminister

DRESDNER SCHRIFTEN ZUM ÖFFENTLICHEN RECHT

Herausgegeben von Jochen Rozek

Band 4

PETER LANG
Frankfurt am Main · Berlin · Bern · Bruxelles · New York · Oxford · Wien

Jördis Bürger

Carl Friedrich Wilhelm von Gerber als sächsischer Kultusminister

Eine rechts- und verfassungsgeschichtliche Untersuchung zu seinem rechtlichen und politischen Wirken im Spannungsfeld von Staat und Kirche im ausgehenden 19. Jahrhundert

PETER LANG
Europäischer Verlag der Wissenschaften

Bibliografische Information der Deutschen Nationalbibliothek
Die Deutsche Nationalbibliothek verzeichnet diese Publikation in der Deutschen Nationalbibliografie; detaillierte bibliografische Daten sind im Internet über <http://www.d-nb.de> abrufbar.

Zugl.: Dresden, Techn. Univ., Diss., 2006

Frontispiz:
Carl Friedrich Wilhelm von Gerber.
Sächsische Landesbiliothek –
Staats- und Universitätsbibliothek Dresden,
Abteilung Deutsche Fotothek, in: Sächsische Lebensbilder,
herausgegeben von der Sächsischen Kommission für
Geschichte, Bd. I, Leipzig 1930, gegenüber Seite 88,
nach einem Kupferstich von Ludwig Otto.

88
ISSN 1439-0132
ISBN 3-631-55784-1

www.peterlang.de

Vorwort

Die vorliegende Untersuchung wurde im Wintersemester 2005/ 2006 von der Juristischen Fakultät der Technischen Universität Dresden als Dissertation angenommen.

Meinem Doktorvater, Herrn Professor Dr. Dieter Wyduckel, danke ich sehr herzlich für seine stets anregende und hilfreiche, zielführende und verständnisvolle Begleitung der Arbeit. Mit Umsicht und Geduld, konkreten Nachfragen und Hinweisen beförderte er den Fortgang der Arbeit bis zu ihrer Druckfreigabe.

Für die zügige Erstellung des Zweitgutachtens gilt mein besonderer Dank Herrn Professor Dr. Martin Schulte, Dekan der Juristischen Fakultät der Technischen Universität Dresden. Desgleichen danke ich sehr Herrn Professor Dr. Hartmut Bauer für die umgehende Erstellung des auswärtigen Gutachtens.

Nicht minder zu Dank verpflichtet bin ich Herrn Professor Dr. Jochen Rozek für seine Tätigkeit als Vorsitzender des Prüfungsausschusses und seine Bereitschaft, die Untersuchung in die Reihe „Dresdner Schriften zum Öffentlichen Recht“ aufzunehmen. Der Evangelisch-Lutherischen Landeskirche Sachsens danke ich für die großzügige Unterstützung der Drucklegung.

Den Mitarbeitern des Sächsischen Hauptstaatsarchivs Dresden und der Sächsischen Landes- und Universitätsbibliothek Dresden sei an dieser Stelle ganz herzlich für ihre kompetente und freundliche Unterstützung meines Anliegens sowie ihr verständnisvolles Entgegenkommen anlässlich meiner kurzfristigen Bitte um Reproduktionen für die öffentliche Verteidigung der Arbeit gedankt. Für ihre wertvolle Hilfe danke ich auch den Mitarbeitern der Universitätsarchive, Leipzig, Jena und Heidelberg.

Schließlich möchte ich mich ganz besonders bei meiner gesamten Familie und meinem Freundeskreis für die anhaltende, vielfältige Unterstützung bedanken, die wesentlich dazu beitrug, dass ich meine wissenschaftlichen Studien zu dieser Arbeit, meine juristische Berufstätigkeit und mein Familienleben in Einklang bringen konnte.

Dresden, im Mai 2006 *Jördis Bürger*

Inhaltsverzeichnis

Zweiter Teil
Die Stellung des Kultusministers als Minister in Evangelicis im Rahmen der Staats- und Kirchenverfassung des Königreichs Sachsen

Erstes Kapitel
Staatsaufbau und Staatsverwaltung

Zweites Kapitel
Die rechtliche Stellung der Kirchen

Drittes Kapitel
Die Minister in Evangelicis

Dritter Teil
Strukturwandlungen in der sächsischen Staats- und Kirchenordnung unter dem Einfluss Gerbers

Erstes Kapitel
Berufung und Amtsausübung unter König Johann 1871 bis 1873

Zweites Kapitel

Gerbers Amtszeit unter König Albert 1873 bis 1891

Drittes Kapitel
Auswirkungen auf die Entwicklung der Staats- und Kirchenverfassung nach Gerbers Amtstätigkeit

Literaturverzeichnis

A. Quellen

a) Ungedruckte Quellen

Nachlass Gerber: Sächsisches Hauptstaatsarchiv Dresden

Nr. 5	24 Briefe v. König Albert (1874 – 1891)
Nr. 23	1 Brief v. Prof. H. Brockhaus v. 14. Oktober 1874
Nr. 34	2 Briefe v. Prof. D. Delbruck (1888)
Nr. 53	9 Briefe des Ministers v. Fabrice (1873 – 1885)
Nr. 54	1 Brief v. Minister v. Falk u. Entwurf einer Antwort Gerbers (1878)
Nr. 56	38 Briefe des Ministers v. Falkenstein (1866 – 1878), Konzept Gerbers v. 12. 6. 1866
Nr. 70	4 Briefe des Prinzen Friedrich August, Herzog zu Sachsen (1885 – 1891)
Nr. 73	19 Briefe des Ministers R. v. Friesen (1873 – 1891)
Nr. 77	49 Briefe des Prinzen Georg, Herzog zu Sachsen (1872 – 1891), Konzept Gerbers
Nr. 126	25 Briefe des Königs Johann v. Sachsen (1866 – 1873)
Nr. 344	Das Württembergische Kultusministerium (1861 – 1862)
Nr. 347	Brief (amtlich) des Ministers v. Falkenstein v. 25. 5. 1870, Gutachten Gerbers u. Friedbergs über die Patronatrechtsfrage in Sachsen (1870)
Nr. 348	Konzepte u. Entwürfe (Abschriften) im Zusammenhang mit der Beratung des Volksschulgesetzes (1873)

Gerber, Carl Friedrich Wilhelm v.: Zwei Briefe an König Johann von Sachsen 20. 2. 1873, Handschriftenabteilung der Sächsischen Landes- und Universitätsbibliothek Dresden (Mscr. Dresd. App. 507.6)

Nachlass/ Hausarchiv König Johann: Sächsisches Hauptstaatsarchiv Dresden, Fürstennachlässe (geführt unter Geheimes Kabinett, Bd. 10k)

Nr. 43	4 Denkschriften König Johanns über die schleswig-holsteinsche Frage, nebst mehreren Gutachten darüber von Professor Albrecht, Professor Gerber, Dr. Leverkus, Archivdirektor v. Weber, u. a. 1863 f
Nr. 44	Papiere, die Hollsteinsche Erbfolgefrage betr., 1863 f

Nachlass König Albert: Sächsisches Hauptstaatsarchiv Dresden, Fürstennachlässe

Nr. 22	Briefe S[eine]r M[ajestät] des hochseligen Königs Johann von Sachsen an S[eine] M[ajestät] den König Albert von Sachsen 1834 – 1873

Nachlass Karl v. Weber: Tagebücher, Bd. 4, Anfang 1856 – 26. Nov. 1865, Sächsisches Hauptstaatsarchiv Dresden

Gesamtministerium: Akten in Angelegenheiten des Auftrags in Evangelicis, Sächsisches Hauptstaatsarchiv Dresden

Loc. D 4	Die Errichtung eines evangelisch-lutherischen Landeskonsistorium betr.
Loc. D 5	Das Patronatrecht u. die Besetzung geistlicher Stellen betr., 1871 – 1909
Loc. D 9	Die Vorgänge im Riesaer Kirchenvorstande u. die diesfallsige Beschwerde des Pfarrers Dr. Zehme u. Genossen gegen das Cultusministerium 1872 betr.
Loc. D 10	Veräußerung von geistlichen Grundstücken betr.
Loc. D 11	Die durch das Reichsgesetz über die Beurkundung des Personenstands u. der Eheschließung v. 6. Febr. 1875 bedingten Veränderungen in der kirchlichen Ordnung betr.
Loc. E 8	Das evangelisch-lutherische Landeskonsistorium betr.
Loc. E 10	Das evangelisch-lutherische Landeskonsistorium betr.
Loc. E 11	Das evangelisch-lutherische Landeskonsistorium betr.

- *Gesamtministerium*, Sächsisches Hauptstaatsarchiv Dresden

Loc. 79.8	Die Publikation des Volksschulgesetzes u. die hierbei in Frage gekommene Anwendung v. § 92 der Verfassungsurkunde betr., 1873

Ministerium für Volksbildung (ehemals Ministerium des Kultus u. öffentlichen Unterrichts): Sächsisches Hauptstaatsarchiv Dresden

Nr. 10335 Organisation des Ministeriums des Kultus u. öffentlichen Unterrichts betr.
Nr. 10336 Die Verfassung nachfolgender Behörden betr. (Minister in Evangelicis, Ministerium des Kultus u. öffentlichen Unterrichts)
Nr. 10362 Protokolle über Beschlüsse des Gesamtministeriums, 1831 - 1918
Nr. 10363 Das Regulativ über die Ressortverhältnisse zwischen dem Ministerium des Cultus u. öffentlichen Unterrichts u. den in Evangelicis beauftragten Staatsministern betr., 1837 - 1891
Nr. 10363/1 Die Stellung der in Evangelicis beauftragten Staatsminister um 1876 betr.
Nr. 10860/1 Feststellungen über die katholische Kirche 1838 - 1903
Nr. 10902 Regulierung des Verhältnisses der katholisch-geistlichen Behörden zur Staatsregierung, Vol. III, 1844 - 1877
Nr. 10903 wie 10902, aber 1879 - 1914
Nr. 10903/2 Oberaufsichtsgesetz, Bestrebungen zu dessen Aufhebung
Nr. 10980 Ernennung des apostolischen Vikars für die Erblande, 1841 - 1900
Nr. 11044 Angelegenheiten zu Anträgen u. Erteilung des Plazet zu entsprechenden Veröffentlichungen, 1855 - 1884
Nr. 11079 Dogma von der Unfehlbarkeit des Papstes, 1873 - 1874
Nr. 11135 Angelegenheiten des jüdischen Kultus u. der jüdischen Schulen, 1869 - 1879

Matrikelkartei 1809 bis 1869, Universitätsarchiv Leipzig

Promotionsakten: H-II-111/ 38, Universitätsarchiv Heidelberg

Dekanatsbuch der Juristischen Fakultät 1818 - 1819, Universitätsarchiv Jena
Bestand BA, Nr. 454
Bestand K, Nr. 412

b) Gedruckte Quellen

Erste evangelisch-lutherische Landessynode: Akten u. Verhandlungen der ersten evangelisch-lutherischen Landessynode 1871

Sächsischer Landtag: Akten des Sächs. Landtages 1860/ 61
- Akten des Sächs. Landtages 1863/ 64
- Akten des Sächs. Landtages 1867/ 68
- Verhandlungen (Mitteilungen) des Sächs. Landtages 1869/ 70
- Akten u. Verhandlungen (Mitteilungen) des Sächs. Landtages 1871/ 73
- Akten u. Verhandlungen (Mitteilungen) des Sächs. Landtages 1874/ 75
- Akten u. Verhandlungen (Mitteilungen) des Sächs. Landtages 1875/ 76
- Verhandlungen (Mitteilungen) des Sächs. Landtages 1891/ 92

Codex Augusteus, worinnen die in dem Königreiche Sachsen ergangenen gesetzlichen Verordnungen v. 1482 bis zum 9. März 1818 (wo die Gesetzsammlung anfügt) enthalten sind, allgemeine Ausgabe bis 1818

Gesetzsammlung für das Königreich Sachsen, allgemeine Ausgabe seit 1818

Gesetz- und Verordnungsblatt für das Königreich Sachsen, allgemeine Ausgabe seit 1835

Gesetz- und Verordnungsblatt des Freistaates Sachsen, allgemeine Ausgabe seit 1918

Verordnungsblatt des Evangelisch-Lutherischen Landeskonsistoriums, allgemeine Ausgabe

Württembergisches Regierungs-Blatt 1857

Reichsgesetzblatt: allgemeine Ausgabe

Toepke, Gustav (Hrsg.): Matrikel der Universität Heidelberg, Bd. V, Heidelberg 1884

Doering, Heinrich (Hrsg.): Jenaischer Universitätsalmanach, Jena 1845

B. Werke Gerbers

- De unione prolium observationes, Jena 1844

- Das wissenschaftliche Prinzip des gemeinen deutschen Privatrechts, Jena 1846, Nachdr. der Ausgabe Jena 1846, Hildesheim 1998

- System des deutschen Privatrechts, Nachdr. der 1. Aufl. 1848, Frankfurt a. M. 1983
  5. Aufl., Jena 1855
  16. Aufl., Jena 1891

- Über öffentliche Rechte, (Tübingen 1852), Nachdr. der Ausgabe Tübingen 1913, Darmstadt 1968

- Grundzüge eines Systems des deutschen Staatsrechts, Leipzig 1865
  2. Aufl., Leipzig 1869
  Grundzüge des Deutschen Staatsrechts, 3. Aufl., Leipzig 1880
  Nachdr. der 3. Aufl., Leipzig 1880, Hildesheim 1998

- Über deutsches Recht und deutsche Rechtswissenschaft überhaupt, in: ders., Gesammelte juristische Abhandlungen, Bd. 1, Jena 1872, S. 1 – 35

C. Schrifttum

Ahcin, Christian: Zur Entstehung des bürgerlichen Gesetzbuchs für das Königreich Sachsen von 1863/ 65, Frankfurt a. M. 1996 (Studien zur Europäischen Rechtsgeschichte, Bd. 85)

Albert Prinz v. Sachsen Herzog zu Sachsen: Die Albertinischen Wettiner. Geschichte des sächsischen Königshauses 1763 – 1932, 2. Aufl., Gräfelfing 1991

"Allgemeine Zeitung", 30. Januar 1866, Nr. 30, S. 470

- 3. Februar 1866, Nr. 34, S. 538

Anonymus: Karl Friedrich von Gerber, in: Illustrierte Zeitung, Leipzig 13. April 1872, Nr. 1502, S. 261 - 262

Arnhardt, Gerhard: Die Erneuerung des „Elementar-Volksschulwesens" im Rahmen der liberalen Staatsreformen nach 1831 in Sachsen, in: Dresdner Hefte Jg. 8 (1991), S. 64 – 69

Badura, Peter: Die Verfassungsgeschichte des Königreichs Sachsen von 1815 bis 1918, in: 100 Jahre Allgemeines Baugesetz Sachsen, hrsg. v. Hartmut Bauer u.a., Stuttgart 2000, S. 3 – 18

Baring, U.: Die Konfessionsschule in Sachsen und Württemberg, ihre rechtliche Gewähr und die Stellung des Religionslehrers zu Kirche und Staat, in: Vaterland Nr. 14 – 24, 1910

Bauer, Hartmut: Geschichtliche Grundlagen der Lehre vom subjektiven öffentlichen Recht, Berlin 1986 (Schriften zum Öffentlichen Recht, Bd. 507)

- 100 Jahre Allgemeines Baugesetz Sachsen, hrsg. v. Hartmut Bauer u.a., Stuttgart 2000

Berger, Karl: Die Bedeutung und Wirkung der Gegenzeichnung im Staatsrecht des Reiches und des Königreiches Sachsen, Leipzig 1912,

Beschorner, Hans: Carl von Gerber, in: Sächsische Lebensbilder, hrsg. v. der Sächsischen Kommission für Geschichte, Bd. 1, Leipzig 1930, S. 87 – 108

- Karl Friedrich Wilhelm von Gerber, in: Allgemeine Deutsche Biographie, hrsg. v. der historischen Commission bei der Königlichen Akademie der Wissenschaften, Bd. 49, Kaiser Friedrich III. – Hanfstein, Nachdr. der 1. Aufl. 1904, Berlin 1971, S. 291 – 297

- Richard von Friesen, in: Allgemeine Deutsche Biographie, ebd., S. 143 – 146

Bettelheim, Anton (Hrsg.): Biographisches Jahrbuch und deutscher Nekrolog, Bd. 5, Berlin 1903

Biedermann, Karl: Mein Leben und ein Stück Zeitgeschichte, Bd. 1, 1812 – 1849, Breslau 1886

- Mein Leben und ein Stück Zeitgeschichte, Bd. 2, 1849 – 1886, Breslau 1886

Blanckmeister, Franz: Sächsische Kirchengeschichte, 2. Aufl., Dresden 1906

Blaschke, Karlheinz: Wechselwirkungen zwischen der Reformation und dem Aufbau des Territorialstaates, in: Der Staat 9 (1970), S. 347 – 364

- Königreich Sachsen und thüringische Staaten, in: Deutsche Verwaltungsgeschichte, Bd. 2, Vom Reichsdeputationshauptschluss bis zur Auflösung des Deutschen Bundes, hrsg. v. Kurt G. A. Jeserich u. a., Stuttgart 1983, S. 608 – 645

- Die Verwaltung in Sachsen und Thüringen, in: Deutsche Verwaltungsgeschichte, Bd. 3, Das Deutsche Reich bis zum Ende der Monarchie, hrsg. v. Kurt G. A. Jeserich u. a., Stuttgart 1984, S. 778 – 797

Bluntschli, Johann Caspar: Deutsches Privatrecht, Bd. 1, Nachdr. der Ausgabe München 1853, Frankfurt a. M. 1983

Böckenförde, Ernst-Wolfgang: Die Historische Rechtsschule und das Problem der Geschichtlichkeit des Rechts, in: Collegium Philosophicum. Studien. Joachim Ritter zum 60. Geburtstag, Basel 1965, S. 9 – 36, auch in: *ders.*, Recht, Staat, Freiheit. Studien zur Rechtsphilosophie, Staatstheorie und Verfassungsgeschichte, 2. Aufl., Frankfurt a. M. 1992, S. 9 – 41

- Recht, Staat, Freiheit. Studien zur Rechtsphilosophie, Staatstheorie und Verfassungsgeschichte, 2. Aufl., Frankfurt a. M. 1992

Borsdorff, Anke Wilhelm Eduard Albrecht. Lehrer und Verfechter des Rechts. Leben und Werk, Pfaffenweiler 1993 (Reihe Geschichtswissenschaft, Bd. 28)

Brandt, Hartwig: Laspeyres, in: Neue Deutsche Biographie, Bd. 13, Krell – Laven, Berlin 1982, S. 659 – 660

Burger, Guido: Staatskirchenrecht in Sachsen. Das Verhältnis von Staat und Religionsgemeinschaften im sächsischen Landesrecht, Leipzig 1998 (Leipziger Juristische Studien, öffentlich-rechtliche Abteilung, Bd. 2)

Butte, Heinrich: Stellung der Juden in Dresden von den Anfängen bis zur bürgerlichen Gleichstellung im 19. Jahrhundert, Dresden 1936

Campenhausen, Axel Frhr. v.: Staatskirchenrecht, 3. Aufl., München 1996

Degenhart, Christoph/ *Meissner*, Claus (Hrsg.): Handbuch der Verfassung des Freistaates Sachsen, Stuttgart 1997

Deutsche Juristen-Zeitung: Festnummer zum 500jährigen Jubiläum der Universität Leipzig, Berlin 1909, Sp. 996 – 1001

Diamant, Adolf: Chronik der Juden in Chemnitz, Frankfurt a. M. 1970

- Chronik der Juden in Dresden, Darmstadt 1973

- Chronik der Juden in Leipzig, Leipzig 1993

- Juden in Sachsen. Ihr Leben und Leiden, Leipzig 1994

Dietrich, Richard: Die Verwaltungsreform in Sachsen 1869 – 1873, in: Neues Archiv für sächsische Geschichte, Bd. 61 (1940), S. 49 – 85

Dittrich, Max (Hrsg.): König Albert Gedenkblätter Nr. 1 (1898), S. 3 u. 4; Nr. 37 (1898), S. 147

Döhring, Erich: Geschichte der deutschen Rechtspflege seit 1500, Berlin 1953

Dove, Richard/ *Friedberg*, Emil (Hrsg.): Miscellen, in: Zeitschrift für Kirchenrecht, Bd. 14 (1877 – 79), S. 121 – 128, S. 206 – 228

Dresdner Nachrichten, 24. Dezember 1891, Nr. 358, Bl. 1, Sp. 1 – 2

- 28. Dezember 1891, Nr. 362, Bl. 1, Sp. 1 – 3

Eisenhart, Christoph: Karl Stübel, in: Allgemeine Deutsche Biographie, hrsg. v. der historischen Commission bei der Königlichen Akademie der Wissenschaften, Bd. 36, Steinmetz – Stürenburg, Neudr. der 1. Aufl. 1893, Berlin 1971, S. 704

Falkenstein, Johann Paul v.: Johann, König von Sachsen, Leipzig 1867

Feine, Hans Erich: Kirchliche Rechtsgeschichte, Bd. 1, Die katholische Kirche, 4. Aufl., Köln 1964

Feller, Ludwig Robert: Die Kirchenvorstands- und Synodalordnung für die evangelisch-lutherische Kirche des Königreichs Sachsen nach ihrer Entstehung und Bedeutung dargestellt und erläutert, Leipzig 1868

Flathe: Georg August Ernst von Manteuffel, in: Allgemeine Deutsche Biographie, hrsg. v. der historischen Commission bei der Königlichen Akademie der Wissenschaften, Bd. 20 Maaß – Kaiser Maximilian II., Neudr. der 1. Aufl. 1884, Berlin 1970, S. 257

Flöter, Jonas: Bundesrecht und deutsche Frage, in: König Johann von Sachsen 1801/ 1854 – 1873. Ein Blick auf Deutschland, Dresden 2000 (Saxonia, Schriftenreihe des Vereins für sächsische Landesgeschichte, Bd. 7), S. 53 – 60

- Beust und die Reform des Deutschen Bundes 1850 – 1866. Sächsisch-mittelstaatliche Koalitionspolitik im Kontext der deutschen Frage, Köln 2001 (Geschichte und Politik in Sachsen, Bd. 16)

- „Aufrechterhaltung und Kräftigung des Föderativen Bandes“ Johann von Sachsen und die Idee vom Dritten Deutschland, in: Zwischen Tradition und Modernität. König Johann von Sachsen 1801 – 1873, hrsg. v. Winfried Müller/ Martina Schattkowsky, Leipzig 2004, S. 89 – 107

Forwerk, Friedrich August: Geschichte und Beschreibung der königlichen katholischen Hof- und Pfarrkirche zu Dresden, Nachdr. der Ausgabe Dresden 1851, 2001

Fricker, Carl Victor: Grundriß des Staatsrechts des Königreichs Sachsen, Leipzig 1891

Friedberg, Emil: Die geltenden Verfassungsgesetze der evangelischen deutschen Landeskirchen, Freiburg i. B. 1885

Friedrich, Manfred: Geschichte der deutschen Staatsrechtswissenschaft, Berlin 1997 (Schriften zur Verfassungsgeschichte, Bd. 50)

Friesen, Richard v.: Erinnerungen aus meinem Leben, Bd. 2, Dresden 1880

- Erinnerungen aus meinem Leben, Bd. 3, hrsg. aus dem Nachlass von Heinrich v. Friesen, Dresden 1910

Gagnér, Sten: Zielsetzungen und Werkgestaltung in Paul Roths Wissenschaft, in: FS für Hermann Krause, hrsg. v. Sten Gagnér u. a., Köln 1975, S. 276 – 450

Georg; Johann, Herzog zu Sachsen (Hrsg.): Briefwechsel König Johann – König Friedrich Wilhelm IV und König Wilhelm I von Preußen, Leipzig 1911

Georgi, Johannes: Die politischen und geistigen Kämpfe um die sächsische Volksschulgesetzgebung von 1830 – 1873, Diss. Leipzig 1931, Emsdetten 1931

Gerber, Marie v.: Aus den Briefen Carl von Gerbers vom konstituierenden Reichstag des Norddeutschen Bundes, in: Neues Archiv für Sächsische Geschichte Bd. 60 II (1939), S. 224 – 279

Gierke, Otto v.: Deutsches Privatrecht, Bd. 1, Leipzig 1895

Göttinger Gelehrte Anzeigen: 21. Sept. 1837, S. 1489 – 1504; 23. Sept. 1837, S. 1508 – 1515, Göttingen 1837

Gotha: Gothaisches genealogisches Taschenbuch der Adeligen Häuser, Teil B, Gotha 1933

Grasser, Walter: Johann Frhr. v. Lutz, in: Neue Deutsche Biographie, Bd. 15, Locherer – Maltza, Berlin 1987, S. 568 – 570

Groß, Reiner/ *Kobusch*, Manfred (Hrsg.): Vom Anteil Sachsens an der neueren deutschen Geschichte. Ausgewählte Aufsätze, Stuttgart 1999

Groß, Reiner: Johann von Sachsen – Zum politischen Lebensbild eines wettinisch-albertinischen Prinzen und Königs im 19. Jahrhundert, in: König Johann von Sachsen 1801/ 1854 – 1873. Ein Blick auf Deutschland, Dresden 2000 (Saxonia, Schriftenreihe des Vereins für sächsische Landesgeschichte, Bd. 7), S. 9 – 22

Haferkamp, Hans-Peter: Georg Friedrich Puchta und die „Begriffsjurisprudenz", Frankfurt a. M. 2004 (Studien zur europäischen Rechtsgeschichte, Bd. 171)

Hahn, Friedrich v.: Commentar zum ADHGB, Bd. 1, Das erste, zweite und dritte Buch des Handelsgesetzbuches, 2. Aufl., Braunschweig 1871

- Commentar zum ADHGB, Bd. 2, Das vierte Buch des Handelsgesetzbuches, 2. Aufl., Braunschweig 1875

Hartmann, Stefan: Georg August Ernst von Manteuffel, in: Neue Deutsche Biographie, Bd. 16, Maly – Melanchton, Berlin 1990, S. 86

Hassel, Paul: Karl v. Weber, in: Allgemeine Deutsche Biographie, hrsg. v. der historischen Commission bei der Königlichen Akademie der Wissenschaften, Bd. 41, Walram – Werdmüller, Neudr. der 1. Aufl. 1896, Berlin 1971, S. 345 – 349

Heckel, Martin: Parität, in: Evangelisches Staatslexikon, hrsg. v. Roman Herzog u. a., begr. v. Hermann Kunst/ Siegfried Grundmann, Bd. 2, N – Z, 3. Aufl. Stuttgart 1987, Sp. 2412 – 2420

- Die religionsrechtliche Parität, in: Handbuch des Staatskirchenrechts der Bundesrepublik Deutschland, hrsg. v. Joseph Listl/ Dietrich Pirson, Bd. 1, 2. Aufl., Berlin 1994, § 20, S. 589 – 622

Heitmann, Steffen: Entstehung und Grundgedanken der Verfassung des Freistaates Sachsen, in: Die Entwicklung der Rechtsstaatlichkeit in den neuen Bundesländern, hrsg. v. der Deutschen Sektion der Internationalen Juristen-Kommission, Heidelberg 1992 (Jahrestagung/ Deutschen Sektion der Internationalen Juristen-Kommission, 1991) (Rechtsstaat in der Bewährung, Bd. 27), S. 11 – 27

- Zur Entstehung des „Gohrischen Entwurfs" der Sächsischen Verfassung, in: ders., Die Revolution in der Spur des Rechts. Verdienst und Schwäche des Umbruchs in der früheren DDR, Hamburg 1996, S. 31 – 49

- Geschichtliche Entwicklung, in: Handbuch der Verfassung des Freistaates Sachsen, hrsg. v. Christoph Degenhart/ Claus Meissner, Stuttgart 1997, S. 33 – 50

Helbig, Herbert: Biedermann, in: Neue Deutsche Biographie, Bd. 2 Behaim – Bürkel, unveränderter Nachdr. der 1. Aufl. 1955, Berlin 1971, S. 223 – 224

Hentsch, Paul Oskar: Historische Skizze der „evangelisch – lutherischen Kirche in Preußen", in: Sächsisches Kirchen- und Schulblatt LXI (1911), Sp. 37 – 40

Herlitz, Hans-Georg (u. a. Hrsg.): Deutsche Schulgeschichte von 1800 bis zur Gegenwart. Eine Einführung, München 1993

Herzog, Heinrich: Beitrag zur Geschichte des sächsischen Konsistorialgesetzes vom 15. April 1873, in: Herbergen der Christenheit. Jahrbuch für deutsche Kirchengeschichte VII (1969), S. 149 – 211

Herzog, Roman (u. a. Hrsg.): Evangelisches Staatslexikon, begr. v. Hermann Kunst/ Siegfried Grundmann, Bd. 1, A – M, 3. Aufl., Stuttgart 1987

- Evangelisches Staatslexikon, begr. v. Hermann Kunst/ Siegfried Grundmann, Bd. 2 N – Z, 3. Aufl., Stuttgart 1987

Hesse, Konrad: Kirche und Staat, in: Evangelisches Staatslexikon, hrsg. v. Roman Herzog u. a., begr. v. Hermann Kunst/ Siegfried Grundmann, Bd. 1, A – M, 3. Aufl., Stuttgart 1987, Sp. 1546 – 1575

Heusler, Andreas: Institutionen des deutschen Privatrechts, Bd. 1, 2. Aufl., Leipzig 1885

Hohendorf, Gerd: Das sächsische Schulgesetz von 1835 – Teil der liberalen Staatsreformen?, in: Sächsische Heimatblätter Jg. 29 (1983), S. 39 – 42

Huber, Ernst Rudolf: Deutsche Verfassungsgeschichte seit 1789, Bd. 4, Struktur und Krisen des Kaiserreichs, 2. Aufl., Stuttgart 1982, Nachdr. 1994

- (Hrsg.): Dokumente zur deutschen Verfassungsgeschichte, Bd. 1, Deutsche Verfassungsdokumente 1803 – 1850, 3. Aufl., Stuttgart 1978

- (Hrsg.): Dokumente zur deutschen Verfassungsgeschichte, Bd. 2, Deutsche Verfassungsdokumente 1851 – 1900, 3. Aufl., Stuttgart 1986

- (Hrsg.): Dokumente zur deutschen Verfassungsgeschichte, Bd. 4, Deutsche Verfassungsdokumente 1919 – 1933, 3. Aufl., Stuttgart 1991

Huber, Ernst Rudolf/ *Huber*, Wolfgang (Hrsg.): Staat und Kirche im 19. und 20. Jahrhundert, Bd. 1, Staat und Kirche vom Anfang des alten Reichs bis zum Vorabend der bürgerlichen Revolution, 2. Aufl., Berlin 1990

- Staat und Kirche im 19. und 20. Jahrhundert, Bd. 2, Staat und Kirche im Zeitalter des Hochkonstitutionalismus und des Kulturkampfs 1848 – 1890, Berlin 1976

Hürten, Heinz: Die Kirchen in der Novemberrevolution. Eine Untersuchung zur Geschichte der Deutschen Revolution 1918/ 19, Regensburg 1984

Hufeld, Ulrich (Hrsg.): Der Reichsdeputationshauptschluss von 1803. Eine Dokumentation zum Untergang des Alten Reiches, Köln 2003 (UTB, 2387)

Illustrierte Zeitung Leipzig, 13. April 1872, Sp. 261 f, Karl Friedrich von Gerber

Jeserich, Kurt G. A. (u. a. Hrsg.): Deutsche Verwaltungsgeschichte, Bd. 1, Vom Spätmittelalter bis zum Ende des Reiches, Stuttgart 1983

- Deutsche Verwaltungsgeschichte, Bd. 2, Vom Reichsdeputationshauptschluss bis zur Auflösung des Deutschen Bundes, Stuttgart 1983

- Deutsche Verwaltungsgeschichte, Bd. 3, Das Deutsche Reich bis zum Ende der Monarchie, Stuttgart 1984

Jestaedt, Christoph/ *Drehwald*, Susanne, Sachsen als Verfassungsstaat, hrsg. v. Thomas Pfeiffer, Leipzig 1998

Jhering, Rudolf v.: Unsere Aufgabe, in: Jahrbücher für die Dogmatik des heutigen römischen und deutschen Privatrechts, Nr. 1 (1857), S. 1 – 52

John, Uwe (Hrsg.): König Johann von Sachsen. Zwischen zwei Welten, hrsg. v. der Sächsischen Schlösserverwaltung u. dem Staatlichen Schlossbetrieb Schloss Weesenstein, Halle/ Saale 2001

Kaemmel, Otto: Sächsische Geschichte, Nachdr. der 5. Aufl. Dresden 1995, 1997

Keim, Wolfgang (Hrsg.): Studien zur Bildungsreform, Bd. 20, Burkhard Poste, Schulreform in Sachsen 1918 – 1923, Frankfurt a. M. 1993

Kersten, Jens: Georg Jellinek und die klassische Staatslehre, Tübingen 2000 (Beiträge zur Rechtsgeschichte des 20. Jahrhunderts, Bd. 28)

Kirchberg, Ulrike: Vom Privileg zum Allgemeingut? Bildungspolitik in Sachsen im 19. Jahrhundert, in: König Johann von Sachsen 1801/ 1854 – 1873. Ein Blick auf Deutschland, Dresden 2000 (Saxonia, Schriftenreihe des Vereins für sächsische Landesgeschichte, Bd. 7), S. 80 – 88

Klein, Thomas: Kursachsen, in: Deutsche Verwaltungsgeschichte, Bd. 1, hrsg. v. Kurt G. A. Jeserich u. a., Stuttgart 1983, S. 803 –843

Kleinheyer, Gerd/ *Schröder*, Jan (Hrsg.): Deutsche und Europäische Juristen aus neun Jahrhunderten, 4. Aufl., Heidelberg 1996

Kobuch, Agatha: Sachsen im 20. Jahrhundert, in: Kaemmel, Otto, Sächsische Geschichte, Nachdr. der 5. Aufl., Dresden 1995, 1997, S. 151 – 174

Kosch, Wilhelm: Biographisches Staatshandbuch. Lexikon der Politik, Presse und Publizistik, Bd. 2, Jacob bis Zwiedineck, Bern 1963

Kötzschke, Rudolf/ *Kretschmar*, Hellmut: Sächsische Geschichte, Bd. 2, Geschichte der Neuzeit seit der Mitte des 16. Jahrhunderts, Nachdr. der Ausgabe Dresden 1965, 1995

Kretzschmar, Hellmut: Das Sächsische Königtum im 19. Jahrhundert. Ein Beitrag zur Typologie der Monarchie in Deutschland, in: Historische Zeitschrift 170 (1950), S. 457 – 493 u. in: Vom Anteil Sachsens an der neueren deutschen Geschichte. Ausgewählte Aufsätze, hrsg. v. Reiner Groß u. Manfred Kobusch, Stuttgart 1999, S. 478 – 513

- Die Zeit König Johanns von Sachsen 1854 – 1873. Mit Briefen und Dokumenten, Berlin 1960 (Berichte über die Verhandlungen der Sächsischen Akademie der Wissenschaften zu Leipzig, Bd. 105 H. 4)

Kriechbaum, Maximiliane: Römisches Recht und neuere Privatrechtsgeschichte in Savignys Auffassung von Rechtsgeschichte und Rechtswissenschaft, in: Rechtsgeschichte und Privatrechtsdogmatik, hrsg. v. Reinhard Zimmermann u. a., Heidelberg 1999, S. 41 – 63

Kroeschell, Karl: Zielsetzung und Arbeitsweise der Wissenschaft vom gemeinen deutschen Privatrecht, in: Wissenschaft und Kodifikation des Privatrechts im 19. Jahrhundert, hrsg. v. Helmut Coing u. Walter Wilhelm, Bd. 1, Frankfurt a. M. 1974, S. 249 – 276

Kunath, Herbert: Beiträge zur Chronik der Kreuzschule und des Kreuzchores zu Dresden, Dresden 1988, Teil 2

Langer, Gottfried: Landesherrliches Patronatrecht und Staatliches Oberaufsichtsrecht gegenüber der katholischen Kirche Sachsens, in: Sächsische Forschungsinstitute in Leipzig, Forschungsinstitut für Rechtsgeschichte, Rechtsgeschichtliche Abhandlungen II, Leipzig 1929

Larenz, Karl: Methodenlehre der Rechtswissenschaft, 6. Aufl., Berlin 1991

Lauckner, Martin: Sachsen im Schicksalsjahr 1866, in: Sächsische Heimat 1966, H. 5, S. 4 – 8, H. 7, S. 15 – 19, H. 8 – 9, S. 38 – 41

Leipziger Zeitung, 6. Februar 1873, Nr. 11, wissenschaftliche Beilage, S. 61 – 63

Leuschke, Alfred: Die Volksschulgesetzgebung Sachsens im 19. Jahrhundert und die Entwicklung unseres vaterländischen Schulwesens bis zur Gegenwart, in: Sächsische Schulzeitung, 22. August 1902, Nr. 34, S. 511 – 514, 29. August 1902, Nr. 35, S. 525 – 528, 5. September 1902, Nr. 36, S. 541 – 545

Link, Christoph: Staat und Kirche in der neueren deutschen Geschichte. Fünf Abhandlungen, Frankfurt a. M. 2000 (Schriften zum Staatskirchenrecht, Bd. 1)

Listl, Joseph/ *Pirson*, Dietrich (Hrsg.): Handbuch des Staatskirchenrechts der Bundesrepublik Deutschland, Bd. 1, 2. Aufl., Berlin 1994

Losano, Mario G.: Briefwechsel zwischen Jhering und Gerber, Teil 1, Ebelsbach 1984

- Studien zu Jhering und Gerber, Teil 2, Ebelsbach 1984

Luig, Klaus: Die Theorie der Gestaltung eines nationalen Privatrechtssystems aus römischen und deutschen Rechtsstoffen, in: Wissenschaft und Kodifikation des Privatrechts im 19. Jahrhundert, hrsg. v. Helmut Coing u. Walter Wilhelm, Bd. 1, Frankfurt a. M. 1974, S. 217 – 248

Luthardt, Chr. Ernst (Hrsg.): Aus Sachsen: die erste sächsische Landessynode, in: Allgemeine Evangelisch-Lutherische Kirchenzeitung Jg. 4 (1871), Sp. 489 – 491

Maack, Heinrich: Gerber, in: Neue Deutsche Biographie, Bd. 6, Gaál – Grasmann, Nachdr. der Ausgabe 1964, Berlin 1971, S. 251 – 253

Maier, Hans: Was war die Säkularisation und wie lief sie ab?, in: Essener Gespräche 28 (2004), S. 7 – 26

Matzerath, Josef: Helene v. Nostitz-Wallwitz, in: Neue Deutsche Biographie, Bd. 19, Nauwach – Pagel, Berlin 1999, S. 356

Mayer, Otto: Das Staatsrecht des Königreichs Sachsen, Tübingen 1909 (Das öffentliche Recht der Gegenwart, Bd. 9)

Mühlner, Manfred Zum Bildungsweg König Johanns von Sachsen, in: König Johann von Sachsen 1801/ 1854 – 1873. Ein Blick auf Deutschland, Dresden 2000 (Saxonia, Schriftenreihe des Vereins für sächsische Landesgeschichte, Bd. 7), S. 23 – 33

Müller, Winfried/ *Schattkowsky*, Martina (Hrsg.): Zwischen Tradition und Modernität. König Johann von Sachsen 1801 – 1873, Leipzig 2004

Naundorff, Ewald: Einführung in die wichtigsten Verfassungs- und Verwaltungsgesetze des Deutschen Königreichs Sachsen, Leipzig 1904

Neemann, Andreas: Landtag und Politik in der Reaktionszeit. Sachsen 1849/ 50 – 1866, Düsseldorf 2000 (Beiträge zur Geschichte des Parlamentarismus und der politischen Parteien, Bd. 126)

Neumeister, Sebastian: Der königliche Übersetzer, in: König Johann von Sachsen. Zwischen zwei Welten, hrsg. v. der Sächsischen Schlösserverwaltung u. dem Staatlichen Schlossbetrieb Schloss Weesenstein, Halle/ Saale 2001, S. 141 – 146

- Philalethes – König Johann als Dante-Übersetzer, in: Zwischen Tradition und Modernität. König Johann von Sachsen 1801 – 1873, hrsg. v. Winfried Müller/ Martina Schattkowsky, Leipzig 2004, S. 203 – 216

Nicolaisen, Carsten: Kirchenkampf, in: Evangelisches Staatslexikon, hrsg. v. Roman Herzog u. a., begr. v. Hermann Kunst/ Siegfried Grundmann, Bd. 1, A–M, 3. Aufl., Stuttgart 1987, Sp. 1606 – 1640

Norddeutsche Allgemeine Zeitung, 12. Nov. 1872, Nr. 264, Bl. 1, Sp. 3

Obermayer, Klaus: Die Konkordate und Kirchenverträge im 19. und 20. Jahrhundert, in: Staat und Kirche im Wandel der Jahrhunderte, hrsg. v. Walther Peter Fuchs, Stuttgart 1966, S. 166 – 183

Oertzen, Peter v.: Die Bedeutung C. F. von Gerbers für die deutsche Staatsrechtslehre, in: Staatsverfassung und Kirchenordnung. Festgabe für Rudolf Smend zum 80. Geburtstag, hrsg. v. Konrad Hesse u. a., Tübingen 1962, S. 183 – 208

- Die soziale Funktion des staatsrechtlichen Positivismus, Frankfurt a. M. 1974

Ogorek, Regina: Richterkönig oder Subsumtionsautomat? Zur Justiztheorie im 19. Jahrhundert, Frankfurt a. M. 1986

Ott, Walter: Der Rechtspositivismus. Kritische Würdigung auf der Grundlage eines juristischen Pragmatismus, 2. Aufl., Berlin 1992 (Erfahrung und Denken. Schriften zur Förderung der Beziehungen zwischen Philosophie und Einzelwissenschaften, Bd. 45)

Pätzold, W.: Geschichte des Volksschulwesens im Königreich Sachsen, Leipzig 1908

Pauly, Walter: Der Methodenwandel im deutschen Spätkonstitutionalismus, Tübingen 1993

- Gerber, Carl Friedrich von (1823 – 1891), in: Juristen, ein biographisches Lexikon, von der Antike bis zum 20. Jahrhundert, hrsg. v. Michael Stolleis, München 1995, S. 229 – 230

Pfeiffer, Johannes: Die Entwicklung der sächsischen Kirchenverfassung von 1830 – 1914, Leipzig 1923

Pfeiffer, Thomas (Hrsg.): Sachsen als Verfassungsstaat, Leipzig 1998

Pöggeler, Wolfgang: Einleitung, in: Gerber, Das wissenschaftliche Prinzip des gemeinen deutschen Privatrechts, Nachdr. der Ausgabe Jena 1846, Hildesheim 1998

- Einleitung, in: Gerber, Grundzüge des deutschen Staatsrechts, Nachdr. der 3. Aufl. Leipzig 1880, Hildesheim 1998

Pommerin, Reiner: Geschichte der Technischen Universität Dresden 1828 – 2003, Köln 2003 (175 Jahre Technische Universität Dresden, Bd. 1)

Poste, Burkhard: Schulreform in Sachsen 1918 – 1923, Frankfurt a. M. 1993 (Studien zur Bildungsreform, Bd. 20)

Richter, Amilius Ludwig: Lehrbuch des katholischen und evangelischen Kirchenrechts mit besonderer Rücksicht auf deutsche Zustände, 5. Aufl., Leipzig 1858

Rieckenberg, Hans Jürgen: Könneritz, v., in: Neue Deutsche Biographie, Bd. 12, Kleinhans – Kreling, Berlin 1980, S. 363 – 365

Rieker, Karl: Die rechtliche Stellung der evangelischen Kirche Deutschlands in ihrer geschichtlichen Entwicklung bis zur Gegenwart, Leipzig 1893

Rückert, Joachim: Idealismus, Jurisprudenz und Politik bei Friedrich Carl von Savigny, Ebelsbach 1984 (Abhandlungen zur rechtswissenschaftlichen Grundlagenforschung, Bd. 58)

- Historische Rechtsschule, in: Der neue Pauly. Enzyklopädie der Antike. Rezeptions- und Wissenschaftsgeschichte, Bd. 14, Stuttgart 2000, Sp. 464 – 469

Savigny, Friedrich Carl v.: Über den Zweck dieser Zeitschrift, in: Zeitschrift für geschichtliche Rechtswissenschaft, hrsg. v. Friedrich Carl v. Savigny u. a., Bd. 1 (1815), S. 1 – 17, Nachdr. der Ausgabe Berlin 1815, Frankfurt a. M. 1966

Scherf, Helmut: Bernhard August von Lindenau, eine progressive Persönlichkeit der Goethezeit, in: Sächsische Heimatblätter Jg. 7 (1961), S. 236 – 244

Scheuffler, Heinrich Joh.: Sächsische Kultusminister, in: Sächsisches Kirchen- und Schulblatt, LXI (1911), Sp. 582 – 586 u. Sp. 631 – 633

Schmidt, Gerhard: Das Verhältnis von Staat und Kirche in Sachsen im 19. Jahrhundert, in: Sächsische Heimatblätter Jg. 5 (1966), S. 399 – 406

- Die Staatsreform in der ersten Hälfte des 19. Jahrhunderts. Eine Parallele zu den Steinschen Reformen in Preußen, Weimar 1966

- Die sächsischen Amtshauptmannschaften 1874 – 1945 und ihre Vorläufer, in: Letopis, Jahreszeitschrift des Instituts für sorbische Volksforschung, Reihe B – Geschichte Nr. 19/ 1 (1972), S. 14 – 35

- Die Zentralverwaltung Sachsens von 1831 bis 1918, in: Letopis, ebd. Nr. 27/ 1 (1980), S. 19 – 42 u. Nr. 27/ 2 (1980), S. 113 – 134

Schmidt-Radefeldt, Susanne: Carl Friedrich von Gerber (1823 – 1891) und die Wissenschaft des deutschen Privatrechts, Berlin 2003 (Schriften zur Rechtsgeschichte, H. 105)

Schönberger, Christoph: Das Parlament im Anstaltsstaat. Zur Theorie parlamentarischer Repräsentation in der Staatsrechtslehre des Kaiserreichs (1871 – 1918), Frankfurt a. M. 1997 (Ius commune: Sonderhefte, Studien zur europäischen Rechtsgeschichte, Bd. 102)

Schönebaum, Herbert: Albrecht, Wilhelm Eduard, in: Neue Deutsche Biographie, Bd. 1, Aachen – Behaim, Nachdr. der 1. Aufl. 1953, Berlin 1971, S. 185 – 186

Schulte, Johann Friedrich v.: Lehrbuch des katholischen und evangelischen Kirchenrechts nach dem gemeinen Rechte, dem Rechte der deutschen Länder und Österreichs, 4. Aufl., Gießen 1886

Seifert, Siegfried: Ein überzeugter Christ, in: König Johann von Sachsen. Zwischen zwei Welten, hrsg. v. der Sächsischen Schlösserverwaltung u. dem Staatlichen Schlossbetrieb Schloss Weesenstein, Halle/ Saale 2001, S. 71 – 73

Seydewitz, Paul v. (Hrsg.): Codex des im Königreiche Sachsen geltenden Kirchen- und Schulrechts mit Einschluß des Rechts der frommen Stiftungen und der Ehe, 3. Aufl., Leipzig 1890

Sievers, C.: Friedrich Karl Theodor Zarncke, in: Allgemeine Deutsche Biographie, hrsg. v. der historischen Commission bei der Königlichen Akademie der Wissenschaften, Bd. 44, Wolfenbüttel – Zeis, Neudr. der 1. Aufl. 1898, Berlin 1971, S. 700 – 706

Staude, Fritz: Sachsen im preußisch-deutschen Reich (1871 – 1917/ 18), in: Sächsische Heimatblätter Jg. 3 (1984), S. 123 – 128

Stobbe, Otto: Handbuch des deutschen Privatrechts, Bd. 1, Einleitung. Von den Rechtsverhältnissen überhaupt, 2. Aufl., Berlin 1882

Stolleis, Michael: Geschichte des öffentlichen Rechts in Deutschland, Bd. 2, Staatsrechtslehre und Verwaltungswissenschaft 1800 – 1914, München 1992

- (Hrsg.): Juristen, ein biographisches Lexikon, von der Antike bis zum 20. Jahrhundert, München 1995

Tripp, Dietrich: Der Einfluss des naturwissenschaftlichen und historischen Positivismus auf die deutsche Rechtslehre im 19. Jahrhundert, Berlin 1983 (Schriften zur Rechtsgeschichte, Bd. 31)

Uhlenbrock, Henning: Der Staat als juristische Person. Dogmengeschichtliche Untersuchung zu einem Grundbegriff der deutschen Staatsrechtslehre, Berlin 2000 (Schriften zur Verfassungsgeschichte, Bd. 61)

Ulbricht, Gunda: Die verfassungsrechtliche Trennung von Stadt und Landgemeinde, in: Neues Archiv für sächsische Geschichte 69 (1998), S. 159 – 184

de Wall, Heinrich: Die Fortwirkung der Säkularisation im heutigen Staatskirchenrecht, in: Essener Gespräche 38 (2004), S. 53 – 79

Weber, Carl Gottlieb v.: Systematische Darstellung des im Königreiche Sachsen geltenden Kirchenrechts, 2. Aufl., Leipzig 1843 – 45, 2 Bde.

Weil, Jacob: Die erste Kammer und die Juden in Sachsen, Hanau 1837

Wieacker, Franz: Privatrechtsgeschichte der Neuzeit, 2. Aufl., Göttingen 1967

Wiemers, Gerald: König Johanns Anteil an der Entwicklung der sächsischen Hochschulen, in: König Johann von Sachsen. Zwischen zwei Welten, hrsg. v. der Sächsischen Schlösserverwaltung u. dem Staatlichen Schlossbetrieb Schloss Weesenstein, Halle/ Saale 2001, S. 443 – 447

Wilhelm, Walter: Zur juristischen Methodenlehre im 19. Jahrhundert, Frankfurt a. M. 1958

Witzleben, Cäsar Dietrich v.: Die Entstehung der konstitutionellen Verfassung des Königreichs Sachsen. Zur Feier des fünfzigjährigen Bestehens der Verfassungsurkunde vom 4. September 1831, Leipzig 1881

Wyduckel, Dieter: Ius Publicum. Grundlagen und Entwicklung des Öffentlichen Rechts und der deutschen Staatsrechtswissenschaft, Berlin 1984 (Schriften zum Öffentlichen Recht, Bd. 471)

- Normativität und Positivität des Rechts, in: Rechtsnorm und Rechtswirklichkeit. FS für Werner Krawietz zum 60. Geburtstag, hrsg. v. Aulis Aarnio u. a., Berlin 1993, S. 437 – 474

- Staats- und religionsrechtliche Probleme der sächsisch – polnischen Verbindung, in: Sachsen und Polen zwischen 1697 und 1765, Dresden 1998 (Saxonia, Schriftenreihe des Vereins für sächsische Landesgeschichte, Bd. 4/ 5), S. 191 – 202

- Die Trennung von Justiz und Verwaltung in Sachsen nach 1831, in: Dresdner Hefte 17 (1999), H. 60, S. 21 – 30

- Die Entwicklung der Staats- und Kommunalverwaltung in Sachsen von 1815 bis 1918, in: 100 Jahre Allgemeines Baugesetz Sachsen, hrsg. v. Hartmut Bauer u. a., Stuttgart 2000, S. 19 – 43

- Das frühe rechtliche Wirken Johanns von Sachsen in seiner Bedeutung für Sachsen und Deutschland, in: König Johann von Sachsen 1801/ 1854 – 1873. Ein Blick auf Deutschland, Dresden 2000 (Saxonia, Schriftenreihe des Vereins für sächsische Landesgeschichte, Bd. 7), S. 34 – 52

- Johanns rechtliches Wirken als Monarch, in: König Johann von Sachsen. Zwischen zwei Welten, hrsg. v. der Sächsischen Schlösserverwaltung u. dem Staatlichen Schlossbetrieb Schloss Weesenstein, Halle/ Saale 2001, S. 377 – 381

- Prinz Johann als Jurist und Mitglied der Ersten Kammer des Sächsischen Landtages, ebd., S. 125 – 129

- Der Verwaltungsaufbau und das Verwaltungsverfahren in Sachsen um 1900, in: FS zum 100-jährigen Jubiläum des sächsischen Oberverwaltungsgerichts, hrsg. v. Siegfried Reich, München 2002, S. 79 – 106

- Schnittstellen von Rechtstheorie und Rechtsgeschichte. Warum die Rechtsgeschichte der Rechtstheorie und die Rechtstheorie der Rechtsgeschichte bedarf, in: Theorie des Rechts und der Gesellschaft. FS für Werner Krawietz zum 70. Geburtstag, hrsg. v. Manuel Atienza u. a., Berlin 2003, S. 109 – 140

- Die Thronreden König Johanns und die politisch-rechtliche Praxis der Gesetzgebung, in: Zwischen Tradition und Modernität. König Johann von Sachsen 1801 – 1873, hrsg. v. Winfried Müller/ Martina Schattkowsky, Leipzig 2004, S. 69 – 87

Zimmermann, Reinhard (u. a. Hrsg.): Rechtsgeschichte und Privatrechtsdogmatik, Heidelberg 1999

Abkürzungsverzeichnis

ABl.	Amtsblatt
Abs.	Absatz
Abt.	Abteilung
ADB.	Allgemeine Deutsche Biographie
ADHGB	Allgemeines Deutsches Handelsgesetzbuch von 1861
Allg. Ev.-Luth. Kirchenzeitung	Allgemeine Evangelisch-Lutherische Kirchenzeitung
amtl.	amtlich
Anl.	Anlage
Anh.	Anhang
Anm.	Anmerkung
Art.	Artikel
Aufl.	Auflage
Aug.	August
Außenmin.	Außenminister
Bd./ Bde.	Band/ Bände
Bearb.	Bearbeiter
begr.	begründet
ber.	berichtigt
bes.	besonders
betr.	betreffend
BGB	Bürgerliches Gesetzbuch
bgl.	bürgerlich
Bl.	Blatt
BVerfGE	Bundesverfassungsgerichtsentscheidung
BVerwGE	Bundesverwaltungsgerichtsentscheidung
bzgl.	bezüglich
bzw.	beziehungsweise
ca.	circa
Cod. Aug.	Codex Augusteus
DDR	Deutsche Demokratische Republik
Dek.	Dekret
Dep.	Deputation
ders.	derselbe
Dez.	Dezember
d. h.	das heißt

d. i.	das ist
Diss.	Dissertation
ebd.	ebenda
entspr.	entsprechend
Eur. Ex.	Euer Exzellenz
Ev.-luth.VBl.	Verordnungsblatt des Evangelisch-lutherischen Landeskonsistoriums
EvStL.	Evangelisches Staatslexikon
f/ ff	folgend(e)
Fachmin.	Fachminister
Febr.	Februar
Finanzmin.	Finanzminister/ Finanzministerium
Fn.	Fußnote
fol.	folio
Frhr.	Freiherr
FS	Festschrift
geb.	geboren
gem.	gemäß
Gesamtmin.	Gesamtministerium
Gesamtmin., Evangel.	Gesamtministerium, Akten in Angelegenheiten des Auftrags in Evangelicis
gest.	gestorben
GG	Grundgesetz für die Bundesrepublik Deutschland
H.	Heft
HdbStKirchR.	Handbuch des Staatskirchenrechts
Heimatbl.	Heimatblätter
Hrsg.	Herausgeber
hrsg.	herausgegeben
H. z. S.	Herzog zu Sachsen
Innenmin.	Innenminister/ Innenministerium
insbes.	insbesondere
i. V. m.	in Verbindung mit
i. S.	im Sinne
i. w. S.	im weiteren Sinne
Jan.	Januar
Jg.	Jahrgang
Jh.	Jahrhundert

JöR NF	Jahrbuch des öffentlichen Rechts, neue Folge
Justitzmin.	Justitzminister/ Justitzministerium
K.	Kammer
kgl.	königlich
KglGS.	Gesetzsammlung für das Königreich Sachsen
KglGVBl.	Gesetz- und Verordnungsblatt für das Königreich Sachsen
Kirchenverf.	Kirchenverfassung
kirchl.	kirchlich
KiVorstSynO	Kirchenvorstands- und Synodalordnung für die evangelisch-lutherische Kirche des Königreichs Sachsen v. 30. März 1868
KonsistorialG.	Konsistorialgesetz
Kriegsmin.	Kriegsminister/ Kriegsministerium
Kultusmin.	Kultusminister/ Kultusministerium
Loc.	Locat
LS.	Landessynode
LT.	Landtag
Min.	Minister, Ministerium
Min. f. Volksbildung	Ministerium für Volksbildung
m. a. W.	mit anderen Worten
m. w. N.	mit weiteren Nachweisen
Nachdr.	Nachdruck
NDB.	Neue Deutsche Biographie
Neudr.	Neudruck
Nov.	November
Nr.	Nummer
Okt.	Oktober
Prof.	Professor
Prot.	Protokoll
PublikationsG	Publikationsgesetz
r. fol.	recto folio
RGBl.	Reichsgesetzblatt
Rn.	Randnummer
S.	Seite

sächs.	sächsisch
SächsGVBl.	Gesetz- und Verordnungsblatt des Freistaates Sachsen
Sächs. Heimatbl.	Sächsische Heimatblätter
SächsHStA.	Sächsisches Hauptstaatsarchiv Dresden
SächsVerf.	Sächsische Verfassung
Sept.	September
s. g.	so genannt
Sp.	Spalte
Staatsmin.	Staatsminister/ Staatsministerium
Tom.	Tomus
u.	und
u. a.	und andere/ unter anderem
UAH	Universitätsarchiv Heidelberg
UAJ	Universitätsarchiv Jena
UAL	Universitätsarchiv Leipzig
UTB	Uni-Taschenbücher (Verlagsgemeinschaft Uni-Taschenbücher für Wissenschaft GmbH Stuttgart)
v.	von/ vom
v. fol.	verso folio
Verf.	Verfassung
VerfUrk.	Verfassungsurkunde
vgl.	vergleiche
Vhlg.	Verhandlung/ Verhandlungen
VO	Verordnung
VolksschulG	Volksschulgesetz
WRV	Weimarer Reichsverfassung
z. B.	zum Beispiel

§ 1 Einleitung
– Aufgabenstellung und Ziel der Arbeit

I. Themenstellung

Die Arbeit ist Leben und Wirken des sächsischen Ministers für Kultus und öffentlichen Unterricht *Carl Friedrich Wilhelm von Gerber* gewidmet. Seine ministerielle Tätigkeit von 1871 bis 1891 ist im Gegensatz zu seinen anerkannten und verschiedentlich gewürdigten Leistungen als Professor für deutsches privates und öffentliches Recht sowie Kirchenrecht auf den Gebieten des Privat- und Staatsrechts bislang wenig erforscht. Um die spezifische Leistung Gerbers für die Entwicklung des Verhältnisses von Staat und Kirche in der zweiten Hälfte des 19. Jahrhunderts ermessen zu können, sind die seinem Ressortbereich zuzuordnenden und von ihm zu verantwortenden staatlichen und rechtspolitischen, insbesondere gesetzlichen und verwaltungsrechtlichen Aktivitäten auf seinen persönlichen Anteil und seine Mitwirkung hin zu untersuchen. Dabei kommt der Stellung des Kultusministers in der sächsischen Staats- und Kirchenverfassung als einem der Inhaber des evangelischen Kirchenregiments, m. a. W. als einem der 'Minister in Evangelicis', besondere Bedeutung zu.

Die gesellschaftspolitische und zugleich staatskirchlich-ministerielle Verantwortung lässt Gerber als eine herausragende politische Persönlichkeit des Königreichs Sachsen in den letzten Jahrzehnten des 19. Jahrhunderts erscheinen. Hinzu kommen persönliche Merkmale, die Gerber als Thüringer im sächsischen Staatsdienst, als Protestant am katholischen Hof, als reformbereiten Konservativen in einer Zeit des Auf- und Umbruchs in Staat und Gesellschaft in besonderer Weise als prägenden Staatsmann ausweisen.

Dabei ist die ministerielle Tätigkeit im Zusammenhang mit den entsprechenden landesgeschichtlichen und politischen Ereignissen, ihren Auswirkungen auf die Staats- und Kirchenstrukturen sowie das Verhältnis von Staat und Kirche, vornehmlich der evangelischen Landeskirche und katholischen Kirche in Sachsen, zu betrachten. Die Fokussierung auf diese beiden Religionsgemeinschaften rechtfertigt sich aus der besonderen Situation Sachsens, wo die Bevölkerung seit der Reformation ganz überwiegend der Evangelisch-Lutherischen Landeskirche Sachsens angehörte, die Landesherren aber seit dem Übertritt Kurfürst Friedrich August I. zum Katholizismus 1697 katholisch blieben. Die Ausübung der landesherrlichen Kirchengewalt, das *ius circa sacra*, wurde zunächst[1]

---

[1] Nebeninstruktion der vormaligen Evangelischen Wirklichen Geheimräte v. 21. Dez. 1697, erwähnt im Mandat v. 24. Aug. 1705: *Paul v. Seydewitz* (Hrsg.), Codex des im Königreiche Sachsen geltenden Kirchen- und Schulrechts mit Einschluß des Rechts der frommen Stiftungen und der Ehe, 3. Aufl., 1890, S. 152; *Gottfried Langer*, Landesherrliches Patronatrecht und

auf die Geheimen Räte, später durch § 41 in Verbindung mit § 57 der sächsischen Verfassung vom 4. September 1831[2] auf den Kultusminister in Gemeinschaft mit wenigstens zwei weiteren Ministern, die als 'in Evangelicis beauftragte Staatsminister'[3] fungierten, übertragen.

Besondere Beachtung gilt den Beziehungen Gerbers zu den Landesherren, zunächst König Johann, sodann dessen Sohn, König Albert. Es wird zu zeigen sein, welcher Anteil an den reformerischen Aktivitäten Gerber zukommt und wie sehr dieser nicht nur hinsichtlich der Berufung und Amtsenthebung vom landesherrlichen Einfluss abhängig blieb.

Die bereits in seiner Zeit hoch gewürdigten Leistungen Gerbers auf dem Gebiet der juristischen Lehre bestimmen sein politisches Profil, seine gesetzgeberische Tätigkeit und die ihr zu Grunde liegenden, in die Zukunft wirkenden staatsrechtlichen Ideen und Gestaltungsprinzipien mit. Sie vermitteln wichtige Aspekte für die Würdigung der ministeriellen Arbeit Gerbers sowie in Zusammenhang mit seiner Biographie für die Herausarbeitung eines Gesamtbildes seiner Persönlichkeit, das wiederum für sein politisches Auftreten und Handeln mit heranzuziehen ist. Es kann dabei im Rahmen der vorliegenden Arbeit nicht das Ziel sein, diese wissenschaftlichen Leistungen in umfassender Weise zu würdigen[4]. Die Arbeit versteht sich vielmehr als ein Beitrag zur Tätigkeit Gerbers als sächsischer 'Staatsminister'[5], dessen einschlägiges Wirken es zu untersuchen gilt.

Die Arbeit verfolgt das Ziel, die spezifisch persönliche Einflussnahme Gerbers in seiner ministeriellen Stellung auf die Veränderungen in der Staats- und Kirchenverfassung, auf das Verhältnis von Staat und evangelischer wie ka-

---

Staatliches Oberaufsichtsrecht gegenüber der katholischen Kirche Sachsens, in: Sächs. Forschungsinstitute in Leipzig, Forschungsinstitut für Rechtsgeschichte, Rechtsgeschichtliche Abhandlungen II, 1929, S. 32, Fn. 35; vgl. unten § 13 III.

[2] Verfassungsurkunde des Königreichs Sachsen, KglGS. 1831, S. 241–275.

[3] Diese Bezeichnung trägt offiziellen Charakter; vgl. z. B. SächsHStA, Min. f. Volksbildung, Nr. 10335, Bl. 2 v. fol.; SächsHStA, ebd., Nr. 10362, Bl. 61 ff, Bl. 78.

[4] Dazu vgl. z. B. *Michael Stolleis*, Geschichte des öffentlichen Rechts in Deutschland, Bd. 2, 1992; *Dieter Wyduckel*, Ius Publicum. Grundlagen und Entwicklung des Öffentlichen Rechts und der deutschen Staatsrechtswissenschaft, 1984 (Schriften zum Öffentlichen Recht, Bd. 471), S. 257 ff sowie unter privatrechtlichem Aspekt *Susanne Schmidt-Radefeldt*, Carl Friedrich von Gerber (1823–1891) und die Wissenschaft des deutschen Privatrechts, 2003, S. 107 ff.

[5] Der Kultusminister führte – wie die übrigen Fachminister – den offiziellen Titel 'Staatsminister'. Ihm wurde das Ministerial-Departement des Kultus u. öffentlichen Unterrichts übertragen unter Ernennung zum Staatsminister. SächsHStA, Min. f. Volksbildung, Nr. 10335, Bl. 2.

tholischer Kirche, herauszuarbeiten. Sie möchte klären, inwieweit Gerber die Anpassung der tatsächlichen staats- und kirchenrechtlichen Verhältnisse an die Verfassung von 1831 gelang. Besonderes Augenmerk gilt dabei der Frage, in welchem Maße Gerber seine rechtswissenschaftlichen Fähigkeiten bei der ministeriellen Arbeit zugute kamen, er eigene rechtliche und staatstheoretische Ansichten praktisch umsetzen konnte und inwieweit seine Ministertätigkeit die hohe wissenschaftliche Kompetenz widerspiegelt.

Es wird weiter danach zu fragen sein, welche Stellung Gerber mit seinem ministeriellen Wirken im Gesamtgefüge der durch die Reichsgründung 1871 und die Industrielle Revolution bedingten Zweiten Staatsreform zugemessen werden kann. Dazu ist der Anteil Gerbers an der Kirchen- und Staatsreform durch die von ihm zu verantwortenden und maßgeblich mitgestalteten Reformgesetze, insbesondere das Konsistorialgesetz vom 15. April 1873 und das Volksschulgesetz vom 26. April 1873, zu untersuchen. Mit dem Konsistorialgesetz wurde das Landeskonsistorium als oberste Kirchenbehörde zur Leitung der Evangelisch-Lutherischen Landeskirche Sachsens errichtet. Das Volksschulgesetz führte zu einer Umgestaltung des bis dahin durch die enge Verbindung von Kirche und Schule bestimmten Verhältnisses staatlicher und kirchlicher Kompetenzen zugunsten einer Verstaatlichung des Schulwesens. Beide Gesetze prägt das Bemühen um eine schärfere Abgrenzung staatlicher und kirchlicher Wirkungskreise. Dies kennzeichnet bereits ihre Relevanz für die Staatsreform und wird im Kontext des staatskirchenrechtlichen Systems und der dadurch bedingten Berücksichtigung kirchenorganisatorischer Fragen bei der Neuordnung von Staat und Verwaltung näher herauszuarbeiten sein.

In die Umgestaltung der Staats- und Kirchenverwaltung einbezogen wurde auch das Verhältnis des Staates zur katholischen Kirche in Sachsen. Dabei ist der Frage nachzugehen, welchen Anteil Gerber daran hat, dass in Sachsen eine dem preußischen Kulturkampf vergleichbare Intensität der Auseinandersetzungen zwischen Staat und Kirche vermieden werden konnte. Hierzu ist besonders sein Engagement beim Zustandekommen des Gesetzes über die staatliche Oberaufsicht über die katholische Kirche vom 23. August 1876 zu untersuchen, das erstmals durch ein Staatsgesetz die staatliche Aufsicht über die katholische Kirche in Sachsen regelte und gegen den Widerspruch der höchsten Repräsentanten der katholischen Kirche im sächsischen Landtag, des damaligen amtierenden apostolischen Vikars Bischof Franz Bernert und des Prinzen Georg von Sachsen, zustande kam.

Schließlich soll ein Blick auf die weitere Entwicklung der staatskirchenrechtlichen Verhältnisse über die zweite Staatsreformphase und Gerbers Amtszeit als Minister hinaus Aufschluss über die Nachhaltigkeit des ministeriellen Wirkens Gerbers geben.

II. Forschungsstand

Als Persönlichkeit der Wissenschaft ist Gerber in der Rechts- und Verfassungsgeschichte nicht unbekannt. Seine Leistungen als Jurist und Professor an verschiedenen deutschen Universitäten, besonders auf dem Gebiet des deutschen Privatrechts und Staatsrechts, wurden bereits facettenreich dargestellt. Sie waren Gegenstand vielfältiger Literatur[6], wenngleich eine umfassende Auseinandersetzung mit diesen Leistungen Gerbers derzeit noch nicht vorliegt[7]. Die politischen, staatsrechtlichen, insbesondere verwaltungsorganisatorischen und kirchenrechtlichen Verhältnisse zur Zeit Gerbers, vor allem was das sächsische Umfeld angeht, sind demgegenüber eingehender gewürdigt worden[8].

---

[6] *Walter Wilhelm*, Zur juristischen Methodenlehre im 19. Jahrhundert, 1958, S. 88 ff; *Mario G. Losano*, Studien zu Jhering und Gerber, Teil 2, 1984; *Heinrich Maack*, Gerber, in: NDB, Bd. 6, Gaál–Grasmann, Nachdr. der Ausgabe 1964, 1971, S. 250 ff; *Walter Pauly*, Gerber, Carl Friedrich von (1823–1891), in: Michael Stolleis (Hrsg.), Juristen, ein biographisches Lexikon, von der Antike bis zum 20. Jh., 1995, S. 229 f; *ders.*, Der Methodenwandel im deutschen Spätkonstitutionalismus, 1993, S. 92 ff; *Peter v. Oertzen*, Die Bedeutung C. F. von Gerbers für die deutsche Staatsrechtslehre, in: Konrad Hesse (u. a Hrsg.), Staatsverfassung und Kirchenordnung. Festgabe für Rudolf Smend zum 80. Geburtstag, 1962, S. 183 ff; *Karl Kroeschell*, Zielsetzung und Arbeitsweise der Wissenschaft vom gemeinen deutschen Privatrecht, in: Helmut Coing/Walter Wilhelm (Hrsg.), Wissenschaft und Kodifikation des Privatrechts im 19. Jahrhundert, Bd. 1, 1974, S. 249 ff, S. 261 ff; *Stolleis*, Geschichte, Bd. 2, S. 334 ff; *Henning Uhlenbrock*, Der Staat als juristische Person. Dogmengeschichtliche Untersuchung zu einem Grundbegriff der deutschen Staatsrechtslehre, 2000 (Schriften zur Verfassungsgeschichte, Bd. 61), S. 63 ff; *Christoph Schönberger*, Das Parlament im Anstaltsstaat. Zur Theorie parlamentarischer Repräsentation in der Staatsrechtslehre des Kaiserreichs (1871–1918), 1997 (Ius commune: Sonderhefte, Studien zur europäischen Rechtsgeschichte, Bd. 102), S. 21 ff.

[7] Vgl. inzwischen für die Privatrechtswissenschaft aber *Schmidt-Radefeldt*, Gerber, S. 107 ff.

[8] *Karlheinz Blaschke*, Königreich Sachsen und thüringische Staaten, in: Kurt G. A. Jeserich (u. a. Hrsg.), Deutsche Verwaltungsgeschichte, Bd. 2, Vom Reichsdeputationshauptschluss bis zur Auflösung des Deutschen Bundes, 1983, S. 608 ff; *ders.*, Die Verwaltung in Sachsen und Thüringen, ebd., Bd. 3, Das Deutsche Reich bis zum Ende der Monarchie, 1984, S. 778 ff; *Ernst Rudolf Huber/Wolfgang Huber* (Hrsg.), Staat und Kirche im 19. und 20. Jahrhundert, Bd. 2, Staat und Kirche im Zeitalter des Hochkonstitutionalismus und des Kulturkampfs 1848–1890, 1976, S. 350 ff, S. 435 ff, S. 448 ff, S. 1031 ff; *Otto Kaemmel*, Sächsische Geschichte, Nachdr. 5. Aufl. 1995, 1997, S. 127–147; *Thomas Klein*, Kursachsen, in: Kurt G. A. Jeserich (u. a. Hrsg.), Deutsche Verwaltungsgeschichte, Bd. 1, Vom Spätmittelalter bis zum Ende des Reiches, 1983, S. 803 ff; *Rudolf Kötzschke/Hellmut Kretschmar*, Sächsische Geschichte, Bd. 2, Geschichte der Neuzeit seit der Mitte des 16. Jahrhunderts, Nachdr. der Ausgabe 1965, 1995; *Gerhard Schmidt*, Das Verhältnis von Staat und Kirche in Sachsen im 19.

Jedoch ist sein Wirken als Kultusminister im Dienste des Königreichs Sachsen in der Zeit von 1871 bis zu seinem Tode 1891 noch weitgehend unerforscht[9]. Für die Beschäftigung mit seinem politischen Wirken leistete *Losano* einen entscheidenden Beitrag, indem er für entsprechende Studien dienliches Material in einer Bibliographie Gerbers zusammenstellte[10]. Dabei beschränkte sich seine Arbeit auf die Überprüfung der Quellen nach ihrem Standort, die Wiedergabe der in Registern angegebenen Inhalte und das Auffinden gedruckten veröffentlichten Quellenmaterials. Mit den aufgeführten Quellen selbst, deren Inhalt und Auswertung beschäftigte sich Losano, mit Ausnahme des Briefwechsels zwischen Gerber und Jhering[11] sowie einer kurzen Darstellung Gerbers Wirken auf dem konstituierenden Reichstag des Norddeutschen Bundes und seinem Verhältnis zu Bismarck[12], nicht mehr. Die vorliegende Arbeit setzt hier an, indem sie sich der Tätigkeit Gerbers als sächsischer Staatsminister widmet. Dabei ergaben sich daraus, dass eine Biographie Gerbers bisher nicht vorliegt, besondere Schwierigkeiten. Vor allem waren umfangreiche Archivstudien, die einen wesentlichen Bestandteil der Arbeit bilden, unerlässlich. Das von Losano erfasste Quellenmaterial wurde dazu im Hinblick auf die hier verfolgte Themenstellung erstmals ausgewertet. Dabei handelt es sich vor allem um Materialien im Sächsischen Hauptstaatsarchiv Dresden, konkret den Nachlass Gerbers und die Akten des Gesamtministeriums, der Minister in Evangelicis und des Kultusministeriums, später Ministerium für Volksbildung, die bisher weitestgehend unausgewertet blieben. Besonders die ungedruckten Protokolle und Ministerialschreiben des Gesamtministeriums und der Minister in Evangelicis, die handschriftliche Anmerkungen Gerbers aufweisen und Diskussionsbeiträge Gerbers in den Sitzungen enthalten, wurden für die Ermittlung des persönlichen Anteils Gerbers an den seinem Ressortbereich zuzuordnenden Gesetzesvorhaben einer eingehenden Untersuchung unterzogen. Die im Nachlass Gerbers vorhandenen und bisher unveröffentlichten Briefe König Johanns und der späteren Könige Georg und Albert wurden erstmals zur Bestimmung des persönlichen Verhältnisses Gerbers zu diesen und ihres Einflusses auf politische und gesetzgeberische Entscheidungen Gerbers während seiner Ministertätigkeit herangezogen.

Jahrhundert, in: Sächs. Heimatbl. Jg. 5 (1966), S. 399–406; *ders.*, Die Zentralverwaltung Sachsens von 1831 bis 1918, in: Letopis, Nr. 27/1 (1980), S. 19–42, Nr. 27/2 (1980), S. 113–134; *Dieter Wyduckel*, Die Entwicklung der Staats- und Kommunalverwaltung in Sachsen von 1815 bis 1918, in: Bauer (u. a. Hrsg.), 100 Jahre Allgemeines Baugesetz Sachsen, 2000, S. 19 ff; *Franz Blanckmeister*, Sächsische Kirchengeschichte, 2. Aufl., 1906, S. 436–463; *Johannes Pfeiffer*, Die Entwicklung der sächsischen Kirchenverfassung von 1830–1914, 1923.

[9] Erwähnung aber bei *Wyduckel*, Staats- und Kommunalverwaltung, S. 38 ff.

[10] *Losano*, Studien, S. 274–304, zum Briefwechsel bereits S. 190 ff.

[11] *Mario G. Losano*, Briefwechsel zwischen Jhering und Gerber, Teil 1, 1984; womit er den Briefwechsel erstmals veröffentlichte.

[12] *Losano*, Studien, S. 197 ff.

Auf der Grundlage von Matrikelkarteien, Promotions- und Habilitationsunterlagen der Universitätsarchive Leipzig, Heidelberg und Jena konnten biographische Angaben über Gerber verifiziert und insbesondere hinsichtlich der Promotion Gerbers gegenüber bisherigen Literaturangaben korrigiert[13] werden.

III. Gang der Untersuchung

Zunächst gibt die Arbeit im ersten Teil einen biographischen Überblick (§§ 2, 3), wendet sich den rechtswissenschaftlichen Verdiensten Gerbers (§§ 4 – 6) und seiner zunehmend politischen Betätigung (§§ 7, 8) zu, um so die Grundlagen der ministeriellen Tätigkeit Gerbers zu erhellen. Ziel ist es dabei, anhand dieser Erkenntnisse Ursachen und Beweggründe für seine Hinwendung zur politischen Betätigung als sächsischer Minister unter Aufgabe seiner ebenso erfolgreichen wie geschätzten Lehrtätigkeit herauszuarbeiten. Die Einordnung Gerbers rechtswissenschaftlicher Leistungen, insbesondere seiner begrifflich-konstruktiven Methode der Behandlung des Rechts in den zeitgenössischen Hintergrund erscheint aber auch hinsichtlich möglicher Ausstrahlungen auf sein ministerielles Wirken, seine Art, politische Aufgaben anzugehen sowie zur Kennzeichnung seines politischen Formats unerlässlich.

Im zweiten Teil sind vor allem die verfassungspolitischen und staatsorganisationsrechtlichen Rahmenbedingungen der Tätigkeit Gerbers darzulegen (§§ 9 ff). Dabei steht das Institut der 'Minister in Evangelicis' in der staats- und kirchenrechtlichen Verfassung des Königreichs Sachsen im Mittelpunkt (§§ 13, 14). Die Beschreibung der Herausbildung und Bedeutung dieser spezifisch sächsischen Institution vermittelt das erforderliche Grundverständnis für die Untersuchung des Wirkens Gerbers als einer der in Evangelicis beauftragten Staatsminister in der Position des Kultusministers. Dabei gilt es, insbesondere die Umstände der Berufung Gerbers zum sächsischen Minister des Kultus und öffentlichen Unterrichts (§ 15) darzulegen, die für den weiteren Fortgang der Tätigkeit Gerbers aufschlussreich und von hoher Bedeutung sind.

Der dritte und letzte Teil der Arbeit ist unter Beachtung der persönlichen Beziehungen Gerbers zum sächsischen Königshaus (§ 16) den Entwicklungen auf dem Gebiet des Kultus und öffentlichen Unterrichts (§§ 17 – 20) gewidmet, wobei die persönlichen Leistungen Gerbers in Zusammenhang mit ihrer Bedeutung für die Veränderungen im Verhältnis von Staat und Kirche herauszuarbeiten sind. Dabei handelt es sich vornehmlich um die Frage der Eigenständigkeit der Evangelisch-Lutherischen Landeskirche Sachsens, vor allem ihrer verfas-

---

[13] Vgl. hierzu unten § 2 III.

sungs- und verwaltungsmäßigen Abgrenzung vom Staat. Hierzu werden insbesondere das Konsistorialgesetz (§ 17), durch das die Staatskirche eine kirchliche Oberbehörde, das Landeskonsistorium, erhielt, und das Volksschulgesetz (§ 18) eingehend untersucht, wodurch das Schulwesen staatlichen Aufsichtsbehörden, den Bezirksschuldirektionen, unter dem Kultusministerium unterstellt und dadurch der kirchlichen Verwaltung entzogen wurde. Beide Gesetzgebungswerke sind, wie auch das Oberaufsichtsgesetz über die katholische Kirche in Sachsen (§ 19), in den Prozess der Zweiten Staatsreform eingebunden. Die Arbeit geht von der zentralen These aus, dass diese zweite Reformphase erst mit und durch die Lösung der Frage des Verhältnisses von Staat und Kirche auf der Grundlage der sächsischen Verfassung von 1831 zum Abschluss gebracht werden konnte. Dabei ist Gerber, wie im Einzelnen zu zeigen sein wird, als maßgeblicher Reformpolitiker in Erscheinung getreten. Sein bisher wenig beachteter Anteil und sein Verdienst sind danach zu bemessen, inwieweit er in Kenntnis dieser Zusammenhänge ein konsensfähiges Reformkonzept erstellte und mit persönlichem Engagement durchsetzte.

Ein Ausblick auf die weitere Entwicklung der staatskirchenrechtlichen Verhältnisse nach dem Ende der ministeriellen Tätigkeit Gerbers (§ 21) lassen die Tragweite der von Gerber mitgeprägten Strukturen bis in die Gegenwart erkennen.

Erster Teil
Carl Friedrich Wilhelm von Gerber
– Jurist und Politiker

Erstes Kapitel
Biographischer Überblick

§ 2 Persönliche Entwicklung

I. Allgemeines

Bei der Beschäftigung mit einer herausragenden Persönlichkeit des öffentlichen Lebens besteht stets die Neigung, Anfänge späterer gerühmter Fähigkeiten und Leistungen möglichst früh in der Entwicklung zu diagnostizieren und damit verbunden die Gefahr zielorientierter linearer Interpretation. Diese Gefahr scheint umso größer, wenn gerade politische Aktivitäten als Untersuchungsgegenstand gewählt sind. Dabei ist zu berücksichtigen, dass es heute wie damals für einen Minister und Staatsmann schwerlich denkbar ist, völlig unpolitisch zu handeln, wenngleich der zeitgenössische Positivismus dies so sah, indem er die Politik und das Leben vom Recht abscheiden wollte.

Doch ermöglicht erst die Kenntnis der Persönlichkeitsentwicklung insgesamt eine Einschätzung spezifischer Entwicklungsschritte als herausragend und prägend. Die nachfolgenden biographischen Ausführungen dienen daher nicht der Suche nach frühzeitigen juristischen und politischen Neigungen Gerbers, sondern letztgenannter Erkenntnismöglichkeit. Im Vordergrund steht dabei der berufliche und damit juristische und politische Werdegang Gerbers, ohne dass familiäre Bezüge ganz ausgeklammert blieben.

II. Personenstand

Carl[1] Friedrich Wilhelm von Gerber wurde als mittlerer Sohn in zweiter Ehe seines Vaters *Friedrich* Wilhelm Ernst Gerber mit *Wilhelmine* Friederike Christiane Köppel am 11. April 1823 in Ebeleben bei Sondershausen in Thüringen geboren und wuchs in der Tradition des evangelisch-lutherischen Bekennt-

---

[1] Diese Schreibweise findet sich am häufigsten, weshalb ihr hier gefolgt wird. In den Akten kommt aber auch die Schreibweise mit K vor, Karl Friedrich v. Gerber. Der dritte Vorname wird häufig weggelassen, z. B. in der an das Kultusministerium gerichteten Protokollabschrift der Sitzung des Gesamtministeriums vom 23. September 1871, SächsHStA, Min. f. Volksbildung, Nr. 10335, Bl. 2.

nisses auf. Sein Vater war als Lehrer und seit 1835 als Rector des Gymnasiums in Sondershausen tätig. Der älteste Halbbruder Gerbers, Carl Ludwig *Hermann*, betätigte sich zuerst als praktischer Jurist. Seit 1856 bis zu seiner Pensionierung arbeitete er dann im thüringischen Ministerium. Der jüngere Bruder Gerbers, Alwin, starb jung[2].

In die „Erlanger Zeit" Gerbers, d. h. in die Periode seiner ersten Lehrtätigkeit als ordentlicher Professor in Erlangen von 1847 bis 1851[3], fallen seine Eheschließung mit Frau Rosalie von Bloedau im Jahr 1848 sowie die Geburt der Töchter Louise im Jahr 1850 und Clara ein Jahr später[4]. In Tübingen, wo er von 1851 bis 1862 als Professor und Kanzler der Universität wirkte[5], wird 1853 sein Sohn Richard geboren, der nach erfolgreichem Medizinstudium und Promotion zum Doktor der Medizin im Alter von 32 Jahren 1885 ledig in New Orleans in den USA verstirbt. Bereits nach elf Jahren Ehe starb 1859 Gerbers Frau Rosalie, nachdem er schon ein Jahr zuvor seine Mutter verloren hatte. Im selben Jahr verstirbt auch sein Vater. Gerber ehelichte 1861 die zehn Jahre jüngere Schwester seiner ersten Frau, Helene von Bloedau. Im März 1862 wird seine dritte Tochter, Marie, geboren und im März 1866 sein Sohn Carl Ludwig[6].

Nach dem Tode Gerbers am 23. Dezember 1891 setzte sich die Gerbersche Familie in weiblicher Linie mit seiner Tochter Clara aus erster Ehe fort, die einen schwarzburgischen Oberforstmeister, Gustav von Schneidewind, heiratete. Aus dieser Ehe gingen drei Kinder hervor. Gerbers Töchter Louise und Marie blieben unverheiratet. Louise verstarb 1926, Marie 1907. Seine zweite Ehefrau überlebte ihn und verstarb 1909 in Sondershausen. Gerbers Sohn Carl Ludwig hatte die militärische Laufbahn eingeschlagen und verstarb, wie Richard ledig und kinderlos, 1902 in Hildesheim. In männlicher Linie gibt es somit keine Nachkommen Gerbers[7]. Im Geiste lebt Gerber aufgrund seines Werkes wie seines Wirkens aber bis in die Gegenwart fort, was nicht zuletzt darin deutlich wird, dass die Juristische Fakultät der Technischen Universität Dresden 1993 ihr Gebäude („von-Gerber-Bau") nach ihm benannt hat.

---

2 *Hans Beschorner*, Carl von Gerber, in: Sächsische Lebensbilder, hrsg. v. der Sächsischen Kommission für Geschichte, Bd. 1, 1930, S. 88.
3 Vgl. unten § 3 I.
4 Hierzu u. zu Folgendem: *Losano*, Studien, S. 313; *Beschorner*, Gerber, S. 93.
5 Vgl. unten § 3 I.
6 Vgl. *Losano*, Studien, S. 313, der dies anhand von Briefen Gerbers belegt.
7 Hierzu vermerkt das Gothaische genealogische Taschenbuch der Adeligen Häuser, Teil B, 1933, S. 176 „im Mannesstamm erloschen".

III. Schule und akademische Ausbildung

Der junge Gerber besuchte das Gymnasium in Sondershausen. Bei seiner anschließenden Studienwahl wurde er wohl von seinem Vater entscheidend beeinflusst, der nicht in einer „juristischen Familientradition" stand. Schon der Großvater[8] – wie der Vater Gerbers – bekleidete ein ehrenvolles Lehramt. Der Urgroßvater[9] und einer dessen Söhne[10] hatten sich der Musik gewidmet. Es verwundert daher nicht, dass Gerber ab Ostern 1840 in Leipzig zunächst Philologie studierte, dann schon bald aber Rechtswissenschaft[11].

Dabei sind Gerbers rechtswissenschaftliches Studium – wie auch sein anschließendes wissenschaftliches Wirken – eingebettet in eine Zeit politischer Bewegung und wissenschaftlicher Auseinandersetzungen, in das besonders wirtschaftsentwicklungsbe-dingte Streben nach Gebiets- und Rechtseinheit sowie nicht zuletzt in die Suche nach dem einenden gemeinen deutschen Recht, die Gerber für das Privatrecht und Staatsrecht maßgeblich beeinflussen sollte.

Die Rechtswissenschaft in der ersten Hälfte des 19. Jahrhunderts war von dem politischen Umbruch geprägt, den das Ende des Heiligen Römischen Reiches Deutscher Nation 1806 bedeutete. Das römische Recht war in einem mit dem späten Mittelalter einsetzenden, mehrere Jahrhunderte andauernden, langfristigen Entwicklungsprozess, der so genannten Rezeption, in Deutschland als gemeines Recht aufgenommen worden. Es gelangte vor allem dort zur Anwendung, wo kein Partikularrecht galt. Der Zerfall des Alten Reiches berührte seine grundsätzliche Geltung nicht, führte aber zu unterschiedlicher Entwicklung in den Einzelstaaten. Der wirtschaftliche Aufschwung verbunden mit grenzüberschreitendem Handel zeigte das Bedürfnis territorialer und vor allem rechtlicher Vereinheitlichung auf. Die Rechtswissenschaft zu Zeiten des jungen Gerber und weit darüber hinaus war daher gekennzeichnet von dem Ringen um eine entwicklungsfähige, den neuen Gesellschaftsstrukturen und wirtschaftlichen Gegebenheiten gerecht werdende, allgemeine Rechtsgrundlage[12]. Sie leitete eine Phase komplexer, wissenschaftlich und politisch motivierter Auseinandersetzungen ein, die die Entstehungsgeschichte eines stark römisch-rechtlich geprägten gemeinen Privatrechts begleiteten.

---

[8] Ludwig Friedemann Gerber, geb. 15. März 1739, seit 1767 Rektor der Stiftsschule zu Ebeleben.

[9] Heinrich Nicolaus Gerber, geb. 6. Sept. 1702, Pianist, Organist, Harfenist.

[10] Ernst Ludwig Gerber, geb. 29. Sept. 1746, verfasste Historisch-biographisches Lexikon der Tonkünstler.

[11] Matrikelkartei 1809 bis 1869, UAL: Immatrikulation v. 25. Mai 1840 für Philologie u. ab 29. Juli 1840 bis 8. Sept. 1841 für Jura an der Universität Leipzig.

[12] *Losano*, Studien, S. 23 ff.

In der Fülle der wissenschaftlichen Methoden und rechtlichen Bezugspunkte lassen sich zwei Hauptströmungen erkennen, die der Romanisten und der Germanisten. Erstere[13] glaubten, wie *Friedrich Carl v. Savigny*, der die Diskussion weithin prägte, aus dem römischen Recht durch dessen wissenschaftliche Bearbeitung ein gemeines Recht gewinnen zu können. Die Germanisten[14] versuchten demgegenüber ein dem römischen Recht entsprechendes germanisches Recht zu „rekonstruieren" und für ein gemeines Privatrecht fruchtbar zu machen.

Das rechtswissenschaftliche Studium musste sich durch die Geltung des römischen und deutschen Rechts auf beide Rechte erstrecken. Gerber studierte zunächst bei dem bedeutenden Romanisten und Begründer der 'begriffsjuristischen Methode' *Georg Friedrich Puchta*[15] die Pandektentechnik, die auf der Grundlage der Quellen des *Corpus iuris civilis* vermittels historisch-systematischer Methode ein wissenschaftlich begründetes Recht zu konstruieren suchte, wobei Puchta von der Begriffsjurisprudenz ausging[16]. Zu seinen Lehrern gehörte aber auch der bekannte Germanist und Staatsrechtler *Wilhelm Eduard Albrecht*[17], von dessen Schülern Gerber ihm am nächsten stand[18], so dass ihm beide Seiten des Schulenstreits schon früh vertraut waren. Während seines Stu-

---

[13] Neben Friedrich Carl v. *Savigny* z. B. Georg Friedrich *Puchta*, Rudolph v. *Jhering*, Karl Adolf v. *Vangerow*.

[14] Z. B. Wilhelm Eduard *Albrecht*, Jakob u. Wilhelm *Grimm*, Heinrich *Thöl*, Ludwig *Reyscher*, Georg *Beseler*, Carl Joseph Anton *Mittermaier*, Karl Friedrich *Eichhorn*.

[15] Geb. am 31. Aug. 1798 in Cadolzburg bei Nürnberg, gest. am 8. Jan. 1846 in Berlin. Prof. für römisches Recht u. a. in München, Marburg (hier auch für Kirchenrecht) u. Leipzig, ab 1842 als Nachfolger Savignys in Berlin, gilt als Begründer der „begriffsjuristischen Methode"; vgl. *Gerd Kleinheyer/Jan Schröder (Hrsg.)-Schröder(Bearb.)*, Deutsche und Europäische Juristen aus neun Jahrhunderten, 4. Aufl. 1996, S. 327 ff.

[16] *Kleinheyer/Schröder-Schröder*, Juristen, S. 328 f; *Hans-Peter Haferkamp*, Georg Friedrich Puchta und die „Begriffsjurisprudenz", 2004 (Studien zur europäischen Rechtsgeschichte, Bd. 171), S. 404 ff.

[17] Geb. am 4. März 1800 in Elbing, gest. am 22. Mai 1876 in Leipzig. Prof. für deutsches Recht in Königsberg, ab 1830 als Nachfolger Eichhorns in Göttingen (dort auch für Staats- u. Kirchenrecht), nach seiner Entlassung (er war einer der „Göttinger Sieben") in Leipzig; hervorgetreten mit seiner vielbeachteten germanistischen Monographie über „Die Gewere als Grundlage des älteren deutschen Sachenrechts", 1828 u. wegen seiner Rezension v. 1837 in den „Göttinger Gelehrte Anzeigen" v. 21. Sept. S. 1489 ff u. v. 23. Sept. S. 1508 ff, als Begründer der Theorie vom Staat als juristischer Person angesehen; vgl. *Herbert Schönebaum*, Albrecht, in: NDB, Bd. 1, Aachen–Behaim, Nachdr. der 1. Aufl. 1953, 1971, S. 185 f; *Kleinheyer/Schröder*, Juristen, Anhang, S. 463, Stichwort: Albrecht; *Anke Borsdorff*, Wilhelm Eduard Albrecht. Lehrer und Verfechter des Rechts. Leben und Werk, Pfaffenweiler 1993 (Reihe Geschichtswissenschaft, Bd. 28); *Losano*, Studien, S. 103 f; *Uhlenbrock*, Der Staat, S. 17.

[18] *Borsdorff*, Albrecht, S. 74.

dienaufenthalts in Heidelberg von Michaelis 1841 bis Ostern 1843[19] stand er besonders unter dem Einfluss seiner Lehrer, dem als Germanist und Kriminalist bekannten *Carl Joseph Anton Mittermaier*[20] und dem Vertreter der romanistischen Schule und erfolgreichen Rechtslehrer *Karl Adolf von Vangerow*[21]. Gerber konzentrierte sich dann aber, nicht zuletzt angeregt durch seine Lehrer *Albrecht* und *Mittermaier*, auf das germanisch-deutsche Recht. Damit treffen in Gerber die Ströme beider Rechtsschulen zusammen, die er aufgrund seiner wissenschaftlichen Methode miteinander verknüpfte und dabei, wie noch zu zeigen sein wird, den Schulenstreit überwand.

Bereits am 2. Februar 1843 promovierte Gerber an der Universität Heidelberg zum *doctor juris* summa cum laude mit zwei exegetischen Gesetzesinterpretationen als Prüfungsarbeiten[22]. Im selben Jahr absolvierte er das juristi-

---

[19] *Gustav Toepke* (Hrsg.), Matrikel der Universität Heidelberg, Bd. 5, S. 671, Nr. 207: Immatrikulation v. 2. Nov. 1841 bis Ostern 1843 für Jura an der Universität Heidelberg.

[20] Geb. am 5. Juli 1787 in München, gest. am 28. Aug. 1867 in Heidelberg. Zunächst Privatdozent Feuerbachs, ab 1811 Prof. für Strafprozessrecht, deutsches Privatrecht u. deutsche u. römische Rechtsgeschichte u. a. in Landshut, Bonn u. Heidelberg. Er arbeitete rechtsvergleichend und setzte sich für einen reformierten Strafprozess sowie einen humanisierten Strafvollzug ein, indem er z. B. zahlreiche Einwände gegen die Todesstrafe erhob. Vgl. *Kleinheyer/Schröder-Schröder*, Juristen, S. 273 ff.

[21] Geb. am 5. Juni 1808 in Schiffelbach bei Marburg, gest. am 11. Okt. 1870 in Heidelberg. Prof. für römisches Recht in Marburg u. Heidelberg, bekannt geworden durch seine Pandektenvorlesungen u. sein dreibändiges „Lehrbuch der Pandekten", in dem er den ganzen Stoff des *Corpus iuris* behandelt; vgl. *Kleinheyer/Schröder*, Juristen, Anhang, S. 515, Stichwort: Vangerow; *Erich Döhring*, Geschichte der deutschen Rechtspflege seit 1500, 1953, S. 453.

[22] Universitätsarchiv Heidelberg, H-II-111/38, fol. 13: Zirkular Dekan Prof. v. Vangerow, „Herr Gerber examiniert am 1. Februar mit der Note summa cum laude, promoviert am 2. Februar 1843. Vangerow"; ebd., fol. 17 f: Interpretationis legis 10 X de testament. tentamen; ebd., fol.19 f: Interpretationis ad leg. XCI Dig. De Reg. Jur. tentamen. Anders *Beschorner*, Gerber, S. 88, der zwar Gerbers Studienzeit in Heidelberg mit der gleichen Zeitspanne angibt, die Promotion Gerbers am 2. Febr. 1843 aber an der Universität Carolina Albertina (Leipzig) ansiedelt, ohne entsprechende Quellenangabe. Widersprüchlich *Losano*, Studien, S. 6 u. S. 305, der die Studienzeit Gerbers in Heidelberg ebenfalls bis Ostern 1843 angibt (S. 6), dann aber in der zusammenfassenden Biographie Gerbers (S. 305) auf die Zeit bis 1842 beschränkt und die Promotion Gerbers an die Universität Leipzig bindet, ohne entsprechende Quellenangabe. Ebenso erwähnt *Wolfgang Pöggeler*, Einleitung, in: Gerber, Das wissenschaftliche Prinzip des gemeinen deutschen Privatrechts, Nachdr. der Ausgabe 1846, 1998, S. 7, Gerber habe Anfang 1843 in Leipzig promoviert. Die Promotionsunterlagen befinden sich jedoch in Heidelberg. In Leipzig konnte zu Gerber nur die erste Immatrikulationszeit ohne Hinweis auf eine Promotion an der Universität Leipzig gefunden werden, so dass davon auszugehen ist, dass Gerber in Heidelberg promovierte. Dies lässt sich zeitlich auch nachvollziehen. So auch Nachruf, in: *Dresdner Nachrichten*, 24. Dez. 1891, Nr. 358, Bl. 1, Sp. 1 u. *Schmidt-Radefeldt*, Gerber, S. 25.

sche Staatsexamen und habilitierte sich schon 1844, im Alter von nur 21 Jahren, an der Universität Jena mit einem erbrechtlichen Thema[23].

[23] *Gerber*, De unione prolium observationes, publice defendet autor Carolus Fridericus Gerber. Jena 1844.

§ 3 Beruflicher Werdegang

I. Gerbers akademische Laufbahn

Gerber vermochte nach dem Abschluss seiner universitären Ausbildung einschließlich seiner Habilitation sein Lebensglück nicht in der Tätigkeit als praktischer Jurist zu sehen und schlug deshalb die wissenschaftlich-akademische Laufbahn ein. An seinen Lehrer und Freund Mittermaier schrieb er 1844: *„Nach einer langen und reiflichen Überlegung, nach einer Erwägung der großen Schwierigkeiten des Berufs eines akademischen Lehrers, nach einem hinreichenden Blicke in die Praxis kehrte ich, durch eine innere Stimme getrieben, stets zu dem Gedanken zurück, die akademische Carrière zu verfolgen, indem dieser Beruf allein eine Befriedigung meines Dranges nach höherer Thätigkeit mich erwarten ließ. Die Überzeugung, allein auf diesem Wege glücklich werden zu können, hat mich auch dann nicht verlassen, nachdem ich ein halbes Jahr lang alle Zweige der praktischen Jurisprudenz kennen zu lernen mich bemüht habe."*[1]

Die Veröffentlichung seines ersten größeren Werkes „Das wissenschaftliche Prinzip des gemeinen deutschen Privatrechts" 1846 brachte ihm gleich aufgrund des begrifflich-methodischen Neuansatzes[2] große Anerkennung und begründete seinen wissenschaftlichen Ruf. Noch im gleichen Jahr trug ihm die Universität in Königsberg eine ordentliche Professur an[3], die Gerber wohl aus

---

[1] Brief Gerbers an Mittermaier v. 31. März 1844, in: Deutsche Juristenzeitung. Festnummer zum 500jährigen Jubiläum der Universität Leipzig, 1909, Sp. 996 ff, Sp. 997 f. Welche praktischen juristischen Tätigkeiten Gerber kennen lernte oder selbst ausübte, teilt er nicht mit. Nach Recherchen v. *Schmidt-Radefeld*, Gerber, S. 27 f war Gerber neun Monate beim Fürstlichen Amt Ebeleben tätig. Im Nachruf für Gerber (Nachruf, in: *Dresdner Nachrichten*, 24. Dez. 1891, Nr. 358, Bl. 1, Sp. 1) heißt es, dass er „ein Jahr lang als praktischer Jurist in seiner Heimat tätig" war; so auch *Hans Beschorner*, Gerber, in: ADB, Bd. 49, Kaiser Friedrich III.–Hanfstein, Nachdr. der 1. Aufl. 1904, 1971, S. 291 ff, S. 291.

[2] Vgl. dazu näher *Schmidt-Radefeldt*, Gerber, S. 107 ff.

[3] *Beschorner*, Gerber, S. 91; *Losano*, Studien, S. 306; anders *Schmidt-Radefeldt*, Gerber, S. 32, wonach der Ruf nach Gerbers eigenen Angaben erst im Januar 1847 erfolgt sei, sich allerdings überraschenderweise im Bestand des Geheimen Staatsarchivs Preußischer Kulturbesitz keine Hinweise auf eine beabsichtigte Berufung Gerbers nach Königsberg befänden, so dass gemutmaßt werden könnte, Gerber habe nur seinen „Marktwert zu Hause" durch den Ruf an eine weit entfernte Universität steigern wollen. Im Hinblick darauf, dass Rufe nicht immer dokumentiert wurden und bis heute Uneinigkeit darüber herrscht, wann von einem 'Ruf' gesprochen werden kann, erscheint dies nicht zuletzt unter Beachtung des immer wieder hervortretenden Pflichtbewußtseins Gerbers und seiner Korrektheit zweifelhaft, zumal er sich mit seinem große Anerkennung erlangenden Werk „Das wissenschaftliche Prinzip des gemeinen deutschen Privatrechts" bestens empfohlen hatte.

Rücksicht auf den Wunsch seines Vaters, die ersten Jahre in Jena zu bleiben[4], ablehnte. Wenige Monate später[5] wurde er außerordentlicher Professor in Jena. Schon ein Jahr später nahm Gerber als Nachfolger des verstorbenen *Ernst Adolph Theodor Laspeyres*[6] den Ruf als ordentlicher Professor nach Erlangen auf dessen Lehrstuhl für deutsches Recht an und war damit einer der jüngsten ordentlichen Professoren.

Seinen hohen wissenschaftlichen Rang rechtfertigte er bereits 1848 und 1849 mit der Veröffentlichung seines aufsehenerregenden zweibändigen Werkes über das „System des deutschen Privatrechts" in Jena, in dem er das deutsche Privatrecht streng systematisch-begrifflich und juristisch-konstruktiv darstellt[7]. Es prägte die Privatrechtslehre über Jahrzehnte und erfuhr 17 Auflagen[8] bis 1895.

Gerbers wissenschaftlicher Erfolg spiegelt sich aber auch in der Vielzahl der ihm angetragenen Professuren wider. Nach vier Jahren in Erlangen folgte er, weitere Berufungen nach Rostock und Gießen ausschlagend, dem Ruf nach Tübingen, wo er Nachfolger des bedeutenden romanistischen Straf- und Zivilrechtlers *Karl-Georg von Wächter*[9] und zugleich Vizekanzler, seit 1855 Kanzler der Universität wurde. In dieser Position war er auch Regierungsbevollmächtigter und damit verfassungsmäßiges Mitglied der zweiten Kammer des Württembergischen Parlaments[10].

---

[4] Gerber schrieb an Mittermaier 1844: „*Mein guter Vater, der bei seinem hohen Alter gewünscht hatte, dass ich recht schnell meine äußern Verhältnisse in Ordnung bringen möchte, wie es in meinem Vaterlande nach meinen Ansprüchen zu hoffen war, willigte zwar endlich in meinen Plan* [akademische Laufbahn] *ein, aber nur unter der Bedingung, dass ich für die ersten Jahre nicht nach Heidelberg, sondern nach Jena gehen möchte, indem es im Anspruche seines hohen Alters liege, mich nicht so weit entfernt zu wissen.*" Brief Gerbers an Mittermaier v. 31. März 1844, in: Deutsche Juristenzeitung 1909, Sp. 997 f.

[5] *Beschorner*, Gerber, S. 91; *Losano*, Studien, S. 306.

[6] Geb. am 9. Juli 1800 in Berlin, gest. am 15. Febr. 1869 in Halle/Saale, Lehrtätigkeit auf den Gebieten Rechtsgeschichte, deutsches Privatrecht u. Kirchenrecht in Berlin, Prof. in Halle/Saale, ab 1844 als Nachfolger Feuerbachs in Erlangen; *Hartwig Brandt*, Laspeyres, in: NDB., Bd. 13, Krell–Laven, 1982, S. 659 f.

[7] Siehe *Schmidt-Radefeld*, Gerber, S. 159 ff.

[8] Die Auflage von 1895 wurde von Konrad Cosack bearbeitet.

[9] Geb. am 24. Dez. 1797 in Marbach a. Neckar, gest. am 15. Jan. 1880 in Leipzig, u. a. Prof. u. Universitätskanzler in Tübingen, seit 1852 in Leipzig, bedeutendste Werke sind das „Lehrbuch des römisch-teutschen Strafrechts" (2 Bde. 1825/26) u. das „Handbuch des im Königreiche Württemberg geltenden Privatrechts" (2 Bde. 1839–1851); vgl. *Kleinheyer/Schröder*, Juristen, Anhang, S. 517, Stichwort: Wächter; *Döhring*, Geschichte, S. 455.

[10] § 133 Württembergische Verfassung von 1819 statuiert den Kanzler der Landesuniversität Tübingen zum Mitglied der zweiten Kammer.

Von 1857 bis zum vorläufigen Abschluss der Arbeiten 1861[11] wirkte er als Mitglied der Kommission für das erste deutsche Handelsgesetzbuch maßgeblich bei der Erstellung des Allgemeinen Deutschen Handelsgesetzbuchs von 1861[12] mit. Daraufhin bot ihm der König von Württemberg 1861 das Württembergische Kultusministerium an, das Gerber jedoch ablehnte. Die Haltung des württembergischen Königs gegenüber der katholischen Kirche erschien ihm für diese zu günstig[13], was Rückschlüsse auf die Bedeutung zulässt, die Gerber seinem religiösen Bekenntnis zumaß.

Für kurze Zeit folgte er 1862 einem Ruf als Professor und zugleich Rat des Oberappellationsgerichts nach Jena, um endlich Ostern 1863 an der Universität zu Leipzig als Ordinarius für deutsches privates und öffentliches Recht sowie Kirchenrecht zu lehren. Seinem langjährigen Freund *Rudolph von Jhering*[14], einem der berühmtesten Juristen seiner Zeit, bekannte er die Motivation seines Weggangs von Jena, wo er „die beliebteste Person"[15] und zudem die mit dem höchsten Gehalt[16] geworden war: *„Ich habe gestern zugesagt, weil ich es meiner Lebensaufgabe schuldig zu sein glaubte, den größten mir gebotenen Wirkungskreis anzunehmen, durch den rückwärts auch die Spannkraft meiner Kräfte erhöht würde. Ich fühle, daß ich hier, wo ich alle Ansprüche so ganz befriedige, in*

---

[11] An den weiteren Sitzungen der Handelsgesetzgebungskommission 1866 arbeitete Gerber erneut mit; vgl. Gerbers Bericht hierüber in dem Brief an Jhering v. 6. Dez. 1866, in: *Losano*, Briefwechsel, Brief Nr. 252, S. 608.

[12] Die Kommission beriet den Entwurf bis zum 12. März 1861 und legte ihn am 14. März 1861 der Bundesversammlung vor, die jedoch mangels entsprechender Gesetzgebungskompetenz am 31. Mai 1861 den deutschen Ländern nur die Übernahme in Landesrecht empfehlen konnte, dem die Länder ganz überwiegend bis 1866 nachkamen. Preußen publizierte ihn bereits am 24. Juni 1861, Sachsen mit dem Gesetz, die Einführung des allgemeinen deutschen Handelsgesetzbuchs betreffend, vom 30. Okt. 1861 (in Kraft zum 1. März 1862 gem. § 1), KglGVBl. 1861, S. 307–490. Zum Entwurf inhaltlich und zu dessen Einführung in den deutschen Ländern vgl. *Friedrich v. Hahn*, Kommentar zum ADHGB, Bd. 1, Das erste, zweite und dritte Buch des Handelsgesetzbuches, 2. Aufl., 1871 und Bd. 2, Das vierte Buch des Handelsgesetzbuches, 2. Aufl., 1871.

[13] Vgl. unten § 15 II. 2.; *Losano*, Studien, S. 6 f.

[14] Geb. am 22. Aug. 1818 in Aurich, gest. am 17. Sept. 1892 in Göttingen. Er folgte mit seinem Werk „Geist des römischen Rechts auf den verschiedenen Stufen seiner Entwicklung" (3 Bde.) noch der begriffsjuristisch-konstruktiven Methode, wendete sich dann aber einer die gesellschaftlichen Grundlagen des Rechts beachtenden Methodik zu mit seinem Werk „Der Zweck im Recht" (2 Bde.). Gründer u. Herausgeber (zeitweise mit Gerber gemeinsam) der bekannten Zeitschrift „Jahrbücher für die Dogmatik des heutigen römischen und deutschen Privatrechts". Vgl. *Kleinheyer/Schröder-Schröder*, Juristen, S. 220 ff.

[15] Brief Gerbers an Jhering v. [Januar 1863], in: *Losano*, Briefwechsel, S. 516 f, S. 517.

[16] Brief Gerbers an Jhering ebd.

Gefahr war, mich in dem Genuß der lieblichen Jenaer Behaglichkeit zu verlieren."[17]

Gerber hat aber nicht nur dem Privatrecht, sondern auch dem Staatsrecht neue methodische Wege gewiesen. Bereits 1865 trat er in Leipzig mit seinem Werk „Grundzüge eines Systems des deutschen Staatsrechts" mit durchschlagendem Erfolg hervor. Zuvor hatte er 1852 in seiner vielbeachteten Schrift "Über öffentliche Rechte" erstmals seine Ansichten zur wissenschaftlich-konstruktiven Systematisierung des Staatsrechts skizziert[18]. Von 1865/ 66 bis 1867 bekleidete Gerber das Amt des Rektors der Universität Leipzig, von 1868 bis 1871 war er Dekan der Juristenfakultät. Die Leipziger Zeit bildete den Höhepunkt und zugleich die letzte Station seiner erfolgreichen akademischen Laufbahn.

II. Gerbers politische Laufbahn

Gerber widmete sich in seiner „Leipziger Zeit" nun zunehmend mehr politischen Aufgaben. Er nahm als Abgeordneter des Landkreises Leipzig 1867 am konstituierenden Reichstag des Norddeutschen Bundes teil und gehörte 1871 der ersten sächsischen Evangelisch-Lutherischen Landessynode an, die ihn zu ihrem Präsidenten wählte[19].

Schließlich beendete er 1871 seine akademische Laufbahn, um als Kultusminister mit Wirkung zum 1. Oktober 1871[20] in den sächsischen Staatsdienst einzutreten. Über zwanzig Jahre, bis zu seinem Tod am 23. Dezember 1891, führte Gerber dieses Ministeramt und die damit verbundenen Aufgaben eines 'Ministers in Evangelicis'. Seit 1876 war er darüber hinaus Generaldirektor der königlichen Sammlungen für Kunst und Wissenschaft.

Am 31. Januar 1891 wurde Gerber zum Vorsitzenden der Minister in Evangelicis[21] ernannt und erhielt am 31. März desselben Jahres den Vorsitz im Gesamtministerium[22], der in der Regel dem dienstältesten Minister übertragen wurde. Der Vorsitzende des Gesamtministeriums wurde auch häufig als Minis-

---

[17] Brief Gerbers an Jhering, ebd.
[18] Vgl. dazu eingehender unten § 6.
[19] Vgl. dazu näher unten § 7 u. § 8.
[20] Zu den unterschiedlichen Angaben über seinen Amtsantritt vgl. unten § 15 IV.
[21] SächsHStA, Min. f. Volksbildung, Nr. 10362, Bl. 78; vgl. dazu näher §§ 13, 14.
[22] SächsHStA, Min. f. Volksbildung, Nr. 10362, Bl. 83.

terpräsident bezeichnet[23]. Beide Funktionen konnte Gerber unerwartet nur wenige Monate ausüben.

Für seine Verdienste ehrte ihn die Sächsische Krone 1878 mit der Verleihung des erblichen Adelstitels, nachdem Gerber bereits 1862 in Jena den persönlichen Adelstitel erhalten hatte, und ließ ihm schließlich 1888 die höchste sächsische Auszeichnung, die Rautenkrone, zuteil werden.[24] Bei der Beerdigung Gerbers am 27. Dezember 1891 war auch der König anwesend und erwies ihm die letzte Ehre[25].

---

[23] Zur teilweise verwendeten Bezeichnung „Ministerpräsident" vgl. unten § 10 I. und § 10, Fn. 7.

[24] *Beschorner*, Gerber, S. 105; *Losano*, Studien, S. 10, Fn. 3.

[25] Vgl. zu Gerbers Beerdigung den Bericht der *Dresdner Nachrichten*, 28. Dez. 1891, Nr. 362, Bl. 1, Sp. 1 ff, Sp. 2.

Zweites Kapitel
Gerbers Verdienste um das deutsche Staats- und Privatrecht

§ 4 Gerber und der begriffsjuristische Rechtspositivismus

I. Allgemeines

Werk und Wirken Gerbers stehen in engem Zusammenhang mit den positivistischen Tendenzen in der Rechtswissenschaft seit der zweiten Hälfte des 19. Jahrhunderts. Mit seinen Hauptwerken auf den Gebieten des Privatrechts und des Staatsrechts trug er wesentlich zur Herausbildung eines systematischen, konstruktiven und spezifisch juristischen Rechtspositivismus bei.

Der Rechtspositivismus zielt, allgemeiner betrachtet, unter Grenzziehung zu Modellen metaphysischer Rechtsbegründung auf die Bestimmung und Erklärung des Rechts als einem lückenlosen System aus sich selbst heraus, wenngleich eine hinreichende Begriffsbestimmung bisher nicht erreicht werden konnte[1]. Er stellt damit einen besonderen Aspekt des mit der Herausbildung von Fachwissenschaften einhergehenden, um die Spezifikation von Methode und Gegenstand des jeweiligen Wissenschaftszweiges in Abgrenzung zu anderen Fachbereichen und insbesondere moralischen Erkenntnisquellen bemühten allgemeinen Positivismus dar[2]. Der begriffsjuristisch orientierte, systematische Rechtspositivismus des 19. Jahrhunderts kann in gewisser Weise als die Fortsetzung des Schulenstreits[3] um das geltende Recht und insbesondere seinen Geltungsgrund als eines vom Menschen gesetzten Rechts begriffen werden.

Den Gegenstand rechtswissenschaftlicher Betrachtung engte bereits die 'Historische Rechtsschule' erheblich ein, indem sie sich auf die geschichtlich-systematische Dimension des Rechts konzentrierte. Sie kann auf Grund ihres Ansatzes und ihrer Methode einem historisch geprägten Positivismus zugeordnet werden. Einen deutlich stärker systematischen Schwerpunkt setzte *Puchta*[4] mit der Zurückführung des Rechts auf ein System aufeinander aufbauender Begrif-

---

[1] *Dieter Wyduckel*, Normativität und Positivität des Rechts, in: Aarnio (u. a. Hrsg.), Rechtsnorm und Rechtswirklichkeit. FS für Werner Krawietz zum 60. Geburtstag, 1993, S. 437 ff, S. 449, der einen detaillierten Überblick zur Entwicklung der Positivität des Rechts und des Rechtspositivismus vermittelt. Ebenso instruktiv *Walter Ott*, Der Rechtspositivismus. Kritische Würdigung auf der Grundlage eines juristischen Pragmatismus, 2. Aufl. 1992, S. 44 ff. Vgl. weiter *Franz Wieacker*, Privatrechtsgeschichte der Neuzeit, 2. Aufl. 1967, S. 433.

[2] *Karl Larenz*, Methodenlehre der Rechtswissenschaft, 6. Aufl. 1991, S. 36; *Wyduckel*, Normativität und Positivität, S. 449.

[3] Vgl. § 3 III.

[4] Zur Person vgl. § 2 II.

fe[5]. Er begrenzte seine Methode jedoch im Wesentlichen auf den begrifflich-systematischen Aspekt und die Funktion der Ausfüllung von Lücken im Recht[6]. Erst Gerber verdrängte das historische Element zugunsten des systematischen fast vollständig. Ihm kam es für die wissenschaftliche Bearbeitung des Rechtsstoffs auf *„die Analyse und Construktion des rein juristischen Elements der Rechtsinstitute“*[7] an. *„Die Consequenz eines nach dem Inhalt der Rechte zu schaffenden Systems [...] verlangt Rechenschaft über das Maß des zu liefernden Stoffes, Ausscheidung alles Fremdartigen und eine von allem geistlosen Erzählen entfernte Darstellung [...].“*[8] Er zielte deshalb auf *„eine möglichst consequente Trennung des Geschichtlichen (welches möglichst ausgeschieden werden sollte) vom Dogmatischen und besonders des Staatsrechtlichen und Politischen vom Privatrechte“*[9].

Die damit einhergehende Entfremdung der Rechtswissenschaft von der sozialen Wirklichkeit wurde zu Recht ungeachtet des zu befürwortenden und erstrebten Maßes an Rechtssicherheit jedoch als nicht unproblematisch erkannt. Im Ergebnis fanden so in einer gegenläufigen Entwicklung zweckbestimmte Interessenabwägungen und soziale Verwurzelung des Rechts als Aspekte der Rechtsbildung wieder zunehmend Berücksichtigung, wie nicht zuletzt im Werk Jherings deutlich wird[10].

II. Gerbers Stellung im Schulenstreit zwischen Romanisten und Germanisten

Mit seinem Werk „System des deutschen Privatrechts“ griff Gerber richtungsweisend in den so genannten Schulenstreit, die Auseinandersetzung der Romanisten und Germanisten um die Quellen eines gemeinen deutschen Privatrechts, ein.

Die Ursprünge des Schulenstreits sind in dem Bestreben zu suchen, das Naturrechtsdenken zu überwinden. Aus der kritischen Auseinandersetzung mit dem Naturrecht, dem aufklärerischen Rationalismus und der französischen Re-

---

5 *Pöggeler*, Einleitung zu Gerber, Das wissenschaftliche Prinzip, S. 20 ff; *Kleinheyer/Schröder-Schröder*, Juristen, S. 329 f; *Wieacker*, Privatrechtsgeschichte, S. 430.
6 *Pöggeler*, Einleitung zu Gerber, Das wissenschaftliche Prinzip, S. 21 f; *Haferkamp*, Puchta, S. 443 ff.
7 *Gerber*, System des deutschen Privatrechts, 1848, Nachdr. 1983, Vorrede, S. XVI.
8 *Gerber*, ebd., S. VII.
9 *Gerber*, ebd., S. XVI.
10 Der sich in erstaunlicher Weise von der von ihm in jungen Jahren unterstützten konstruktivistischen Methode abwandte; hierzu eingehend *Losano*, Studien, S. 29 ff, S. 177 ff.

volution von 1789 bildete sich die von *Friedrich Carl v. Savigny*[11] durch seine historisch-systematische Behandlung des Rechts beherrschte 'Historische Rechtsschule'[12]. Sie ist eng mit dem bekannten Disput Savignys mit Thibaut 1814/ 15 um die Notwendigkeit einer Kodifikation des bürgerlichen Rechts in Deutschland[13] verbunden und vollzog die Hinwendung zu einem geschichtlichen Denken im Recht, indem sie die Rechtsgeschichte zur Erkenntnisquelle des geltenden Rechts erhob und so auf eine geschichtliche Rechtswissenschaft[14] zielte. Das römische Recht, verstanden als ein vom Volksgeist getragenes, organisch gewachsenes Recht sollte neu belebt und für das gegenwärtige Recht wirksam werden. Dabei war die historische Entwicklung des Rechts nicht eigentlich zentraler Untersuchungsgegenstand, denn methodologisch erfolgte vielmehr die Anknüpfung an eine bestimmte Geschichtsauffassung, die das klassische römische Recht unter Vernachlässigung der vorausgehenden und nachfolgenden Rechtsfortbildung zum Zentrum der Forschung erhob[15].

---

[11] Geb. am 21. Febr. in Frankfurt a. M., gest. am 25. Okt. 1861 in Berlin, Lehrtätigkeit in Marburg, ab 1808 Prof. für römisches Privatrecht in Landshut, seit 1810 in Berlin, 1817 Ernennung zum Mitglied des preußischen Staatsrats, 1842 zum preußischen Staats- u. Justizmin., 1847 zum Präsidenten des Staatsrats, 1848 Rücktritt. Seine rechtstheoretischen Werke „Vom Beruf unserer Zeit für Gesetzgebung und Rechtswissenschaft" und „System des heutigen Römischen Rechts" beruhen auf einer historisch-systematischen Methode; *Kleinheyer/Schröder-Schröder*, Juristen, S. 352 ff; *Joachim Rückert*, Idealismus, Jurisprudenz und Politik bei Friedrich Carl von Savigny, 1984 (Abhandlungen zur rechtswissenschaftlichen Grundlagenforschung, Bd. 58), S. 303 ff.

[12] Zur 'Historischen Rechtsschule' Savignys vgl. den Überblick bei *Larenz*, Methodenlehre, S. 11 ff; *Ernst-Wolfgang Böckenförde*, Recht, Staat, Freiheit. Studien zur Rechtsphilosophie, Staatstheorie und Verfassungsgeschichte, 2. Aufl., 1992, S. 9 ff; *Maximiliane Kriechbaum*, Römisches Recht und neuere Privatrechtsgeschichte in Savignys Auffassung von Rechtsgeschichte und Rechtswissenschaft, in: Zimmermann (u. a. Hrsg.), Rechtsgeschichte und Privatrechtsdogmatik, 1999, S. 41 ff sowie *Joachim Rückert*, Historische Rechtsschule, in: Der neue Pauly. Enzyklopädie der Antike. Rezeptions- und Wissenschaftsgeschichte, Bd. 14, 2000, Sp. 464 ff.

[13] Thibaut hatte sich mit seiner Schrift „Ueber die Nothwendigkeit eines allgemeinen bürgerlichen Rechts für Deutschland" (1814) für eine Kodifikation ausgesprochen. Dagegen wendete sich Savigny mit seiner Schrift „Vom Beruf unserer Zeit für Gesetzgebung und Rechtswissenschaft" (1814). Der erste Band der von Savigny u. a. herausgegebenen „Zeitschrift für geschichtliche Rechtswissenschaft" erschien 1815.

[14] Vgl. hierzu *Friedrich Carl v. Savigny*, Über den Zweck dieser Zeitschrift, in: ders. (u. a. Hrsg.), Zeitschrift für geschichtliche Rechtswissenschaft, Bd. 1 (1815), Nachdr. der Ausg. 1815, 1966, S. 2 ff

[15] Vgl. zur Geschichtlichkeit der Historischen Rechtsschule *Ernst-Wolfgang Böckenförde*, Die Historische Rechtsschule und das Problem der Geschichtlichkeit des Rechts, in: Collegium Philosophicum. Studien. Joachim Ritter zum 60. Geburtstag, 1965, S. 9 ff, S. 19 ff, der ihre Methode als 'ungeschichtlichen Historismus' charakterisiert, S. 16; *ders.*, Recht, Staat, Freiheit, S. 9 ff, S. 17 ff. Siehe auch *Dieter Wyduckel*, Schnittstellen von Rechtstheorie und Rechtsgeschichte. Warum die Rechtsgeschichte der Rechtstheorie und die Rechtstheorie der

Zunächst noch neben den Romanisten, bald aber in Gegensatz zu diesen, stand die Rechts- und Methodenlehre der Germanisten, die besonders von *Karl Friedrich Eichhorn*[16], dem germanistischen Mitbegründer der 'Historischen Rechtsschule', geprägt wurde. Ihre wissenschaftliche Tätigkeit galt dem 'germanischen' Anteil an der deutschen Rechtsentwicklung. Die Germanisten vertraten die im Hinblick auf das territorial stark zersplitterte deutsche Partikularrecht problematische Ansicht, dass auch im germanisch-deutschen Recht allgemeine allen Partikularrechten zugrunde liegende Regeln enthalten seien, und befürworteten im Gegensatz zu den Romanisten eine Kodifikation des Rechts. Auch Gerber nahm die Existenz eines gemeinen deutschen Privatrechts an, wenngleich er ihm keine unmittelbare Geltung zuerkennen wollte[17]. Damit entschied Gerber die Frage nach der positiven Geltung des gemeinen deutschen Privatrechts negativ. Nicht zuletzt deshalb kritisierten die Germanisten sein privatrechtliches Werk.

Hintergrund und eigentliche Triebkraft des Schulenstreits war letztlich der auf die Ebene rechtswissenschaftlicher Diskussion gehobene politische Meinungskampf zwischen konservativ ausgerichteten Romanisten und den eher engagiert nationalliberal orientierten Germanisten[18]. Besonders auf dieser Motivation beruhte die Kritik an Gerbers „System des deutschen Privatrechts“ (1848). Darin führte er die Versuche der Germanisten, den germanisch-deutschen Rechtsstoff mit der Methode der Romanisten zu durchdringen, zu einem methodologischen Höhepunkt, indem er die romanistische, vom Inhalt der einzelnen Rechte ausgehende Konstruktionstheorie seiner Systematik des 'germanischen' Rechtsstoffes zugrunde legte[19]. Er wurde so als „Romanist“[20] bezeichnet und sein Werk angefeindet, weil es „die deutsche Seele im deutschen Rechte“[21] töten

---

Rechtsgeschichte bedarf, in: Manuel Atienza (u. a. Hrsg.), Theorie des Rechts und der Gesellschaft. FS für Werner Krawietz zum 70. Geburtstag, 2003, S. 114 ff.

[16] Geb. am 20. Nov. 1781 in Jena, gest. am 4. Juli 1854 in Köln, Prof. in Frankfurt/Oder (Vorlesungen über alle Rechtsgebiete, ausgenommen Strafrecht), Berlin u. Göttingen, bekannt bereits durch sein historisch-wissenschaftliches Werk „Deutsche Staats- und Rechtsgeschichte“ (1808); vgl. *Kleinheyer/Schröder-Schröder*, Juristen, S. 119 ff.

[17] *Gerber*, Das wissenschaftliche Prinzip des gemeinen deutschen Privatrechts, Nachdr. der Ausgabe 1846, 1998, S. 272 ff, S. 292 f; *Losano*, Studien, S. 92; *Pöggeler*, Einleitung zu Gerber, Das wissenschaftliche Prinzip, S. 34; vgl. unten § 5 III.

[18] *Losano*, Studien, S. 38 ff; *Wilhelm*, Methodenlehre, S. 123 ff.

[19] In seinem Werk „Das wissenschaftliche Prinzip des gemeinen deutschen Privatrechts“ von 1846 umreißt er zunächst das Problem und die Methode, zeigt aber erst 1848 in seinem „System des Deutschen Privatrechts“ die Lösung auf. Vgl. *Pöggeler*, Einleitung zu Gerber, Das wissenschaftliche Prinzip, S. 32 f.

[20] Dagegen wendet sich Gerber in seiner Vorrede: *Gerber*, System des deutschen Privatrechts, 5. Aufl., 1855, S. XXVIII.

[21] *Otto v. Gierke*, Deutsches Privatrecht, Bd. 1, 1895, S. 92.

wolle, womit letztlich die Missachtung liberaler Forderungen gemeint gewesen sein dürfte. Gerbers Arbeit erscheint indessen weniger politisch motiviert[22] als von dem Ziel wissenschaftlicher Durchdringung des 'germanischen' Rechtstoffs getragen. Gewiss rechtfertigen seine Abneigung gegen demokratische Bestrebungen[23] sowie die herrschaftsstabilisierende Tendenz seiner staatsrechtlichen, die konstitutionelle Monarchie beschreibenden und diese rechtlich sichernden Werke die überwiegende Einschätzung Gerbers als konservativ[24]. Andererseits begrüßte Gerber die Reichsgründung 1871 unter anderem in der Hoffnung auf ein einheitliches deutsches Recht, was wiederum liberalen Forderungen entsprach. Er ist daher wissenschaftlich und politisch nicht einer der Rechtsschulen zuzuordnen, sondern bestimmte, diesen insbesondere durch sein Streben nach Trennung des Rechts von politischen und sozialen Elementen entwachsend, in konservativer Grundhaltung die Fortentwicklung der Rechtswissenschaft zum begrifflich-konstruktiv ausgerichteten rechtswissenschaftlichen Positivismus maßgeblich mit.

III. Der Gesetzespositivismus bei Gerber

Gerber unterstellte seine rechtswissenschaftliche Arbeit dem Ziel der Abgrenzung des Rechts von sozialen und politischen Momenten, der Abscheidung von metaphysischen Einflüssen und Trennung des Privatrechts vom Staatsrecht[25]. Ihm gelang es, die Institute des deutschen Privatrechts, deren Darstellung in zeitgenössischen Schriften noch häufig auf die bloße Beschreibung und Entwicklungsgeschichte einzelner Rechtsinstitute beschränkt blieb, einem wissenschaftlichen System einzugliedern.

Die bis dahin von den Germanisten vertretene Ansicht, dass auch dem gemeinen deutschen Privatrecht unmittelbare Geltung zukomme, bestritt er mit

---

[22] Vgl. *Pauly*, Methodenwandel, S. 94, der Gerber zugesteht, „in der juristischen Arbeit nicht unkontrolliert politisch, sondern dem Anspruch nach zuerst wissenschaftlich" zu sein.

[23] Vgl. Gerbers Äußerungen in den Briefen an seine Frau Helene vom konstituierenden Reichstag des Norddeutschen Bundes, Brief v. 23. Jan. 1867, S. 226; Brief v. 30. März 1867, S. 265 ff, S. 266, in: *Marie v. Gerber*, Aus den Briefen Carl von Gerbers vom konstituierenden Reichstag des Norddeutschen Bundes, in: Neues Archiv für Sächsische Geschichte Bd. 60 II (1939), S. 224 ff.; vgl. auch unten § 6 II. 2. u. § 7 II. 3.

[24] *Wilhelm*, Methodenlehre, S. 124 f, S. 125, Fn. 157; *Oertzen*, Staatsrechtslehre, S. 195, wenngleich dieser liberale Tendenzen der Staatsrechtslehre Gerbers herausarbeitet; *Pauly*, Methodenwandel, S. 136 f; *Schönberger*, Das Parlament, S. 31 ff, erkennt die herrschaftsstabilisierende Wirkung der Staatsrechtslehre Gerbers an (*Schönberger*, ebd., S. 29 f), differenziert aber in der Frage, ob der staatsrechtliche Positivismus 'konservativ' oder 'progressiv' war.

[25] *Gerber*, System, Vorrede, S. VII, S. XVI.

dem Hinweis, dass einem solch konstruierten Recht das die Geltung vermittelnde konstitutive Moment fehle[26]. Geltung komme nur dem positiven Recht zu, d. h. Gesetzen, Gewohnheitsrecht und rechtswissenschaftlich begründetem Recht. Als Gesetze werden dabei nur solche Rechtsnormen verstanden, die auf staatliche Rechtssetzung zurückgehen[27]. Diese Auffassungen lassen bereits Tendenzen eines Gesetzespositivismus erkennen[28].

Vor diesem Hintergrund stellte sich Gerber die Frage nach der Funktion der Rechtswissenschaft, als es in der zweiten Hälfte des 19. Jahrhunderts in zahlreichen deutschen Ländern zu Kodifikationen[29] kam, wie auch in Sachsen, wo er inzwischen an der Universität Leipzig lehrte, das 1865 und damit als einziges deutsches Land vor der Reichsgründung ein Zivilgesetzbuch[30] erließ. Es handelte sich hierbei aber um länderspezifisches Recht, so dass Gerber auch weiterhin die Aufgabe der Rechtswissenschaft in der Rekonstruktion des allen Partikularrechten zugrunde liegenden gemeinen, sie einenden Rechts sah[31]. Die Rechtswissenschaft erschien Gerber damit als ein Mittel zur Einigung Deutschlands. Tatsächlich kann die formale, systematische Behandlung des Rechtsstoffes als eine wissenschaftliche Vorstufe der Rechtseinheit in Deutschland durch die Vereinheitlichung der Rechtsdogmatik, des Rechtsunterrichts und der Recht-

---

[26] *Gerber*, Das wissenschaftliche Prinzip, S. 243, S. 272 f; vgl. Darstellung bei *Losano*, Studien, S. 138.

[27] *Gerber*, Das wissenschaftliche Prinzip, S. 276.

[28] Vgl. dazu *Pöggeler*, Einleitung zu Gerber, Das wissenschaftliche Prinzip, S. 35 f; *Losano*, Studien, S. 101 f. Gerbers Verständnis von Recht und Gesetz spiegelt sich auch in seinen ministeriellen Entscheidungen wieder: Im Rahmen einer Beschwerde des Pfarrers Dr. Zehme u. Genossen an die 'Minister in Evangelicis' gegen eine Entscheidung des Kultusministeriums, das dem Begehren der Beschwerdeführer um Absetzung des Riesaer Kirchenvorstands wegen gleichzeitiger Mitgliedschaft der Kirchenvorstände in dem Verein 'Freireligiöse Gemeinde' unter Hinweis auf eine fehlende gesetzliche Ermächtigung dazu nicht stattgegeben hatte, äußerte Gerber in seiner Stellungnahme an die in Evangelicis beauftragten Staatsminister zur Rechtfertigung seiner Entscheidung: Soweit die Beschwerdeführer tadeln, dass die Entscheidung allein vom Gesetz her, nicht aber auch vom Standpunkt der bestehenden Kirche gegeben sei, *"so beruht dies auf dem Irrthum, als könne eine für die Anwendung des bestehenden Rechts verantwortliche Regierung sich neben dem zur Entscheidung eines Falles ausdrücklich bestimmten Gesetzes willkürlich noch eine andere daneben bestehende Entscheidungsquelle wählen und auf diese nach Umständen zurückgreifen."* (SächsHStA, Gesamtmin., Evangelicis, Loc. D. 9, Bl. 274 v. fol., Bl. 275). Letztlich richten sich die Beschwerden nicht gegen die Entscheidung, sondern gegen das Gesetz; vgl. SächsHStA, ebd., Bl. 275 v. fol.

[29] Wechselordnung v. 1848, ADHGB v. 1861, Dresdner Entwurf eines Obligationenrechts v. 1865, Sächs. Strafgesetzbuch v. 1863.

[30] Vgl. hierzu die eingehende Studie bei *Christian Ahcin*, Zur Entstehung des bürgerlichen Gesetzbuchs für das Königreich Sachsen von 1863/65, 1996 (Studien zur Europäischen Rechtsgeschichte, Bd. 85).

[31] *Gerber*, Über deutsches Recht und deutsche Rechtswissenschaft überhaupt, in: Gesammelte juristische Abhandlungen, Bd. 1, 1872, S. 33 ff.

sprechung schon vor Begründung der gesetzlichen Einheit infolge der Einführung des BGB verstanden werden[32].

Seine methodologischen Prinzipien übertrug Gerber auch auf das Staatsrecht[33]. Dabei sah er die Grundlage und Abgrenzung des systematisch darzustellenden Staatsrechts zum Privatrecht[34] in der Unterscheidung nach der Trägerschaft des Willensmoments. Das Zentrum des Privatrechtssystems stellte danach der rechtliche Wille einer Person, des Staatsrechts dagegen ein allgemeiner Wille dar, m. a. W. die Staatsgewalt, die er dem Staat unmittelbar zuordnete[35]. Das Staatswesen als Ganzes fasste er dabei im Anschluss an seinen Lehrer *Albrecht*[36] als juristische Person auf[37]. Auf dieser Grundlage, d. h. mittels einer begrifflich-konstruktiven, auf die Erfassung des positiven Staatsrechts unabhängig von außerjuristischen Motiven gerichteten Methode, zielte Gerber auf den Aufbau einer als spezifisch juristisch verstandenen Staatsrechtswissenschaft.

IV. Das Dogma der Lückenlosigkeit des Systems

Aus dem gesetzespositivistischen Anspruch, das Recht ausschließlich aus dem System des positiven Rechts abzuleiten, resultierte das auch von Gerber befürwortete Dogma der Lückenlosigkeit des Systems[38] mit der Folge, dass alle Rechtsfälle konstruktiv aus dem System und durch ausnahmslose Subsumtion unter Rechtsnormen, d.h. unter Ausschluss aller anderen Elemente, zu lösen seien. Das so gewonnene System des Rechts wurde als alleinige Grundlage zur rechtlichen Beurteilung der Lebenssachverhalte angesehen und musste schon von daher in sich geschlossen sein. Die richterliche Rechtsprechung ist danach auf die Subsumtion des Lebenssachverhaltes unter die Rechts- bzw. Gesetzesnorm beschränkt, weil vermeintlich neues, durch den Richter gesetztes Recht stets schon im System latent begründet sei und so durch den Richter nur hervorgehoben, d. h. manifest gemacht werde. Richterliche Rechtsschöpfung[39], wie sie

---

[32] Vgl. *Losano*, Studien, S. 101 f; *Pöggeler*, Einleitung zu Gerber, Das wissenschaftliche Prinzip, S. 38; *Wieacker*, Privatrechtsgeschichte, S. 443.

[33] *Gerber*, Grundzüge des deutschen Staatsrechts, 1865; 2. Aufl. 1869; 3. Aufl. 1880.

[34] Vgl. unten § 6 III.

[35] *Gerber*, Das wissenschaftliche Prinzip, S. 27; *ders.*, Über öffentliche Rechte, 1852, Nachdr. der Ausgabe 1913, 1968, S. 46.

[36] Zur Person vgl. § 2 III., Fn. 17.

[37] *Uhlenbrock*, Der Staat, S. 43, S. 73 f; *Wyduckel*, Ius Publicum, S. 275 f; vgl. auch § 6 I. u. II. 1.

[38] *Wieacker*, Privatrechtsgeschichte, S. 436, Fn. 19; *Wilhelm*, Methodenlehre, S. 91 ff, S. 147 ff; *Losano*, Studien, S. 24.

[39] Die moderne Rechtswissenschaft sieht die Anwendung des Rechts vollzogen in Wechselbezug zwischen allgemeiner Regel und konkret zu beurteilendem Lebenssachverhalt und hat

wenig später die Freirechtslehre vertrat und wie sie dem heutigen Rechtsprechungsverständnis weithin eigen ist, war damit bereits systembedingt ausgeschlossen[40].

Dieser gesetzespositivistischen Auffassung lagen Wertvorstellungen wie die Neutralität und die Bindung des Richters an wissenschaftliche, bestimmte, rechtspositivistisch geprägte Auslegungsmethoden zugrunde. Sie wurden in der zweiten Hälfte des 19. Jahrhunderts durch die in den gesetzeserlassenden Ministerialbehörden tätigen Beamten, die selbst in der Regel Juristen waren, in die Rechtspraxis übertragen. Trotz aller berechtigten Kritik am Gesetzespositivismus, der das Recht aus seiner sozialen, wirtschaftlichen und politischen Verwurzelung löst und damit den Gegenstand juristischer Erkenntnis verengt, muss jedoch in Rechnung gestellt werden, dass das in der zweiten Hälfte des 19. Jahrhunderts herausgebildete juristische Methodenbewusstsein zur fachwissenschaftlichen Verselbständigung und Selbstvergewisserung des Rechts in Abgrenzung zu anderen Fachwissenschaften wesentlich beigetragen hat.[41]

das Dogma der Lückenlosigkeit aufgegeben; *Wieacker*, Privatrechtsgeschichte, S. 433, Fn. 10 m. w. N., S. 437; vgl. auch *Wyduckel*, Normativität und Positivität, S. 466 ff.

[40] Siehe zu diesem Richterbild *Regina Ogorek*, Richterkönig oder Subsumtionsautomat? Zur Justiztheorie im 19. Jahrhundert, 1986.

[41] *Ott*, Rechtspositivismus, S. 40, S. 213; *Wyduckel*, Ius Publicum, S. 261 f; *Wieacker*, Privatrechtsgeschichte, S. 459 f.

§ 5 Gerbers Wirken auf dem Gebiet des deutschen Privatrechts

I. Systematisierung des deutschen Privatrechts

Die herausragende Bedeutung Gerbers für die Entwicklung des deutschen Privatrechts in der zweiten Hälfte des 19. Jahrhunderts beruht vor allem auf seinem Hauptwerk „System des deutschen Privatrechts", das in zwei Teilen erstmals 1848 und 1849 erschien, sowie dem bereits 1846 veröffentlichten Werk „Das wissenschaftliche Prinzip des gemeinen deutschen Privatrechts". Letzteres darf als das methodische Programm der nachfolgenden umfassenden zweibändigen Darstellung des deutschen Privatrechts und Gerbers wissenschaftlicher Tätigkeit auf diesem Gebiet überhaupt betrachtet werden. Die zahlreichen weiteren Schriften[1] Gerbers sind demgegenüber Vertiefungen, Ergänzungen sowie Reaktionen auf Kritik seiner bekundeten Auffassungen vom germanisch-deutschen Recht[2]. Die nachfolgende Erörterung soll sich daher auf die beiden zentralen „Grundwerke" beschränken[3].

Gerbers Darstellung des gemeinen germanisch-deutschen Rechts fand breite[4], wenn auch nicht unumstrittene Anerkennung[5]. Sie wurde Grundlage der juristischen Ausbildung und prägte die Privatrechtswissenschaft der folgenden Jahrzehnte. Seine Systematisierung und wissenschaftliche Herauslösung des Rechtsstoffes aus geschichtlichen und metaphysischen Zusammenhängen führten die Rechtswissenschaft auf eine neue methodisch-systematische Qualitätsebene und zu einer Wende in der Rechtswissenschaft[6].

Die germanistische Rechtswissenschaft und die davon geprägte Literatur seiner Zeit charakterisierte Gerber als „bunte Mischungen", die nur die historische Entwicklung der einzelnen Rechtsinstitute, „das bloß faktische Material des Rechtes statt des Rechtes selbst"[7], nachzeichneten, deren inhaltliche Erörterung

---

[1] Vgl. die Bibliographie bei *Losano*, Studien, S. 274 ff.
[2] Vgl. *Losano*, ebd., S. 90; *Wilhelm*, Methodenlehre, S. 91.
[3] Vgl. hierzu im Einzelnen *Schmidt-Radefeldt*, Gerber, S. 159 ff.
[4] Nach den intensiven Forschungen von *Losano* fanden die Werke Gerbers jedoch fast ausschließlich im deutschsprachigen Raum Verbreitung. *Losano*, Studien, S. 172.
[5] Gerbers Ansichten wurden u. a. geteilt von *Otto Stobbe*, Handbuch des deutschen Privatrechts, Bd. 1, Einleitung. Von den Rechtsverhältnissen überhaupt, 2. Aufl. 1882, §§7–10 „Die praktische Bedeutung des deutschen Privatrechts"; *Andreas Heusler*, Institutionen des deutschen Privatrechts, Bd. 1, 2. Aufl., 1885, S. 3 ff. Zur Fortführung der Methode Gerbers durch Heusler vgl. *Kroeschell*, Zielsetzung, S. 262 ff, besonders S. 264. Kritik erfuhr Gerber u. a. von *Johann Caspar Bluntschli*, Deutsches Privatrecht, Bd. 1, Nachdr. der Ausgabe 1853, 1983, S. XVII ff.
[6] *Kroeschell*, Zielsetzung, S. 249 ff, S. 265.
[7] *Gerber*, System, Vorrede, S. VII f.

und Einbindung in ein System aber vermissen ließ[8]. Die Rechtsgeschichte empfand er so nicht mehr als zureichenden Gegenstand einer Wissenschaft vom Recht[9]. Es sollte vielmehr das Geschichtliche vom Dogmatischen geschieden werden[10]. Der gesamte Rechtsstoff müsse einem oberen Prinzip folgend und alle Rechtssätze und Rechtsinstitute erfassend systematisiert werden, um als *wissenschaftliche* Bearbeitung angesehen werden zu können[11]. Das Problem lag dabei in der Materie selbst, denn das germanisch-deutsche Recht wurde infolge der Rezeption des römischen Rechts nicht in gleichem Maße fortentwickelt, so dass es nur bruchstückhaft und der Vielzahl deutscher Staaten entsprechend facettenreich vorlag. Die nach Gerbers Ansicht durch die Rezeption bewirkte Unterbrechung der Entwicklung dieses Rechts musste daher bei der Ordnung in ein System berücksichtigt und durch Anknüpfen an die diesbezügliche Rechtstradition des Mittelalters überwunden werden[12]. Die Rechtsgeschichte erscheint damit nicht länger als Grundlage und Ordnungsprinzip des wissenschaftlichen Systems, sondern dient vielmehr der Bestimmung des Materials, aus dem das System zu entwickeln ist. Gerber erkennt also durchaus geschichtliche Elemente als rechtsbildend an. Diese haben jedoch bei der anschließenden Systematisierung im Sinne des wissenschaftlich-konstruktiv darzustellenden Rechts keine Funktion mehr[13]. Gerber gelangt so zu der nicht unproblematischen Ansicht, dass ungeachtet der Verschiedenheit der deutschen Staaten ein allgemeines deutsches Recht gegolten habe, dessen Geltung zwar nicht gesetzgeberisch abgesichert, aber in der faktischen Anerkennung als Gewohnheitsrecht begründet gewesen sei[14]. Auf einer zweiten, der eigentlich juristischen Stufe sollte dieser analytisch gewonnene Rechtsstoff in einem auf einem einheitlichen Prinzip beruhenden organischen Zusammenhang systematisch geordnet werden. In seiner programmatischen Schrift zum gemeinen deutschen Privatrecht[15] wird noch nicht deut-

---

[8] *Gerber*, ebd., S. VII.

[9] Vgl. die eingehendere Darstellung bei *Sten Gagnér*, Zielsetzungen und Werkgestaltung in Paul Roths Wissenschaft, in: ders. (u. a. Hrsg.), FS für Hermann Krause, 1975, S. 333.

[10] *Gerber*, System, Vorrede, S. XVI.

[11] *Gerber*, Das wissenschaftliche Prinzip, S. 242.

[12] *Gerber*, ebd., S. 236; *Losano*, Studien, S. 136.

[13] *Gerber*, Das wissenschaftliche Prinzip, S. XI f.

[14] Vgl. *Pöggeler*, Einleitung zu Gerber, Das wissenschaftliche Prinzip, S. 29 f; *Gerber*, Das wissenschaftliche Prinzip, S. 109 f, S. 114 ff, S. 118. Bemerkenswert erscheint, dass Gerber hier die bloße faktische Anerkennung für die Rechtsgültigkeit der Normen ausreichen lässt, dem auf diesen Grundlagen durch wissenschaftlich systematische Methodik aus dem germanischen Recht zu konstruierenden gemeinen deutschen Privatrecht seiner Zeit aber mangels eines sanktionierenden Elements die unmittelbare Geltung abspricht (vgl. *Pöggeler*, Einleitung zu Gerber, Das wissenschaftliche Prinzip, S. 37). Der Geltungsgrund scheint danach in der Entstehung des Rechts zu liegen, das einerseits die Form der tatsächlichen Verhältnisse darstellt, andererseits lediglich auf künstlicher, wissenschaftlicher Konstruktion beruht.

[15] Gemeint ist Gerbers Werk: Das wissenschaftliche Prinzip des gemeinen deutschen Privatrechts, 1846.

lich, welches obere Prinzip diese Anforderungen erfüllen kann. Erst mit dem „System des gemeinen deutschen Privatrechts“ stellte er dann als Grundprinzip auf den Willen des Einzelnen ab[16].

II. Der Systembegriff bei Gerber

1. Arbeitsweise und Darstellungsmethode

Gerbers Arbeitsweise ist von Exaktheit und Zielstrebigkeit geprägt. Er entwickelt seine These der systematisch-konstruktiven Behandlung des Rechts zunächst programmatisch in seiner bereits genannten Schrift “Das wissenschaftliche Prinzip des gemeinen deutschen Privatrechts“, der er dann die eingehende Analyse in seinem Werk „System des gemeinen deutschen Privatrechts“ folgen lässt. Diese Vorgehensweise prägt seine gesamte wissenschaftliche Tätigkeit, die auch für das von ihm bearbeitete Gebiet des Staatsrechts gilt[17]. Kennzeichnend sind seine konkret und knapp gefasste Darstellung sowie sein klarer Ausdrucksstil[18]. Doch gelingt ihm dies nicht durchgängig, wie die unscharfe Bestimmung des Zwecks des gemeinen deutschen Privatrechts zeigt[19].

Was die Darstellung seines Systems angeht, so erscheint Gerber die romanistische Methode mangels einer der unterschiedlichen Entwicklung des germanischen Rechts in den verschiedenen deutschen Staaten geschuldeten, sich bereits aus dem germanisch-deutschen Rechtsstoff selbst ergebenden Systematik als die einzig sinnvolle, und zwar deshalb, weil sie den Inhalt der Rechte zugrundelegt[20]. Die bis dahin übliche germanistische Systematisierung nach dem Status der Rechtsinhaber lehnt er mit der Begründung ab, sie habe nur ein rein staatsrechtliches Interesse und billige den Rechtssubjekten lediglich eine auf einen bestimmten Raum eingeschränkte Willensfähigkeit zu[21]. Er gliedert daher sein „System des gemeinen deutschen Privatrechts“ nach einem vorangestellten Allgemeinen Teil in die vier pandektistischen Bücher: Rechte an Sachen, Rechte an Handlungen, das Personenrecht und das Erbrecht und gelangt so zu einem seinen Vorstellungen entsprechenden systematisch angelegten Aufbau.

---

[16] *Pöggeler*, Einleitung zu Gerber, Das wissenschaftliche Prinzip, S. 32 f.
[17] Seinem Werk „Grundzüge des deutschen Staatsrechts“ geht die Arbeit „Über öffentliche Rechte“ voraus.
[18] *Beschorner*, Gerber, S. 92; *Losano*, Studien, S. 90.
[19] *Gerber*, Das wissenschaftliche Prinzip, S. 284, S. 286, S. 292; vgl. auch die kritische Würdigung bei *Schmidt-Radefeldt*, Gerber, S. 284 ff.
[20] *Gerber*, System, Vorrede, S. IX ff.
[21] *Gerber*, ebd.

2. Prinzip des Privatrechtssystems

Gerber suchte die Systematisierung des mit historischen und sozialen Gesichtspunkten verbundenen germanisch-deutschen Rechtsstoffes nach seiner analytischen Herauslösung aus anderen Zusammenhängen anhand eines alle Rechtssätze und -institute durchgängig tragenden Prinzips zu erreichen. Dieses obere Ordnungsprinzip erkennt Gerber in dem überallhin gerichteten Personenwillen, dessen Ausdrucks- und Gestaltungsform, wie er meint, das Recht bilde[22]. Die juristische Betrachtung hat sich demnach allein damit zu beschäftigen, „*die Natur der entstandenen Institute und Sätze nicht nach ihrer zufälligen Beziehung zu vereinzelten Lebenszuständen, sondern nach ihrer Stellung in einem Systeme der Rechte zu untersuchen, dessen leitender Gedanke ausschließlich aus der Vergleichung der Hauptrichtungen des Personenwillens gefunden wird.*“[23] Gerber sieht somit als Gegenstand des Rechts die Regelung von Willensbeziehungen, das Recht mithin als ein System[24] von Willensrichtungen des Einzelnen an. Dabei kommt es ihm auf eine spezifische, ausschließlich juristische Grundlage der Rechtswissenschaft an, indem alle Rechte in einem System auf Willensbeziehungen zurückgeführt werden[25].

Wissenschaftspolitisch wandte sich Gerber mit der Forderung nach der Einheit Deutschlands durch ein einheitliches Recht und die Anerkennung der Kodifikationsidee von der Auffassung der Historischen Rechtsschule ab, derzufolge das im Sinne Savignys vom Volksgeist hervorgebrachte Recht zwangsläufig geltendes Recht sei. Der Volksgeist könne, so Gerber, kein positives Recht schaffen, sondern nur Rechtsmeinungen und Rechtsüberzeugungen, die das Gewohnheitsrecht prägten, ohne ihm unmittelbare Geltung zu verleihen[26]. Gerber stellt demgegenüber auf das positive, vom Staat geschaffene sowie das Juristenrecht ab. Das durch die moderne Gesetzgebung erzeugte Recht erkennt er als Ablösung des Gewohnheitsrechts an. Dabei sieht er, dass das Recht, wie es durch die Wissenschaft herausgebildet wird, nur ein System früherer Prägung darstellt, das Recht also nicht aus sich selbst heraus Fortentwicklung erfährt, sondern vielmehr durch Verdrängung des Gewohnheitsrechts durch den Gesetzgeber und den Juristenstand in Form und System beeinflusst wird[27]. Wenn dies aber so ist, dann ist auch die von Gerber erstrebte Analyse des der Rechtsmaterie selbst innewohnenden Systems, d. h. in seinem Sinne die Herauslösung des rein juristischen Elements aus dem geschichtlich geformten Rechtsstoff durch eine

---

[22] Vgl. *Kroeschell*, Zielsetzung, S. 261; *Losano*, Studien, S. 46 f, S. 133.

[23] *Gerber*, System, Vorrede, S. XI f.

[24] Vgl. zum Systembegriff bei Gerber: *Losano*, Studien, S. 130 ff.

[25] *Pauly*, Methodenwandel, S. 159 f.

[26] *Pöggeler*, Einleitung zu Gerber, Das wissenschaftliche Prinzip, S. 34 f; vgl. auch unten III.

[27] *Losano*, Studien, S. 148 f.

wissenschaftlich-juristische Methode, begrenzt, wenn nicht gar unmöglich. Denn das dabei gewonnene System wird dem positiven Recht bereits durch die Juristen und den Gesetzgeber verliehen. Damit gesteht Gerber letztlich die Kreisförmigkeit auch seines Systems ein[28].

III. Theorie eines nationalen Privatrechtssystems aus römischem und deutschem Recht

Nach der „Wiederentdeckung" des deutschen Rechts versuchten die mit seiner wissenschaftlichen Bearbeitung und Systematisierung zur Herausbildung eines gemeinen deutschen Privatrechts befassten Germanisten, dessen Geltung neben dem als rechtsverbindlich anerkannten gemeinen römischen Recht darzulegen. Die dadurch entstehende Problematik zweier gemeiner Rechte war Gegenstand ständiger und heftiger Diskussionen. Neben der Forderung der Überwindung des fremden römischen Rechts durch ein von der Wissenschaft auf das Niveau des gemeinen römischen Rechts gehobenes gemeines deutsches Recht, wurde die Gestaltung eines gemeinen Privatrechts unter Verbindung römischer und deutscher Elemente kritisch erörtert[29].

Den Konflikt zweier gemeiner Rechte löste Gerber, indem er – bestimmend für die Rechtswissenschaft seiner Zeit – dem gemeinen germanisch-deutschen Recht keine Geltungskraft zuerkannte[30]. Es diene lediglich dazu, die in ihm enthaltenen Organisations- und Regelungsideen für die Rechtswissenschaft und die Vereinheitlichung des in Partikularrechte zersplitterten deutschen Rechts fruchtbar zu machen sowie das römische als fremdes Recht abzulösen[31]. Wegen der Verschiedenheit der Rechtsmaterien lehnte Gerber eine Verschmelzung römischen und deutschen Rechts ab[32]. Im Gegensatz dazu formulierte *Jhering*[33], mit dem Gerber befreundet war und mit dem er gemeinsam die Zeitschrift „Jahrbücher für die Dogmatik des heutigen römischen und deutschen Pri-

---

[28] *Losano*, ebd., S. 149.

[29] Näher dazu: *Klaus Luig*, Die Theorie der Gestaltung eines nationalen Privatrechtssystems aus römischen und deutschen Rechtsstoffen, in: Helmut Coing/Walter Wilhelm, Wissenschaft und Kodifikation des Privatrechts im 19. Jahrhundert, Bd. 1, 1974, S. 217 ff.

[30] *Gerber*, Das wissenschaftliche Prinzip, S. 272 ff, S. 292 f; darauf Bezug nehmend u. die Vereinbarkeit aus wissenschaftlichen Gründen erneut zurückweisend, *ders.*, System, Vorrede, S. XVI f. Vgl. weiter *Kroeschell*, Zielsetzung, S. 261 f; *Pöggeler*, Einleitung zu Gerber, Das wissenschaftliche Prinzip, S. 34; *Wilhelm*, Methodenlehre, S. 110. Siehe schon § 4 III.

[31] *Gerber*, Das wissenschaftliche Prinzip, S. 292 f; *Losano*, Studien, S. 92; *Pöggeler*, Einleitung zu Gerber, Das wissenschaftliche Prinzip, S. 34.

[32] *Gerber*, Das wissenschaftliche Prinzip, S. 302 ff, S. 305; *Luig*, Theorie der Gestaltung, S. 240.

[33] Zur Person vgl. § 3 I. u. § 3 I., Fn. 14.

vatrechts"[34] begründet hatte, als Ziel gemeinschaftlicher wissenschaftlich-methodologischer Arbeit die Herausbildung eines gemeinen Privatrechts aus römischen und germanischen Instituten[35]. Erst deutlich später, um 1890, folgte kurz vor seinem Tode Gerber dieser Ansicht, indem er es als möglich und für die Rechtswissenschaft erstrebenswert ansah, beide gemeine Rechte wissenschaftlich zu verbinden[36]. In einer solchen Verbindung wäre der Schulenstreit auf elegante Weise beigelegt worden, der freilich ohnehin seine Bedeutung einzubüßen begann.

Für die Rechtspraxis setzten die Gründung des Kaiserreiches 1871 und die Einführung des Bürgerlichen Gesetzbuchs zum 1. Januar 1900 der Diskussion um die Geltung eines gemeinen deutschen Rechts neben dem gemeinen römischen Recht und der Möglichkeit einer Verbindung beider ein Ende[37]. Auf wissenschaftlicher Ebene ist durch die Tätigkeit des Gesetzgebers diese Diskussion weitgehend gegenstandslos geworden und das Verhältnis des gemeinen römischen Rechts zu einem gemeinen deutschen Recht nur noch als rechtsgeschichtliches Thema relevant. Die Vereinheitlichung der deutschen Partikularrechte, soweit sie überhaupt erhalten blieben, wurde durch Gerbers wissenschaftliches Wirken, insbesondere seine konsequente Systematisierung des germanisch-deutschen Rechts, nachhaltig gefördert. Im sächsischen Zivilgesetzbuch sah er einen erheblichen Fortschritt der Kodifikationsidee, betonte aber, dass es sich dabei nur um ein Partikularrecht handele, das der Wissenschaft nicht die Aufgabe nehme, das allen gemeinsame allgemeine Recht zu erforschen[38].

---

[34] Zeitschrift, erste Ausgabe 1857, letzte Ausgabe 1892. Zur Beziehung Jhering u. Gerber in wissenschaftlicher wie persönlicher Hinsicht eingehend: *Losano*, Briefwechsel u. *ders.*, Studien.

[35] *Rudolf v. Jhering*, Unsere Aufgabe, in: Jahrbücher für die Dogmatik des heutigen römischen und deutschen Privatrechts Nr. 1 (1857), S. 41 ff.

[36] *Gerber*, System des deutschen Privatrechts, 16. Aufl., 1891, § 10 Nr. 3, S. 14.

[37] Vgl. *Pöggeler*, Einleitung zu Gerber, Das wissenschaftliche Prinzip, S. 37 f.

[38] Vgl. § 4 III.

§ 6 Gerbers Bedeutung für das deutsche Staatsrecht

I. Stand der Wissenschaft des öffentlichen Rechts zur Zeit Gerbers

Der Einfluss des rechtswissenschaftlichen Positivismus erfasste nicht nur das Privatrecht. Er gewann mit der Stabilisierung der politischen Verhältnisse nach dem Scheitern der Bestrebungen des Vormärz bereits Mitte des 19. Jahrhunderts an Bedeutung und zeichnet sich durch die Bemühungen um eine systematische Durchdringung des öffentlichrechtlichen Rechtsstoffes aus. Einer der bedeutendsten Vertreter dieser neuen Staatsrechtslehre war Gerber[1]. Er forderte bereits 1852 in seiner Schrift „Über öffentliche Rechte" eine wissenschaftliche Behandlung des öffentlichen Rechts durch die Herausarbeitung des juristischen Gehalts unter Trennung vom Privatrecht und Ausscheidung der Politik[2]. Der Staatslehre seiner Zeit erkannte Gerber keine dogmatische Funktion zu. Er kritisierte auch in diesem Kontext die zu sehr geschichtliche Darstellungsweise, d. h. die Beschäftigung mit der Rechtsentwicklung statt mit dem bestehenden Recht selbst[3]. Für Gerber musste sich eine dogmatische Rechtsdarstellung vom Boden des politischen Änderungen unterliegenden Gesetzes abheben. Dabei verbot sich seiner Ansicht nach die Anknüpfung an frühere Rechtszustände, weil die Veränderungen seit 1789 derart gravierend gewesen seien, dass eine Verbindung zu davor geltenden Regelungen nicht mehr möglich erscheine[4]. Gerber erkennt damit die Bedeutung der französischen Revolution von 1789 für das Recht. Sie stellt für ihn insoweit einen geschichtlichen Wendepunkt dar, als sich in ihrer Folge moderne Staaten mit eigener, von Herrscher und Volk unabhängiger Individualität herausgebildet hätten[5]. Dies erscheint jedoch zweifelhaft; denn Gerber übergeht mit seiner These wohl in bewusster Vermeidung einer Auseinandersetzung mit revolutionärem Gedankengut die Frage, woher denn die den Kodifikationen zugrundeliegende Staats- und Rechtsauffassung komme, wenn nicht aus

---

[1] *Wyduckel*, Ius Publicum, S. 257 ff.

[2] *Gerber*, Über öffentliche Rechte, S. 23 ff.

[3] Die wissenschaftlichen Abhandlungen seien bloße Statistiken der verschiedenen in deutschen Staaten bestehenden Staatsformen oder politisch-philosophische Versuche, die das positive Recht nicht mehr zur Grundlage haben konnten; *Gerber*, Über öffentliche Rechte, S. 12.

[4] *Gerber*, ebd., S. 6 f; *Wilhelm*, Methodenlehre, S. 135 f.

[5] Die deutschen Patrimonialstaaten waren Gerber zufolge *„eine Summe historisch hergebrachter Hoheitsrechte mit äußerer privatrechtlicher Beglaubigung, welche die Stelle der Staatsgewalt vertreten sollte"*(*Gerber*, Über öffentliche Rechte, S. 3), mithin privatrechtlich geprägt; vgl. *Losano*, Studien, S. 106 f. Der Übergang vom Patrimonialstaat zur konstitutionellen Monarchie sei kein organisches Wachstum, sondern ein Akt rational und bewusst durchgeführter Rechtssetzung, eine vollständige Neubildung der staatsrechtlichen Verhältnisse gewesen; vgl. *Gerber*, Grundzüge des deutschen Staatsrechts, Nachdr. der 3. Aufl. 1880, 1998, S. 13, Fn. 1; *Wilhelm*, Methodenlehre, S. 137 f.

der vorrevolutionären und dann freilich durch die französische Revolution geprägten Entwicklungsgeschichte[6].

Die Art und Weise der Behandlung des öffentlichen Rechts durch die ältere Staatsrechtslehre war der ihr zugrundeliegenden Staatsauffassung geschuldet. Der Staat wurde als ein sittlich-vernünftiger Organismus verstanden, der neben der Staatsgewalt, deren Träger das Staatsoberhaupt ist, die Rechtsordnung und den Untertanengehorsam einschloss[7]. Dabei wurden Staatsgewalt und Recht als originär bestehend aufgefasst, wobei erstere durch Sittlichkeit und Recht determiniert sein sollte[8]. Als Rechtsquellen galten neben dem Gesetzesrecht jedoch auch das Gewohnheitsrecht und darüber hinaus das philosophische Vernunftrecht der Aufklärung. Die Staatsgewalt verkörperte demnach nicht den Staat selbst, sondern war als ein Rechtssubjekt wie die Untertanen im Staat enthalten, der sich in seiner Gesamtheit, bedingt durch die alle Staatselemente umfassende sittlich-vernünftige Ordnung, allein juristisch nicht vollständig erfassen ließ. Die Staatsrechtslehre der älteren konstitutionellen Monarchie beschränkte sich daher begriffsbedingt auf die Untersuchung der Rechtsbeziehungen der Rechtssubjekte untereinander mit dem Ziel, durch wissenschaftliche Systematisierung eine Entscheidungsgrundlage für konkrete Rechtsfälle zu schaffen.

Im Gegensatz zu dieser organologisch geprägten Staatsauffassung charakterisierte Gerber den Staat als eine organschaftlich organisierte, willensgetragene juristische Persönlichkeit[9]. Dies erlaubte eine rechtliche Erfassung aller seiner Handlungsmöglichkeiten, obwohl er weite Bereiche des öffentlichen Rechts i. w. S., wie das Straf- und Prozessrecht, aber auch das Verwaltungsrecht, vom Staatsrecht unterschied[10]. Seine Darstellung widmete sich auf dieser Basis der wissenschaftlichen Begründung des positiven Staatsrechts als des diesbezüglichen Rechts der zeitgenössischen konstitutionellen Monarchie[11].

---

[6] Vgl. *Wilhelm*, ebd., S. 136 f; *Jens Kersten*, Georg Jellinek und die klassische Staatslehre, 2000 (Beiträge zur Rechtsgeschichte des 20. Jahrhunderts, Bd. 28), S. 447.

[7] *Wilhelm*, ebd., S. 135 f; *Oertzen*, Staatsrechtslehre, S. 188 ff.

[8] Hierzu u. zu Folgendem: *Oertzen*, ebd., S. 190 ff.

[9] Die Kennzeichnung des Staates als juristische Person erfolgte allerdings erst 1865. Vgl. näher unten § 6 II. 1.

[10] *Gerber*, Grundzüge, S. 4 f u. S. 5 Fn. 3; Vorrede zur 1. Aufl. 1865, S. VII; *Pauly*, Methodenwandel, S. 144. Zum Systembegriff Gerbers im öffentlichen Recht siehe *Losano*, Studien, S. 141 ff, insbes. S. 146 f.

[11] Vgl. *Pauly*, Methodenwandel, S. 115; *Schönberger*, Das Parlament, S. 57 ff.

II. Systematisierung des Staatsrechts durch Gerber

1. Staatsrechtskonzept

In seiner ersten staatsrechtlichen Schrift „Über öffentliche Rechte“ von 1852 beschränkte Gerber die Darstellung auf Grundprinzipien und stellte erst in seinem Werk „Grundzüge eines Systems des deutschen Staatsrechts“ seine wissenschaftliche Auffassung vom Staatsrecht detailliert dar. Auch insoweit darf – wie im Rahmen der Arbeiten zum Privatrecht – die erstgenannte Veröffentlichung als das Programm seiner weiteren Auseinandersetzung mit dem öffentlichen Recht angesehen werden[12]. Zwar änderte Gerber seine Ansicht zwischen 1852 und 1865 hinsichtlich der Möglichkeit der Herausarbeitung des von ihm angestrebten allgemeinen Staatsrechts und bezeichnete 1852 den Staat noch als „sittlichen Organismus“[13], während er 1865 den Begriff der juristischen Person anerkennt[14]. Arbeitsweise und Methode, um zu einer nach Gerbers Ansicht wissenschaftlichen Durchdringung des öffentlichen Rechtsstoffes zu gelangen, legte er aber bereits 1852 dar. Sie blieben Grundlage auch seiner nachfolgenden staatsrechtlichen Arbeiten.

Noch 1852 sah Gerber wegen der Zersplitterung Deutschlands sowie der unterschiedlichen Verfassungen deutscher Staaten, nicht die Möglichkeit für ein gemeines deutsches Staatsrecht[15]. Die Politik der Zeit sei einer Wissenschaft vom Staatsrecht nicht dienlich[16], weil die nicht abgeschlossenen politischen Veränderungen den Gegenstand der Staatsrechtswissenschaft erst noch bildeten, jedenfalls aber veränderten. Seine „Grundzüge eines Systems des deutschen Staatsrechts“ erschienen deshalb erst 1865, als Gerber meinte, davon ausgehen zu können, dass durch die Bildung konstitutioneller Monarchien in der Mehrzahl der deutschen Staaten die ein gemeines deutsches Staatsrecht gewährleistende materielle Einheit des Staatsrechts nun geschaffen worden sei[17]. Das gemeine deutsche Staatsrecht suchte er aus der Existenz einzelner Regelungen in den einzelstaatlichen Staatsrechten zu finden, weil *„die Grundprinzipien der einzelnen*

---

[12] *Wilhelm*, Methodenlehre, S. 129 ff; *Losano*, Studien, S. 102 f; *Pöggeler*, Einleitung zu Gerber, Das wissenschaftliche Prinzip, S. 6; *Stolleis*, Geschichte, Bd. 2, S. 334; dagegen *Oertzen*, Staatsrechtslehre, S. 194; *Pauly*, Methodenwandel, S. 95 f.

[13] Gerbers Ausführungen 1852 zum Staat als sittlicher Organismus legten die Beschreibung als juristische Person bereits nahe. Vgl. *Losano*, Studien, S. 107; *Uhlenbrock*, Der Staat, S. 63 ff, S. 73.

[14] Die rechtliche Persönlichkeit des Staates sei „Voraussetzung jeder juristischen Construction des Staatsrechts“ (*Gerber*, Grundzüge, S. 2, Fn. 1), sie bilde den „Ausgangs- und Mittelpunkt des Staatsrechts“ (*ders.*, ebd., S. 4).

[15] *Gerber*, Über öffentliche Rechte, S. 8 ff.

[16] *Gerber*, ebd., S. 11.

[17] Vgl. *Wilhelm*, Methodenlehre, S. 132 f.

deutschen Verfassungen in einer keineswegs zufälligen Uebereinstimmung stehen.“[18] Diese Grundzüge seien sodann in ihrem „*historisch sittlichen Gehalt*“[19] darzustellen und in einem System zu verknüpfen. Das im Ergebnis rekonstruierte, künstliche Recht sollte wiederum – wie im Privatrecht – keine unmittelbare Geltung erlangen, aber der wissenschaftlichen Begründung der in den partikularen Staatsrechten enthaltenen wesentlichen Organisationselemente, letztlich aber dem Staatstypus der konstitutionellen Monarchie dienen[20]. Die Reichsverfassung von 1871 verdrängte dann die Bedeutung eines gemeinen deutschen Staatsrechts und ließ das positive Recht, die Verfassung des Reiches, als Gegenstand der Staatsrechtswissenschaft hervortreten[21]. Inwieweit Gerber diese Konsequenz der politischen und staatsrechtlichen Veränderungen für seine konstruktivistische Methode erkannte, bleibt offen. Er setzte sich mit dem Reichsrecht nicht mehr in einer eigenen Arbeit auseinander, sondern verwies nunmehr auf das Werk Labands[22], das die staatsrechtlichen Konsequenzen aus der Gründung des Deutschen Kaiserreichs zog und Gerbers Vorstellungen zurücktreten ließ.

2. Gegenstand, Methode und Analyse

Das Staatsrecht beschränkte Gerber unter Ausschluss des Prozessrechts und anderer öffentlicher Rechte auf das – nach heutigem Verständnis – engere Staatsrecht. Es sind die grundlegenden staatlichen Organisationsstrukturen, wie der Umfang der Staatsgewalt, die Stellung des Staatsbürgers, die Bildung und Handlungsbefugnisse der Staatsorgane sowie der Schutz öffentlicher Rechte, die seinen Untersuchungsgegenstand bilden und in allen partikularen Rechtsordnungen in irgendeiner Form enthalten sind[23]. Diese rechtlichen Grundelemente, genauer: ihren rein juristischen Gehalt, meinte Gerber mittels juristischer Konstruktion zu einem einheitlichen System, d. h. einem gemeinen deutschen Staatsrecht, zusammenfügen zu können. Die Methode der Abstraktion und Systematisierung des Rechtsstoffes entsprach der am Privatrecht entwickelten, jedoch mit der Maßgabe, dass eigenständige staatsrechtliche Begriffe und Institute zu bil-

---

[18] *Gerber*, Grundzüge, S. 9; *Pauly*, Methodenwandel, S. 114.

[19] *Gerber*, Grundzüge, S. 11; *Stolleis*, Geschichte, Bd. 2, S. 334.

[20] *Gerber*, Grundzüge, S. 11; vgl. *Pauly*, Methodenwandel, S. 149.

[21] *Wolfgang Pöggeler*, Einleitung, in: Gerber, Grundzüge des deutschen Staatsrechts, Nachdr. der 3. Aufl. 1880, 1998, S. 17 f.

[22] Lediglich wenige Hinweise zum Reichsrecht finden sich in einer Anlage zur 3. Aufl. der Grundzüge (*Gerber*, Grundzüge, 3. Aufl. 1880, Beilage V, Nachdr. 1998, S. 258 f): „*da unsere Literatur nunmehr in dem Werke von Laband eine vorzügliche Bearbeitung dieses Gegenstands erhalten hat*“ (*ders.*, ebd., Vorrede, S. IX).

[23] *Gerber*, Grundzüge, S. 6 u. S. 9; *Wilhelm*, Methodenlehre, S. 134 f.

den waren[24]. In seiner Analyse war Gerber zunächst um die Trennung des öffentlichen Rechts vom Privatrecht bemüht. Die privatrechtlichen Bindungen der älteren Patrimonialstaaten sah Gerber mit den neuen, nach der französischen Revolution begründeten Staatsformen aufgegeben[25]. Konsequent ordnete er daher die Staatsgewalt dem Staat selbst zu, unterstellte den „obersten Staatsführer" dem Staat als ein Organ und wies die daraus resultierenden Rechtsbeziehungen dem öffentlichen Recht zu. Das Staatsoberhaupt war damit keine außerhalb des Staates stehende Persönlichkeit mehr[26].

Seinem Programm gemäß versuchte Gerber in einem nächsten Schritt, die Politik vom Recht zu trennen, ohne dabei den Einfluss der politischen Ereignisse auf das Staatsrecht zu verkennen[27]. Er beschränkte sich aber auf die Analyse der in Geltung stehenden, auch durch politische Umstände geschaffenen Rechtsnormen, d. h. das positive Recht. Damit nahm er die gegebenen Rechtszustände und die auf ihre Aufrechterhaltung gerichtete Politik hin. Gerber verfolgte mit seiner Systematisierung des Staatsrechts manifest keine unmittelbaren politischen Ziele[28]. Und doch offenbart sich vor dem Hintergrund seiner betonten politischen Neutralität eine staatstreue, dem Status quo verbundene Haltung[29]. Er ging davon aus, dass einer Verfassung die Möglichkeit ihrer rechtlichen Rekonstruktion Dauerhaftigkeit und Bestandsgarantie verleihe[30]. Er verkannte so die

---

[24] *Gerber*, Über öffentliche Rechte, S. 24; *Wyduckel*, Ius Publicum, S. 259; *Losano*, Studien, S. 106; *Wilhelm*, Methodenlehre, S. 134 u. S. 146 ff; *Hartmut Bauer*, Geschichtliche Grundlagen der Lehre vom subjektiven öffentlichen Recht, 1986 (Schriften zum Öffentlichen Recht, Bd. 507), S. 73 f.

[25] Der ältere Patrimonialstaat stellte sich für Gerber als Obereigentum des Patriarchen und damit als ein Objekt privatrechtlicher vom Patriarchen ausgehender Willensbeziehungen dar. *Gerber*, Über öffentliche Rechte, S. 8 ff.

[26] Diese Konsequenz offenbart sich vollständig erst 1865 mit der Anerkennung des Staates als juristischer Person, während Gerber sich 1852 noch der älteren Bezeichnung „sittlicher Organismus" bedient, um die zunächst nur im Privatrecht benutzte Figur der juristischen Person und damit eine etwaige Parallele zum Privatrecht zu vermeiden. Dazu *Gerber*, Über öffentliche Rechte, S. 16 f; *ders.*, Grundzüge, S. 88 u. S. 222; *Wilhelm*, Methodenlehre, S. 135 f; *Pauly*, Methodenwandel, S. 115 f u. S. 117.

[27] Vgl. die Darstellung dazu bei *Gagnér*, Paul Roths Wissenschaft, S. 323 f.

[28] Vgl. *Pauly*, Methodenwandel, S. 94, der Gerber zugesteht, „zuerst wissenschaft-lich" zu sein.

[29] Zur Parteilichkeit der Neutralität des staatsrechtlichen Positivismus in der zweiten Hälfte des 19. Jh. ebenso *Bauer*, Geschichtliche Grundlagen, S. 52, Fn. 48; *Wieacker*, Privatrechtsgeschichte, S. 439; *Wilhelm*, Methodenlehre, S. 141 ff. Kritisch dazu u. eine bürgerlich-liberale Tendenz hervorhebend *Oertzen*, Staats-rechtslehre, S. 185 ff; *ders.*, Die soziale Funktion des staatsrechtlichen Positivismus, 1974, S. 172, S. 181, S. 183. Zu Gerber *Gagnér*, Paul Roths Wissenschaft, S. 324 f; *Wilhelm*, Methodenlehre, S. 140, S. 145; *Pauly*, Methodenwandel, S. 94.

[30] *Gerber*, Über öffentliche Rechte, S. 22; *ders.* Grundzüge, S. 223.

stabilisierende Wirkung seines Staatsmodells für die konstitutionelle Monarchie in Sachsen und anderen deutschen Staaten nicht. Wenn allein daraus auch nicht der Schluss gezogen werden darf, Gerber habe sich liberalen Forderungen völlig verschlossen, so basierte seine spätere politische Tätigkeit doch auf der Anerkennung und Erhaltung der Staatsform seiner Zeit. So bewirkte er insbesondere im Bildungswesen beachtliche Reformen, die aber über die durch Staat und Staatsorganisation gesetzten Grenzen nicht hinausgingen.

Das so konzipierte öffentliche Recht gestaltete Gerber nach systematisch-konstruktiven Prinzipien. Im Mittelpunkt steht die Staatsgewalt als oberstes Organisationsprinzip. Sie ist dem Staat selbst als juristischer Person zugeordnet und verkörpert die Vielzahl von auf der Macht des politisch geeinten Volkes begründeten, auf den Staatszweck begrenzten Willensmöglichkeiten[31], wodurch sie gleichzeitig zweckgebunden und beschränkt ist. Die Staatsgewalt ist somit die Willensmacht des Staates, die Macht zu herrschen[32]. Gegenstand der Staatsrechtslehre sind damit die Möglichkeiten und Grenzen staatlicher Willensausübung[33]. *„Das Staatsrecht ist also die Lehre von der Staatsgewalt."*[34] Sie bestimmt als oberstes Organisationsprinzip das Zusammenwirken aller Staatsorgane, deren Grenzen und Rechtsbeziehungen zueinander. Der in den Staat als dessen oberstes Organ eingegliederte Monarch erscheint insoweit der Staatsgewalt unterworfen und durch diese eingeschränkt. Gerber gewährleistet aber die freie Willensbetätigung des Monarchen, indem er dessen Willen mit dem die Staatsgewalt tragenden Volkswillen gleichsetzt[35]. Den Ständen räumte er demnach keine Teilhabe an der Staatsgewalt ein, sondern nur an deren Ausübung[36]. Dies entsprach dem monarchischen Prinzip, wie es in Art. 57 der Wiener Schlussakte von 1820 niedergelegt war[37]. Eine Gewaltenteilung fand somit nicht statt, insbesondere auch keine parlamentarische Mitherrschaft[38]. Gerber befürchtete, dass sonst der Monarch zu einer „parlamentarischen Figur herabsinke"[39]. In diesem Sinne sind auch Gerbers deutlich antiparlamentarische und antidemokratische Äußerungen einzuordnen. So äußerte Gerber in den Briefen an seine Frau Helene vom konstituierenden Reichstag des Norddeutschen Bundes: *"Wird Deutsch-*

---

[31] *Gerber*, Grundzüge, S. 3 f, S. 4, Fn. 2; *Oertzen*, Staatsrechtslehre, S. 196 f.

[32] *Gerber*, Grundzüge, S. 3.

[33] Vgl. *Losano*, Studien, S. 144 f; *Gerber*, Grundzüge, S. 221; *Wilhelm*, Methodenlehre, S. 147.

[34] *Gerber*, Grundzüge, S. 3.

[35] *Gerber*, ebd., S. 77 f.

[36] *Gerber*, ebd., S. 126.

[37] Vgl. *Ernst Rudolf Huber* (Hrsg.), Dokumente zur deutschen Verfassungsge-schichte, Bd. 1, Deutsche Verfassungsdokumente 1803–1850, 3. Aufl., 1978, S. 91 ff, S. 99.

[38] *Pauly*, Methodenwandel, S. 154.

[39] *Gerber*, Grundzüge, 1. Aufl. 1865, S. 72, Fn. 1, 2. Aufl. 1869, S. 74, Fn. 1; *Pauly*, Methodenwandel, S. 154.

land je von dieser Krankheit des demokratischen und parlamentarischen Gelüstes wieder frei werden? Oder wird es daran verkommen?"[40] Es scheint damit, Gerber erachte die Stände als Repräsentanten des Volkes oder gar die Gesamtheit des Volkes zur Willensbildung in einer parlamentarischen Staatsform kaum für fähig. Er lehnt eine Politik, die sich auf „momentane Popularität"[41] stützt und in der „Demagogen" und „Wahlschweinerei"[42] möglich seien, ab. Eine solche Politik verbürgt seiner Ansicht nach nicht die erforderliche Kontinuität und ist auch sachlich nicht berechtigt[43]. Dagegen befürwortet er die konstitutionelle Monarchie als eine Staatsform, die auf subjektiven Rechtspositionen aufbaut, weil diese ihren Inhabern dauerhaft zugewiesen sind und damit eine weitsichtige sowie gemeinwohlorientierte Ausübung der Herrschaftsrechte gewährleistet werde[44]. Gerber wendet sich daher als Abgeordneter des konstituierenden Reichstages des Norddeutschen Bundes im Zusammenhang mit dem zukünftigen Wahlrecht gegen den *„stete[n] Versuch der Demokraten, den eigentlichen Parlamentarismus in die Reichsverfassung einzuschmuggeln"*[45], wie noch zu zeigen sein wird[46].

Die Staats- und Staatsrechtskonzeption Gerbers erweist sich damit insofern zum einen als antidemokratisch und antiparlamentarisch, eröffnet zum anderen aber auch neue Perspektiven. Mit der Darstellung des Staates als einer von der Person des Herrschers losgelösten eigenen Rechtspersönlichkeit und der Zuordnung der Staatsgewalt an diese selbst begründete Gerber wohl ohne sich dies voll zum Bewusstsein zu bringen, die rechtliche Möglichkeit einer Ablösung des

---

[40] *Gerber, M.*, Aus den Briefen, Tagebuchnotiz v. 23. Jan. 1867, S. 224 ff, S. 226. Weitere Äußerungen in diesem Sinne: *Gerber*, Über öffentliche Rechte, S. 102 ff; *Gerber, M.*, Aus den Briefen, Brief v. 30. März 1867, S. 265 ff, S. 266 (gegen das allg. Wahlrecht, Text siehe § 7 II. 3. u. § 7 II. 3., Fn. 25).

[41] Gerber an seine Frau Helene v. konstituierenden Reichstag des Norddeutschen Bundes, in: *Gerber, M.*, Aus den Briefen, Brief v. 6. April 1867, S. 274 f, S. 275 (Gerber schreibt darin über die von der Fraktion zuvor beschlossene abweichende Abstimmung einiger seiner sächsischen Abgeordnetenkollegen [S. 274]: *„Und das alles deshalb, um auf 8 Tage populär zu bleiben. Denn bei der Schlußberatung, wo die Regierung uns die Pistole auf die Brust setzen und sagen wird: entweder ihr nehmt die Artikel 29, 56 und 58 an, oder der ganze Entwurf wird fallen gelassen, – werden sie sicher dafür stimmen."* und weiter [S. 275]: *„Ich hätte meine ganze Ueberzeugung verleugnen müssen, hätte ich einer momentanen Popularität wegen meine Stimme in einer Weise abgegeben, durch die ich mit meinem eigenen wissenschaftlichen und politischen Denken in Widerspruch getreten wäre."*).

[42] Gerber an seine Frau Helene v. konstituierenden Reichstag des Norddeutschen Bundes, in: *Gerber, M.*, Aus den Briefen, Brief v. 30. März 1867, S. 265 ff, S. 265.

[43] *Pauly*, Methodenwandel, S. 154.

[44] *Pauly*, ebd., S. 154.

[45] Gerber an seine Frau Helene, *Gerber, M.*, Aus den Briefen, Brief v. 30. März 1867, S. 265 ff, S. 265.

[46] Vgl. unten § 7 II. 3.

Monarchen als Träger des allgemeinen Volkswillens, auf dem die Staatsgewalt beruht, durch ganz andere Willensträger, wie beispielsweise eine parlamentarische Volksvertretung mit demokratischen Zügen, was wiederum die Folge nach sich ziehen könnte, dass der Monarch am Ende zum ausübenden Staatsorgan würde[47].

III. Verselbständigung und Verwissenschaftlichung des Staatsrechts

Mit der Ausformung des Staates zur juristischen, vom menschlichen Willen, dem Willen der Allgemeinheit, getragenen Persönlichkeit griff Gerber die bereits 1837 von seinem Lehrer *Albrecht*[48] entwickelte These vom Staat als juristischer Person auf. Er räumte ihr als Mittel zur Verkörperung der im Sinne einer Willensmacht verstandenen Staatsgewalt[49] die zentrale Stellung in seinem Staatsrechtssystem ein und verhalf ihr durch die Verbindung mit seiner abstrakt-formalen Staatsrechtskonstruktion zu allgemeiner Anerkennung. Durch die damit einhergehende Ausgrenzung philosophisch-naturrechtlicher Elemente des Staates schuf Gerber die Voraussetzungen zur in seinem Sinne rein juristischen Erfassung des Staatsrechts. Er kann so zu Recht als Mitbegründer der neueren Staatsrechtswissenschaft bezeichnet werden[50], wie sie sich seit der Mitte des 19. Jahrhunderts herausbildete.

Die juristisch-konstruktiv geschaffene rechtswissenschaftliche Grundlage des Staates, vor allem der Staatsgewalt und deren Determinierung durch – frei-

---

[47] Zur demokratischen Tendenz der Staatsrechtslehre Gerbers eingehend *Oertzen*, Staatsrechtslehre, S. 198–200; *ders.*, Die soziale Funktion, S. 172, S. 181, S. 183; *Dietrich Tripp*, Der Einfluss des naturwissenschaftlichen und historischen Positivismus auf die deutsche Rechtslehre im 19. Jahrhundert, 1983 (Schriften zur Rechtsgeschichte, Bd. 31), S. 240; dagegen *Pauly*, Methodenwandel, S. 155; *Manfred Friedrich*, Geschichte der deutschen Staatsrechtswissenschaft, 1997 (Schriften zur Verfassungsgeschichte, Bd. 50), S. 229; *Schönberger*, Das Parlament, S. 23.

[48] Zur Person vgl. oben § 2 III., Fn. 17.

[49] Gerber verlieh ihr damit einen spezifisch öffentlichrechtlichen Gehalt und grenzte sie – anders als noch Albrecht – von der juristischen Person des Privatrechts ab; *Uhlenbrock*, Der Staat, S. 76; *Kersten*, Georg Jellinek, S. 51, S. 36 f; *Friedrich*, Geschichte, S. 228, der die Auffassung der staatlichen Persönlichkeit als der einzigen Rechtsperson mit herrschender Willensmacht als das Neue der Lehre Gerbers hervorhebt; *Wilhelm*, Methodenlehre, S. 136, Fn. 25; ablehnend *Schönberger*, Das Parlament, S. 42 ff, der die völlig verschiedene Funktion der juristischen Person bei Albrecht und Gerber betont, weshalb keine Fortsetzung der Lehre Albrechts durch Gerber erfolgt sein könne.

[50] *Pauly*, Methodenwandel, S. 92, S. 95; *Pöggeler*, Einleitung zu Gerber, Das wissenschaftliche Prinzip, S. 10; *Tripp*, Der Einfluss, S. 246; *Jhering*, Brief an Gerber v. 4. April 1869, in: *Losano*, Briefwechsel, S. 650: „Du hast die Jurisprudenz ins Staatsrecht geführt!"; *Friedrich*, Geschichte, S. 224.

lich selbst bestimmte – rechtliche Grenzen[51], konnte in der Tat ein gewisses Maß an Sicherheit vor willkürlicher Machtausübung und Gesetzgebung gewährleisten[52]. Die darin liegende Limitierung staatlichen Handelns lässt Ansätze an Rechtsstaatlichkeit erkennen, deren wissenschaftliche Grundlage sich nunmehr staatsrechtlich abzeichnete[53].

Den staatsrechtlichen Positivismus Gerbers, d. h. seine formal-juristische Methode in Verbindung mit der Willenstheorie führte der wohl bekannteste Staatsrechtslehrer des Kaiserreichs, *Paul Laband*[54], fort[55]. Stärker als Gerber, der seine Staatsrechtslehre noch auf der Grundlage allgemeiner Rechtsprinzipien und dem gemeinen deutschen Staatsrecht entwickelte, schied Laband noch entschiedener alles Vergangene aus, um allein auf der Reichsverfassung vom 16. April 1871 gründend das positive Staatsrecht durch methodisch-systematische sowie begrifflich-konstruktive Durchdringung spezifisch juristisch und erst dadurch – wie er meinte – tatsächlich rechtswissenschaftlich darzustellen. Die bereits bei Gerber erkennbaren gesetzespositivistischen Tendenzen treten bei Laband ganz offen zu Tage. Seinen Forschungsgegenstand sollte ausschließlich das Staatsrecht des Kaiserreichs bilden. Die dadurch bedingte Begrenzung des Erkenntnisgegenstandes nahm Laband im Interesse der Herausbildung einer spezifisch juristischen Staatsrechtswissenschaft in Kauf[56]. In Kenntnis und Abgrenzung dazu konnte sich auf dieser Grundlage eine moderne Staatsrechtslehre

---

[51] *Gerber*, Über öffentliche Rechte, S. 62 f; *ders.*, Grundzüge, S. 31 ff. Der Staat gab sich selbst die einschränkenden Normen, unterstand aber der Rechtsordnung nicht, da er sie als Gesetzgeber jederzeit ändern konnte. Vgl. *Bauer*, Geschichtliche Grundlagen, S. 68 m. w. N. „...die rechtlichen Grenzen, in denen sich die Staatsgewalt bewegen [müsse, seien] genau bestimmt, und die Unterwerfung jedes Einzelnen unter die öffentliche Gewalt [finde] nur statt nach Maßgabe eben dieser Grenzen.“: *Tripp*, Der Einfluss, S. 240.

[52] Dabei begrenzten die vom Staat selbst eingeräumten Freiheitsrechte seine Staatsgewalt und sicherten dem Einzelnen seine Handlungsfreiheit, gaben Letzterem aber keine Rechte gegen den Staat. Siehe hierzu *Gerber*, Grundzüge, S. 34; *Bauer*, Geschichtliche Grundlagen, S. 67.

[53] *Tripp*, Der Einfluss, S. 240.

[54] Geb. am 24. Mai 1838 in Breslau, gest. am 23. März 1918 in Straßburg, ab 1864 außerordentlicher, 1866 ordentlicher Prof. in Königsberg, seit 1872 in Straßburg. 1870 erregt er große Aufmerksamkeit mit seinem Werk 'Budgetrecht', in dem er erstmals Gesetze im formellen und materiellen Sinn unterscheidet. Er ist als Begründer der Wissenschaft vom Reichsstaatsrecht durch sein Hauptwerk „Das Staatsrecht des Deutschen Reiches“ (3 Bde. 1876–1882) anerkannt; *Kleinheyer/Schröder-Hof*, Juristen, S. 238 ff.

[55] Hierzu u. zum Folgenden *Uhlenbrock*, Der Staat, S. 84 ff, S. 99 ff; vgl. auch *Tripp*, Der Einfluss, S. 241 ff; *Schönberger*, Das Parlament, S. 85 ff; *Beschorner*, Gerber, S. 97. Zur Gerber-Laband'schen Schule vgl. *Oertzen*, Staatsrechtslehre, S. 183 ff; *ders.*, Die soziale Funktion, S. 254 ff.

[56] *Wyduckel*, Ius Publicum, S. 262; *Stolleis*, Geschichte, Bd. 2, S. 344.

entwickeln, die den historischen, politischen und gesellschaftlichen Kontext in unterschiedlicher Intensität wieder einbezieht und berücksichtigt[57].

[57] *Gagnér*, Paul Roths Wissenschaft, S. 292, S. 295. Vgl. auch *Bauer*, Geschichtliche Grundlagen, S. 24, S. 44 f, S. 48, S. 72, der am Beispiel der Lehre vom subjektiven öffentlichen Recht die grundlegende Bedeutung Gerbers für die Entwicklung dieser Rechtsfigur hervorhebt. Vgl. auch *Wilhelm*, Methodenlehre, S. 134; *Oertzen*, Staatsrechtslehre, S. 185, S. 208; *Wyduckel*, Normativität und Positivität, S. 437 ff, S. 466 ff.

Drittes Kapitel
Gerbers staats- und kirchenpolitische Tätigkeit bis zum Eintritt in den sächsischen Staatsdienst

§ 7 Gerber als Abgeordneter des konstituierenden Reichstages des Norddeutschen Bundes

I. Politische Befähigung zum Abgeordneten

Gerber betätigte sich parallel zu seinen wissenschaftlichen Arbeiten stets auch auf politischem Gebiet, bis er seine wissenschaftliche Tätigkeit beendete und sich als sächsischer Kultusminister ausschließlich der Politik widmete. Er war schon während seiner der Wissenschaft gewidmeten Jahre durch Verhandlungsgeschick und Redegewandtheit, kritische Analyse und Weitsicht hervorgetreten, auf politischer Ebene bekannt geworden und hatte sich so für hohe Staatsämter profiliert.

Seine eigentlich politische Tätigkeit setzt 1867 mit der Wahl für den Landkreis Leipzig zum Abgeordneten des künftigen Parlaments des Norddeutschen Bundes ein[1].

Zur Abgeordnetentätigkeit fühlte er sich als Staatsbürger und deutscher Staatsrechtslehrer verpflichtet[2], wiewohl ihn die dadurch bedingte Einschränkung seiner wissenschaftlichen Arbeit und Lehrtätigkeit schmerzte[3] und er die Last der Verantwortung und Schwierigkeit dieser Aufgabe ahnte, nicht zuletzt wegen der gefährdeten Interessen des Königreichs Sachsen, die es weitestmöglich zu wahren galt. Gerber wollte durch seine Teilnahme dahin wirken, „ein brauchbares Fundament“[4], eine „starke Bundesgewalt“[5] zu begründen und

---

[1] Der 13. Wahlbezirk wählte ihn mit absoluter Mehrheit. Vgl. Tagebuchnotiz Gerbers v. 18. Febr. 1867, in: *Gerber, M.*, Aus den Briefen, S. 226.
[2] Vgl. Brief Gerbers an Jhering v. 16. Jan. 1867, in: *Losano*, Briefwechsel, Brief Nr. 256, S. 615.
[3] Tagebuchnotiz Gerbers v. 12. Jan. 1867, in: *Gerber, M.*, Aus den Briefen, S. 225: *„Ich vergegenwärtigte mir alle Uebelstände, die damit verbunden sein würden, – Trennung von meiner Familie, vom wissenschaftlichen Berufe, Rektorate, Vorlesungen, Geldopfer – ...“.* In einem Brief an Jhering äußerte Gerber in diesem Zusammenhang: „Heinrich mir graut vor Dir.“, Brief v. 16. Jan. 1867, in: *Losano*, Briefwechsel, S. 616. Um seinem wissenschaftlichen Beruf nicht entfremdet zu werden, wollte Gerber auch eine erneute Wahl in den Norddeutschen Reichstag nicht annehmen, wie er im Brief an Jhering v. 17. Aug. 1867 (Brief in: *Losano*, Briefwechsel, Brief Nr. 264, S. 626 ff, S. 627) äußerte.
[4] Gerber an Jhering am 16. Jan. 1867, in: *Losano*, ebd., Brief Nr. 256, S. 615.
[5] Gerber an Jhering am 18. April 1867, in: *Losano*, ebd., Brief Nr. 262, S. 623.

„zu verhüten, daß die Sache wieder im Radicalismus verläuft“[6]. Letzteres ist in diesem Zusammenhang unter Berücksichtigung seiner bereits erwähnten deutlich antiparlamentarischen und antidemokratischen Haltung auf demokratische Bestrebungen zu beziehen, insbesondere wohl die Revolution von 1848/ 49. Er war vor allem bestrebt, seiner Wahlheimat unter der Führung Preußens eine günstige Stellung im künftigen Norddeutschen Bund zu schaffen[7]. Die Verbundenheit mit sächsischen Interessen, das Bemühen um die Erhaltung Sachsens als Staat im Norddeutschen Bund, wenn auch ohne außenpolitische Bedeutung, die positive Einstellung zur Bundesgründung als dem Vorboten der Verwirklichung des nationalen Gedankens und der deutschen Einheit, ließen Gerber als besonders prädestiniert für die Interessenvertretung Sachsens erscheinen.

II. Stellung Sachsens bei der Entstehung des Norddeutschen Bundes

1. Staatspolitik Sachsens im Deutschen Bund

Im Deutschen Bund von 1815 waren nach dem Ende des Alten Reiches die deutschen Länder in neuer Form zusammengekommen. Die Großmächte Österreich und Preußen erstrebten seit dem Scheitern der bürgerlichen Revolution von 1848/ 49 in den politischen Auseinandersetzungen um die Herbeiführung eines bürgerlichen deutschen Nationalstaates ihre Vormachtstellung mit unterschiedlichen Mitteln zu sichern. Während Österreich am Erhalt des bestehenden lockeren Staatenbundes grundsätzlich festhalten wollte, in dem es seine Führungsposition auch weiterhin hätte behaupten können, zielte Preußen unter der politischen Führung Otto von Bismarcks auf die Gründung eines preußisch-deutschen Bundesstaates hin. Sachsens Interessen an der Erhaltung uneingeschränkter Eigenstaatlichkeit und der Entwicklung zu einer bestimmenden Großmacht im mitteldeutschen Raum, worauf die sächsische Territorialpolitik seit dem 15. Jh. gerichtet war, fanden dabei letztlich keine Berücksichtigung. Sachsen verfolgte daher eine dritte Lösung[8], die auf den Zusammenschluss der deutschen Mittel- und Kleinstaaten zu einer neben den beiden Großmächten ste-

[6] Gerber an Jhering am 16. Jan. 1867, in: *Losano*, ebd., Brief Nr. 256, S. 615.

[7] Vgl. die Erinnerungen der Tochter Gerbers, *Marie v. Gerber*, in: *Gerber, M.*, Aus den Briefen, S. 226 f u. Brief v. 23. März 1867, ebd., S. 227.

[8] Diese Lösung wurde auch als Triasidee bezeichnet. Vgl. *Kaemmel*, Sächsische Geschichte, S. 130; *Ahcin*, Zur Entstehung des bürgerlichen Gesetzbuchs für das Königreich Sachsen, S. 240; *Jonas Flöter*, „Aufrechterhaltung und Kräftigung des Föderativen Bandes“ Johann von Sachsen und die Idee vom Dritten Deutschland, in: Winfried Müller/Martina Schattkowsky (Hrsg.), Zwischen Tradition und Modernität. König Johann von Sachsen 1801 – 1873, 2004, S. 89 ff.

henden dritten Kraft zielte.[9] Diese Variante hätte der Hegemonie Preußens entgegenwirken, Sachsen zu politischer Geltung verhelfen und wohl gar vermittelnd zwischen entgegengesetzten Interessen der Großmächte wirken können. Sie scheiterte aber am Widerstand der Großmächte und fand auch bei den Mittel- und Kleinstaaten keine ausreichende Unterstützung. Nachdem eine friedliche Lösung nicht erzielt werden konnte, brach schließlich mit der Kriegserklärung Preußens an Österreich 1866 der offene Kampf aus.

2. Sachsens Beitritt zum Norddeutschen Bund

Die sächsische Politik der Treue zum Deutschen Bund hatte für das Königreich schwerwiegende Folgen, die seine staatliche Existenz in Frage stellten. Sachsen konnte im österreichisch-preußischen Krieg schon wegen der geographischen Lage zwischen den Großmächten keine völlig neutrale Stellung einnehmen. Es schloss sich daher als treues Bundesglied Österreich an und hatte dessen Niederlage gegen Preußen mit zu tragen. Die Vermeidung der Annexion Sachsens[10] durch Preußen ist dem Verhandlungsgeschick Österreichs und nicht zuletzt der freundschaftlichen Beziehung der betreffenden Landesherren, König Johann und König Wilhelm,[11] zu verdanken. Es gelang Österreich in seinen Friedensverhandlungen mit Preußen[12], als Bedingung für die Zustimmung zur Auflösung des Deutschen Bundes und seinen Ausschluss aus dem zukünftigen

---

[9] Vgl. zu den verschiedenen politischen Zielen: *Kaemmel*, Sächsische Geschichte, S. 130; *Martin Lauckner*, Sachsen im Schicksalsjahr 1866, in: Sächs. Heimat, H. 5 (1966), S. 4 ff. Vgl. weiter mit besonderer Würdigung des Wirkens des damaligen sächsischen Außenministers Friedrich Ferdinand v. Beust: *Jonas Flöter*, Beust und die Reform des Deutschen Bundes 1850–1866. Sächsisch-mittelstaatliche Koalitionspolitik im Kontext der deutschen Frage, 2001 (Geschichte und Politik in Sachsen, Bd. 16), zusammenfassend S. 491 ff.

[10] Damit konnte Sachsen dem Schicksal des Königreichs Hannover, Kurfürstentums Hessen, Herzogtums Nassau und der Freien Reichsstadt Frankfurt entgehen, deren Gebiete von Preußen annektiert wurden. Vgl. *Schmidt*, Zentralverwaltung Sachsens, in: Letopis Nr. 27/1, S. 42.

[11] König Johann erinnert ausdrücklich in einem Brief an König Wilhelm v. Preußen v. 2. Aug. 1866 *„an die alten Freundschaftlichen Gesinnungen, die in deinem Herzen vielleicht noch nicht ganz erloschen sind...“* und äußert weiter: *"Dabei hege ich die zuversichtliche Hoffnung, dass du keine Anforderung an mich stellen wirst, welche mein Land, das so treu zu mir gestanden hat, mit unbilligen Lasten beschweren und seinen Wohlstand zu Grunde richten würde, und eben so wenig mir etwas zumuthen wirst, was den wesentlichen Bedingungen eines selbständigen Fürsten widerspricht.“*, zit. aus *Johann Georg, Herzog zu Sachsen* (Hrsg.), Briefwechsel König Johann – König Wilhelm IV und König Wilhelm I von Preußen, 1911, Brief Nr. 293, S. 446.

[12] Frieden v. Prag v. 23. Aug. 1866, Text: *Ernst Rudolf Huber* (Hrsg.), Dokumente zur deutschen Verfassungsgeschichte, Bd. 2, Deutsche Verfassungsdokumente 1851–1900, 3. Aufl., 1986, S. 249–252, bes. Art. VI (S. 251) u. die Nikolsburger Präliminarien v. 26. Juli 1866, Text: *ders.*, Deutsche Verfassungsgeschichte seit 1789, Bd. 3, 1988, S. 576 f.

deutschen Staatsverband Sachsens staatlichen Fortbestand zu erzwingen. Am 21. Oktober 1866 schlossen Sachsen und Preußen in Berlin dann den Friedensvertrag, der die Beitrittsverpflichtung Sachsens zum Norddeutschen Bund enthielt[13].

3. Verhandlungen des Reichstages zur Verfassung des Norddeutschen Bundes

Während der Parlamentsverhandlungen über die Verfassung des neuen Bundes musste Sachsen weiter auf die Erhaltung seiner Rechte bedacht sein, weil es starke Tendenzen zur Ausprägung des Norddeutschen Bundes als Einheitsstaat gab[14]. Im Ergebnis befürworteten die Verfassung des Norddeutschen Bundes in der Schlussabstimmung am 16. April 1867 die sächsischen Abgeordneten dann nur zirka zur Hälfte – unter ihnen auch *Gerber*[15].

Gerber sah in der Vereinigung der deutschen Länder im Norddeutschen Bund unter der Führung Preußens vorrangig die Chance zur Errichtung eines geeinten und gestärkten Deutschlands. Der Skepsis und Ablehnung auch seiner sächsischen Reichstagskollegen wegen der wohl nicht ganz unbegründeten Befürchtung einer lediglich auf die territoriale Ausweitung Preußens gerichteten Bundespolitik[16] trat Gerber entschieden entgegen. Er hatte erkannt, dass die stete Betonung der spezifisch sächsischen Lage dem Hauptziel einer gemeinsamen Verfassung nicht förderlich war, die zur Übergehung und Isolation der sächsischen Abgeordneten führen konnte. Aus einer vom Hauptgeschehen abgedrängten Position waren die sächsischen Belange, wie er nicht ohne Grund meinte, nicht zur Geltung zu bringen[17]. Gerber forderte seine sächsischen 'Mitstreiter' zu klarer Positionierung auf, denn Achtung könne nur erlangen, wer „zuverläs-

---

[13] Friede von Berlin vom 21. Oktober 1866, mit dem Sachsen dem Verfassungsbündnis Preußens mit den verbündeten 17 norddeutschen Kleinstaaten vom 18. August 1866 beitrat und Gliedstaat des Norddeutschen Bundes wurde. Vgl. *Peter Badura*, Die Verfassungsgeschichte des Königreichs Sachsen von 1815 bis 1918, in: Hartmut Bauer (u. a. Hrsg.), 100 Jahre Allgemeines Baugesetz Sachsen, 2000, S. 3 ff, S. 13 f; Text: *Huber*, Dokumente, Bd. 2, S. 262–264.

[14] Vgl. Brief Gerbers v. 2. März 1867, in: *Gerber, M.*, Aus den Briefen, S. 236 u. Brief Gerbers v. 22. März 1867, in: *Gerber, M.*, Aus den Briefen, S. 258.

[15] Von den 23 sächsischen Abgeordneten stimmten 11 für die Verfassung, 10 dagegen und zwei waren nicht anwesend. Die Verf. wurde mit 230 zu 53 Stimmen angenommen. Vgl. *Gerber, M.*, Aus den Briefen, S. 279, Fn. 78.

[16] Vgl. Brief Gerbers v. 23. März 1867, in: *Gerber, M.*, Aus den Briefen, S. 260.

[17] Briefe Gerbers v. 26. Febr. 1867, ebd., S. 233; v. 2. März 1867, ebd., S. 236; v. 28. Febr., ebd., S. 235; v. 7. März 1867, ebd., S. 246; v. 13. März 1867, ebd., S. 252.

sig und konsequent" sei und nicht „bei jeder Frage hin und her schwankt"[18]. Sie sollten sich in die Fraktionen eingliedern, wenn er auch zumindest für seine Person eingestehen musste: „Leider ist nur eigentlich keine Partei da, zu der ich gern gehen möchte."[19] Dank seiner Redekunst, Überzeugungskraft und engagierten Fraktionsarbeit[20] gelang es Gerber schnell, sich Achtung zu verschaffen. Umso erbitterter warf er seinen sächsischen Reichstagskollegen im Hinblick auf deren dem Fraktionsentschluss entgegenstehendes Abstimmungsverhalten vor, die sächsisch-deutschen Interessen einer persönlichen, auf momentane Anerkennung gerichteten Eitelkeit unterzuordnen[21].

Gerber ist es letztlich gelungen, die schwierige Balance zu halten zwischen Förderung der Bundesidee unter preußischer Führung einerseits, und der Wahrung sächsischer Interessen nach weitmöglicher staatlicher Eigenständigkeit andererseits. Seine Haltung ist dabei gekennzeichnet von dem Streben nach Verwirklichung deutscher Einheit, der Bewunderung für Bismarck (was angesichts von dessen sachsenkritischer Einstellung bemerkenswert ist), der Treue zum sächsischen Königshaus und der monarchischen Staatsform, denen er sein gesellschaftlich gewandtes, politisch vorausschauendes sowie geistig prägnantes Auftreten und zielstrebiges Arbeiten widmete, das seine politische Laufbahn auch weiterhin bestimmen sollte.

Gerber sprach sich entschieden gegen das allgemeine Wahlrecht aus, wie es mit Art. 21 (später: Art. 20) der Bundesverfassung angenommen worden war. Er teilte seiner Frau Helene hierzu mit: *„Leider ist im Artikel 21 das ganz unsinnige und jeder Vernunft widersprechende allgemeine Wahlrecht angenommen worden."* Um zu verhindern, dass *„damit nun jeden Augenblick und ohne jeden Widerstand der gemeinste unserer Demagogen in der Wahlschweinerei siegt"*[22] und es *„vielleicht schon beim nächsten Parlament 2–300 Buchdrucker und Cigarettenarbeiter liefern und diesen die Entscheidung der Geschicke unseres Va-*

---

[18] Beide Zitate aus: Brief v. 31. März 1867, in: *Gerber*, ebd., S. 267.
[19] Brief v. 2. März 1867, ebd., S. 237.
[20] Gerber trat gemeinsam mit dem Abgeordneten *Braun* (sächs. liberaler Politiker, 1848/49 Justizmin. u. Vorsitzender des Gesamtmin., 1867 geheimer Regierungsrat u. Amthauptmann zu Plauen) der Fraktion „Centrum" unter Leitung des preußischen Juristen und Staatsmannes Moritz August v. *Bethmann-Hollweg* (1858 bis 1862 preußischer Kultusmin.) bei. Vgl. Briefe v. 5. u. 6. März 1867, in: *Gerber, M.*, Aus den Briefen, S. 243 u. S. 244.
[21] Vgl. Brief v. 6. April 1867, ebd., S. 274 f; Brief v. 20. März 1867, ebd., S. 256; Brief v. 22. März 1867, ebd., S. 259; ähnlich auch bzgl. Abstimmungsverhalten der Sachsen entgegen der vom sächs. Finanzmin. Friesen befürworteten Abstimmung, Brief v. 31. März 1867, ebd., S. 267.
[22] Brief Gerbers an seine Frau Helene v. 30. März 1867, in: *Gerber, M.*, Aus den Briefen, S. 265 ff, S. 265.

terlandes in die Hand legen würde"[23] sprach er sich für ein Korrektiv, eine Schranke des Wahlgesetzes aus. Er befürwortete daher Art. 29 (später: Art. 32) der Bundesverfassung, wonach die Abgeordneten keine Diäten erhalten sollten, indem er ausführte, dass *„der Pöbel nur einen Mann wählen kann, der Vermögen genug hat, ein paar Tage in Berlin aus seiner Tasche zu leben und dies Opfer bringen will. Auch diese Schranke ist mangelhaft; sie kann durch Privatfonds umgangen werden. [...] Aber immerhin ist es doch eine Schranke, und zwar die einzige."*[24]

Aus seiner ausgeprägten Geringschätzung der Demokraten[25] wird erneut deutlich, dass Gerber dem Stand der Arbeiter keine Regierungskompetenz zuerkannte und den Parlamentarismus als Staatsform strikt ablehnte[26]. Bedenkt man, dass es angesichts des von den Wettinern seit dem 12. Jahrhundert und über fast 800 Jahre geführten sächsischen Staates und der erst einige Jahrzehnte dauernden Erfahrungen mit einer demokratischen Ordnung keineswegs sicher ist, ob letztere sich ebenso langfristig behaupten kann, erscheint die in sich ruhende Haltung Gerbers vor dem monarchischen Hintergrund der Zeit und ihrer führenden Vertreter durchaus nachvollziehbar.

III. Ergebnisse für Sachsen

Die Eingliederung Sachsens in den Norddeutschen Bund führte zur Übertragung wesentlicher Hoheitsrechte an den Bund. Neben dem Übergang der Kompetenzen für die hochentwickelte sächsische Post- und Telegrafenverwaltung auf den Bund, der Integration der sächsischen Armee in die Bundes-Armee[27] musste Sachsen auch auf eine eigene völkerrechtliche Vertretung verzichten, so dass eine eigenständige Außenpolitik nicht mehr möglich war. Dennoch blieb Sachsen als Königreich bestehen, wenn es auch staatsrechtlich in den föderalen Zusammenhang des Reiches eingegliedert war. Gerber hatte in diesem

---

[23] Brief Gerbers an seine Frau Helene v. 30. März 1867, ebd., S. 266.

[24] Brief Gerbers an seine Frau Helene v. 30. März 1867, ebd., S. 265. 1906 wurde Art. 32 geändert und den Abgeordneten eine Entschädigung nach Maßgabe des Gesetzes zugestanden (Gesetz, betr. die Änderung des Artikel 32 der Reichsverfassung, v. 21. Mai 1906, RGBl. 1906, S. 467 u. Gesetz, betr. die Gewährung einer Entschädigung an die Mitglieder des Reichstags, v. 21. Mai 1906, RGBl. 1906, S. 468–470).

[25] So wünscht Gerber, Deutschland möge von „dieser Krankheit des demokratischen und parlamentarischen Gelüstes wieder frei werden" (Tagebuchnotiz Gerbers v. 23. Jan. 1867, ebd., S. 226) und äußert sich abschätzig zu den Reden der „Roten...", die „ihren elenden Quatsch bei völlig leerem Hause ableiern" (Brief v. 3. April 1867, ebd., S. 270).

[26] Vgl. bereits oben § 6 II. 2.

[27] Die Armee Sachsens konnte als sächsisch königliche erhalten werden mit der Folge, dass dem Kronprinzen das Befehlsrecht verblieb.

Punkt Bedenken, ob Sachsen so nicht seine Staatlichkeit gefährdet oder gar eingebüßt habe, weil ein Staat nach seiner Ansicht nur dann und so lange eigenständig existiere, wie er alle Hoheitsrechte inne habe. Er ging daher staatsrechtlich nicht von der alleinigen Souveränität des Norddeutschen Bundes – später des Deutschen Kaiserreiches – aus, sondern wollte – im Gegensatz zu Laband, der eine Beschränkung oder Teilung der Souveränität des Kaiserreiches ablehnte – den Einzelstaaten ihre Souveränität bewahren und ordnete konsequenterweise die Reichsgewalt einer von diesen verschiedenen „selbständige[n] ideale[n] Persönlichkeit“[28] zu[29].

Die der Monarchie im Königreich Sachsen insgesamt günstigen Ergebnisse des konstituierenden Reichstages sind vor allem dem persönlichen Wirken König Johanns, seiner freundschaftlichen Beziehungen zu König Wilhelm und schließlich auch dem politisch geschickten Auftreten Gerbers zu verdanken, der das Ansehen der Sachsen auf dem Reichstag und insbesondere gegenüber Bismarck zu stärken wusste[30]. Dabei zeigte sich Gerber den auf die Begründung eines national geeinten Deutschlands zielenden Zeiterfordernissen durchaus aufgeschlossen.

---

[28] *Gerber*, Grundzüge, 2. Aufl., 1869, S. 244 (Beilage IV).

[29] *Gerber*, Grundzüge, 2. Aufl., 1869, S. 244 (Beilage IV) u. ebd., 3. Aufl., 1880, S. 258 f (Beilage V) – Letzteres wohl als Erstreckung auf das Deutsche Kaiserreich zu werten. *Gerber*, ebd., 3. Aufl., 1880, S. 247 (Beilage IV) zur Souveränität im Bundesstaat; vgl. *Pauly*, Methodenwandel, S. 206 f.

[30] Dies ging sogar so weit, dass Bismarck Gerber Andeutungen über Interessen des preußischen Staates an seinen Diensten zubringen ließ. Vgl. Brief v. 30. März 1867, in: *Gerber, M.*, Aus den Briefen, S. 250 f.

§ 8 Gerber als Präsident der ersten sächsischen Landessynode

I. Die Entstehung der Kirchenvorstands- und Synodalordnung

Gerber setzte seine politische Karriere als Präsident der ersten sächsischen Evangelisch-Lutherischen Landessynode 1871 fort. Sie konnte nach der 1868 in Kraft getretenen Kirchenvorstands- und Synodalordnung[1] einberufen werden, tagte vom 9. Mai 1871 bis zum 8. Juni 1871 und wählte ihn in ihrer ersten Sitzung am 9. Mai 1871 zu ihrem Präsidenten[2]. Gerber war Mitglied der Synode in seiner Eigenschaft als Vertreter der Universität Leipzig und Professor des Kirchenrechts[3], der allerdings gem. § 36 Abs. 5 i. V. m. § 33 Nr. 2 KiVorstSynO immer nur für eine Synode gewählt werden konnte, geworden. Sein Synodalmandat war daher bei seinem Amtsantritt als sächsischer Kultusminister und Minister in Evangelicis nach dem Schluss der Synode bereits erloschen[4].

Die Synode der Evangelisch-Lutherischen Landeskirche Sachsens war das Ergebnis langandauernder Bestrebungen kirchlicher Neuordnung mit dem Ziel weitreichender Eigenständigkeit[5]. Die Kirchenvorstands- und Synodalordnung sowie die damit mögliche Einberufung der Synode sind Teil der durch die Gründung des Norddeutschen Bundes und des Deutschen Kaiserreiches eingeleiteten zweiten Reformphase der Staats- und Verwaltungsstrukturen in Sachsen. Staatliche und kirchliche Verwaltung waren damals so eng miteinander verbunden, dass die Staats- und Verwaltungsreform nicht ohne Veränderung der kirchlichen Verwaltung möglich war[6]. Grundlage und Auftrag zur Korrektur der Stellung der Landeskirche zum Staat bildete § 57 SächsVerf. von 1831, der jeder

[1] Kirchenvorstands- u. Synodalordnung für die evangelisch-lutherische Kirche des Königreichs Sachsen, KglGVBl. 1868, S. 201–228; Abdruck bei *Emil Friedberg*, Die geltenden Verfassungsgesetze der evangelischen deutschen Landeskirchen, 1885, S. 361–363 (Gesetz, die Publikation der Kirchenvorstands- und Synodalordnung, sowie die Vertretung der evangelisch-lutherischen Kirchengemeinden betr., v. 30. März 1868), S. 363–375; Auszug bei *Huber/Huber*, Staat und Kirche, Bd. 2, S. 351–353.

[2] Sächs. LS. 1871, Vhlg., S. 4.

[3] Die erste Kirchenvertretung der Evangelisch-Lutherischen Landeskirche Sachsens setzte sich aus 27 geistlichen und 34 weltlichen von den Kirchenvorständen gewählten Vertretern, je fünf von den in Evangelicis beauftragten Staatsministern berufenen Geistlichen und Nichtgeistlichen sowie je einem von der juristischen und theologischen Fakultät der Universität Leipzig entsendeten Professor zusammen; vgl § 33 u. § 35 Kirchenvorstands- u. Synodalordnung; *Pfeiffer*, Sächsische Kirchenverfassung, S. 95.

[4] Er übernahm die Geschäfte als Kultusminister zum ersten Oktober 1871. Vgl. § 15 IV.

[5] Zur Entwicklung seit 1830 detailliert: *Pfeiffer*, Sächsische Kirchenverfassung, S. 1–99; *Ludwig Robert Feller*, Die Kirchenvorstands- und Synodalordnung für die evangelisch-lutherische Kirche des Königreichs Sachsen nach ihrer Entstehung und Bedeutung dargestellt und erläutert, 1868, S. 1–32.

[6] Hierzu näher in § 10 II. 2.

Konfession die eigenständige Regelung ihrer innerkirchlichen Angelegenheiten in Aussicht stellte.

Bereits seit den dreißiger Jahren des 19. Jahrhunderts waren die Forderungen nach einer Kirchgemeindevertretung, die es bis dahin in Sachsen nicht gegeben hatte[7], so stark, dass eine entsprechende Gesetzesvorlage an die erste konstitutionelle Ständeversammlung 1832/ 33 erfolgen sollte, was dann aber nicht realisiert wurde[8]. Die Initiativen der Folgejahre blieben ebenfalls ohne Ergebnis. Sie scheiterten 1842/ 43 an der Ablehnung der Deputationen beider Kammern[9] und wurden dann durch die revolutionären Ereignisse 1848/ 49 verzögert[10]. Den Entwurf von 1860, den die Regierung unter Führung des Kultusministers v. Falkenstein vorgelegt hatte, lehnte die erste Kammer als zu weitgehend ab, weil er alle Organisationsbereiche, auch die innerkirchlichen, mit umfasste[11]. Daraufhin zog ihn die Regierung auf Antrag der Minister in Evangelicis zurück[12].

In der zweiten Hälfte des 19. Jahrhunderts war das Selbstverständnis der Kirchenglieder weiter erstarkt, so dass die Befugnis der Ständeversammlung zur Kirchengesetzgebung bezweifelt und die Beteiligung sowie Mitbestimmung der gesamten Kirche bei der Neuordnung ihrer Strukturen gefordert wurde[13]. Der endlich 1864 an den Landtag gereichte Entwurf einer Neuordnung beschränkte sich auf das ursprüngliche Hauptanliegen, also eine Vertretung der Gemeinden und Gesamtkirche zu schaffen[14]. Wiederum verzögerte sich die Beratung des

---

[7] *Feller*, Kirchenvorstands- und Synodalordnung, S. 15.

[8] *Feller*, ebd., S. 18 unter Hinweis auf die Überlastung dieses ersten Landtages. *Schmidt*, Staat und Kirche, S. 401 mit der Begründung, dass die damaligen Träger des evangelisch-lutherischen Kirchenregiments die Vorlage verhinderten, weil sie die darin enthaltene Demokratisierung der Kirchenverfassung ablehnten. Letztere Auffassung scheint nachvollziehbar, zumal der Überbeanspruchung des Landtages durch Verweis der Vorlage an eine Zwischendeputation, wie dies später geschah, hätte entgegengewirkt werden können.

[9] Die Regierung hatte den Entwurf daraufhin zurückgezogen. Vgl. *Heinrich Herzog*, Beitrag zur Geschichte des sächsischen Konsistorialgesetzes vom 15. April 1873, in: Herbergen der Christenheit. Jahrbuch für deutsche Kirchengeschichte VII (1969), S. 160; *Pfeiffer*, Sächsische Kirchenverfassung, S. 43 f.

[10] *Pfeiffer*, ebd., S. 50 f; *Schmidt*, Staat und Kirche, S. 403; *Feller*, Kirchenvorstands- und Synodalordnung, S. 18 f.

[11] Dek. v. 6. Nov. 1860 (Gesetzentwurf u. Motive), Sächs. LT. 1860/61, Vhlg. 1. K., Bd. 1, S. 178–182; *Feller*, Kirchenvorstands- und Synodalordnung, S. 19.

[12] Dek. v. 15. Febr. 1861, Sächs. LT. 1860/61, Akten, I. Abt., Bd. 2, S. 377.

[13] *Schmidt*, Staat und Kirche, S. 404; *Pfeiffer*, Sächsische Kirchenverfassung, S. 69.

[14] Vorlage des Entwurfs erstmals mit Dek. v. 14. März 1864: Sächs. LT. 1863/64, Akten, I. Abt., Bd. 2, S. 333. Wieder zurückgezogen mit Dek. v. 22. Juli 1864: Sächs. LT., ebd., S. 693. Erneut vorgelegt mit Dek. v. 1. Nov. 1867, Sächs. LT. 1867/68, Akten, I. Abt., Bd. 3, S. 41. Vgl. *Feller*, Kirchenvorstands- und Synodalordnung, S. 22 f.

Entwurfs zuerst durch die Überlastung des Landtages[15], sodann infolge der Kriegsereignisse 1866. Erst 1867 wurde über die Vorlage in den Kammern erneut verhandelt und diese am 30. März 1868 angenommen[16]. Dadurch war die Mitwirkung der Landeskirche an der sie betreffenden Gesetzgebung zukünftig gewährleistet.

II. Das Konsistorialgesetz vom 15. April 1873 als Ausdruck des neuen Selbstverständnisses der Evangelisch-Lutherischen Landeskirche Sachsens

Das Konsistorialgesetz diente der weiteren Verwirklichung des neuen Verständnisses der Beziehungen von Staat und Kirche in Realisierung der Grundsätze des § 57 SächsVerf. Gleichzeitig gewährleistete es die für die Zweite Staatsreform erforderliche Klärung der kirchlichen und staatlichen Verwaltungsgliederung, die eine Umstrukturierung der Staatsverwaltung überhaupt erst ermöglichte. Seit Beginn des 19. Jahrhunderts war die Tendenz gegenseitiger Abgrenzung stärker hervorgetreten und die evangelische Kirche um ihre Eigenständigkeit bemüht. Eine Lösung der engen Verbindung mit dem Staatswesen bot der Kirche die Möglichkeit freierer, bekenntnisbezogenerer Entwicklung, ohne dabei den staatlichen Schutz zu verlieren. Damit verbunden war freilich die Überantwortung historisch kirchlicher Angelegenheiten[17] an den Staat. Auf staatlicher Seite diente die Abgrenzung zur Evangelisch-Lutherischen Landeskirche der Herausbildung eines eigenständig souveränen, in der Sprache der Zeit: 'paritätischen'[18] Staatswesens. Sie gestattete die Übertragung kirchlicher

---

[15] Überweisung der Angelegenheit an eine Zwischendeputation zur Vorbereitung für den nächsten LT.: *Feller*, ebd., S. 21.

[16] Kirchenvorstands- u. Synodalordnung, vgl. Fn. 1.

[17] Wie z. B. die Überführung der Gerichtsbarkeit in Ehesachen auf die staatlichen Gerichte gem. §§ 1, 9 Gesetz A über Kompetenzverhältnisse zwischen Justiz- und Verwaltungsbehörden, v. 28. Jan. 1838 sowie die Übernahme der Schulaufsicht durch den Staat. Zu Letzterem vgl. § 18.

[18] Der Terminus 'paritätischer Staat' wird in den Quellen und der Literatur häufig verwendet (z. B. Sächs. LT. 1871/73, Vhlg. 2. K., Bd. 4, S. 3219 [Gerber]; Sächs. LT. 1857/76, Vhlg. 1. K., S. 1025 [Bischof Bernert], S. 1031 [Prof. Fricke]; *Amilius Ludwig Richter*, Lehrbuch des katholischen und evangelischen Kirchenrechts mit besonderer Rücksicht auf deutsche Zustände, 5. Aufl. 1858, S. 205 f). Die Parität wird dabei auf das Verhältnis von Staat und Kirche bezogen, wobei sich zwei Aspekte ausmachen lassen. So bezeichnet sie zum einen die gleichberechtigte (nicht unbedingt gleiche) Behandlung der evangelischen und der katholischen Kirche durch den Staat (vgl. zum Verständnis der Parität im 19. Jh. in einem engeren, nur die evangelische und katholische Kirche betreffenden Sinne und einem weiteren die Gleichheit zwischen Religionsgesellschaften des öffentlichen und privaten Rechts betreffenden Sinne *Martin Heckel*, Parität, in: Roman Herzog (u. a. Hrsg.), Hermann Kunst/Siegfried Grundmann (Begr.), Evangelisches Staatslexikon, Bd. 2, N–Z, 3. Aufl. 1987, Sp. 2412 ff, Sp. 2416 ff; *ders.*, Die religionsrechtliche Parität, in: Joseph Listl/Dietrich Pirson (Hrsg.), Hand-

Angelegenheiten an die Landeskirche unter Wahrung der staatlichen Souveränität. Dieser Tendenz folgt das Konsistorialgesetz.

Bereits 1846 und erneut 1854 hatten die Stände neben der Schaffung kirchlicher Vertretungen auch die Errichtung einer obersten Kirchenbehörde zur Wahrnehmung der Aufgaben der Kirchenleitung sowie die Umsetzung von § 57 der Verfassung gefordert[19]. Der bereits genannte Entwurf von 1860 war in der ersten Kammer im Wesentlichen an der Art der Ausgestaltung einer oberen Kirchenbehörde gescheitert[20]. Vor allem beanspruchten aber auch Kirchenvertreter dabei die Mitwirkung der gesamten Kirche in innerkirchlichen Angelegenheiten. Die zunehmende Forderung der Kirche nach Eigenständigkeit und der daraus resultierenden Mitsprache in kirchlichen Angelegenheiten schien mithin eine Intensität erreicht zu haben, die der Regierung die vollständige Neuordnung kirchlicher Verhältnisse durch ein Staatsgesetz nicht mehr erlaubte[21]. Die noch durch den Amtsvorgänger Gerbers, Minister v. Falkenstein, vorbereitete[22] Vorlage des Gesetzes zur Errichtung einer oberen Kirchenbehörde betrachteten die Minister in Evangelicis[23], zumindest aus Sicht der Landeskirche, folgerichtig als kirchliche Angelegenheit und brachten sie wie eine staatliche Gesetzesvorlage mit Motiven bei der neu gegründeten Kirchenvertretung am 9. Mai 1871[24] ein.

---

buch des Staatskirchenrechts der Bundesrepublik Deutschland, Bd. 1, 2. Aufl., 1994, S. 589 ff, S. 603 f), wurde aber darüber hinaus auch auf das Verhältnis des Staates zu allen i. S. v. § 56 SächsVerf. von 1831 aufgenommenen Religionsgesellschaften, die dem Staat gegenüber gleiche Rechte hatten, verstanden. Damit waren auch die reformierte Kirche (aufgenommen seit 1811) und die Deutschkatholiken (aufgenommen seit 1848) einbezogen. Vgl. *Richter*, ebd., *Johann Friedrich v. Schulte*, Lehrbuch des katholischen und evangelischen Kirchenrechts nach dem gemeinen Rechte, dem Rechte der deutschen Länder und Österreichs, 4. Aufl., 1886, S. 71 ff; *Karl Rieker*, Die rechtliche Stellung der evangelischen Kirche Deutschlands in ihrer geschichtlichen Entwicklung bis zur Gegenwart, 1893, S. 466 ff. Die Parität scheint zum anderen aber auch einen Aspekt der staatlichen Souveränität zu berühren, indem sie eine Gleichbehandlung von Staat und Kirche i. S. einer Abwehr kirchlicher Einflußnahme auf den Staat und kirchlichen Machtstrebens gegen den Staat gebietet und damit eine etwaige Beschränkung der Staatssouveränität durch die Kirchen ausschließen will.

19 Ständische Schrift v. 13. Juni 1846 u. 28. Dez. 1854; *Feller*, Kirchenvorstands- und Synodalordnung, S. 19 u. S. 25.

20 *Feller*, Kirchenvorstands- und Synodalordnung, S. 24 f.

21 So auch *Schmidt*, Staat und Kirche, S. 404.

22 Das Kultusministerium leitete am 5. April 1871 an die in Evangelicis beauftragten Staatsminister einen „Entwurf einer Verordnung, die Errichtung der Behörden für die Evangelisch-lutherische Kirche betreffend“ weiter: SächsHStA, Gesamtmin., Evangel., Loc. D 4, Bl. 1 ff, Bl. 5–16.

23 Die in Evangelicis beauftragten Staatsminister berieten den Entwurf in drei Sitzungen: 21. April, 2. Mai, 4. Mai 1871, SächsHStA, ebd., Bl. 48–57, Bl. 58–67, Bl. 96–99.

24 Erlass Nr. 3 v. 9. Mai 1871, die Errichtung eines evangelisch-lutherischen Oberkonsistoriums betr.: Sächs. LS. 1871, Akten, I. Abt., S. 17–24.

III. Verlauf der ersten sächsischen Landessynode

1. Hauptziele

Vordringlichste Aufgabe der Synode stellte die Errichtung einer neuen Oberbehörde dar. Auf unterster Ebene war bereits der Kirchgemeinde die eigenständige Aufgabenwahrnehmung mittels gewählter Kirchenvorstände übertragen worden (§ 3 Nr. 2 KiVorstSynO). Die gesamte Landeskirche hatte ihre Vertretung in der Synode erhalten. Die Oberbehörde sollte die Neugliederung der Kirchenverfassung zu einem vorläufigen Abschluss bringen. Dazu diente der Entwurf über das Kirchengesetz zur Errichtung eines Oberkonsistoriums[25]. Er war Gegenstand teilweise heftiger Debatten besonders über die damit berührte Frage der kirchlichen Aufsicht über die Schule, welche auch bei den Beratungen der Ständeversammlung über das Publikationsgesetz zum Konsistorialgesetz breiten Raum einnahmen und die eingeleitete Reform des Volksschulwesens sowie der staatlichen Verwaltung unmittelbar betrafen[26]. Das Gesetz wurde von der Synode mit einigen Änderungen in der zweiten Lesung am 3. Juni 1871[27] gebilligt, wobei sie die neu zu errichtende Behörde in 'Landeskonsistorium' umbenannte[28]. Auch *Gerber* befürwortete die Gesetzesinitiative[29] und hob am Ende der Synode ihre Bedeutung unter Bezugnahme auf das Gesetz über die Besetzung geistlicher Stellen und das Gesetz über die Errichtung eines Synodalausschusses, die ebenfalls von dieser Synode verabschiedet worden waren, hervor als „*Gesetze, deren Bestimmung nicht ist, die Kirche principiell aus ihrer historischen Verbindung mit dem Staate zu lösen, wohl aber, der Kirche ein eigenes Haus zu gründen, in welchem sie fortan desto sicherer wohnen möge.*"[30]

Das Gesetz über die Besetzung geistlicher Stellen[31], das auf eine Änderung von § 25 Kirchenvorstands- und Synodalordnung zielte, sollte den Gemeinden mehr Mitspracherechte einräumen. Es bewirkte aber die Einschränkung der bestehenden Patronatsrechte, weshalb der Entwurf Anlass zu langer Erörte-

---

[25] Vgl. Fn. 24.

[26] Vgl. unten § 17 zum Konsistorialgesetz u. z. B. Sächs. LS. 1871, Vhlg., S. 250 ff sowie § 18 zum Volksschulgesetz.

[27] Sächs. LS. 1871, Vhlg., S. 452–468.

[28] Vgl. Synodalschrift v. 3. Juni 1871, den vorgelegten Entwurf eines Kirchengesetzes, die Errichtung eines evangelisch-lutherischen Oberkonsistoriums betr., nebst dem von der Synode angenommenen Entwurf: Sächs. LS. 1871, Akten, I. Abt., S. 67–75. Vgl. weiter *Herzog*, Konsistorialgesetz, S. 170.

[29] Gerber stimmte bei der Endabstimmung für den Entwurf: Sächs. LS. 1871, Vhlg., S. 465.

[30] *Gerber*, Sächs. LS. 1871, Vhlg., S. 615.

[31] Kirchengesetz, eine Abänderung der Bestimmungen in § 25 der Kirchenvorstands- und Synodalordnung über die Besetzung geistlicher Stellen betr., vom 15. April 1873, KglGVBl. 1873, S. 383–385; Abdruck bei *Friedberg*, Verfassungsgesetze, S. 384–386.

rung über die Beibehaltung oder Abschaffung des Patronatsrechts und die Berechtigung der Synode zu seiner Beschränkung gab[32]. Im Ergebnis wurde der Gesetzentwurf ohne wesentliche Änderungen[33] angenommen und damit die Patronatsrechte zugunsten einer erweiterten Selbständigkeit der Kirchgemeinden eingeschränkt. Den Patronen verblieb in dem Teilbereich der Kollatur, d. h. dem Recht zur Verleihung eines bestimmten Kirchenamtes, das Vorschlagsrecht zur Wahl, wohingegen die Kirchgemeinden das Wahlrecht innerhalb der Grenzen des Vorschlages erhielten[34].

Weitere Gegenstände besonderer Bedeutung, vor allem für die zukünftige Tätigkeit der Landessynode, bildeten die Feststellung einer Geschäftsordnung[35] sowie die Einsetzung eines ständigen synodalen Ausschusses[36].

2. Leitung der Synode durch Gerber

Die gewandte, umsichtige, würdevolle Leitung der Synode durch Gerber wird mehrfach hervorgehoben[37]. Sie findet ihre Bestätigung in der auf fundierter Kenntnis der vorläufigen Geschäftsordnung für die Synode beruhenden Handhabung der Präsidialgewalt und ebenso in den Stellungnahmen Gerbers zu den Synodaldebatten.

Seine Wortmeldungen dienten – der Funktion des Präsidenten entsprechend – überwiegend der Regelung des Geschäftsgangs und der Sitzungsleitung. Dabei konnte er nicht auf Traditionen oder praktische Erfahrungen zurückgrei-

---

[32] Sächs. LS 1871, Vhlg., S. 57 ff, S. 93 ff, S. 368 ff; *Chr. Ernst Luthardt*, (Hrsg.), Aus Sachsen: die erste sächsische Landessynode, in: Allg. Ev.-Luth. Kirchenzeitung Jg. 4 (1871), Sp. 489 ff.

[33] Vgl. Vorlage an die Synode mit Erlass Nr. 5 v. 10. Mai 1871, den Entwurf eines Kirchengesetzes wegen Abänderungen der Bestimmungen im § 25 der Kirchenvorstands- und Synodalordnung über die Besetzung geistlicher Stellen betr.: Sächs. LS. 1871, Akten, I. Abt., S. 33–45; Synodalschrift v. 3. Juni 1871 auf den Erlass, den Entwurf eines Kirchengesetzes, die Besetzung geistlicher Stellen betr.: Sächs. LS. 1871, Akten, I. Abt., S. 59–62.

[34] Vgl. näher unten II. 2. u. 3.

[35] Synodalschrift v. 6. Juni 1871, eine definitive Geschäftsordnung betr.: Sächs. LS. 1871, Akten, I. Abt., S. 81–98.

[36] Synodalschrift v. 5. Juni 1871, den Entwurf eines Kirchengesetzes, den von jeder ordentlichen Landessynode zu bestellenden ständigen Ausschuss betr.: Sächs. LS. 1871, Akten, I. Abt., S. 77–78; Kirchengesetz, den von jeder ordentlichen Landessynode zu bestellenden ständigen Ausschuss betr., v. 15. April 1873, KglGVBl. 1873, S. 382–383; Abdruck bei *Friedberg*, Verfassungsgesetze, S. 383–384.

[37] Dankesworte des Vizepräsidenten Geheimer Kirchenrat Dr. Hoffmann am Schluss der Synode, in: Sächs. LS. 1871, Vhlg., S. 615; *Beschorner*, Gerber, S. 97; *Luthardt*, Aus Sachsen, Sp. 489.

fen, sondern hatte die Tätigkeit der Synode der Kirchenvorstands- und Synodalordnung sowie der vorläufigen Geschäftsordnung zu unterstellen. Gerber legte dank seiner herausragenden juristischen Bildung überzeugend dar, wie diese konkret auszulegen und dementsprechend anzuwenden sei. Dadurch konnte Klarheit über die Behandlung von Anträgen zur Geschäftsordnung und Verfahrensweise der Synode erlangt werden[38].

Im Rahmen der Synodaldebatten gelang es Gerber, die geäußerten Standpunkte verschiedener Abgeordneter aufzugreifen, im Kern zu erfassen und häufig auf einen gemeinsamen Punkt zu führen oder auch mit Entschiedenheit, aber die Achtung und Würde des Betroffenen wahrend, abzulehnen. In vielen Fragen zeigte sich Gerber aufgeschlossen und reformbereit. Durch gewandte Wortführung gelang es ihm meist, seine Positionen durchzusetzen. Demgegenüber erscheint das Auftreten des zu dieser Zeit noch amtierenden Kultusministers Freiherr *Paul von Falkenstein* strikter, verschlossener für kritische und reformwillige Einwände und insgesamt starrer, auf seiner einmal eingenommenen Position verharrend. Dies darf als einer der Hintergründe für sein offiziell altersbedingtes Ausscheiden aus dem sächsischen Staatsdienst und den von König Johann persönlich geförderten Wechsel Gerbers von der Universität Leipzig in das Kultusministerium in Dresden als dessen Nachfolger angesehen werden[39].

Die unterschiedliche Argumentations- und Lenkungsweise beider Persönlichkeiten äußert sich markant auch im Rahmen der Debatte über das mit dem Gesetzesentwurf bezüglich der Besetzung geistlicher Stellen berührte Patronatsrecht[40]. Der Entwurf sah, wie dargelegt, die Einschränkung des Privatpatronats vor, vermied aber dessen vollständige Beseitigung. In der Diskussion sprachen sich die Synodalen überwiegend für die Erhaltung des Patronatsrechts aus[41]. Sie hegten sogar Zweifel an der Möglichkeit seiner Einschränkung im Hinblick auf § 31 SächsVerf. von 1831, wonach die zwangsweise Einschränkung oder Aufgabe von Eigentum, sonstigen Rechten und Gerechtigkeiten nur auf gesetzlicher Grundlage oder bei dringender Notwendigkeit möglich war. Einige forderten aber auch die Übertragung auf zu bildende Diözesanausschüsse, was einer Aufhebung gleichgekommen wäre[42].

---

[38] Beispielsweise forderte der Synodale *Kretzschmar* (Julius Kretzschmar, Advocat in Dresden), als Gerber in Ausübung seiner präsidialen Leitungsfunktion der Synode einen Antrag auf Schluss der Generaldebatte sofort zur Abstimmung stellte, die Eröffnung einer Debatte auch über diesen Antrag. Gerber widersprach ihm unter Hinweis auf die Geschäftsordnung. Advocat *Kretzschmar*, in: Sächs. LS. 1871, Vhlg., S. 93.

[39] Vgl. näher unten § 15 III. 1.

[40] 4., 5., 14. Sitzung der Synode: Sächs. LS. 1871, Vhlg., S. 57 f, S. 79 ff, S. 93 ff, S. 368 ff.

[41] Synodaler Oberpfarrer Lehmann, Sächs. LS. 1871, Vhlg., S. 58; Superintendent Schmidt, Sächs. LS. ebd., S. 58 f; Kirchen- u. Schulrat Dr. Zapff, Sächs. LS. ebd., S. 81 ff; u. a.

[42] *Luthardt*, Aus Sachsen, Sp. 489 ff.

Gerber und Falkenstein stellten sich hinter den Gesetzesentwurf und waren bestrebt, die darin enthaltene Beschränkung des Patronats zu erreichen. Gerber geht hierzu auf die Einwände seiner Vorredner ein, indem er sie für erwägenswert, jedenfalls beachtlich, aber doch aus seiner dann näher begründeten persönlichen Ansicht zumindest derzeit nicht für angemessen, bei Fortentwicklung der Verhältnisse aber durchaus als durchführbar, ansieht. Falkenstein wendet sich zwar mit ebenso gut nachvollziehbaren Argumenten, aber geradlinig gegen Einwände, ohne die Änderung seines Standpunktes bei eventueller Umgestaltung der Rahmenbedingungen als möglich erkennen zu lassen. Gelingt es Gerber, Verständnis für seine Ansichten selbst bei seinen Kritikern zu erlangen, wirkt die Art und Weise der Diskussionsbeiträge Falkensteins weniger geschmeidig, gar brüskierend. Die Verhandlungsführung Gerbers erregte daher zu Recht Aufmerksamkeit und rief Anerkennung hervor. Dabei ließ er neben seiner grundsätzlichen Bereitschaft zur Neugestaltung bestehender Strukturen auch Grenzen der Änderungsbereitschaft erkennen. So äußert Gerber in Bezug auf das Gesetz über die Besetzung geistlicher Stellen: *„Ich bin nicht der Meinung, daß man bei derartigen Fragen gewaltsam vorschreiten soll; ich liebe in solchen Augenblicken zunächst nur mit dem einen Fuße vorzuschreiten, den anderen Fuß aber – wie jüngst ein verehrtes Mitglied unserer Synode gesagt hat – einstweilen noch auf dem alten historischen Boden festzuhalten.“*[43] Diese Ansicht offenbart zugleich ein politisches Prinzip Gerbers, welches auch seine zukünftige Regierungstätigkeit prägen sollte: Umgestaltung und Anpassung an veränderte Verhältnisse, ohne völlige Aufgabe des Bisherigen.

3. Ergebnisse der Synode

Die erste Evangelisch-Lutherische Landessynode Sachsens konnte ihre bedeutendste Aufgabe, die Vervollständigung der Neuordnung der Kirchenverfassung durch Schaffung einer kirchlichen Oberbehörde, mit ihrer Zustimmung gem. § 40 Abs. 1 KiVorstSynO zum Konsistorialgesetz[44] erfüllen. Bis zur Errichtung des Konsistoriums vergingen aber über drei Jahre, weil die Stände, wie noch genauer darzulegen sein wird[45], die staatliche Gesetzgebungskompetenz berührt sahen. Das Konsistorialgesetz konnte daher von den in Evangelicis beauftragten Ministern zunächst nicht als Kirchengesetz erlassen werden[46]. Die

[43] Gerber in einer Stellungnahme zum Patronatsrecht in der fünften Sitzung der Synode: Sächs. LS. 1871, Vhlg., S. 79 ff, S. 80.
[44] Vgl. oben III. 1.
[45] Vgl. unten § 17.
[46] Im Synodalabschied für die erste evangelisch-lutherische Landessynode v. 7. Juni 1871 (Sächs. LS. 1871, Akten, I. Abt., S. 103–104) heißt es dazu, dass die Minister in Evangelicis das Konsistorialgesetz nach erlangter ständischer Bewilligung der Haushaltsmittel für die

Regierung legte dem Landtag daraufhin 1872 ein Publikationsgesetz[47], mithin ein Staatsgesetz vor, das nach intensiven streitigen Diskussionen, in die Gerber nunmehr in anderer Funktion, nämlich als Kultusminister und Minister in Evangelicis involviert war, beschlossen werden konnte. Es wurde dem König mit der ständischen Schrift vom 8. März 1873[48] zugeleitet und am 16. April 1873 ausgefertigt und publiziert[49]. Damit wurde das unter dem 15. April 1873 ausgefertigte und publizierte Konsistorialgesetz als Kirchengesetz bestätigt. Das Landeskonsistorium konnte sodann am 15. Oktober 1874 seine Tätigkeit aufnehmen[50].

Das Kirchengesetz die Besetzung geistlicher Stellen betreffend bewirkte die weitere Verselbständigung der Gemeinden, denen erstmals ein Mitspracherecht bei der Wahl ihres Ortsgeistlichen zugestanden wurde[51]. Die Mitwirkungsrechte erlangte die Gemeinde nicht unmittelbar, sondern in Form der indirekten Repräsentation durch Wahlmänner, nämlich die von der Gemeinde gewählten Kirchvorsteher. Den teilweise erhobenen Forderungen nach weitergehenden Befugnissen der Gemeinden trat Gerber entgegen, weil die Gemeinde erst allmählich mit der ihr eingeräumten Freiheit und Mitsprache sowie damit verbundenen Verpflichtungen umzugehen lernen müsse, sie also für einen so weitreichenden Schritt noch nicht reif sei. Auch seien die Gemeindepfarrer nicht Diener der Gemeinde, sondern der Kirche und also unter ihrer Mitwirkung anzustellen[52]. Im Hinblick auf Gerbers Äußerungen zu Mitbestimmungsmöglichkeiten des Volkes

---

neue Oberbehörde gleichzeitig mit dem Gesetz zur Einsetzung eines ständigen Synodalausschusses bekannt machen und ausführen werden.

[47] Dek. v. 13. Febr. 1872, den Entwurf eines Gesetzes, die Publikation des Kirchengesetzes wegen Errichtung eines evangelisch-lutherischen Landeskonsistoriums betr.: Sächs. LT. 1871/73, I. Abt., Bd. 3, S. 127–128 (Motive, ebd., S. 129–132); Gesetz zur Publikation des Kirchengesetzes wegen Errichtung eines evangelisch-lutherischen Landeskonsistoriums, v. 16. April 1873, KglGVBl. 1873, S. 374–376; Abdruck bei *Friedberg*, Verfassungsgesetze, S. 377–379.

[48] Ständische Schrift auf das Allerhöchste Dekret, den Entwurf eines Gesetzes, die Publikation des Kirchengesetzes wegen Errichtung eines evangelisch-lutherischen Landeskonsistoriums betr., v. 8. März 1873, Sächs. LT. 1871/73, I. Abt., Bd. 3, S. 809–813.

[49] Gesetz zur Publikation des Kirchengesetzes wegen Errichtung eines evangelisch-lutherischen Landeskonsistoriums, v. 16. April 1873, KglGVBl. 1873, S. 374–376; vgl. *Herzog*, Konsistorialgesetz, S. 149 ff, S. 193 ff; vgl. auch unten § 17.

[50] VO, den Eintritt der Wirksamkeit des Kirchengesetzes v. 15. April 1873, die Errichtung eines evangelisch-lutherischen Landeskonsistoriums betr., v. 15. April 1873, KglGVBl. 1873, S. 382. Danach sollte das Gesetz erst zu einem vom Kultusministerium noch zu bestimmenden Zeitpunkt in Kraft treten, der dann durch Verordnung des Kultusministeriums, den Eintritt der veränderten Zuständigkeit der Behörden für Kirchen-, Schul- und Stiftungssachen betr., v. 26. Aug. 1874 (KglGVBl. 1874, S. 216; Abdruck in: *Seydewitz*, Codex, S. 608 ff) gemäß § 1 für den 15. Okt. 1874 bestimmt wurde. Vgl. auch unten § 17 IV.

[51] *Luthardt*, Aus Sachsen, Sp. 491.

[52] *Gerber*, in: Sächs. LS. 1871, Vhlg., S. 79 ff, S. 80 f.

erscheint diese Ablehnung eine in sich stimmige und nicht nur zeitweilige Konsequenz. Allerdings ist es bemerkenswert, dass selbst nach vielen Jahren der Erfahrung in und mit der Demokratie auch aktuell die evangelisch-lutherischen Gemeinden in Sachsen, anders als die reformierten, ihren Pfarrer nicht direkt wählen. Die Wahl obliegt dem Kirchenvorstand, der dabei auf die ihm vom Landeskirchenamt als höchster Kirchenbehörde vorgeschlagenen Kandidaten beschränkt ist[53].

Die Kirchenvorstands- und Synodalordnung wurde durch die beschlossene Einsetzung eines ständigen Ausschusses von jeder Landessynode für die Dauer bis zur folgenden Synodalversammlung[54] wesentlich ergänzt.

Diese Ergebnisse der ersten Landessynode der Evangelisch-Lutherischen Kirche Sachsens sind dem verantwortlichen, engagierten Mitwirken aller Synodalen zu verdanken. Es erscheint aber berechtigt, dem Präsidenten Gerber eine nicht unerhebliche Bedeutung für die Tätigkeit der Synode zuzuschreiben. Er konnte durch seine straffe, juristisch kompetente Leitung unnötige Diskussionen ebenso wie Unklarheiten vermeiden, wodurch eine sachliche und zügige Bearbeitung der Vorlagen ermöglicht wurde. Zudem förderten seine Sachbeiträge den Fortgang der Angelegenheiten.

---

[53] Bewerbungen für freie Pfarrstellen sind beim Landeskirchenamt der Evangelisch-Lutherischen Landeskirche Sachsens einzureichen, das aus den Bewerbern bis zu drei auswählt und der betreffenden Gemeinde vorschlägt, die sodann durch ihren Kirchenvorstand unter diesen einen Pfarrer wählt; vgl. §§ 4 ff, bes. § 7 u. § 9 des Kirchengesetzes über die Übertragung der Pfarrstellen v. 23. Nov. 1995, Amtsblatt der Evangelisch-Lutherischen Landeskirche Sachsens, 1995, S. A224–A226.

[54] Kirchengesetz, den von jeder ordentlichen Landessynode zu bestellenden ständigen Synodalausschuss betr. v. 15. April 1873, KglGVBl. 1873, S. 382–383; Sächs. LS. 1871, Vhlg., S. 468–478; *Pfeiffer*, Sächsische Kirchenverfassung, S. 101.

Zweiter Teil
Die Stellung des Kultusministers als Minister in Evangelicis im Rahmen der Staats- und Kirchenverfassung des Königreichs Sachsen

Erstes Kapitel
Staatsaufbau und Staatsverwaltung

§ 9 Der Staatsaufbau der konstitutionellen Monarchie

I. Die sächsische Verfassung von 1831

Die Staatsstrukturen während der Tätigkeit Gerbers als sächsischer Kultusminister beruhten trotz des Beitritts von Sachsen zum Norddeutschen Bund und Bundesstaat im Deutschen Reich auf der im Wesentlichen unveränderten sächsischen Verfassung vom 4. September 1831[1]. Sie entsprach im Zeitpunkt ihrer Entstehung durchaus der fortgeschrittenen sozio-ökonomischen Entwicklung Sachsens. Der ständisch-konservative Grundcharakter der Verfassung blieb weitestgehend bis zum Ende der Monarchie 1918[2] und dem Übergang zu einem bürgerlich-parlamentarischen Staatswesen erhalten. Sie wurde den Forderungen nach bürgerlichen Gesellschaftsverhältnissen und einem parlamentarisch-demokratischen Regierungssystem, die von den sich gerade in Sachsen besonders stark zusammenschließenden und organisierten Arbeitern[3] mit zunehmendem Nachdruck erhoben wurden, am Anfang des 20. Jahrhunderts allerdings nicht mehr gerecht.

1. Zustandekommen der Verfassung

Sachsen wurde in den gesamtdeutschen Prozess der bürgerlichen Umwälzung im Vergleich mit anderen deutschen Staaten, wie beispielsweise Bayern, das bereits mit der Verfassung von 1818 zur konstitutionellen Monarchie überging, erst relativ spät, in den dreißiger Jahren des 19. Jahrhunderts, einbezogen. Das durch die sich rasch entwickelnde Industrialisierung Sachsens erstarkende Bürgertum ließ es an Reformforderungen nicht fehlen, konnte mangels ausrei-

---

[1] KglGS. 1831, S. 241–282; *Huber*, Dokumente, Bd. 1, S. 263–289.
[2] Hierzu näher unten § 21 I.
[3] Sachsen war aufgrund seines hohen wirtschaftlichen Entwicklungsstandes zu einem Zentrum der deutschen Arbeiterbewegung geworden; vgl. *Agatha Kobuch,* Sachsen im 20. Jahrhundert, in: Otto Kaemmel, Sächsische Geschichte, Nachdr. 5. Aufl. 1995, 1997, S. 151; *Schmidt*, Zentralverwaltung Sachsens, in: Letopis Nr. 27/2, S. 113 ff, S. 119 ff.

chender Unterstützung der städtischen Bürger jedoch vorerst keine revolutionären Veränderungen bewirken. Vor diesem Hintergrund blieben die Hoffnungen auf Reformen auch in der napoleonischen Zeit[4] zunächst unerfüllt[5]. Erst durch den Druck der von der Pariser Julirevolution beeinflussten tumultartigen, gewalttätigen Ausschreitung der Bevölkerung Leipzigs und Dresdens im September 1830 begann die Hinwendung zu einem bürgerlich-liberal geprägten Staatswesen, der sich König Anton nicht entgegenstellte. Mit der Berufung *Bernhard von Lindenaus*[6] zum leitenden Minister anstelle des konservativen Rats Einsiedel[7] konnte aufgrund seines sachkundigen und umsichtigen Wirkens in verhältnismäßig kurzer Zeit die erste sächsische Verfassung entstehen[8].

2. Staatsverfassung und Staatsverwaltung

Die verfassungsbedingte Staats- und Verwaltungsreform vollzog sich in einer ersten Reformphase in den Jahren von 1831 bis 1835 und in einer zweiten in der Zeitspanne von 1867 bis 1874.[9]

Die Verfassung folgte dem süddeutschen Zweikammermodell[10]. Es gewährleistete breiteren besitzenden und gebildeten Bevölkerungsschichten politi-

---

[4] In anderen Teilen Deutschlands mit vergleichbaren innerstaatlichen Verhältnissen war es infolge der antifeudalen Eroberungspolitik Napoleons zu bürgerlichen Reformen gekommen. Das sächsische Kurfürstentum erklärte Napoleon aber zur neutralen Zone, beließ dem Landesfürsten alle absolutistischen Rechte und krönte diesen 1806 sogar zum König von Sachsen; vgl. *Kaemmel*, Sächsische Geschichte, S. 112 f.

[5] Ursachen für die späte Konstitutionalisierung Sachsens sind in den spezifischen innerstaatlichen Strukturen, der persönlichen Haltung der Landesfürsten, den außenpolitischen Bedingungen zu sehen und wohl auch dem Mangel geeigneter die Durchsetzung von Reformen konsequent vertretender Persönlichkeiten; vgl. *Wyduckel*, Staats- und Kommunalverwaltung, S. 22.

[6] Bernhard August *v. Lindenau*, geb. am 11. Juni 1779 in Altenburg, ebd. am 21. Mai 1854 gest., studierte Rechtswissenschaften u. Mathematik, seit 1798 in Stellen des höheren Beamtendienstes tätig; vgl. zu seiner Person: *Helmut Scherf*, Bernhard August von Lindenau, eine progressive Persönlichkeit der Goethezeit, in: Sächs. Heimatbl. Jg. 7 (1961), S. 236 ff.

[7] Entlassung des bisherigen Ministers Graf Einsiedel am 13. Sept. 1830, zugleich Berufung von Lindenau: vgl. *Kaemmel*, Sächsische Geschichte, S. 120.

[8] *Wyduckel*, Staats- und Kommunalverwaltung, S. 23. Nach wie vor grundlegend zur Entstehung der Verfassung: *Gerhard Schmidt*, Die Staatsreform in der ersten Hälfte des 19. Jahrhunderts. Eine Parallele zu den Steinschen Reformen in Preußen, 1966, S. 94 ff.

[9] Vgl. die eingehende Darstellung bei *Wyduckel*, Staats- und Kommunalverwaltung, S. 22 ff u. S. 32 ff; zur ersten Reformphase grundlegend *Schmidt*, Die Staatsreform, S. 138 ff.

[10] *Wyduckel*, Staats- und Kommunalverwaltung, S. 23; *ders.*, Der Verwaltungsaufbau und das Verwaltungsverfahren in Sachsen um 1900, in: Siegfried Reich (Hrsg.), FS zum 100-jährigen Jubiläum des sächsischen Oberverwaltungsgerichts, 2002, S. 79 ff, S. 80.

sche Mitwirkung und trug dem Prinzip der Gewaltenteilung zumindest mit dem Erfordernis der Kontrasignatur aller königlichen Verfügungen durch die Minister Rechnung, wenngleich der König als Staatsoberhaupt sie in ihr Amt berief und ebenso auch wieder entlassen konnte.

Die Zusammensetzung der Kammern spiegelte die Durchsetzung ständisch-feudaler Interessen wider. Die erste Kammer wurde von den alten Ständen gebildet, die zweite von aus indirekter Wahl hervorgehenden Vertretern, wovon 20 der Ritterschaft angehörten, 25 den Städten und 25 dem Bauerntum sowie 5 dem Handels- und Fabrikwesen (§§ 61 ff VerfUrk.)[11]. Die Zustimmung der Kammern war neben der Gegenzeichnung eines der Fachminister und der Unterschrift des Landesherren Voraussetzung für die Rechtskraft von Gesetzesvorlagen[12].

Ein weiteres wesentliches Element des Konstitutionalismus wurde mit den eigenverantwortlich handelnden, den Kammern Rechenschaft schuldenden Ministern in die Verfassung aufgenommen. Die neu geschaffenen sechs Fachministerien[13] für innere Angelegenheiten, die Justiz, die Finanzen, den Kultus und öffentlichen Unterricht[14], das Kriegswesen und das Auswärtige traten an die Stelle der bisherigen Oberbehörden[15]. Die Minister wurden vom König frei, ohne Bin-

---

[11] Durch das indirekte Wahlrecht konnten aber auch ritterschaftlicher Adel und besitzendes Bürgertum auf der Grundlage von Grundbesitz und bestimmter Steuerleistung in die Kammern gelangen; vgl. § 70 SächsVerf. v. 1831; *Wyduckel*, Staats- und Kommunalverwaltung, S. 23.

[12] §§ 86, 87, 43 SächsVerf. v. 1831; *Fritz Staude*, Sachsen im preußisch-deutschen Reich (1871–1917/18), in: Sächs. Heimatbl. Jg. 3 (1984), S. 125 ff, S. 126.

[13] Zur Einführung der Fachministerien vgl. die detaillierte Darstellung bei *Schmidt*, Die Staatsreform, S. 197 ff. Die Vorstände der Ministerien führten die Bezeichnung „Staatsminister" (vgl. *Cäsar Dietrich v. Witzleben*, Die Entstehung der konstitutionellen Verfassung des Königreichs Sachsen. Zur Feier des fünfzigjährigen Bestehens der Verfassungsurkunde vom 4. September 1831, 1881, S. 293). Des weiteren existierte das Ministerium des Königlichen Hauses mit der Zuständigkeit für Haus-, Familien- und Hofangelegenheiten: vgl. Königliches Hausgesetz v. 30. Dez. 1837, KglGVBl. 1838, S. 60–70, publiziert mit VO v. 9. Febr. 1838, KglGVBl. 1838, S. 59; *Blaschke*, Königreich Sachsen, S. 616; *Schmidt*, Zentralverwaltung Sachsens, in: Letopis Nr. 27/1, S. 29.

[14] Die Verfassungsurkunde benennt in § 41 Abs. 1 nur das Ministerialdepartement des Kultus, die Schulangelegenheiten wurden erst in der Verordnung vom 7. Nov. 1831 (über die Einrichtung der Ministerialdepartements, KglGS. 1831, S. 323–336) in Bezug genommen und darin vom Ministerialdepartement und Ministerium des „Cultus und öffentlichen Unterrichts" gesprochen. Diese Bezeichnung blieb die offizielle. Vgl. *Carl Victor Fricker*, Grundriß des Staatsrechts des Königreichs Sachsen, 1891, S. 194.

[15] Auf zentraler Ebene standen das mit „Regierung" bezeichnete, in Aufgabenbereiche untergliederte Geheime Kabinettsministerium, der Geheime Rat/ Geheimes Konsilium und das Geheime Finanzdirektorium. Vgl. *Klein*, Kursachsen, S. 814 f.

dung an die Zustimmung des Landtages, ernannt[16]. Der daneben bestehende Staatsrat[17] und der Staatsgerichtshof[18] erlangten kaum praktische Bedeutung.

Die Verfassung sah die Freiheit der Person, die Pressefreiheit, die freie Berufswahl und das Beschwerderecht vor, bestimmte die Unabhängigkeit der Richter sowie die weitgehende Abschaffung der Standes- und Geburtsvorrechte[19] und trennte den Staatshaushalt vom Hofhaushalt[20].

Das monarchische Prinzip war dennoch in der Verfassung weitgehend erhalten geblieben. Der König hatte die höchste Staatsgewalt und letzte Entscheidungsbefugnis. Die in § 88 SächsVerf. von 1831 niedergelegten königlichen Befugnisse ermöglichten dem Herrscher, der Ständeversammlung verfassungsmäßig zugewiesene Funktionen zu übernehmen und gewährten zudem ein Notverordnungsrecht, freilich in Abhängigkeit von den Staatsministern, deren Gegenzeichnung auch hier erforderlich war. Die Krone erbte gemäß § 6 SächsVerf. im Mannesstamm der Erstgeborene.

II. Durch Bündniswechsel und die Gründung des Deutschen Kaiserreichs bedingte rechtliche und politische Veränderungen

Die Gründung des Norddeutschen Bundes 1867 und des Deutschen Reiches 1871 gaben die Impulse für die zweite Phase der Staats- und Verwaltungsreform. Mit dem Zusammenschluss der deutschen Länder im Norddeutschen Bund gingen einige Hoheitsrechte auf den Bund über und Sachsen musste insbesondere auf eine eigenständige Außenpolitik verzichten[21]. Die Länder wahrten aber die Selbständigkeit ihrer inneren Verwaltung, die jedoch von Preußen poli-

---

[16] Vgl. *Staude*, Sachsen, S. 126.

[17] Er wurde 1831 aus den königlichen Prinzen und höchsten Beamten zum Schutz der Verfassung gegründet. Vgl. VO wegen der Errichtung des Staatsrates, v. 16. Nov. 1831, KglGS. 1831, S. 337–342; *Blaschke*, Königreich Sachsen, S. 616.

[18] Er sollte die Einhaltung der Verfassung garantieren und diese in Zweifelsfällen verbindlich auslegen. Der Landtag konnte bei ihm Klage gegen einen Staatsminister wegen Verfassungsverstoßes erheben. Vgl. *Blaschke*, Königreich Sachsen, S. 616; Gesetz, das Verfahren in den an den Staatsgerichtshof gelangenden Sachen betr., v. 3. Febr. 1838, KglGVBl. 1838, S. 50–59.

[19] SächsVerf. v. 1831: § 27 Freiheit der Person, § 28 freie Berufswahl, § 34, § 26 Unabhängigkeit von Stand u. Geburt, § 35 Pressefreiheit, § 36, § 49 Beschwerderecht, § 47 Unabhängigkeit der Richter.

[20] Die Domänen des Landesoberhauptes gingen gegen Bewilligung einer Zivilliste für den König in das Staatseigentum über. Vgl. *Kötzschke/Kretschmar*, Sächsische Geschichte, Bd. 2, S. 148.

[21] Vgl. bereits oben § 7 III.

tisch erheblich beeinflusst wurde[22]. Sachsen musste aufgrund der Veränderungen seine inneren Verhältnisse an die des Bundes, später des Reiches, angleichen. Darin eingeschlossen war eine Reform des sächsischen Landtagswahlrechts. Das allgemeine Wahlrecht zum Reichstag des Norddeutschen Bundes stieß bei der sächsischen Regierung auf Ablehnung[23]. Mit dem sächsischen Wahlgesetz vom 3. Dezember 1868[24] wurde die ständische Gliederung der zweiten Kammer in Rittergutsbesitzer, Bauern, Städte sowie Handels- und Fabrikwesen zugunsten der Bildung 35 städtischer und 45 ländlicher Wahlkreise mit je einem nach dem Mehrheitswahlsystem zu wählenden Abgeordneten aufgegeben[25] und zumindest eine gewisse Annäherung an das Reichstagswahlrecht erreicht. Erst das Wahlgesetz vom 5. Mai 1909[26] bewirkte eine weitere Liberalisierung der Wahlbeteiligung. Es milderte die reaktionären Wahlgrundsätze von 1896, die dem preußischen Dreiklassenwahlrecht entlehnt waren[27], etwas ab, indem es ein nach Einkommen, Besitz und Alter gestuftes Pluralwahlrecht einführte und blieb bis zum Ende der Monarchie in Kraft.

[22] *Schmidt*, Zentralverwaltung Sachsens, in: Letopis Nr. 27/1, S. 42.
[23] *Schmidt*, Zentralverwaltung Sachsens, in: Letopis Nr. 27/2, S. 114.
[24] Gesetz, die Wahlen für den Landtag betr., KglGVBl. 1868, S. 1369–1378 u. Ausführungs-VO, KglGVBl. 1868, S. 1378–1385.
[25] *Staude*, Sachsen, S. 126; *Schmidt*, Zentralverwaltung Sachsens, in: Letopis Nr. 27/2, S. 114.
[26] Wahlgesetz für die zweite Kammer der Ständeversammlung, v. 5. Mai 1909, KglGVBl. 1909, S. 339–378; eingehender *Ernst Rudolf Huber*, Deutsche Verfassungsgeschichte seit 1789, Bd. 4, Struktur und Krisen des Kaiserreichs, 2. Aufl., 1982, Nachdr. 1994, S. 407 ff.
[27] Gesetz, die Wahlen für die zweite Kammer der Ständeversammlung betr. v. 28. März 1896, KglGVBl. 1896, S. 44–55; zu diesem vgl. *Huber*, Verfassungsge-schichte, Bd. 4, S. 405; *Schmidt*, Zentralverwaltung Sachsens, in: Letopis Nr. 27/2, S. 120.

§ 10 Die staatliche Verwaltung

I. Die Verwaltungsreform nach der Verfassungsgebung 1831

Die Verwirklichung der Verfassungsgrundsätze, insbesondere die Herstellung einer einheitlichen Staatsstruktur, erforderte die Neugliederung der Staatsverwaltung, wie sie in ihren Grundzügen auch noch die Zeit der Ministertätigkeit Gerbers prägte.

Die Minister der neu geschaffenen sechs Fachministerien[1] führten ihre Ressorts eigenverantwortlich und untereinander gleichberechtigt. Mit der Neugliederung der Behörden war der Übergang vom bis dahin praktizierten Kollegialsystem, in dem die Präsidenten der Kollegialbehörden an die Beschlüsse der Kollegien gebunden waren und keine eigene Verantwortlichkeit übernehmen konnten, zu dem den Ministern alleinige Entscheidungsgewalt einräumenden Bürosystem verbunden[2]. Die Aufgabe der neuen Minister beschränkte sich, im Gegensatz zu den mit Detailaufgaben überlasteten früheren Zentralbehörden, auf die leitenden Funktionen. Die Entscheidung in der praktischen Kleinarbeit blieb den Mittel- und Unterbehörden überlassen, die damit größere Selbständigkeit erlangten[3].

Das Gesamtministerium, in dem die Minister wichtige Angelegenheiten kollegialisch berieten, bildete die oberste Staatsbehörde und diente der Verwirklichung der Einheit der Verwaltung[4]. Den Vorsitz führte der vom König dazu bestimmte Minister[5]. Dies war in der Regel der dienstälteste Minister, der dadurch aber keine Vorrangstellung einnahm, sondern den übrigen grundsätzlich gleichgeordnet war[6]. Er wurde dennoch teilweise, allerdings erst in späterer Zeit,

---

[1] Vgl. hierzu bereits oben § 9 I. 2. Das Ministerium für Auswärtiges wurde in der Regel mit einem weiteren Ministerium in einer Hand vereinigt. Vgl. *Schmidt*, Zentralverwaltung Sachsens, in: Letopis Nr. 27/1, S. 19 ff, S. 28; Prot. des Gesamtmin. über die Ernennung der Minister, SächsHStA, Min. f. Volksbildung, Nr. 10362, Bl. 61, Bl. 81, Bl. 215, Bl. 239.

[2] *Blaschke*, Königreich Sachsen, S. 615; *Fricker*, Grundriß des Staatsrechts, S. 115; *Schmidt*, Zentralverwaltung Sachsens, in: Letopis Nr. 27/1, S. 22.

[3] *Blaschke*, Königreich Sachsen, S. 619 f u. unten § 10 II. 1.

[4] *Schmidt*, Die Staatsreform, S. 207 ff, S. 238 f; zum Wirkungskreis vgl. *Otto Mayer*, Das Staatsrecht des Königreichs Sachsen, 1909, S. 255 f; *Wyduckel*, Der Verwaltungsaufbau, S. 82.

[5] *Mayer*, Staatsrecht, S. 255.

[6] *Blaschke*, Königreich Sachsen, S. 616; *Richard v. Friesen*, Erinnerungen aus meinem Leben, Bd. 3, aus dem Nachlass 1910, S. 379; *Wyduckel*, Der Verwaltungsaufbau, S. 81.

auch als Ministerpräsident bezeichnet[7]. An den Beratungen des Gesamtministeriums nahm der König von Fall zu Fall teil[8].

Geeignete Mittelbehörden wurden 1835 mit der Ersetzung der bisherigen Kreishauptmannschaften durch vier Kreisdirektionen[9] geschaffen, denen die seit 1816 bestehenden 14 Amtshauptmannschaften als Unterbehörden zugeordnet waren. Sie erfüllten alle Aufgaben der Verwaltung in weitgehend eigener Beschluss- und Verfügungsgewalt, unterstanden als Behörde aber dem Innenministerium.[10]

Die Finanzverwaltung wurde im Anschluss an die Begründung des Finanzministeriums neu gegliedert. So konnte das Nebeneinander verschiedener staatlicher Kassen zu einem einheitlich geregelten Verwaltungssektor geordnet werden.

Die mit der Verfassungsgebung eingeleitete Reformphase bewirkte bis zu ihrem vorläufigen Abschluss 1835 wesentliche Änderungen auch auf lokaler Verwaltungsebene, wie die Städteordnung vom 2. Februar 1832[11] zeigt, die den

---

[7] So die Norddeutsche Zeitung anlässlich der Verleihung des Schwarzen Adlerordens an Friesen, in welcher der Vorsitzende des Gesamtministeriums als Ministerpräsident bezeichnet wird – eine Bezeichnung, die Friesen in seinen Erinnerungen ohne gesonderte Bemerkung aufnimmt. Die Bezeichnung scheint also nicht so ungewöhnlich gewesen zu sein, als dass sie einer Erklärung oder Richtigstellung bedurft hätte: *Friesen*, Erinnerungen, Bd. 3, S. 382 (Norddeutsche Allgemeine Zeitung, 12. November 1872, Nr. 264, erstes Bl., Sp. 3); vgl. auch *Huber*, Verfassungsgeschichte, Bd. 4, S. 402. Der in der sächsischen Verfassung von 1831 eigentlich nicht vorgesehene Vorsitzende Minister im Gesamtministerium war allerdings „weniger Ministerpräsident als vielmehr Primus inter Pares" (so *Wyduckel*, Der Verwaltungsaufbau, S. 81; *Blaschke*, Königreich Sachsen, S. 616). Die Rolle des verfassungsmäßig insoweit nicht vorhandenen Ministerpräsidenten nahm praktisch der König wahr, der auch die Minister ein- und absetzte und den Vorsitz im Gesamtministerium übernehmen konnte (so *Blaschke*, Königreich Sachsen, S. 616). Aus den im Rahmen dieser Arbeit eingesehenen Unterlagen geht hervor, dass der König häufig bei den Besprechungen im Gesamtministerium anwesend war und die Beschlüsse der im Gesamtministerium vereinigten Minister von ihm genehmigt wurden (SächsHStA, Gesamtmin., Evangel., Loc. D 4, Bl. 96 ff u. Bl. 115; SächsHStA, Min. f. Volksbildung, Nr. 10902, Bl. 211 ff, Bl. 213 u. Bl. 274 ff; ebd., Nr. 10980, Bl. 260 f). Es wird aus den Quellen jedoch nicht manifest, inwieweit er dabei tatsächlich die Leitung übernahm. Der König wird in den betreffenden Protokollen insofern lediglich als Anwesender aufgeführt.

[8] *Schmidt*, Zentralverwaltung Sachsens, in: Letopis Nr. 27/1, S. 23; vgl. z. B. die in Fn. 7 zitierten Protokolle der Sitzungen des Gesamtministeriums.

[9] Kreisdirektionen: Bautzen, Dresden, Leipzig, Zwickau; VO wegen Errichtung v. Kreisdirektionen v. 6. April 1835, KglGVBl. 1835, S. 237–242.

[10] *Blaschke*, Königreich Sachsen, S. 619 f; *Wyduckel*, Der Verwaltungsaufbau, S. 83.

[11] Gesetz die Publikation und Einführung der allgemeinen Städte-Ordnung betr., v. 2. Febr. 1832, KglGS. 1832, S. 7–15.

Städten und Landgemeinden nach preußischem und insbesondere badischen Vorbild das Recht zur Selbstverwaltung zuwies[12]. Den Landgemeinden wurde mit der Landgemeindeordnung vom 7. November 1838[13] die Selbstverwaltung ihrer Angelegenheiten ausdrücklich zuerkannt[14]. Durch die gleichzeitig verfügten Kontroll- und Eingriffsrechte der staatlichen und patrimonialen Behörden stand die Selbstverwaltung der Landgemeinden aber hinter der der Städte zurück[15]. Weitere Reformen erstreckten sich auf das Finanzwesen und die Agrarstrukturen sowie die Neuordnung des Gerichts-, Kirchen- und Schulwesens[16].

II. Die Zweite Staatsreform nach der Gründung des Norddeutschen Bundes und des Deutschen Kaiserreichs

Die Gründung des Norddeutschen Bundes und des Deutschen Reiches berührten die Verfassung Sachsens und das sächsische Behördensystem nicht unmittelbar, initiierten jedoch mit der erforderlichen Anpassung an die Bundes- und Reichsgesetzgebung weitreichende Reformen der staatlichen und landeskirchlichen Verwaltung. Sie vollzogen sich im Wesentlichen in der Zeit von 1867 bis 1874, in Bezug auf kirchliche Angelegenheiten darüber hinaus noch bis 1876[17]. Sie wurden durch Gerber, der seit 1871 Kultusminister war, besonders im Bereich kirchenrechtlicher und schulischer Verhältnisse mit geprägt.

1. Die Verselbständigung der staatlichen Verwaltungsbereiche

Das Organisationsgesetz von 1873[18] führte zu einer weitgehend eigenständigen Verwaltung auch auf unterer Ebene. Zwischen Verwaltungsfunktionen und justiziellen Aufgaben wurde differenziert und damit die Trennung der Justiz von der Verwaltung auch in unterer Instanz zum Abschluss gebracht. Dabei wurden die bestehenden vier Kreisdirektionen aufgelöst und durch Kreishaupt-

---

[12] *Wyduckel*, Staats- und Kommunalverwaltung, S. 26 ff; *Gunda Ulbricht*, Die verfassungsrechtliche Trennung von Stadt und Landgemeinde, in: Neues Archiv für sächsische Geschichte, 69 (1998), S. 159 ff, S. 168.

[13] KglGVBl. 1838, S. 431–449.

[14] *Wyduckel*, Staats- und Kommunalverwaltung, S. 28 f; *Kaemmel*, Sächsische Geschichte, S. 121 f.

[15] *Wyduckel*, Staats- und Kommunalverwaltung, S. 29.

[16] Vgl. unten § 10 II.; zum Schulwesen vgl. unten § 18.

[17] Gesetz über die staatliche Oberaufsicht über die katholische Kirche, unten § 19.

[18] Gesetz, die Organisation der Behörden für die innere Verwaltung betr., v. 21. April 1873, KglGVBl. 1873, S. 275–284 (Organisationsgesetz); zur Entstehung u. Diskussion im Landtag vgl. *Richard Dietrich*, Die Verwaltungsreform in Sachsen 1869–1873, in: Neues Archiv für sächsische Geschichte, Bd. 61 (1940), S. 49 ff, S. 50 ff u. S. 77 ff.

mannschaften ersetzt, die nunmehr nur noch dem Ministerium des Innern unterstanden[19]. Sie führten die Aufsicht über die Verwaltungsbehörden in ihrem Bezirk, die ebenfalls neu strukturierten und zu Lokalbehörden ausgebildeten Amtshauptmannschaften. Die Kreishauptmannschaften waren den preußischen Regierungsbezirken, die Amtshauptmannschaften den preußischen landrätlichen Kreisen vergleichbar[20]. Die sächsische Verwaltung zeichnete sich aber durch eine deutlich stärkere Dezentralisierung aus, denn im Gegensatz zu den preußischen Regierungen, die den Schwerpunkt der Verwaltung bildeten, war die überwiegende Verwaltungsarbeit in Sachsen den Amtshauptmannschaften zugewiesen.

Einen weiteren Schritt zur Dezentralisierung bedeuteten die daneben bestehenden, aus den Amtshauptmannschaften, den Städten und Gemeinden eines Bezirkes gebildeten Bezirksverbände. Sie waren Selbstverwaltungskörperschaften mit einer indirekt gewählten Bezirksversammlung und dem daraus zu bildenden Bezirksrat. Ihnen stand der Amtshauptmann vor, der damit Staatsbeamter und zugleich Leiter eines Kommunalverbandes war. Sie sollten gemeinnützige, meist überregionale Aufgaben erfüllen, erlangten aber wegen ihres engen Aufgabenkreises und äußerst geringer finanzieller Mittel bis zum ersten Weltkrieg nur geringe Bedeutung[21].

Die Reform der städtischen und gemeindlichen Selbstverwaltung vollzog sich mit den drei Gesetzen vom 24. April 1873: Revidierte Städteordnung, Städteordnung für mittlere und kleine Städte sowie Revidierte Landgemeindeordnung[22]. Sie zielten auf eine Verlagerung der Zuständigkeiten auf die unteren Verwaltungsebenen und die Stärkung der Selbstverwaltung in Stadt- und Landgemeinden[23].

2. Das Verhältnis von Justiz und Verwaltung und die Verwaltungsorganisation der Evangelisch-Lutherischen Landeskirche Sachsens

Die Staats- und Verwaltungsreform erfasste aufgrund der engen Verbindung von Staat und Kirche auch die damit in Zusammenhang stehenden staats-

---

[19] § 23 Organisationsgesetz; *Wyduckel*, Staats- und Kommunalverwaltung, S. 33; *Blaschke*, Verwaltung in Sachsen, S. 784.

[20] Hierzu u. zu Folgendem vgl. *Gerhard Schmidt*, Die sächsischen Amtshauptmannschaften 1874–1945 und ihre Vorläufer, in: Letopis, Jahreszeitschrift des Instituts für sorbische Volksforschung, Reihe B–Geschichte Nr. 19/1 (1972), S. 14 ff.

[21] Vgl. *Schmidt*, Amtshauptmannschaften, S. 29 f; *Dietrich*, Verwaltungsreform, S. 58.

[22] KglGVBl. 1873, S. 295–320 (Revidierte Städteordnung), S. 321–327 (Städteordnung für mittlere und kleinere Städte), S. 328–350 (Revidierte Landgemeindeordnung).

[23] Eingehend *Wyduckel*, Staats- und Kommunalverwaltung, S. 34 ff; *ders.*, Der Verwaltungsaufbau, S. 83 ff; *Dietrich*, Verwaltungsreform, S. 69 ff.

kirchenrechtlichen Bereiche. Die Klärung der Frage, inwieweit kirchliche und vor allem schulische Aufgaben staatlicher Verwaltung oder kirchlicher Eigenverwaltung unterliegen sollten, war für die neu zu organisierende räumliche und funktionelle Gliederung der Staatsverwaltung Voraussetzung[24]. Dementsprechend kamen die diesbezüglichen Reformgesetze in gegenseitiger Abhängigkeit gemeinsam 1873 zustande, also neben den Städte- und Landgemeindeordnungen die gesetzliche Neuorganisation der staatlichen inneren Verwaltung, das Volksschulgesetz und das Kirchengesetz zur Errichtung des Evangelisch-Lutherischen Landeskonsistoriums.

Die Trennung von Justiz und Verwaltung auf zentraler Ebene war bereits mit der Einrichtung der Fachministerien auf Grund der Verfassung von 1831[25], auf regionaler Ebene 1835[26] erfolgt. Die von den Konsistorien ausgeübte geistliche Gerichtsbarkeit[27] wurde aufgehoben und durch das neu geschaffene Oberappellationsgericht[28] in Dresden, dem in der Mittelinstanz vier Appellationsgerichte[29] untergeordnet waren, ersetzt[30]. Die privilegierten Gerichtsstände wurden weitgehend aufgelöst[31]. Damit erhielten die neuen Gerichte der oberen Instanzen die Zuständigkeiten sowohl in Zivil- und Ehesachen als auch der Strafgerichtsbarkeit, die zuvor zwischen dem Oberhofgericht und Appellationsgericht als Zivilgerichten, dem Leipziger Schöppenstuhl und der Juristenfakultät Leipzig als Spruchkörper sowie den Konsistorien als Gerichten geistlicher Angelegenheiten aufgeteilt waren[32].

---

[24] Vgl. zur Diskussion dieser Fragen im Gesetzgebungsverfahren: *Dietrich*, Verwaltungsreform, S. 55 ff.

[25] Vgl. *Dieter Wyduckel*, Die Trennung von Justiz und Verwaltung in Sachsen nach 1831, in: Dresdner Hefte 17 (1999), H. 60, S. 21 ff.

[26] Gesetz A über Competenzverhältnisse zwischen Justiz- und Verwaltungsbehör-den v. 28. Jan. 1835, KglGVBl. 1835, S. 55–61; vgl. dazu *Wyduckel*, Der Verwaltungsaufbau, S. 93; *Schmidt*, Die Staatsreform, S. 298 ff.

[27] Zum Umfang der geistlichen Gerichtsbarkeit der Konsistorien vgl. unten § 11 I.

[28] Gesetz B über die höheren Justizbehörden und den Instanzenzug in Justizsachen, KglGVBl. 1835, S. 62–72.

[29] Bautzen, Dresden, Leipzig und Zwickau.

[30] *Blaschke*, Königreich Sachsen, S. 618; *Wyduckel*, Staats- und Kommunalverwaltung, S. 24 f; *ders.*, Der Verwaltungsaufbau, S. 93.

[31] Gesetz C über privilegierte Gerichtsstände und einige damit zusammenhängende Gegenstände, KglGVBl. 1835, S. 75–87.

[32] *Blaschke*, Königreich Sachsen, S. 619; Gleichzeitig wurde ein Administrativjustizverfahren mit dreigliedrigem Instanzenzug eingeführt: Gesetz D, das Verfahren in Administrativjustizsachen betr., KglGVBl. 1835, S. 88–97; vgl. hierzu im Einzelnen *Wyduckel*, Der Verwaltungsaufbau, S. 95 ff.

Die Verbindung der Judikative mit Verwaltungsbefugnissen auf lokaler Ebene wurde durch das Organisationsgesetz vom 21. April 1873[33] überwiegend beseitigt. Die von den Gerichtsämtern bis dahin zugleich wahrgenommenen Verwaltungsaufgaben gingen auf die Amtshauptmannschaften über, denen aber die Administrativverfahren in ihrer Zuständigkeit verblieben[34].

Dieser Neuorganisation der staatlichen Verwaltung ging die Klärung der kirchlichen Verwaltungsorganisation notwendig voraus. Die teilweise erreichte Entlastung der Staatsbehörden von Kirchenangelegenheiten ermöglichte die Übernahme neuer, dem Staat zuzuweisender Aufgaben, wie z. B. die der Aufsicht über das Volksschulwesen. Die Kirchenvorstands- und Synodalordnung von 1868 sowie das bereits 1871 von der ersten Evangelisch-Lutherischen Landessynode beschlossene, 1873 ausgefertigte Konsistorialgesetz lösten die kirchlichen Leitungsfunktionen aus dem staatlichen Behördenapparat heraus. Das neu errichtete Landeskonsistorium ersetzte als kirchliche Oberbehörde die Funktion der Kreisdirektionen als Konsistorialbehörden, die in der Gestalt der Kreishauptmannschaften andere staatliche Aufgaben wahrnehmen konnten. Die damit berührte Frage der Verselbständigung der Evangelisch-Lutherischen Landeskirche Sachsens und die der Begründung einer eigenständigen innerkirchlichen Verwaltung sind im Folgenden (§ 17) eingehend zu untersuchen. Damit in unmittelbarem Zusammenhang stand die Organisation der Schulverwaltung, die mit der evangelischen Kirchenverwaltung eng verbunden war. Besonders die Frage der Schulaufsicht wurde sowohl im Rahmen der Beratungen der Landessynode zum Konsistorialgesetz als auch in der Ständeversammlung anläßlich der Vorlage des Publikationsgesetzes zum Konsistorialgesetz wie auch bei der Vorlage des 1873 zustande gekommenen Volksschulgesetzes heftig diskutiert, worauf noch gesondert einzugehen sein wird[35]. Das Volksschulgesetz von 1873 übertrug im Ergebnis die Schulaufsicht auf staatliche Behörden, beließ aber dem Landeskonsistorium die Aufsicht über den Religionsunterricht und gewährte ihm darüber hinaus ein Beanstandungs- und Antragsrecht hinsichtlich der religiösen Jugendbildung in den Schulen gegenüber dem Kultusministerium. Im Mittelpunkt der nachfolgenden Untersuchung (vgl. §§ 17, 18) steht damit die Gestaltung des Verhältnisses von Staat und Kirche im Bereich der Schule, wobei der Frage der Schulaufsicht zentrale Bedeutung zukommt.

Die Entwicklung von Staat und Verwaltung in der zweiten Hälfte des 19. Jahrhunderts ist insgesamt von der Verselbständigung der einzelnen staatlichen Tätigkeitsbereiche gekennzeichnet sowie von deren Ablösung vom Einfluss be-

---

[33] Vgl. oben Fn. 19; *Wyduckel*, Staats- und Kommunalverwaltung, S. 32.

[34] *Wyduckel*, ebd.; *Blaschke*, Königreich Sachsen, S. 637; *ders.*, Verwaltung in Sachsen, S. 784f.

[35] Vgl. bes. § 17 III. 3. u. § 18 IV. 2.

sonders der Evangelisch-Lutherischen Landeskirche Sachsens. Sie wurde, wie im Einzelnen darzulegen sein wird, im Zuständigkeitsbereich Gerbers von ihm als Kultusminister maßgeblich mitbestimmt[36].

[36] Siehe unten Dritter Teil.

Zweites Kapitel
Die rechtliche Stellung der Kirchen

§ 11 Die Kirchenverfassung der Evangelisch-Lutherischen Landeskirche

I. Grundlagen und Entwicklung der Kirchenorganisation in Sachsen

Der Status der Evangelisch-Lutherischen Landeskirche, wie Gerber ihn bei der Aufnahme seiner Tätigkeit als Kultusminister 1871 vorfand und im Rahmen der ersten Evangelisch-Lutherischen Landessynode im gleichen Jahr bereits selbst mitgestaltet hatte, ist mit dem Staatsaufbau eng verflochten. Jedoch waren die innerkirchlichen Angelegenheiten durch § 57 SächsVerf. von 1831 der jeweiligen Konfession zugewiesen, wobei dem König die Oberaufsicht zukam. Die Beziehungen von Staat und Kirche in Sachsen konnten von der Verfassungsgebung und der anschließenden Staatsreform nicht unberührt bleiben. Gerade in die Zeit der Tätigkeit Gerbers fallen wichtige Entscheidungen, die sowohl innerkirchliche als auch staatskirchenrechtliche Fragen betreffen. Die evangelische Landeskirche als zahlenmäßig weit überwiegende und in Sachsen bedeutendste Religionsgemeinschaft steht dabei im Vordergrund der Darstellung. Um das Verhältnis von Staat und Kirche in Sachsen einschätzen zu können, ist zunächst ein kursorischer Blick auf die staatskirchenrechtliche Entwicklung seit der Reformation erforderlich.

Die oberste Kirchengewalt hatte seit der Reformation in den protestantischen Gebieten der Landesherr inne, den Luther als „Notbischof" ansah, um zur Verhinderung unabsehbarer Missstände der Kirche eine oberste, zunächst als zeitweilig gedachte Autorität zu geben. Die Evangelisch-Lutherische Landeskirche Sachsens wurde dabei im Laufe der Zeit mehr oder weniger zur 'Staatskirche'[1]. Nach dem Übertritt Kurfürst Friedrich August I. zum Katholizismus 1697[2] wurde das Kirchenregiment dann durch die in Evangelicis beauftragten Vertrauten des Königs, die 'Geheimen Räte in Evangelicis', ausgeübt, da der Herrscher dieses Amt als Katholik nicht selbst ausüben konnte.

---

[1] Vgl. zur Entwicklung: *Blanckmeister*, Kirchengeschichte, S. 97 ff, bes. S. 146 ff, S. 205 ff.

[2] Der Übertritt erfolgte am 2. Juni 1697 in Baden bei Wien vor seinem schon 1689 übergetretenen Vetter, Herzog Christian August v. Sachsen-Zeitz, Bischof v. Raab in Ungarn. Vgl. *Blanckmeister*, Kirchengeschichte, S. 301. (Vgl. zu Christian August: *Blanckmeister*, ebd., S. 292 ff, S. 294.) Vgl. auch *Dieter Wyduckel*, Staats- und religionsrechtliche Probleme der sächsisch-polnischen Verbindung, in: Sachsen und Polen zwischen 1697 und 1765, 1998 (Saxonia, Schriftenreihe des Vereins für sächsische Landesgeschichte, Bd. 4/5), S. 191 ff, S. 192 ff.

Oberste Verwaltungsbehörde für Kirchenangelegenheiten war der aus Mitgliedern des Oberkonsistoriums Dresden gebildete Kirchenrat[3]. Die Mitglieder beider Behörden waren personengleich und erledigten ihre jeweiligen Geschäfte in gemeinsamen Sitzungen. Dennoch wurden die Angelegenheiten des Kirchenrates von den Konsistorialsachen unterschieden. Der Kirchenrat übte die oberste Leitung und Aufsicht über die Tätigkeit aller Konsistorien aus, durfte aber in eigener Zuständigkeit Anordnungen in Kirchen-, Schul- und geistlichen Stiftungssachen treffen[4]. Das Oberkonsistorium war für die ehemals dem Konsistorium Meißen zugewiesenen Aufgaben zuständig und insoweit den übrigen Konsistorien gleichgeordnet.

Dem Kirchenrat unterstanden das Oberkonsistorium Dresden und das Konsistorium Leipzig[5]. Sie standen in langer Tradition der erstmals 1543 zu Leipzig und 1545 in Meißen zur Handhabung der geistlichen Gerichtsbarkeit und Kirchenverwaltung errichteten Konsistorien als geistlicher Oberbehörden[6]. Ihre juridischen Kompetenzen erstreckten sich auf Kirchen- und Schuldiener sowie deren Angehörige, Kirchen und Kirchgüter, auf weltliche Personen in geistlichen Angelegenheiten, wie in Ehesachen und in Angelegenheiten nichtstreitiger Gerichtsbarkeit[7].

Auf der unteren Ebene übten die bereits seit der ersten evangelischen Kirchenvisitation 1539/ 40 errichteten Superintendenturen[8] in der Besetzung mit einem geistlichen Superintendenten und einem weltlichen Koinspektor, dem

---

[3] Der Kirchenrat wurde 1602 errichtet, 1606 durch Personalunion der Mitglieder mit dem Konsistorium Dresden vereinigt (Das Konsistorium Meißen war schon einmal von 1580 bis 1588 und erneut seit 1606 nach Dresden verlegt worden, wodurch das Konsistorium Dresden als Oberkonsistorium eine übergeordnete Position gegenüber anderen Konsistorien einnahm.); vgl. hierzu u. zum Folgenden *Herzog*, Konsistorialgesetz, S. 155 f; *Klein*, Kursachsen, S. 813 f; *Blanckmeister*, Kirchengeschichte, S. 206 ff u. S. 409; *Franz Blanckmeister*, Aus dem kirchlichen Leben des Sachsenlandes. Kulturbilder aus vier Jahrhunderten, 1893, S. 21 ff; *Friedberg*, Verfassungsgesetze, S. 356 f.

[4] *Pfeiffer*, Sächsische Kirchenverfassung, S. 3; *Herzog*, Konsistorialgesetz, S. 156.

[5] Das Zwickauer Konsistorium war mit dem Leipziger 1608 vereinigt worden. Daneben bestanden seit 1542 das Konsistorium in Glauchau, seit 1559 das Gräflich Stolbergische und seit 1574 das zu Schleusingen. In der Niederlausitz bestand das Konsistorium zu Lübben, in der Oberlausitz trat mangels eines Konsistoriums die Oberamtsregierung an dessen Stelle: *Klein*, Kursachsen, S. 814.

[6] Errichtung des Konsistoriums zu Leipzig am 27. Sept. 1543, des zu Meißen am 16. Febr. 1545; vgl. dazu und zur Herausbildung der Konsistorien insgesamt: *Blanckmeister*, Kirchengeschichte, S. 148 ff; *Klein*, Kursachsen, S. 813; *Karlheinz Blaschke*, Wechselwirkungen zwischen der Reformation und dem Aufbau des Territorialstaates, in: Der Staat 9 (1970), S. 347 ff, S. 351.

[7] *Klein*, Kursachsen, S. 814.

[8] *Blaschke*, Wechselwirkungen, S. 351.

Amtshauptmann bzw. Kreishauptmann, gemeinsam die Kirchen- und Schulinspektion über die Kirchspiele aus[9]. Diese Grundstruktur findet sich auch noch in der aktuellen Kirchenverfassung der Evangelisch Lutherischen Landeskirche Sachsens bei den Bezirkskirchenämtern; wobei an die Stelle des staatlichen Amts- oder Kreishauptmannes nach dem Ende des landesherrlichen Kirchenregiments der Kirchenamtsrat, ein juristischer Kirchenbeamter, trat[10]. Der Superintendent bildet hierbei gemeinsam mit dem Kirchenamtsrat das Bezirkskirchenamt als mittlere Verwaltungsebene.

Eine Sonderstellung nahmen die evangelischen Gemeinden im Bereich der überwiegend katholischen Lausitzen ein[11]. Das Recht der evangelischen Landeskirche galt grundsätzlich auch dort, in der Oberlausitz wurden aber keine Superintendenten eingesetzt und auch keine Konsistorien gebildet[12]. Die Protestanten unterstanden teils dem Dekan in Bautzen, teils den Magistraten der Städte und teils den Patronen. Die evangelischen Gemeinden in der Niederlausitz waren dem Konsistorium in Lübben und der Oberaufsicht der evangelischen Stände unterstellt.

Die Glieder der evangelischen Kirche selbst waren in Sachsen neben den politischen Gemeinden nicht gesondert als Kirchgemeinden organisiert. Dementsprechend existierten auch keine Kirchgemeindevertretungen, wie die heute als selbstverständlich angesehenen Kirchenvorstände und Landessynoden. Rechte gegenüber den Gläubigen übten auf der unteren Ebene nur die Pfarrer und besonders die Patrone aus, deren einflussreichstes Recht die Mitwirkung bei der Besetzung geistlicher Stellen war[13]. Daneben wurde von dem Patron ein Kirchenvater eingesetzt, der über das Gemeindevermögen Rechnung führte, darüber hinaus aber keine Mitbestimmungsrechte hatte[14].

Das enge Verhältnis der Evangelisch-Lutherischen Landeskirche Sachsens zum Staat war damit durch die kirchenverfassungsbedingte Verflechtung beider geprägt, die sich in der Stellenbesetzung, Ämterstruktur und finanziellen Abhängigkeit der Kirche vom Staat widerspiegelte[15].

---

[9] *Pfeiffer*, Sächsische Kirchenverfassung, S. 3; *Blanckmeister*, Kirchengeschichte, S. 153 f u. S. 212 f.

[10] Vgl. § 15 Abs. 3, § 17 Verf. der Evangelisch-Lutherischen Landeskirche Sachsens v. 13. Dez. 1950, ABl. der Evangelisch-Lutherischen Landeskirche Sachsens 1950, S. A 99 ff.

[11] Vgl. näher unten § 12 I. 1.

[12] Hierzu u. zum Folgenden vgl. *Blanckmeister*, Kirchengeschichte, S. 210 f.

[13] *Schmidt*, Staat und Kirche, S. 401; *Blanckmeister*, Kirchengeschichte, S. 154.

[14] *Schmidt*, Staat und Kirche, S. 401.

[15] Vgl. *Schmidt*, ebd., S. 400.

II. Die Auswirkungen der Staatsreform von 1831 bis 1835 auf die Kirchenverfassung

Die sächsische Verfassung von 1831 gewährte den Mitgliedern der aufgenommenen christlichen Religionsgemeinschaften gleiche bürgerliche und politische Rechte sowie allen Einwohnern des Landes Gewissensfreiheit[16]. Die Evangelisch-Lutherische Landeskirche erhielt eine Vertretung in der Ständeversammlung. So waren gem. § 63 SächsVerf. der evangelische Oberhofprediger, der Superintendent von Leipzig und Vertreter der Stifter Meißen und Wurzen gesetzliche Mitglieder der Ersten Kammer des Landtages. Den Auftrag in Evangelicis übernahm nach Ersetzung des Geheimen Rates durch sechs Fachministerien der Kultusminister gemeinsam mit wenigstens zwei weiteren Fachministern[17].

Die sächsische Verfassung veränderte die tatsächlichen kirchlichen Verhältnisse dem Grunde nach zunächst nicht. Sie erkannte aber in § 57 i. V. m. § 56 die Befugnis der in Sachsen aufgenommenen Konfessionen bzw. Kirchen an, ihre innerkirchlichen Angelegenheiten, freilich unter der Oberaufsicht des Staates, selbst und eigenverantwortlich zu regeln, schrieb ihnen m. a. W. also das ius episcopale zu. Dies war ein wesentlicher Fortschritt für die nach Eigenständigkeit strebenden Kirchen, wenngleich die praktischen Auswirkungen erst Jahrzehnte später zur Geltung gelangten. Zunächst, mit Verordnung vom 7. November 1831[18], erfolgte in entgegengesetzter Tendenz eine Verfestigung der Bindung der evangelischen Kirche an den Staat, indem die dem Kirchenrat obliegenden kirchlichen Verwaltungsaufgaben auf das Kultusministerium übertragen, die Beamten des Kirchenrates dem Landeskonsistorium überstellt und damit rangtiefer beschäftigt wurden. Im Kultusministerium vereinigten sich damit kirchliche Aufsicht und Kirchenverwaltung, ohne dass auf höchster Ebene noch eine Mitwirkung kirchlicher Vertreter vorgesehen war. Sie waren auf die Mittelinstanz des Landeskonsistoriums verwiesen.[19]

Die Verwaltung der Kirchenangelegenheiten auf mittlerer Ebene verblieb dem Konsistorium. Es entsendete Schul- und Kirchenräte als kirchliche Vertre-

---

[16] SächsVerf. v. 1831, § 33 gleiche bürgerliche u. politische Rechte, § 32 Gewissensfreiheit.

[17] § 41 SächsVerf. v. 1831; eingehender dazu unten § 13 III.

[18] VO die Einrichtung der Ministerialdepartements u. die darauf Bezug habenden provisorischen Vorkehrungen betr., v. 7. Nov. 1831, Nr. 1 u. 4E, KglGS. 1831, S. 323–336.

[19] *Schmidt*, Staat und Kirche, S. 401 f. Das 1835 neu errichtete, mit geringen Befugnissen ausgestattete Landeskonsistorium zu Dresden bestand aus einem weltlichen Direktor, einem ordentlichen geistlichen Rat und zwei außerordentlichen theologischen Beisitzern und war seit dem 1. Juli 1835 das einzige Konsistorium. Das Konsistorium zu Leipzig war am 30. Juni 1835 aufgelöst worden. Daneben bestanden als Unterkonsistorien das Konsistorium zu Glauchau und die Kreisdirektion zu Bautzen. Vgl. *Blanckmeister*, Kirchengeschichte, S. 410; *Friedberg*, Verfassungsgesetze, S. 359 f.

ter an die Kreisdirektionen[20]. Ihre justizielle Funktion in Ehesachen ging im Rahmen der Verwaltungsreformen auf die neuen ordentlichen Gerichte über[21].

Die restriktive Haltung zu den Klöstern wurde durch die Verfassung bekräftigt. Die Errichtung neuer Klöster war gemäß § 56 SächsVerf., wie auch die Aufnahme von Jesuiten oder anderer geistlicher Orden, verboten. Nur in der ganz überwiegend katholischen Oberlausitz durften die bestehenden Klöster Marienstern und Marienthal erhalten bleiben.

III. Die Kirchenreform im Rahmen der Zweiten Staatsreform

Die Umsetzung der verfassungsmäßig garantierten kirchlichen Eigenständigkeit vollzog sich in der Evangelisch-Lutherischen Landeskirche Sachsens schrittweise in der zweiten Hälfte des 19. Jahrhunderts.

Den Forderungen nach einer Vertretung der Kirchgemeinden und der Kirche insgesamt trug die Kirchenvorstands- und Synodalordnung von 1868[22] Rechnung. Sie gewährte den Gemeinden Mitbestimmungsrechte durch die Wahl eines vertretungsberechtigten Kirchenvorstandes und ermöglichte den Zusammentritt der ersten Synode der Evangelisch-Lutherischen Landeskirche 1871. Die Gründung der obersten Kirchenbehörde zur Wahrnehmung der Aufgaben der Kirchenleitung realisierte 1873 das Konsistorialgesetz mit der Errichtung des Landeskonsistoriums[23]. Die kirchlichen Leitungsfunktionen waren damit aus dem staatlichen Behördenapparat herausgelöst, wenngleich die enge Verbindung zum Staat bewahrt wurde. Die Konsistorialmitglieder waren Staatsbeamte. Die oberste Kirchengewalt verblieb dem Landesherren, der sie durch die in Evangelicis beauftragten Staatsminister ausübte.

Die Beschränkung der Evangelisch-Lutherischen Landeskirche Sachsens auf kirchliche Angelegenheiten setzte die Reform des Volksschulwesens 1873 fort[24]. Der damit einhergehende Säkularisierungsprozess der Evangelisch-Lutherischen Landeskirche war gekennzeichnet von den Schwierigkeiten, langgeübte Funktionen abzugeben, neue Organisationsweisen und deren unerprobte zukünftige Wirksamkeit zu riskieren. Die genannten Ergebnisse basieren auf

---

[20] *Blanckmeister*, Kirchengeschichte, S. 410; *Kaemmel*, Sächsische Geschichte, S. 122.

[21] Vgl. *Blaschke*, Königreich Sachsen, S. 619; *Blanckmeister*, Kirchengeschichte, S. 410; oben § 10 II. 2.

[22] KglGVBl. 1868, S. 201–228; vgl. auch oben § 8 I.; *Blaschke*, Verwaltung in Sachsen, S. 795; *Blanckmeister*, Kirchengeschichte, S. 412.

[23] Vgl. unten § 17.

[24] Vgl. unten § 18.

teilweise heftigen Diskussionen, worauf im Einzelnen noch einzugehen sein wird.

§ 12 Die Stellung der katholischen Kirche und anderer Bekenntnisse

I. Der Katholizismus in Sachsen

1. Das Wiedererstarken der katholischen Kirche in den Erblanden nach der Reformation

Die Zahl der Katholiken in Sachsen insgesamt war nach der Reformation zunächst sehr gering[1]. Die Säkularisation geistlicher Güter hatte den katholischen Klerus geschwächt und wirkte dem Bestreben der Bischöfe, ihre weltliche Stellung gegenüber dem Landesherren freier zu gestalten, entgegen[2]. Bereits Herzog Heinrich[3] hatte zur Durchsetzung der Reformation und Kontrolle der Verkündigung der neuen Lehre durch teilweise ehemals katholische Pfarrer und Lehrer 1539/ 40 in der so genannten "Heinrichs Agende" Visitationen angeordnet. Sie trugen damit, wie auch die später eingeführten Kolloquien, den Charakter von Prüfungen der 'Rechtgläubigkeit'[4]. Zumindest der Adel fühlte sich aber größtenteils weiterhin der katholischen Kirche verbunden. Katholische Würdenträger außerhalb Kursachsens konnten Vertreter des teilweise mit nur geringen Mitteln ausgestatteten sächsischen protestantischen Hochadels für die katholische Kirche gewinnen, indem sie Geld und Würden für die Ausübung katholischer Ämter in Aussicht stellten[5]. Missionarisch war im Geheimen auch der Jesuitenorden in Sachsen tätig[6]. Die zunächst nicht öffentlich geduldeten Katholiken erlangten dann seit Ende des 17., Anfang des 18. Jahrhunderts auch in den Erblanden[7] erhebliche und zunehmende Bedeutung dank ihrer Förderung durch die sächsischen Landesherren seit dem Übertritt *Kurfürst Friedrich Augusts I.* zum Katholizismus 1697[8].

Der Übertritt diente der Erlangung der polnischen Krone, deren Inhaber nur ein Katholik werden konnte mit der Maßgabe, dass auch die Königin katho-

---

[1] Nach *Langer* und *Forwerk* waren in den kursächsischen Erblanden um 1580 keine Katholiken mehr nachweisbar: *Langer*, Landesherrliches Patronatsrecht, S. 20; *Friedrich August Forwerk*, Geschichte und Beschreibung der königlichen katholischen Hof- und Pfarrkirche zu Dresden, Nachdr. der Ausgabe 1851, 2001, S. 2.

[2] Vgl. *Kötzschke/Kretschmar*, Sächsische Geschichte, Bd. 1, S. 223.

[3] Regierungszeit von 1539 bis 1541.

[4] *Blanckmeister*, Kirchengeschichte, S. 214.

[5] *Blanckmeister*, ebd., S. 294.

[6] *Blanckmeister*, ebd., S. 306.

[7] Vgl. zur Unterscheidung zwischen den Erblanden und Lausitzen unten Fn. 31 und zu den als Erblande bezeichneten Gebieten näher: *Klein*, Kursachsen, S. 808.

[8] Kurfürst Friedrich August I., Regierungszeit: 1694–1733, seit 1697 August II. König v. Polen, Beiname: der Starke; vgl. zum Übertritt bereits § 11 I.

lisch sein musste[9]. Seine Frau, Christiane Eberhardine missbilligte diesen Schritt zutiefst, konnte aber weder ihren Gatten zur Umkehr bewegen, noch ihren einzigen Sohn[10] vor dem Übertritt bewahren. Allein sie selbst blieb der lutherischen Lehre treu und weigerte sich im Übrigen, polnischen Boden zu betreten[11]. Die sächsischen Herrscher waren seitdem katholisch.

Dem ganz überwiegend der Evangelisch-Lutherischen Landeskirche angehörigen sächsischen Volk und insbesondere den protestantischen Ständen sicherte bereits Friedrich August den Erhalt und Schutz der evangelischen Kirche in Sachsen zu[12]. Diese so genannten Religionsversicherungen[13] erzwangen die Stände regelmäßig[14], bis der Bestand der evangelischen Kirche durch § 56 SächsVerf. von 1831 gesichert war. Das evangelische Staatskirchentum blieb in Sachsen dann bis 1918 erhalten.

Der Übertritt eines regierenden Fürsten des 'Mutterlandes der Reformation'[15] wurde vom Bischof von Rom als Oberhaupt der katholischen Kirche sehr befürwortet und unterstützt. Bereits 1689 hatte sich *Christian August*[16], Herzog von Sachsen-Zeitz und Vetter des Kurfürsten, zum katholischen Glauben bekannt.

---

[9] Vgl. die polnischen Pacta Conventa, hier Pacta August II., § 1. Dazu *Wyduckel*, Staats- und religionsrechtliche Probleme, S. 198. Könige von Polen waren die Wettiner Kurfürsten von Sachsen in der Zeit von 1697 bis 1706 und von 1709 bis 1765.

[10] Kurprinz Friedrich August legte am 21. Nov. 1712 in Bologna vor Johann Baptist Salerno das katholische Glaubensbekenntnis ab. Sein Übertritt wurde erst 1717 allgemein bekannt. Vgl. *Forwerk*, Geschichte, S. 16.

[11] Zur Rolle der Kurfürstin u. weiterer Hofdamen eingehender: *Blanckmeister*, Kirchengeschichte, S. 302 ff.

[12] Mandat wegen der Religions-Sicherheit im Kurfürstentum u. Sächsischen Landen v. 7. Aug. 1697, gegeben zu Lobskowa, in: Cod. Aug., Tom. 1, Sp. 345 ff; Dek. zu Krakau v. 29. Sept. 1697, in: Cod. Aug., I. Fortsetzung, Tom. III, 1. Abt., 1. Teil, I. Anh., Sp. 11–14; *Blanckmeister*, Kirchengeschichte, S. 301.

[13] Zum Gehalt u. Rechtscharakter der Religionszusagen vgl. *Wyduckel*, Staats- und religionsrechtliche Probleme, S. 191 ff.

[14] Religionsversicherungen siehe z. B.: Cod. Aug. I. Fortsetzung, Tom. III, 1. Abt., 1. Teil, 1. Anh., Sp. 11–20, Sp. 13–16 (1734), 15–18 (1764), 17–20 (1769); Cod. Aug., ebd., II. Anh., Sp. 19–162, Sp. 19 (1722), 27 f (1726), 57 f (1734), 61 (1747), 65 (1742), 71 (1746), 126 (1766), 158 (1769); Cod. Aug. II. Fortsetzung, Tom. IV, 1. Abt., 1. Teil, II. Anh., Sp. 11–40, Sp. 19 f (1776), 23 (1781), 29 (1787), 34 (1793), 39 (1799); Cod. Aug., III. Fortsetzung, Tom. V, 1. Abt., 1. Teil, I. Anh., S. 23–25, S. 23 (1805), 24 (1807), 24 f (1811).

[15] Sachsen galt lange Zeit als die führende Kraft des Protestantismus: *Blaschke*, Königreich Sachsen, S. 620.

[16] Christian August war der Sohn Herzog Moritz' v. Sachsen-Zeitz und der Enkel Johann Georgs I. Als Erbe erhielt Christian August das Stadthalteramt der Deutschordensballei Zwätzen bei Jena. Vgl. *Blanckmeister*, Kirchengeschichte, S. 292, S. 294; *Wyduckel*, Staats- und religionsrechtliche Probleme, S. 192.

Die katholische Kirche konnte ihren Einfluss in Sachsen weit besser geltend machen als in anderen überwiegend protestantischen Ländern. Dort vermochte sie regelmäßig nur auf die Missionstätigkeit ihrer Glieder einzuwirken, hier dagegen direkt auf den Landesherren. Der Papst unterstützte den finanziell überlasteten Anwärter auf den polnischen Thron mit Geldspenden und gewährte Zugeständnisse bei der Einhaltung katholischer Bestimmungen, um die Bindung der sächsischen Fürsten an die katholische Kirche dauerhaft zu stärken. Weil aber auch ein erneuter Übertritt der sächsischen Regenten zum Protestantismus nicht völlig auszuschließen war, konnte bereits Friedrich August I. mit dem Papst vereinbaren, die ihm als Katholiken obliegende Pflicht, im Dienst der katholischen Kirche den Rückerwerb des aus ihrer Sicht zu Unrecht säkularisierten katholischen Eigentums zu fördern, nicht auszuüben[17]. Damit sicherte er der Evangelisch-Lutherischen Landeskirche weiterhin eine unangefochtene Stellung gegenüber der katholischen Kirche.

Friedrich August I. und vor allem seine Nachfolger förderten den Katholizismus in Sachsen durch den Bau von Kirchen, die Einsetzung katholischer Geistlicher, deren Gehälter der Staatskasse zur Last fielen, und Geldspenden[18]. Friedrich August I. ließ 1699 im Dresdner Schloss eine katholische Kapelle einrichten und öffnete die Schlosskapelle zu Moritzburg für den katholischen Gottesdienst. Auf Veranlassung des päpstlichen Nuntius wurde ein ständiger Priester in Moritzburg eingesetzt[19]. Das Hoftheater wurde 1707 zur katholischen „Hof- und Pfarrkirche von Dresden"[20] umgebaut. In Leipzig ließ Friedrich August I. gegen den Widerstand des Rats und der Bürgerschaft eine katholische Hofkapelle einrichten, in der am 8. Juni 1710 der erste öffentliche Gottesdienst gehalten wurde[21]. Erst sein Sohn wagte den Bau einer neuen katholischen Kirche, der Hofkirche zu Dresden[22]. Schließlich wurde im Jahre 1737 der evangelische Gottesdienst im Schloss aufgehoben[23]. Ebenso förderte *Maria Josepha*, Tochter des römisch-deutschen Kaisers Joseph I. und Gemahlin des Kurfürsten Friedrich August II. von Sachsen, als König von Polen August III., den Katholizismus stark. Sie regte die Gründung des katholischen Friedhofs an, begründete

---

[17] *Langer*, Landesherrliches Patronatrecht, S. 28.

[18] So spendete König Anton die beachtliche Summe von 20000 Talern an die katholische Kirche, woraufhin der Pater Schneider vom Papst zum Bischof von Argia ernannt wurde: *Blanckmeister*, Kirchengeschichte, S. 429.

[19] *Blanckmeister*, ebd., S. 328 f; vgl. auch *Forwerk*, Geschichte, S. 9 ff.

[20] *Forwerk*, ebd., S. 11; *Blanckmeister*, Kirchengeschichte, S. 330.

[21] *Blanckmeister*, ebd., S. 331.

[22] Baubeginn 1737, Grundsteinlegung 1739, Weihe 1751; vgl. *Blanckmeister*, ebd., S. 332; *Forwerk*, Geschichte, S. 33 ff.

[23] *Blanckmeister*, Kirchengeschichte, S. 337. Mit der Ausgliederung des bis dahin im Schloss integrierten Oberhofpredigerhauses 1739 waren alle evangelischen Einrichtungen aus dem Schloss ausgelagert. Vgl. *Blanckmeister*, ebd., S. 338.

in Dresden-Neustadt eine neue katholische Kapelle und begünstigte die Errichtung katholischer Stiftungen[24]. Für die Amtshandlungen katholischer Geistlicher sollten auf königliche Anordnung keine Stolgebühren[25] zu zahlen sein. Die katholische Glaubenslehre fand in Sachsen dadurch zunehmend Anhänger. Auch ließen die in Sachsen dienenden Priester zahlreiche Katholiken aus dem Ausland kommen, um die Mission im Kurfürstentum erfolgreich fortzuführen[26].

Die Katholiken waren in Sachsen bis zum 19. Jahrhundert in ihrem Wirken freilich nur tatsächlich geduldet, rechtlich aber nicht gesichert, wenngleich die katholischen Landesherren einen starken Schutz verkörperten. So blieben sie auf die private Religionsausübung beschränkt[27]. Die öffentliche Religionsausübung wurde ihnen erst nach dem Ende des Reichs durch den Frieden von Posen[28], der ihre Gleichstellung mit den Protestanten festschrieb, sowie das zu seiner Umsetzung erlassene königliche Mandat vom 16. Februar 1807[29] ermöglicht. Seitdem fand die römisch-katholische Lehre in Sachsen weitere Verbreitung, blieb jedoch mit nur ca. zwei Prozent der Bevölkerung[30] deutlich in der Minderheit.

In der Lausitz gestalteten sich die Verhältnisse anders. Sie gehörte seit dem Jahre 965 zum Bistum Meißen und hoheitlich zur Zeit der Reformation noch zu Böhmen. Die Bevölkerung war größtenteils katholischen Glaubens. Der letzte Bischof von Meißen übergab 1560 die Gewalt über die Lausitz dem Dekan des Kollegiatkapitels der Pfarrkirche zu Bautzen, welcher 1567 persönlich

---

[24] *Blanckmeister*, ebd., S. 331; *Forwerk*, Geschichte, S. 21 (Initiative zur Anlage einer Kapelle in Neustadt-Dresden für die österreichische Gesandtschaft am sächs. Hofe betr.), S. 24 ff (Stiftungen), S. 155.

[25] Als Stolgebühren wurden Gebühren für bestimmte Amtshandlungen eines Geistlichen bezeichnet, wie Taufe oder Trauung.

[26] *Blanckmeister*, Kirchengeschichte, S. 333.

[27] *Blanckmeister*, ebd., S. 349.

[28] Frieden v. Posen zwischen Frankreich u. Sachsen v. 11. Dez. 1806, V. Art., Text in: Corpus Juris Confoederationis Germanicae, Bd. 1, S. 89 ff.

[29] Mandat, die Ausübung des Römisch-Catholischen Gottesdienstes betr., v. 16. Febr. 1807 (Cod. Aug., III. Fortsetzung, Tom. V, 1. Abt., 1. Teil, S. 11 f). Es gewährleistete den Katholiken die Ausübung des evangelischen Patronatsrechts; vgl. *Blanckmeister*, Kirchengeschichte, S. 427.

[30] In den sächsischen Erblanden lebten 1815 etwa 8000 Katholiken, 1835 bereits 9217 und 1855 über 13000. In Sachsen insgesamt wuchs die katholische Bevölkerung von 24000 seit 1815 auf 28000 bis 1864 an. Vgl. *Blanckmeister*, ebd., S. 430. Für 1867 wird nach Kolbs 'Handbuch der vergleichenden Statistik, 6. Aufl.' die Zahl der in Sachsen lebenden römisch-katholischen Religionsangehörigen mit 51500 angegeben, was 2,12 % der Gesamtbevölkerung entspricht: zitiert nach dem allgemeinen Teil des Berichtes der außerordentlichen Deputation für Schulsachen, den Entwurf eines Volksschulgesetzes für das Königreich Sachsen betreffend; Sächs. LT. 1871/73, Vhlg. 1. K., Bd. 1, S. 849 ff, S. 854.

direkt dem Papst unterstellt wurde. Die Lausitz blieb Bestandteil des ehemaligen katholischen Bistums Meißen und war der sächsischen, d. h. evangelischen Einflussnahme entzogen.[31] Als Böhmen 1635 im Frieden von Prag die Lausitzen an Sachsen abtrat, verpflichtete es die sächsischen Landesherren zugunsten der Lausitzer Untertanen, beide Konfessionen zu schützen[32]. Die Gleichstellung der Mitglieder der katholischen Kirche mit denen der Evangelisch-Lutherischen Landeskirche erfolgte in der Lausitz mithin lange vor der Gewährung gleicher Rechte an die katholischen Glaubensgenossen in den Erblanden. Die einheitliche Garantieerklärung zugunsten der Katholiken in Sachsen durch den Frieden von Posen bedeutete für die Lausitzen somit nur eine Bestätigung der bestehenden Rechtsverhältnisse.

2. Die Haltung des Staates zur katholischen Kirche

Das Verhältnis des Staates zur katholischen Kirche war im 18. und 19. Jahrhundert von der aus außenpolitischen Gründen erforderlichen Achtung päpstlicher Weisungen an die katholischen Landesherren und in innenpolitischer Hinsicht von der unerlässlichen Sicherung des protestantischen Bekenntnisses der fast ausschließlich evangelisch-lutherischen Bevölkerung in den Erblanden geprägt. Dies bewirkte einerseits die Geneigtheit des Heiligen Stuhls, andererseits eine hinreichende Distanz bei der Durchsetzung staatlicher Herrschaftsinteressen. Beides basierte auf der schwachen Stellung der katholischen Kirche in Sachsen, die ihr Zurückhaltung in Form und Ausmaß der Einflussnahme auferlegte.

Oberhäupter des römischen Kirchenwesens in den sächsischen Erblanden waren zum einen auswärtige Bischöfe, zum anderen die Bautzener Titularbischöfe. Der Dekan zu Bautzen trug seit 1753 den Titel *'Bischof in partibus infidelium'*, d. h. im Bereich der ‚Ungläubigen', mit welchem sich die Ausübung des Rechts der Firmung und Ordination verband[33]. Kurfürst Friedrich August II. gelang es, seinen Beichtvater 1763 durch die römische Kurie zum apostolischen

---

[31] *Langer*, Landesherrliches Patronatrecht, S. 21; *Forwerk*, Geschichte, S. 157 ff. Seit jener Zeit wird in der Verfassungsgeschichte der katholischen Kirche Sachsens zwischen Erblanden (zur territorialen Ausdehnung vgl. *Klein*, Kursachsen, S. 808) und Lausitz unterschieden. Vgl. *Langer*, ebd., S. 21 f.

[32] Traditionsrezeß, die Abtretung des Markgraftums Ober- u. Niederlausitz v. der Krone Böhmen an das Kurhaus Sachsen betr., v. 20. Mai 1635, Cod. Aug., Tom. II, 1. Abt., 3. Teil, Sp. 181–188; *Blaschke*, Königreich Sachsen, S. 617; *Langer*, Landesherrliches Patronatrecht, S. 22, Fn. 6; bestätigt durch den Traditionsabschied v. 24. April 1636: *Langer*, ebd., S. 39.

[33] *Langer*, ebd., S. 22 f; *Forwerk*, Geschichte, S. 156.

Vikar ernennen zu lassen[34]. Im Jahre 1807 wurde das apostolische Vikariat dann für Sachsen gesetzlich anerkannt[35] und dem apostolischen Vikar 1816 ebenfalls der Titel 'Bischof in partibus infidelium' beigegeben[36]. Seit 1831 verband er sein Amt mit dem des Bautzener Dekans in Personalunion[37]. Die sächsischen Landesherren übten das Vorschlagsrecht für den in Sachsen einzustellenden apostolischen Vikar aus und beeinflussten damit die Einwirkungsmöglichkeit der römischen Kurie[38].

Die Säkularisation der Reichskirchen auf Grund des Reichsdeputationshauptschlusses vom 25. Februar 1803 entzog der katholischen Kirche mit der Konfiskation ihrer Güter ihre materielle Grundlage. Sie verlor damit ihre wirtschaftliche Unabhängigkeit und wurde finanziell vom Staat abhängig, der aus den finanziellen Erträgen der säkularisierten Kirchengüter die Ausstattung der betroffenen Kirchen und ihrer Geistlichen zu bestreiten hatte[39]. Daneben entwickelte sich im Gefolge der französischen Revolution und der grundsätzlichen Trennung von Monarch und Staat ein staatliches Oberaufsichtsrecht über die katholische Kirche. Es basierte auf dem Gedanken staatlicher Souveränität und trat zu dem landesherrlichen auf dem Territorialprinzip begründeten Hoheitsrecht hinzu[40]. Der Staat beanspruchte nunmehr kraft seiner Souveränität die

---

[34] *Langer*, Landesherrliches Patronatrecht, S. 34; *Blanckmeister*, Kirchengeschichte, S. 391; *Forwerk*, Geschichte, S. 156, S. 160.

[35] Mit Reskript vom 12. September 1807 wurde dem jeweiligen apostolischen Vikar Sachsens die Zensur der in sächsischen Landen zum Druck zu bringenden römisch-katholischen Schriften, die von katholischen Verfassern stammten, übertragen. Das Reskript vom 14. September 1807 überwies dem apostolischen Vikar die Gerichtsbarkeit über die katholischen Untertanen in Ehesachen. *Forwerk*, Geschichte, S. 166 f.

[36] *Blanckmeister*, Kirchengeschichte, S. 391, S. 427.

[37] *Blanckmeister*, ebd., S. 431.

[38] Entgegen den Bestrebungen der katholischen Kirche, den sächsischen katholischen Kirchenoberen selbst zu bestimmen, wurden schon die vor Errichtung des Vikariats tätigen Administratoren auf Vorschlag der Landesherren eingesetzt. Das Vorschlagsrecht übten die sächsischen Landesherren über 150 Jahre ohne Widerspruch der Kurie aus. Daraus folgert *Langer* (Landesherrliches Patronatrecht, S. 34 f) nachvollziehbar, dass dem eine zumindest mündliche Vereinbarung mit dem Papst zu Grunde gelegen haben dürfte oder auch die Rechtfertigung als Gewohnheitsrecht in Betracht komme. Vgl. auch die Denkschrift über die Verhältnisse der katholischen Kirche im Königreich Sachsen v. 17. März 1838, in: SächsHStA, Min. f. Volksbildung, Nr. 10860/1 (am Anfang – Akte nicht paginiert).

[39] Text bei: *Ulrich Hufeld* (Hrsg.), Der Reichsdeputationshauptschluss von 1803. Eine Dokumentation zum Untergang des Alten Reiches, 2003 (UTB, 2387), S. 69 ff; näher dazu: *Hans Erich Feine*, Kirchliche Rechtsgeschichte, Bd. 1, Die katholische Kirche, 4. Aufl., 1964, S. 595 ff sowie *Hans Maier*, Was war die Säkularisation und wie lief sie ab?, in: Essener Gespräche 38 (2004), S. 7 ff u. *Heinrich de Wall*, Die Fortwirkung der Säkularisation im heutigen Staatskirchenrecht, in: Essener Gespräche 38 (2004), S. 53 ff.

[40] *Langer*, Landesherrliches Patronatrecht, S. 38

oberste Gewalt, d. h. das Vorrecht der weltlichen vor der geistlichen Gewalt, dem die säkularisierte Kirche nicht wirksam entgegentreten konnte und sich unterordnen musste.

Mit dem Mandat vom 19. Februar 1827[41], das bis zur Neuregelung der staatlichen Oberaufsicht über die katholische Kirche in Sachsen 1876[42] neben der Verfassung das staatskirchenrechtliche Verhältnis bestimmte, brachte der sächsische Staat sein Vorrecht gegenüber der katholischen Kirche zur Geltung. Das apostolische Vikariat und das unter ihm stehende Konsistorium wurden danach als kirchliche Verwaltungsbehörden vom Staat eingesetzt und die Aufsicht dem Geheimen Rat, einer Staatsbehörde, unterstellt[43]. Der Vikar musste nach Vorlage des päpstlichen Delegationsschreibens den Untertanen- und Diensteid leisten, amtliche Veröffentlichungen durften nur nach Erteilung des königlichen Plazets erlassen werden[44].

Dem apostolischen Vikariat unterstand wiederum das katholisch-geistliche Konsistorium, das ebenfalls von Staats wegen eingesetzt wurde[45]. Die untere Ebene der katholischen Kirchenorganisation bildeten die Kirchgemeinden mit dem Pfarrer als geistlichem Oberhaupt[46].

Das Mandat bezog sich allerdings nicht auf die Lausitzen. Dort blieb der bisherige Rechtszustand zunächst bestehen[47]. Erst die sächsische Verfassung von 1831 sicherte die staatliche Oberaufsicht über alle Konfessionen, mithin auch über die katholische Kirche in Sachsen einschließlich der Lausitzen[48]. Die

---

[41] Mandat, die Ausübung der katholisch-geistlichen Gerichtsbarkeit in den hiesigen Kreislanden, u. die Grundsätze zur Regulierung der gegenseitigen Verhältnisse der katholischen u. evangelischen Glaubensgenossen betr.; v. 19. Febr. 1827, KglGS. 1827, S. 13–29.

[42] Vgl. zum Gesetz über die Ausübung der staatlichen Oberaufsicht über die katholische Kirche v. 23. Aug. 1876 unten § 19 III.

[43] § 1 des Mandats; *Langer*, Landesherrliches Patronatrecht, S. 39 u. S. 32, Fn. 35.

[44] §§ 2 u. 3 des Mandats; *Blanckmeister*, Kirchengeschichte, S. 428 f; *Langer*, Landesherrliches Patronatrecht, S. 40; *Ernst Rudolf Huber/Wolfgang Huber* (Hrsg.), Staat und Kirche im 19. und 20. Jahrhundert, Bd. 1, Staat und Kirche vom Anfang des alten Reichs bis zum Vorabend der bürgerlichen Revolution, 2. Aufl., 1990, S. 150 ff.

[45] § 4 des Mandats v. 19. Febr. 1827. Es bildete die unterste Instanz der geistlichen Gerichtsbarkeit. Die Mitglieder des Konsistoriums, drei geistliche und zwei weltliche Räte, ernannte der König auf Vorschlag des Vikars wie Staatsbeamte. Vgl. *Langer*, Landesherrliches Patronatrecht, S. 40.

[46] *Forwerk*, Geschichte, S. 170.

[47] Die katholisch-geistliche Gerichtsbarkeit übte das domstiftliche Konsistorium zu Bautzen aus. Vgl. *Langer*, Landesherrliches Patronatrecht, S. 40.

[48] § 57 SächsVerf. v. 1831, KglGS. 1831, S. 241–275. Die Anwendung der SächsVerf. v. 1831 auf die Oberlausitz wurde durch Vertrag v. 17. Nov. 1834 bestimmt (vgl. Urkunde, die durch Anwendung der Verf. des Königreichs Sachsen auf die Oberlausitz bedingte Modifika-

katholische Kirche wurde der Evangelisch-Lutherischen Landeskirche verfassungsmäßig gleichgestellt, der Dekan des Domstifts zu Bautzen zum Mitglied der ersten Kammer des Landtages erhoben und dem Kultusministerium zur Wahrung der katholischen Interessen ein katholischer Kirchenrat zugeordnet[49].

3. Die Stellung der katholischen Kirche nach der Zweiten Staatsreform

Die Entwicklung auch des katholischen Kirchenwesens in Sachsen wurde durch die Bestrebungen nach Abgrenzung von Staat und Kirche bestimmt. Daneben stand das fortwährende Interesse der katholischen Kirche, ihren Einfluss in Sachsen zu stärken. Das Dogma von der Unfehlbarkeit des Papstes, das das vatikanische Konzil 1870[50] festgesetzt hatte und das indirekt mit der Verlesung des Fuldaer Hirtenbriefes in Sachsen Verbreitung fand[51], diente zumindest auch diesem Ziel. Es bewirkte heftige Diskussionen unter der Bevölkerung und 1873 im sächsischen Landtag, die in Kritik am Kultusministerium und in einen Antrag an die Staatsregierung mit dem Ersuchen um eine Gesetzesvorlage zur Regelung der staatlichen Aufsicht über die katholische Kirche mündeten[52]. Das diesbezügliche Gesetz, die Oberaufsicht des Staates über die römisch-katholische Kirche betreffend, kam am 23. August 1876 zustande[53]. Darin wurde die staatliche Aufsicht über die katholische Kirche in Sachsen umfassend geregelt. Das hoheitliche Plazet war danach auch fernerhin für alle den staatlichen Kompetenzbereich unmittelbar oder mittelbar berührenden Verkündigungen erforderlich, wurde aber nicht mehr auf innerkirchliche Angelegenheiten erstreckt[54]. Gegen Ende des 19. Jahrhunderts verstärkten sich die Bestrebungen um Aufhebung des Gesetzes[55]. Es blieb dennoch bis zum Ende der Monarchie 1918 bestehen.

---

tion der Partikular-Verfassung dieser Provinz betr., v. 17. Nov. 1834, KglGS. 1834, S. 482–539), die Gleichstellung der Oberlausitz mit dem übrigen Staatsgebiet durch VO über die Gleichstellung der Kreislande und der Oberlausitz, soweit sie bisher gegen einander als Ausland betrachtet worden sind, v. 24. Jan. 1835 (KglGVBl. 1835, S. 50–51). Die Oberlausitz blieb als Verwaltungseinheit bestehen. Vgl. *Blaschke*, Königreich Sachsen, S. 617.

[49] § 33 (Gleichstellung), § 63 Ziff. 9 SächsVerf. (Dekan); vgl. *Forwerk*, Geschichte, S. 174 f.

[50] Die dogmatische Konstitution *De ecclesia Christi* v. 18. Juli 1870 behandelt den päpstlichen Primat und das unfehlbare Lehramt des Papstes. Textauszug in: *Huber/Huber*, Staat und Kirche, Bd. 2, S. 421–427.

[51] Vgl. näher hierzu § 15 III. 1. u. bzgl. des Kulturkampfes § 19 I.

[52] *Blanckmeister*, Kirchengeschichte, S. 452 ff, vgl. unten § 19.

[53] KglGVBl. 1876, S. 335–341.

[54] Vgl. näher dazu unten § 19 II. 2.

[55] Vgl. die Dokumente über die Bemühungen des apostolischen Nuntius in München sowie Wortmeldungen in der zeitgenössischen Presse: SächsHStA, Min. f. Volksbildung, Nr. 10903.

II. Die weiteren Bekenntnisse

Neben den beiden Kirchen evangelisch-lutherischer und römisch-katholischer Konfession waren in Sachsen die Reformierten und die Deutsch-Katholiken im Sinne von § 56 SächsVerf. von 1831 "aufgenommen", wodurch ihnen das Recht der freien öffentlichen Religionsübung zukam[56]. Die Aufnahme bisher nicht aufgenommener Religionsgemeinschaften musste gemäß § 56 SächsVerf. durch ein gesondertes Gesetz erfolgen. Die Griechisch-Katholischen und die Juden waren nur "anerkannt", d. h. berechtigt, nichtöffentliche Gottesdienste durchzuführen[57]. Diese Glaubensgemeinschaften nahmen nach der evangelischen und katholischen Kirche schon wegen der geringen Mitgliederzahl eine untergeordnete Stelle ein[58]. Nicht aufgenommene und nicht anerkannte Glaubensgemeinschaften waren nur nach Bestätigung ihrer Statuten durch das Kultusministerium zur Religionsausübung berechtigt, wenn sie einen besonderen religiösen Kultus üben wollten, wohingegen bloße vereinsmäßige Versammlungen mit Vorträgen religiösen und kirchlichen Inhalts seit 1870 nicht der Genehmigung bedurften, sondern nur dem Vereinsrecht unterlagen[59].

---

[56] Zu dieser Unterscheidung vgl. bes. *Ewald Naundorff*, Einführung in die wichtigsten Verfassungs- und Verwaltungsgesetze des Deutschen Königreichs Sachsen, 1904, S. 438 ff.

[57] *Naundorff*, Verfassungs- und Verwaltungsgesetze, S. 439. Die Terminologie ist nicht einheitlich. In der Literatur werden die gemäß § 56 SächsVerf. aufgenommenen Religionsgesellschaften auch als anerkannte bezeichnet (*Seydewitz*, Codex, S. 153, Fn. 21) und nur zwischen diesen und den sonstigen, dann als geduldete, tolerierte oder genehmigte bezeichneten, unterschieden (vgl. *Blanckmeister*, Kirchengeschichte, S. 448; *Fricker*, Grundriß des Staatsrechts, S. 63 ff). Auch in § 6 Abs. 4 VolksschulG werden die nach § 56 SächsVerf. aufgenommenen Religionsgesellschaften als anerkannte und die weiter zugelassenen als bestätigte bezeichnet, denn die Norm bestimmt: „Kinder von solchen Dissidenten, welche keiner Religionsgesellschaft angehören (§ 21 des Gesetzes vom 20. Juni 1870), haben an dem Religionsunterrichte einer anerkannten oder bestätigten Religionsgesellschaft teilzunehmen." Hierzu hatte das Oberlandesgericht mit Urteil vom 8. Juli 1886 entschieden, dass den Eltern solcher Dissidentenkinder das Wahlrecht grundsätzlich nur einmal bei Anmeldung des Kindes zur Schule zusteht, aber selbst wenn sie die Wahl später ändern könnten, kann eine neue Wahl nur dann angenommen werden, wenn gleichzeitig bestimmt wird, welchen Religionsunterricht einer „anerkannten oder bestätigten Religionsgesellschaft" das Kind zukünftig besuchen soll. Die Kinder, deren Eltern „irgend einer oder einer vom Staate anerkannten Religionsgesellschaft" nicht angehören, sollen nicht in der „Glaubenslosigkeit oder Glaubensverirrung, welcher sie [die Eltern] sich selbst ergeben haben", aufwachsen (*Seydewitz*, Codex, S. 516, Fn. 35).

[58] 1871 bestand die sächsische Bevölkerung zu 97,18 % aus Protestanten, zu 2,10 % aus Katholiken, womit lediglich 0,72 % auf andere Religionsgemeinschaften oder Dissidenten entfielen. Im Jahr 1890 gab es 95,29 % evangelisch-lutherische, 3,67 % katholische Glaubensgenossen und 1,04 % andere Religionsangehörige. Vgl. SächsHStA, Min. f. Volksbildung, Nr. 10860/1 (am Ende – Akte nicht paginiert).

[59] Vgl. Gesetz, die Einführung der Zivilstandsregister für Personen, welche keiner im Königreiche Sachsen anerkannten Religionsgesellschaft angehören, und einige damit zusammenhängende Bestimmungen betr., v. 20. Juni 1870 (KglGVBl. 1870, S. 215), § 21 des Gesetzes

1. Reformierte

Die Rechtsverhältnisse der reformierten Kirche in Sachsen beruhten auf dem Mandat vom 18. März 1811[60] und dem Regulativ vom 7. August 1818[61], womit die Parochialzwangsrechte der evangelisch-lutherischen über die reformierte Kirche beseitigt wurden und die Gemeinden in Dresden und Leipzig das Recht erhielten, ihre Prediger- und Vorsteherkollegien Konsistorien zu nennen. Die beiden Gemeinden gaben sich 1870 und 1876 eine gemeinsame Verfassung[62]. Danach bestand die Gemeinde aus den männlichen Gemeindegliedern. Ihre Organe bildeten die Gemeindeversammlung und das Konsistorium, welches sich aus den Predigern und den für ein Jahr gewählten neun Gemeindemitgliedern zusammensetzte. Die reformierte Kirche verfügte damit über eine Gemeindevertretung[63], die die Evangelisch-Lutherische Landeskirche erst mit der Kirchenvorstands- und Synodalordnung von 1868 erhielt. Die verhältnismäßig wenigen[64] Reformierten wurden von den Mitgliedern der evangelischen Kirche als nahe Verwandte ihrer Glaubenslehre geduldet[65].

(Abdruck in: *Seydewitz*, Codex, S. 422 ff, S. 428); *Naundorff*, Verfassungs- und Verwaltungsgesetze, S. 439 f; *Fricker*, Grundriß des Staatsrechts, S. 64 f; *Seydewitz*, Codex, S. 429, Fn. 18.

[60] Mandat die Gleichstellung der reformierten Religionsverwandten, hinsichtlich der öffentlichen Ausübung ihres Gottesdienstes, auch übrigen bürgerlichen u. politischen Rechte, mit den römisch-katholischen u. Augsburgischen Confessionsverwandten betr., v. 18. März 1811, Cod. Aug., III. Fortsetzung, Tom. V, 1. Abt., 1. Teil, S. 17–18; *Blanckmeister*, Kirchengeschichte, S. 412. Das Recht der Taufe, Trauung und Beerdigung hatten die reformierten Geistlichen in Sachsen durch Dek. v. 16. Aug. 1764 erhalten: *Blanckmeister*, Kirchengeschichte, S. 349.

[61] Regulativ über die kirchlichen Rechtsverhältnisse der evangelisch-reformierten Glaubensgenossen in den Königlich Sächsischen Landen v. 7. Aug. 1818, KglGS. 1818, S. 57–66; *Blanckmeister*, Kirchengeschichte, S. 412.

[62] Dek. v. 29. März 1870, KglGVBl. 1870, S. 110 u. Dek. des Kultus-Ministeriums, eine Abänderung der mittelst Dek. v. 29. März 1870 bestätigten Verf. der evangelisch-reformierten Gemeinden im Königreich Sachsen betr., v. 6. Juni 1876, KglGVBl. 1876, S. 267; *Blanckmeister*, Kirchengeschichte, S. 413.

[63] In der reformierten Kirche gab es Kirchenvorstände und Synoden bereits seit dem 16. Jh.: *Schmidt*, Staat und Kirche, S. 404.

[64] Die Gemeinden wuchsen von 1620 Mitgliedern in Sachsen 1834 auf 10538 im Jahr 1895. Dies entspricht einem Anteil an Sachsens Gesamtbevölkerung von anfänglich 0,10 % zu 0,28 % 1895; so *Blanckmeister*, Kirchengeschichte, S. 413. In den Akten des Min. f. Volksbildung wird der Anteil der Reformierten in Sachsen für 1871 mit 0,36 %, für 1890 mit 0, 34 % angegeben: SächsHStA, Min. f. Volksbildung, Nr. 10860/1 (am Ende – Akte nicht paginiert).

[65] *Blanckmeister*, Kirchengeschichte, S. 349, S. 412 f.

2. Juden

Die Juden[66], damals als "jüdische Glaubensgenossen", häufig auch als Israeliten bezeichnet, nahmen zahlenmäßig in Sachsen eine ähnlich geringe Rolle ein wie die Reformierten[67]. Erst um 1700 wurde einzelnen Familien die Ansiedlung in Sachsen gestattet und noch Anfang des 19. Jahrhunderts war ihnen der Aufenthalt nicht an allen Orten erlaubt[68] und bedurften sie für Eheschließungen und die Begründung selbständiger Gewerbe gesonderter Genehmigungen[69]. Erst 1837 wurden sie u. a. berechtigt, in Dresden und Leipzig Religionsgemeinden zu bilden sowie Synagogen und Schulen zu errichten[70]. Seit 1869 durften Juden sich auch außerhalb von Dresden und Leipzig ansiedeln[71]. Mit Gesetz von 1868[72] erlangten jüdische Religionsangehörige wie alle Mitglieder von Konfessionen die grundsätzliche Gleichstellung in bürgerlichen und politischen Angelegenheiten, womit aber nicht auch die Gleichberechtigung der Juden als konfessioneller Gesamtheit mit anderen, aufgenommenen Religionsgesellschaften verbunden war[73].

König Johann hatte sich bereits als Prinz für die Gleichberechtigung der Juden engagiert[74]. Die Position Gerbers zu den Juden ist von Zurückhaltung ge-

---

[66] Zur Entwicklung ihrer rechtlichen Stellung vgl. *Adolf Diamant*, Juden in Sachsen. Ihr Leben und Leiden, 1994; *ders.*, Chronik der Juden in Leipzig, 1993; *ders.*, Chronik der Juden in Chemnitz, 1970; *ders.* Chronik der Juden in Dresden, 1973; *Heinrich Butte*, Stellung der Juden in Dresden von den Anfängen bis zur bürgerlichen Gleichstellung im 19. Jahrhundert, 1936.

[67] Im Jahre 1871 waren 3346 Juden statistisch erfasst, womit sie einen Anteil von 0,13 % der sächsischen Bevölkerung stellten. Die Mitgliederzahl stieg bis 1900 auf 12416, d.h. knapp 0,3 % der Gesamtbevölkerung. Vgl. für 1880 u. 1900 *Blanckmeister*, Kirchengeschichte, S. 449. Die Entwicklung 1834–1890 ist aus der Statistik des Ministeriums für Volksbildung zu ersehen: SächsHStA, Min. f. Volksbildung, Nr. 10860/1 (am Ende – Akte nicht paginiert); vgl. *Diamant*, Juden in Dresden, S. 42 ff.

[68] Vgl. die Aufenthaltsbeschränkung auf Dresden u. Leipzig: Gesetz wegen einiger Modifikationen in den bgl. Verhältnissen der Juden, v. 16. Aug. 1838, KglGVBl. 1838, S. 394–396.

[69] *Butte*, Stellung der Juden, S. 10 f.

[70] Gesetz, die Religionsübung der Juden (und den für diesen Endzweck ihnen zu gestattenden Erwerb von Grundeigentum) betr., v. 18. Mai 1837, KglGVBl. 1837, S. 66; vgl. auch *Seydewitz*, Codex, S. 206 f; *Blanckmeister*, Kirchengeschichte, S. 448.

[71] VO, die Wirkung der Gleichstellung der Konfessionen in bgl. Hinsicht betr., v. 12. Aug. 1869, KglGVBl. 1869, S. 239–240.

[72] Gesetz, einige Abänderungen der Verfassungsurkunde v. 4. Sept. 1831, sowie der Nachtragsgesetze zu derselben v. 5. Mai 1851 u. 19. Okt. 1861 betr., v. 3. Dez. 1868, KglGVBl. 1868, S. 1365–1368.

[73] *Seydewitz*, Codex, S. 206 f, Anm. 2.

[74] Prinz Johann sprach sich in der ersten Kammer für die Gleichberechtigung der Juden sowie gegen das Verbot für diese, Grundeigentum zu erwerben, aus und befürwortete den Erhalt ihres Rechts, Wein verkaufen zu dürfen. Vgl. *Jacob Weil*, Die erste Kammer und die Juden in

prägt. Den Antrag jüdischer Glaubensgenossen aus Chemnitz auf Genehmigung der Errichtung einer israelitischen Gemeinde aus dem Jahre 1873 weist er in seiner Eigenschaft als Kultusminister im Ergebnis zurück. Zwar sei „die Errichtung einer selbständigen israelitischen Gemeinde [...] vom Standpunkt des allgemeinen öffentlichen Interesses als insbesondere im Interesse des Schulwesens nicht abzulehnen"[75], hingegen die Aufbringung des Geldes für die künftige Gemeinde nicht sichergestellt; denn die neue Gemeinde sei auch nach Ansicht des Chemnitzer Rabbiners nur bei zwangsweiser Zuordnung aller Juden lebensfähig. Die Genehmigung des vorgelegten Statuts der künftigen Gemeinde könne daher nicht erteilt werden, solange nicht von Anfang an eine andere Modalität für die Aufbringung der Ausgaben gefunden werde[76]. Bis 1878 erfolgten weitere Gesuche und eine umfangreiche Prüfung der Angelegenheit[77]. Die erneute Entschließung des Kultusministeriums vom 12. September 1878[78] weist die Genehmigung nunmehr deshalb zurück, weil zumindest zurzeit kein Bedürfnis für eine öffentliche jüdische Gemeinde bestehe. Die für die Errichtung einer öffentlichen Gemeinde vorgebrachten Gründe würden durch die inzwischen vorhandenen Vereine, den Friedhof, die Schule und Synagoge abgedeckt[79]. Die erstrebte Genehmigung wurde schließlich 1885 erteilt[80]. Die zuvor wiederholte Ablehnung des Antrages durch Gerber lässt vermuten, dass er an der Förderung und Unterstützung jüdischer Glaubensgenossen in dieser Angelegenheit wohl kein herausragendes Interesse hatte[81].

Sachsen, 1837, S. 3, Fn. 1, S. 4, Fn. 2, S. 10; Sächs. LT. 1836, Vhlg. 1. K., S. 2079; *Diamant*, Juden in Chemnitz, S. 12; *ders.* Juden in Sachsen, S. 12 f.

[75] Gerber mit Schreiben v. 13. Mai 1873 an die Kreisdirektion zu Zwickau: SächsHStA, Min. f. Volksbildung, Nr. 11135, Bl. 130.

[76] SächsHStA, ebd., Nr. 11135, Bl. 130 f.

[77] Der weitere Antrag zur Errichtung einer selbständigen jüdischen Gemeinde in Chemnitz wurde am 14. November 1874 erneut durch Gerber abgelehnt. Vgl. SächsHStA, ebd., Nr. 11135, Bl. 168.

[78] SächsHStA, Min. f. Volksbildung, Nr. 11135, Bl. 230 f (Bl. 230 folgt nach Bl. 247. Die Blätter sind nicht einheitlich paginiert.).

[79] SächsHStA, ebd., Bl. 230.

[80] *Diamant*, Juden in Chemnitz, S. 16, S. 27. Genehmigung der Gemeindestatuten: Leipzig 1884, Dresden 1887; vgl. *Diamant*, ebd., S. 27. Der eingesehene Aktenband (SächsHStA, Min. f. Volksbildung, Nr. 11135) reicht bis zum Jahre 1879, der weiterführende Aktenband mit der Nr. 11136, der möglicherweise näheren Aufschluss geben könnte, konnte aus Erhaltungsgründen für die Einsichtnahme nicht zur Verfügung gestellt werden.

[81] So auch *Diamant*, Juden in Chemnitz, S. 25.

3. Andere Religionsgemeinschaften und Sekten

Mittels besonderen Gesetzes[82] aufgenommen i. S. von § 56 SächsVerf. waren seit 1848 die Deutsch-Katholiken, d. h. diejenigen Katholiken, die sich in dem Bestreben einer Reform der Glaubenslehre, die sich strikter an der Heiligen Schrift orientieren müsse, von der Kirchenleitung durch den Heiligen Stuhl aufgrund des Unfehlbarkeitsdogmas losgesagt und die Kirchenleitung dem Landesfürsten übertragen hatten[83]. Staatliche Anerkennung genossen die Mitglieder der griechisch-katholischen Glaubensgemeinschaft[84]. Kleine Gemeinden auf der Grundlage genehmigter Satzungen bildete nach 1870 die insoweit geduldete 'Evangelisch-lutherische Freikirche'[85]. Größere Verbreitung fanden seit 1870 die ebenfalls mit der Bestätigung ihrer Statuten durch das Kultusministerium geduldeten Apostoliker, die in ihrer Glaubenslehre auf die prophetischen und apokalyptischen Stücke der Bibel besonderen Wert legten sowie die Wiederkehr des Heilands als nahe bevorstehend verkündeten und gleichzeitig die Rettung des Seelenheils durch Eintritt in ihre Gemeinschaft versprachen[86]. Sie gründeten in etwa 20 Orten Gemeinden[87]. Ferner hatten sich Methodisten[88] und Baptisten[89] in sächsischen Gemeinden niedergelassen. Außer den genannten bestanden in

---

[82] Gesetz über die Rechtsverhältnisse der deutschkatholischen Glaubengenossen, v. 2. Nov. 1848, KglGVBl. 1848, S. 204; *Fricker*, Grundriß des Staatsrechts, S. 55 u. S. 61 f; *Naundorff*, Verfassungs- und Verwaltungsgesetze, S. 438.

[83] Sie bildeten knapp 0,05 % der Gesamtbevölkerung (1880 wurden 1476 Deutsch-Katholische erfasst, 1900 waren es 2028); vgl. *Blanckmeister*, Kirchengeschichte, S. 449 (statistische Angaben), S. 431 f.

[84] Sie erhielten vom russischen Statthalter Fürst Repnin am 2. April 1814 die bürgerliche Gleichstellung mit den übrigen Christen in Sachsen zuerkannt; vgl. *Blanckmeister*, Kirchengeschichte, S. 427. In dem Reskript, verschiedene, in geistlichen Angelegenheiten ergangene Gouvernements-Verfügungen betr., v. 7. August 1815 (hier in Bezug genommener Auszug in: *Seydewitz*, Codex, S. 107) wird diese Gleichstellung von Friedrich August I. König von Sachsen bestätigt, wie zuvor auf dem Wiener Kongress (Art. 16 Deutsche Bundesakte v. 8. Juni 1815, *Huber*, Dokumente, Bd. 1, S. 84–90, S. 89 u. Art. 53 Schlussakte der Wiener Ministerkonferenzen v. 15. Mai 1820, *Huber*, ebd., S. 91–100, S. 98). Zu den anerkannten Religionsgesellschaften rechnet sie auch *Naundorff*, Verfassungs- und Verwaltungsgesetze, S. 439. Nach *Fricker*, Grundriß des Staatsrechts, S. 63 waren sie nur „toleriert". *Seydewitz*, Codex, S. 107, Anm. **) bezeichnet sie im Unterschied zu den nach § 56 SächsVerf. aufgenommenen Religionsgesellschaften als geduldete Religionsgesellschaft, weil sie, anders als jene, nicht zur öffentlichen Religionsausübung berechtigt waren.

[85] 1546 Mitglieder 1870–1895, 1856 Mitglieder 1900, vgl. *Blanckmeister*, Kirchengeschichte, S. 449.

[86] *Blanckmeister*, ebd., S. 449; *Seydewitz*, Codex, S. 429, Fn. 17.

[87] Ihre Mitgliederzahl stieg bis 1900 auf 7170 in Sachsen: vgl. *Blanckmeister*, Kirchengeschichte, S. 449.

[88] 1900 mit 3258 Mitgliedern statistisch erfasst: vgl. *Blanckmeister*, ebd., S. 450; vgl. auch *Seydewitz*, Codex, S. 429, Fn. 17.

[89] Insgesamt 500 Mitglieder: vgl. *Blanckmeister*, Kirchengeschichte, S. 450.

Sachsen weitere zahlenmäßig kleine Sekten, die in ihrer Bedeutung hinter den anderen genannten Religionsgemeinschaften zurücktreten.

Drittes Kapitel
Die Minister in Evangelicis

§ 13 Herausbildung des Instituts der Minister in Evangelicis

I. Begriffsbestimmung

Mit dem Amt und Aufgabenkreis des sächsischen Staatsministers für Kultus und öffentlichen Unterricht war der 'Auftrag in Evangelicis' verbunden, der gemeinsam mit weiteren Ministern ausgeübt wurde[1]. Bei seinem Amtsantritt als Kultusminister 1871 übernahm Gerber daher auch die Aufgaben eines der in Evangelicis beauftragten Staatsminister.

Der Auftrag in Evangelicis beinhaltete das landesherrliche Kirchenregiment über die Evangelisch-Lutherische Kirche[2]. Diese war Landeskirche und damit Staatskirche des Königreichs Sachsen. Ihre dem König zukommende oberste Leitung, das *ius episcopale* oder *ius in sacra* war, wie dargelegt[3], in Sachsen ausgewählten evangelischen Regierungsmitgliedern übertragen, seitdem die Landesherren an der persönlichen Ausübung gehindert waren, weil sie der römisch-katholischen Konfession angehörten. Die Herausbildung dieser übertragenen Kirchengewalt und ihre spezifisch sächsische Ausprägung, der 'Auftrag in Evangelicis', sind im Folgenden zu untersuchen.

II. Das Landesherrliche Kirchenregiment

1. Landes- und kirchengeschichtliche Entwicklung

Die Herausbildung der nicht mehr auf kanonischem Recht, sondern der Souveränität des Landesherren beruhenden landesherrlichen Kirchengewalt und der an die Souveränität des Staates anknüpfenden staatlichen Kirchenhoheit, die auch die zweite Hälfte des 19. Jahrhunderts prägte, ging in ihrer Genese auf die Reformationszeit zurück. Die von der Reformation erfassten Gebiete waren nicht in der Lage, ihre junge Konfession selbst gegen den Widerstand der katholischen Kirche zu schützen und erbaten deshalb Schutz durch die ihnen geneigten Fürsten. Diese garantierten die Aufrechterhaltung von Friede, Recht und Ordnung sowie die Sicherheit des Kirchenguts und der Kirchendiener, vor allem

---

[1] Vgl. näher unten III.
[2] *Langer*, Landesherrliches Patronatrecht, S. 18 ff; vgl. *Axel Frhr. v. Campenhausen*, Staatskirchenrecht, 3. Aufl. 1996, S. 19.
[3] Siehe oben § 11 I. u. II.

aber auch die Ausbreitung der evangelischen Lehre. Dagegen stand ihnen in innerkirchlichen Angelegenheiten und theologischen Grundfragen ursprünglich keine hoheitliche Gewalt zu. Sie begannen dennoch im Laufe des 16. Jahrhunderts, kraft ihrer Territorialgewalt auch auf die *res sacrae* Einfluss zu nehmen, um in der noch stark geistlich geprägten Gesellschaft die staatliche Autorität weiter auszudehnen[4]. Die aus der Not entstandene „fürstliche Hilfestellung" trug zunächst vorübergehenden Charakter, wurde dann aber in ihrer tatsächlichen Ausprägung durch den Augsburger Religionsfrieden von 1555 und besonders den Westfälischen Frieden von 1648 anerkannt sowie in ihrem Fortbestand garantiert. Damit besaßen die Fürsten das *ius reformandi* kraft Reichsrecht als kirchliches Recht neben ihrer Territorialgewalt[5]. Sie waren danach für die evangelische Kirche, Schule und Ehegerichtsbarkeit zuständig. Die Ausdehnung ihrer fürstlichen Herrschaftsgewalt auf Angelegenheiten der evangelischen Kirche führte zur Behandlung der Kirche als einer staatlichen Einrichtung und Mittel staatlicher Politik durch staatsrechtlich immer weitergehende Anbindung kirchlicher Verhältnisse an die weltlichen, die Anstellung der Kirchendiener als Staatsbeamte sowie die Verschmelzung der kirchlichen und weltlichen Verwaltung[6]. Die fürstliche Souveränität wurde so im Laufe der Zeit durch die Staatssouveränität und die hierauf beruhende Oberhoheit über alle Konfessionen weitestgehend abgelöst. Im 19. Jahrhundert erlangte durch das zunehmende Streben der Kirchen nach Eigenständigkeit die Unterscheidung zwischen dem aus der Staatssouveränität begründeten Aufsichtsrecht des Staates über die Kirchen, der Kirchenhoheit (ius circa sacra), und der nur übertragenen Kirchengewalt (ius in sacra, ius episcopale) wachsende Bedeutung. Sie zielte auf eine Trennung der staatlichen und der kirchlichen Verwaltung. Diese Grundsätze fanden in der Konsistorialverfassung Sachsens von 1873 ihren Niederschlag[7] und prägten die Ausgestaltung des landesherrlichen Kirchenregiments bis zum Jahr 1918.

2. Die katholische Kirche in Sachsen

Die Ausdehnung des dem sächsischen König zustehenden landesherrlichen Kirchenregiments über die evangelische Kirche auch auf die katholische Kirche in Sachsen zeigt sich besonders in der Ausübung des landesherrlichen Patronatsrechts.

---

[4] *Blaschke*, Wechselwirkungen, S. 354.

[5] Zu den Abgrenzungs- und Begründungstheorien vgl. *Campenhausen*, Staatskirchenrecht, S. 19 ff.

[6] *Blaschke*, Wechselwirkungen, S. 362 spricht zutreffend von einer Säkularisierung der Kirchenorganisation.

[7] Zum Konsistorialgesetz v. 1873 vgl. unten § 17.

Das katholische Staatskirchentum ist in seiner praktischen Auswirkung dem evangelischen durchaus vergleichbar. Als Grundlage der kirchlichen Obergewalt des Landesherren wurde die territoriale Souveränität angesehen, wie dies auch in evangelisch geprägten Fürstentümern allmählich zur Rechtfertigung der weitreichenden Einflussnahme auf die Kirche diente. Dabei strebten die betreffenden Fürsten danach, ihre Landesherrschaft auch auf geistliches Gebiet zu erstrecken. Die Errichtung einer deutschen von Rom unabhängigen Territorialkirche scheiterte aber mit der Säkularisation der geistlichen Fürstentümer und der Entziehung der katholischen Territorien auf Grund des Reichsdeputationshauptschlusses vom 25. Februar 1803. Der Wiederaufbau der katholischen Kirche im 19. Jahrhundert vollzog sich von daher auf der Grundlage der päpstlichen Kirchenherrschaft.[8]

In Sachsen erlangte die katholische Kirche mit dem Übertritt Friedrich August I. zum Katholizismus wieder Bedeutung und Einfluss auf die Landespolitik[9]. Dennoch übte der König – vom Standpunkt der katholischen Kirche aus allerdings unberechtigt[10] – das Kollaturrecht aus[11]. Nach kanonischem Recht war die Befugnis der sächsischen Landesherren zur Stellenbesetzung nur mit einem dem Patronat ähnlichen Vorschlags und Präsentationsrecht vergleichbar[12]. Es war als kirchliches Mitwirkungsrecht dritter, außerhalb der Kirchenhierarchie stehender Personen an die Begründung, Erbauung oder wesentliche Ausstattung einer Kirche gebunden. Das Patronat nach kanonischem Recht hatten die Landesherren für die Bediensteten der katholischen Hofkirche in Dresden durch den Bau dieser Kirche erworben. Die Besetzung geistlicher Stellen dehnten die sächsischen Kurfürsten und Könige kraft ihrer Territorialhoheit aber auch auf patronatfreie Ämter als landesherrliches Patronat aus. Dies schien in Sachsen verständlich, weil seit der Reformation die evangelischen Kirchenstellen entweder auf Grund von Patronatrechten im kirchlichen Rechtssinn oder durch den Landesherren als 'summus episcopus'[13] und damit in Ausübung des Kollaturrechts, d. h. des Rechts zur Verleihung eines Kirchenamtes als innerkirchliches Verwaltungsrecht, besetzt wurden. Der rechtliche Ursprung trat damit hinter der praktisch vermittelten Gewohnheit zurück. Diese Praxis wurde auch auf die katholi-

---

[8] *Campenhausen*, Staatskirchenrecht, S. 28.
[9] Vgl. oben § 12 I. 1.
[10] Es stand als innerkirchliches Verwaltungsrecht nur den geistlichen Kirchenoberen zu: vgl. *Langer*, Landesherrliches Patronatrecht, S. 13.
[11] Apostolisches Vikariat u. katholische Kirchen- u. Schulstellen; vgl. auch oben § 12 I. 2.
[12] *Langer*, Landesherrliches Patronatrecht, S. 13.
[13] Vgl. *Langer*, ebd., S. 6 u. S. 15.

schen Ämter ausgedehnt[14]. Beide Begriffe, Kollatur und Patronat, wurden in Sachsen daher gleichbedeutend verwendet[15].

Die katholische Kirche hatte das über die kirchenrechtlich begründeten Patronate hinausgehende landesherrliche Patronat nur stillschweigend geduldet[16]. Es wurde durch das auf die Staatssouveränität zurückgeführte und durch staatliche Gesetze näher bestimmte Hoheitsrecht des Staates über alle Religionsgemeinschaften mehr und mehr verdrängt. Wie gegenüber der evangelischen, so auch in Bezug auf die katholische Kirche erlangte im 19. Jahrhundert durch die Forderung der Kirchen nach mehr Eigenständigkeit die Differenzierung zwischen dem *ius circa sacra* und dem *ius in sacra* verstärkt Bedeutung und ermöglichte den Landesherren die Rückführung des *ius in sacra* an die Kirchen zur selbständigen Ausübung unter gleichzeitiger Wahrung der Staatssouveränität durch das *ius circa sacra* des Staates.

III. Übertragung des Kirchenregiments auf die in Evangelicis Beauftragten

Die Besonderheit des Kirchenregiments in Sachsen bestand in seiner Ausübung durch andere als die tatsächlichen Inhaber. Die Stellung eines Bischofs kam in den reformatorischen Gebieten nur dem Landesoberhaupt zu. Dies setzte allerdings voraus, dass Kirchenvolk und oberster Kirchenherr derselben Konfession angehörten. Davon war aufgrund des im ius reformandi zum Ausdruck kommenden Rechts der Landesherren, den Bekenntnisstand ihres Landes verbindlich zu bestimmen und dem Recht der andersgläubigen Untertanen auszuwandern, auszugehen. Nach der Wahl des Bekenntnisses bestand so grundsätzlich konfessionelle Übereinstimmung zwischen dem Landesherren und seinem Landesvolk. Dies wurde gerade in Sachsen am Ausgang des 16. Jahrhunderts fast vollkommen erreicht[17]. Es stellte daher einen erheblichen Einschnitt in die Staats- und Kirchenordnung Sachsens sowie die konfessionellen Machtgefüge im Reich und besonders im Kurfürstenkolleg dar, als Kurfürst Friedrich August I. 1697 zum Katholizismus übertrat, um so die polnische Königskrone zu erhalten. Das Misstrauen der Stände und protestantischen Bevölkerung, die nicht zu Unrecht über Zugeständnisse an die römische Kurie besorgt waren, führte zu den bereits genannten Religionsversicherungen der sächsischen Herrscher, in denen zugesagt wurde, den Religionsstatus des Landes nicht zu verändern[18]. Das

---

[14] *Langer*, ebd., S. 55.
[15] Vgl. hierzu eingehend *Langer*, ebd., S. 12 ff.
[16] *Langer*, ebd., S. 55.
[17] Zu den in Sachsen lebenden Katholiken vgl. oben § 12 I. 1.
[18] Zur rechtlichen Qualifizierung u. Verbindlichkeit der Religionsversicherungen: *Wyduckel*, Sächsisch-polnische Verbindung, S. 193 ff; vgl. bereits § 12 I. 1.

Spannungsverhältnis zwischen Staatskirche und Landesherr, zwischen Protestanten und Katholiken in Sachsen konnte so aber nicht aufgehoben werden. Es gelang jedoch, einen Glaubenskrieg oder Auseinandersetzungen wie den Kulturkampf nach preußischem Muster zu verhindern[19].

Die Situation in Sachsen, die darin bestand, dass die Untertanen ganz überwiegend einer anderen Konfession angehörten als ihre Regenten, ist in Deutschland in dieser Ausprägung wohl einmalig geblieben. Zwar waren Konfessionswechsel in der frühen Neuzeit keine Seltenheit, doch betrafen sie nicht – wie in Sachsen – einen regierenden Herrscher[20]. Parallelen wies in begrenztem Umfang die Situation in Preußen seit Anfang des 17. Jahrhunderts für 200 Jahre auf, als 1613 Johann Sigismund von der evangelisch-lutherischen Kirche zur reformierten Kirche übertrat. Seine Untertanen folgten ihm aber nicht, womit das brandenburgische Haus ebenfalls in einem konfessionellen Gegensatz zu seinen Untertanen stand. Das damit begründete Misstrauen zwischen Königshaus und Volk versuchten die preußischen Regenten durch eine Vereinigung beider Kirchen zu beseitigen. Dies gelang 1817 in der so genannten Union[21], so dass Preußen in der Folge fast ganz einer unierten Kirche angehörte[22]. Diese Lösung verbat sich für Sachsen jedoch, weil sie auf eine "Vereinigung" zum Zwecke der Vereinnahmung der evangelischen Kirche, eines aus katholischer Sicht 'ketzerischen' Bekenntnisses, gerichtet gewesen wäre. Der religionsbedingte Gegensatz blieb so im sächsischen Raum über zwei Jahrhunderte bis zum Ende der Monarchie erhalten. Die Verbindung mit dem katholischen Polen blieb demgegenüber eine vorübergehende[23].

Friedrich August I. konnte nach seinem Übertritt zum Katholizismus das landesherrliche Kirchenregiment über die evangelische Kirche nicht mehr persönlich ausüben. Er übertrug es mit der „Nebeninstruktion der vormaligen

---

[19] Vgl. zum Kulturkampf in Sachsen unten § 19 I.

[20] *Wyduckel*, Sächsisch-polnische Verbindung, S. 192.

[21] Friedrich Wilhelm III. von Preußen bestimmte durch die Kabinettsordre vom 27. September 1817 die Vereinigung. Daraufhin kam es am 30. und 31. Oktober 1817 zu gemeinsamen Abendmahlsfeiern zu Berlin und Potsdam sowie der Änderung der Spendenformel. *Paul Oskar Hentsch*, Historische Skizze der „evangelisch-lutherischen Kirche in Preußen", in: Sächsisches Kirchen- und Schulblatt LXI (1911), Sp. 37–40, Sp. 37 f.

[22] Vgl. *Hentsch*, ebd.

[23] Kurfürst Friedrich August I. regierte Polen als König August II. bis 1733. Danach führte sein Sohn Kurfürst Friedrich August II. die Personalunion als König August III. bis 1763 fort. Die sächsischen Kurfürsten und Könige (Kurfürst Friedrich August III. wurde 1806 durch Napoleon zum König von Sachsen gekrönt, seitdem Friedrich August I. König von Sachsen.) blieben aber dem Katholizismus darüber hinaus treu.

Evangelischen Wirklichen Geheimräte“ vom 21. Dezember 1697[24] auf den Geheimen Rat. Dieser nahm den Auftrag in Evangelicis von da an wahr und führte stellvertretend auch die Geschäfte im Direktorium des Corpus Evangelicorum im Reichstag[25], das Sachsen seit 1653 innehatte[26]. Die sächsische Verfassung von 1831 übertrug den Auftrag in Evangelicis gem. § 41 i. V. m. § 57 VerfUrk. dann auf den Kultusminister in Gemeinschaft mit wenigstens zwei weiteren Ministern, die der evangelischen Konfession angehören mussten. Mit Verordnung über die Einrichtung der Ministerialdepartements vom 7. November 1831[27] übernahm das aus allen Staatministern bestehende Gesamtministerium den Auftrag in Evangelicis von dem auf Grund der Staatsverfassung nunmehr aufgelösten Geheimen Rat. Vom Jahre 1840[28] an übten die vier Fachminister des Kultus und öffentlichen Unterrichts, der Finanzen, des Innern und der Justiz diese Funktion aus. Mit der Ernennung der Minister zu Staatsministern wurde ihnen jeweils gesondert und persönlich der Auftrag in Evangelicis übertragen[29]. Voraussetzung für die Berufung zum sächsischen Kultusminister war von daher insbesondere die Zugehörigkeit zum lutherischen Bekenntnis.

Die Minister in Evangelicis übten die gesamte Leitungstätigkeit über die Evangelisch-Lutherische Landeskirche Sachsens aus. Sie umfasste Stellenbesetzungen, die Verwaltung des Kirchenguts sowie Gesetzgebungsfragen. Von ihnen waren gem. § 40 der Kirchenvorstands- und Synodalordnung[30] Vorlagen für Kirchengesetze an die sächsische Landessynode einzureichen. Den Ministern in Evangelicis stand bei Meinungsverschiedenheiten zwischen dem Kultusministerium und dem Landeskonsistorium die oberste Entscheidungsgewalt zu[31]. Sie bestimmten einen Teil der Mitglieder der Landessynode, beriefen letztere ein und beendeten diese[32]. Sie waren gem. § 42 der Kirchenvorstands- und Synodal-

---

[24] Sie ist erwähnt im Mandat v. 24. Aug. 1705: *Seydewitz*, Codex, S. 151, Fn. 12, S. 152 (Text).

[25] Zunächst wurde damit der Herzog Friedrich III. von Sachsen-Gotha und 1700 der Herzog Johann Georg von Sachsen-Weißenfels unter Mitwirkung des Geheimen Rates beauftragt, bald aber der Letztere allein. Vgl. *Friedberg*, Verfassungsgesetze, S. 357.

[26] *Blanckmeister*, Kirchengeschichte, S. 309 f; *Wyduckel*, Sächsisch-polnische Verbindung, S. 192.

[27] VO die Einrichtung der Ministerialdepartements u. die darauf Bezug habenden provisorischen Vorkehrungen betr., v. 7. Nov. 1831, Nr. 1 u. 4E, KglGS. 1831, S. 323–336.

[28] Diese Übertragung erfolgte ohne weitere öffentliche Bekanntmachung; vgl. *Seydewitz*, Codex, S. 151 Fn. 12; *Friedberg*, Verfassungsgesetze, S. 359, Fn. 8.

[29] Vgl. die zahlreichen Ernennungen seit 1874 in: SächsHStA, Min. f. Volksbildung, Nr. 10362, Bl. 72, Bl. 111, Bl. 165, Bl. 215.

[30] KglGVBl. 1868, S. 204–219.

[31] § 40 Kirchenvorstands- u. Synodalordnung; *Langer*, Landesherrliches Patronat-recht, S. 32, Fn. 35.

[32] Kirchenvorstands- u. Synodalordnung: § 35 Mitgliederbestimmung, § 39 Einberufung der Synode, § 43 Beendigung der Synode.

ordnung zur Teilnahme an der Synode berechtigt, besaßen aber kein Stimmrecht.

§ 14 Die Stellung des Kultusministers unter den Ministern in Evangelicis

I. Verfassungsmäßige Aufgaben des Kultusministers

Die Kompetenzen des Kultusministers in Sachsen gliederten sich bei der Übernahme dieses Ministeramtes durch Gerber 1871 in drei Bereiche. Zu unterscheiden war die ihm als Minister in Evangelicis zugewiesene Funktion von dem Aufgabenkomplex der Behörde, da das Kultusministerium sich unter der Leitung des Ministers zugleich als oberste Kirchenbehörde und Staatsbehörde betätigte.

1. Das evangelische Kirchenregiment

Der Kultusminister war seit dem Erlass der sächsischen Verfassung von 1831 bis zur Übernahme der obersten Leitungsfunktion, dem *ius in sacra,* durch die Evangelisch-Lutherische Landeskirche selbst nach dem Ende der Monarchie 1918[1] einer der Minister in Evangelicis[2]. Er musste verfassungsmäßig[3] der evangelisch-lutherischen Konfession angehören. Die Minister in Evangelicis übten das Kirchenregiment persönlich aus.

Davon zu trennen ist die dem Kultusministerium in Nachfolge des 1835 aufgelösten Kirchenrates überantwortete Wahrnehmung der behördlichen Aufgaben der kirchlichen Leitung als oberste Kirchenbehörde der evangelischen Landeskirche. Insoweit übte der Kultusminister seine Tätigkeit als Behördenleiter des mit den kirchlichen Verwaltungsaufgaben betrauten Ministeriums des Kultus und öffentlichen Unterrichts aus. Die bis 1835 bestehende behördliche Trennung der staatlichen und evangelisch-kirchlichen Oberbehörden war dadurch beseitigt und eine noch festere Bindung der protestantischen Kirche an den Staat bewirkt worden[4].

Das Kultusministerium vollzog in dieser Funktion die Kirchengesetze und entschied über Meinungsverschiedenheiten zwischen dem Kirchenvorstand und den politischen Gemeindevertretern in letzter Instanz im Einvernehmen mit dem Ministerium des Innern[5]. In seiner Kompetenz standen unter anderem die Ge-

---

[1] Zur Wahrnehmung des Kirchenregiments nach 1918 vgl. unten § 21 II.

[2] Zur Übertragung des Kirchenregiments an die Minister in Evangelicis vgl. oben § 13 III.

[3] § 41 SächsVerf. v. 1831.

[4] Näher dazu oben § 11 II.

[5] § 7 Gesetz die Publikation der Kirchenvorstands- u. Synodalordnung, sowie die Vertretung der evangelisch-lutherischen Kirchengemeinden betr., v. 30. März 1868, KglGVBl. 1868, S. 201–203, S. 203.

nehmigungen der Veräußerung von Grundstücken und nutzbaren Rechten an diesen sowie die Aufnahme von kirchlichen Krediten[6] und die Feststellung der Wahlbezirke für die Wahl der Synodalen[7]. Der Staatsminister des Kultus war berechtigt, an den Sitzungen der Synode teilzunehmen[8].

2. Das staatliche Oberaufsichtsrecht

Darüber hinaus oblag dem Kultusministerium als Staatsbehörde die Ausübung der dem Staat aufgrund seiner Souveränität zuerkannten Oberaufsicht über *alle* Konfessionen, das *ius circa sacra*, welches gem. § 57 SächsVerf. von 1831 der König innehatte. Dieser Tätigkeitsbereich wurde dem Kultusministerium in Nachfolge des aufgelösten Geheimen Rates[9] mit Verordnung vom 7. November 1831[10] übertragen. Das Oberaufsichtsrecht sollte die Übereinstimmung kirchlicher Betätigung, insbesondere die Besetzung geistlicher Stellen[11], mit staatlichem Recht gewährleisten. Dem Missbrauch des den Kirchen mit gleicher Verfassungsbestimmung zuerkannten Rechts eigenständiger Regelung ihrer inneren Angelegenheiten wirkte das Aufsichtsrecht durch entsprechende staatliche Befugnisse entgegen. Eines der wichtigsten Aufsichtsmittel enthielt § 58 Sächs-Verf. mit der Gewährung des *„recursus ab abusu"*, der die Anrufung staatlicher Behörden gegen Entscheidungen kirchlicher Gewaltträger ermöglichte. Dies bedeutete eine Einschränkung der Ausschließlichkeit kirchlicher Gerichtsbarkeit[12]. Gleichzeitig boten die Aufsichtsrechte den im Königreich Sachsen zugelassenen Konfessionen staatlichen Schutz und garantierten deren Fortbestand.

---

[6] § 26 Kirchenvorstands- u. Synodalordnung für die evangelisch-lutherische Kirche des Königreichs Sachsen, v. 30. März 1868, KglGVBl. 1868, S. 204–219, S. 213.

[7] § 33 Kirchenvorstands- u. Synodalordnung, KglGVBl. 1868, S. 216.

[8] Mit dem Teilnahmerecht war ein Stimmrecht aber nicht verbunden: § 42 Kirchenvorstands- u. Synodalordnung, KglGVBl. 1868, S. 219.

[9] Der Geheime Rat hatte auch die Aufsicht über die katholische Kirche geführt. Sie war ihm durch § 1 des Mandats vom 19. Februar 1827, „die Ausübung der katholischen geistlichen Gerichtsbarkeit in hiesigen Kreislanden und die Grundsätze zur Regulierung der gegenseitigen Verhältnisse der katholischen und evangelischen Glaubensgenossen" übertragen worden. Vgl. auch *Langer*, Landesherrliches Patronatrecht, S. 41.

[10] VO, die Einrichtung der Ministerialdepartements u. darauf Bezug habenden provisorischen Vorkehrungen betr., v. 7. Nov. 1831, KglGS. 1831, S. 323–336; Bestätigung dieser Übertragung der Angelegenheiten gem. § 57 SächsVerf. mit der VO, das Regulativ über die Ressortverhältnisse zwischen dem Ministerio des Cultus und öffentlichen Unterrichts und den in Evangelicis beauftragten Staatsministern betr., v. 12. Nov. 1837 (KglGVBl. 1837, S. 103–106), in der die Angelegenheiten des Kultusministeriums benannt sind, die der Kultusminister den Ministern in Evangelicis zur Entscheidung vorzulegen hatte.

[11] Vgl. zur staatlichen Genehmigung für die Anstellung der Geistlichen: *Langer*, Landesherrliches Patronatrecht, S. 31 f.

[12] *Langer*, ebd., S. 41.

In Bezug auf die Evangelisch-Lutherische Landeskirche nahm der Kultusminister eine zentrale Stellung ein, die ihm fast ein Alleinentscheidungsrecht zuwies. Er war einer der Entscheidungsträger des evangelischen Kirchenregiments und Leiter der mit der obersten Kirchenverwaltung sowie zugleich mit der Ausübung des staatlichen Aufsichtsrechts beauftragten Staatsbehörde. Evangelische Kirchenverwaltung und Aufsichtsrecht über die evangelische Kirche waren im Kultusministerium vereinigt. Die staatliche Oberaufsicht über alle Konfessionen beschränkte sich dadurch praktisch auf die übrigen Religionsgemeinschaften, wie insbesondere die katholische Kirche, da das evangelische Kirchenwesen bei dieser Gesetzlage bereits ständiger staatlicher Kontrolle unterlag.

3. Das Oberaufsichtsrecht über die katholische Kirche

In Bezug auf die katholische Kirche war das Kultusministerium lediglich Verwaltungsbehörde des Staates. Der König beanspruchte für die katholische Kirche kein *ius in sacra*, wie er es bezüglich der evangelischen Kirche in Sachsen durch die in Evangelicis beauftragten Staatsminister ausüben ließ. Der Papst war als oberster katholischer Kirchenherr anerkannt. Lediglich als Katholik und Landesherr behielt sich der König bei Meinungsverschiedenheiten zwischen Vikariat und Kultusministerium sowie bei Beschwerden über den Missbrauch der vom Vikariate ausgeübten geistlichen Gewalt die höchste Entscheidung vor.[13]

Das staatliche Oberaufsichtsrecht über die katholische Kirche wurde erstmals auf Veranlassung Napoleons in Ausführung des Friedens von Posen mit Mandat vom 16. Februar 1807 gesetzlich geregelt[14]. Das Königliche Mandat vom 19. Februar 1827[15] traf detaillierte Bestimmungen zur Ausübung der staatlichen Oberaufsicht über die katholische Kirche. Die Tätigkeit des Vikariats und des ihm unterstehenden Konsistoriums unterlag der Aufsicht durch die Geheimen Räte, deren Kompetenzen 1831 – wie dargelegt – auf das Kultusministerium übertragen wurden[16]. Auch bezüglich der katholischen Kirche galt seit 1831 gem. § 58 SächsVerf. der *recursus ab abusu*. Gleichzeitig verbot die Verfassung

[13] Vgl. *Langer*, ebd., S. 32, Fn. 35 u. § 3 des Mandats v. 19. Febr. 1827.

[14] *Langer*, Landesherrliches Patronatrecht, S. 38 f; zu den gesetzlichen Regelungen vgl. oben § 12 I.

[15] Mandat, die Ausübung der katholisch-geistlichen Gerichtsbarkeit in den hiesigen Kreislanden, u. die Grundsätze zur Regulierung der gegenseitigen Verhältnisse der katholischen u. evangelischen Glaubensgenossen betr., v. 19. Febr. 1827, KglGS. 1827 S. 13–29; vgl. auch oben § 12 I.

[16] Vgl. § 1 des Mandats v. 19. Febr. 1827 sowie bzgl. der Übertragung auf das Kultusministerium § 57 SächsVerf. v. 1831 u. VO v. 7. Nov. 1831 (vgl. auch § 11 II.); *Langer*, Landesherrliches Patronatrecht, S. 41.

gem. § 56 die Gründung von Klöstern und die Aufnahme des Jesuitenordens im Lande. Eine zusammenfassende Neuregelung des staatlichen Oberaufsichtsrechts über die katholische Kirche gelang erst unter der Leitung Gerbers als Kultusminister 1876[17].

Die staatlichen Aufsichtsrechte verdrängten in anderen Staaten das landesherrliche Patronat. In Sachsen blieben daneben das Vorschlagsrecht für das Apostolische Vikariat und das Kollaturrecht erhalten[18]. Dies mag Ausdruck der steten Forderung der Stände nach Sicherung des evangelisch-lutherischen Bekenntnisses und der relativ schwachen Position der katholischen Kirche in Sachsen sein, die Letztere zur Hinnahme derartiger staatlicher Regelungen veranlassten.

II. Persönliche Aufgabenwahrnehmung

1. Das Verhältnis der Minister in Evangelicis zueinander

Die Minister in Evangelicis tagten regelmäßig, um die mit der evangelischen Kirchenleitung verbundenen Aufgaben gemeinschaftlich wahrzunehmen. Dabei wurden entsprechende Gesetzes- und Verordnungsentwürfe in der Regel vom Kultusministerium erarbeitet und an das Kollegium geleitet. Durch einen Regierungsrat, während Gerbers Amtszeit häufig der Regierungsrat und langjährige Archivdirektor *Dr. Carl von Weber*[19], erfolgte eine Einschätzung, die im Rahmen des Vortrags der Angelegenheit in den Sitzungen dargelegt und erörtert wurde. In Angelegenheiten geringerer Bedeutung oder zu erwartender weitgehender Übereinstimmung erfolgte die Beschlussfassung durch bloße schriftliche

---

[17] Die Aufsichtsrechte waren neben den genannten Quellen in weiteren einzelnen Gesetzen und Verordnungen enthalten (vgl. die Zusammenstellung bei *Langer*, Landesherrliches Patronatrecht, S. 43 f). Die Neuregelung erfolgte mit Gesetz, die Ausübung des staatlichen Oberaufsichtsrechts über die katholische Kirche im Königreiche Sachsen betr., v. 23. Aug. 1876, KglGVBl. 1876, S. 335–341; vgl. dazu unten § 19.

[18] *Langer*, Landesherrliches Patronatrecht, S. 38.

[19] Vgl. SächsHStA, Gesamtmin., Loc. 79. 8., Bl. 91 v. fol. Zur Person Carl v. Webers: geb. am 1. Jan. 1806 in Dresden, gest. 18. Juli 1879 in Loschwitz bei Dresden, Studium der Rechte in Leipzig u. Göttingen, u. a. 1839 Appellationsrat beim Appellationsgericht in Dresden, 1843 Geheimer Referendar beim Gesamtministerium, 1849–1879 Direktor des sächsischen Hauptstaatsarchivs, zugleich 1849 Mitglied des Unionsschiedsgerichts in Erfurt, 1850/51 Beusts Vertreter, dessen Studienfreund er war (*Flöter*, Beust, S. 83), der IV. Kommission der Dresdner Konferenz, Mitglied der Kommission zur Erarbeitung eines neuen Zivilgesetzbuches u. einer Zivilprozessordnung, seit 1865 wieder Referent im Gesamtministerium; vgl. *Flöter*, Beust, S. 83, Fn. 158; *Paul Hassel*, Weber, in: ADB, Bd. 41, Walram–Werdmüller, Neudr. der 1. Aufl. 1896, 1971, S. 345 ff.

„Rundinformation". Entsprechende Anmerkungen der einzelnen Minister sind in den Akten ersichtlich. Diese wurden handschriftlich von den Ministern persönlich angefügt. Die zahlreichen Bemerkungen Gerbers lassen auf eine intensive persönliche Aufgabenwahrnehmung schließen[20].

Dem Kultusministerium kam als dem mit den kirchlichen Angelegenheiten am besten vertrauten und intensivsten beschäftigten Ministerium eine herausragende Bedeutung zu. Eine formale Vorrangstellung ist dennoch nicht erkennbar. Die häufige Verwendung der Bezeichnung „Cultministerium" insbesondere durch Gerber selbst[21] zeugt vom Hauptbetätigungsfeld des Kultusministers, das heißt der Religion, dem Kult und dem auf konfessionell geprägte Bildungseinrichtungen ausgerichteten Bildungswesen im 19. Jahrhundert.

Auch unter den Ministern in Evangelicis führte ein vom König dazu ernannter Staatsminister den Vorsitz[22]. Vorzugsweise wurde der Vorsitzende des Gesamtministeriums damit betraut[23], was in der Regel der dienstälteste Minister war. Führte dieser ein Fachministerium, das nicht zu den vier bestimmten Trägern des Auftrags in Evangelicis gehörte und war er nicht mit dem Auftrag in Evangelicis betraut, gegebenenfalls auch nicht evangelischer konfessioneller Bindung, erfolgte die Übertragung des Vorsitzes unter den Ministern in Evangelicis an einen anderen ihnen angehörenden insoweit dienstältesten Staatsminister. Der Finanzminister v. Friesen konnte beide Positionen ausüben[24]. An den Kriegsminister v. Fabrice wurde in Nachfolge des Ministers v. Friesen der Vorsitz im Gesamtministerium übertragen. Den Ministern in Evangelicis durfte er wegen seines Ressortbereiches nicht vorstehen. Den Vorsitz unter den in Evangelicis beauftragten Staatsministern übernahm deshalb 1876 bis zu seiner Pensi-

---

[20] Z. B. SächsHStA, Gesamtmin., Evangel., Loc. D 11, Loc. E 10, E 11; Vhlg. zum Entwurf eines Publikationsgesetzes die Errichtung eines Evangelisch-Lutherischen Landeskonsistorium betr.: Loc. D 4, Bl. 102 ff.

[21] SächsHStA, Gesamtmin., Evangel., Loc. D 11, Bl. 108, Loc. D 4, Bl. 201; SächsHStA, Min. f. Volksbildung, Nr. 10336, Bl. 24 v. fol., Bl. 27 v. fol., Bl. 28; Anm. Gerbers: SächsHStA, Gesamtmin., Evangel., Loc. D 4, Bl. 437; häufiger Gebrauch bei Gerber: Nachlass Gerber, Nr. 344, Bl. 3 v. fol., Bl. 5 v. fol., Bl. 8 v. fol., Bl. 16 v. fol., Bl. 17.

[22] Zahlreiche Ernennungen sind in den Protokollen des Gesamtministeriums enthalten, die an das Kultusministerium gelangten: SächsHStA, Min. f. Volksbildung, Nr. 10362, Bl. 78, Bl. 114, Bl. 167, Bl. 244, Bl. 259, Bl. 296.

[23] SächsHStA, Gesamtmin., Evangel., Loc. D 4, Bl. 223; SächsHStA, Min. f. Volksbildung, Nr. 10362, Bl. 113 f, Bl. 166 f, Bl. 244, Bl. 259, Bl. 296.

[24] Friesen war Finanzminister von 1858–1876 und Vorsitzender des Gesamtministeriums sowie der Minister in Evangelicis von 1871–1876. Vgl. die Entschließung des Königs Johann im Rahmen der Sitzung des Gesamtministeriums vom 23. Sept. 1871, mit der er beide Funktionen des Vorsitzes auf Friesen überträgt: in Abschrift bei dem Kultusministerium, in: SächsHStA, Min. f. Volksbildung, Nr. 10335, Bl. 2 v. fol.

onierung im Januar 1891 der Innenminister v. *Nostitz-Wallwitz*[25]. Erst dann vereinigten sich beide Funktionen in der Hand Gerbers für kurze Zeit wieder. Gerber wurde im Januar 1891 nach dem Ausscheiden des Staatsministers v. Nostitz-Wallwitz der Vorsitz unter den Ministern in Evangelicis und im März 1891 nach dem Ableben des Ministers v. Fabrice der Vorsitz im Gesamtministerium übertragen[26].

Der Vorsitzende der Minister in Evangelicis war den anderen Kollegen, wie auch der Vorsitzende des Gesamtministeriums, gleichgeordnet. Lediglich einige Verfahrensmodalitäten, wie namentlich die Entscheidung der Art von Vorlagen an den König, wurden in sein Ermessen gestellt[27].

Die Minister in Evangelicis bildeten als solche keine gesonderte Behörde, sondern waren spezielle Entscheidungsträger für ein besonderes Gebiet. Sie waren bei dem Gesamtministerium angesiedelt. Darin mag sich der geschichtliche Ursprung widerspiegeln, dass aufgrund des § 41 SächsVerf. von 1831 und der Verordnung über die Einrichtung der Ministerialdepartements vom 7. November desselben Jahres[28] alle im Gesamtministerium vereinigte Fachminister den Auftrag in Evangelicis ausübten. Dies dürfte auch der Grund sein, weshalb die „Akten der Minister in Evangelicis“ im Aktenbestand des Gesamtministeriums in einem Sonderband geführt wurden. Im Rahmen der Sitzungen des Gesamtministeriums, teilweise in Anwesenheit des Königs wurden auch die Angelegenheiten der Minister in Evangelicis, soweit sie in engem Zusammenhang mit anderen Ressortbereichen standen, erörtert. Dies war z. B. der Fall bei der Frage der Errichtung eines Oberkonsistoriums, später als Landeskonsistorium bezeichnet, die mit der Organisation der gesamten inneren Verwaltung eng verbundenen war[29].

---

[25] Als Innenminister war Hermann v. Nostitz-Wallwitz (geb. am 30. März 1826 in Oschatz in Sachsen) seit 1866 bis zu seiner Pensionierung im Januar 1891 tätig. Von seiner gemäßigtkonservativen Reformpolitik zeugt besonders das Gesetz zur Organisation der inneren Verwaltung vom 21. April 1873, das die Grundlage der Trennung von Justiz und Verwaltung auch auf der unteren staatlichen Ebene bildete. Sein Nachfolger im Innenministerium wurde 1891 Minister v. Metzsch. Vgl. *Blaschke*, Verwaltung in Sachsen, S. 783 f. Zur Person vgl. auch *Wilhelm Kosch*, Biographisches Staatshandbuch. Lexikon der Politik, Presse und Publizistik, Bd. 2, Jacob–Zwiedineck, 1963, S. 928, nach dessen Darstellung wohl keine verwandtschaftliche Beziehung zu dem späteren Kultusminister Alfred v. Nostitz-Wallwitz besteht.

[26] SächsHStA, Min. f. Volksbildung, Nr. 10362, Bl. 78 (Übertragung des Vorsitzes bei den in Evangelicis beauftragten Staatsmin.) u. Bl. 83 (Vorsitz im Gesamtmin.).

[27] SächsHStA, Gesamtmin., Evangel., Loc. D 4, Bl. 223.

[28] § 31 SächsVerf. v. 1831 u. Nr. 1 u. Nr. 4E der VO (zur VO bereits hier Fn. 10).

[29] Vhlg. zum Gesetzentwurf die Errichtung eines Oberkonsistoriums u. die Abänderung des § 25 der Kirchenvorstands- u. Synodalordnung betr. in der Sitzung v. 4. Mai 1871: SächsHStA, Gesamtmin., Evangel., Loc. D 4, Bl. 96–99 (Oberkonsistorium) u. Loc. D 5, Bl. 39 f (Patronatrecht).

2. Die Abgrenzung der Ressorts

Den Geschäftsgang zwischen dem Kultusministerium und den Ministern in Evangelicis bestimmte das Regulativ über die diesbezüglichen Ressortverhältnisse vom 12. November 1837[30]. Darin sind zahlreiche Gegenstände aus dem Ressort des Kultusministeriums aufgeführt, die den Ministern in Evangelicis zur Entscheidung vorzulegen waren. Dies betraf u. a. die Gesetzentwürfe und Verordnungen bezüglich evangelischer Kirchen- und Schulsachen im allgemeinen (Punkt c), Veränderungen in der Verfassung der evangelischen Ober- und Mittelbehörden, der Universität Leipzig und der beiden Landesschulen in Grimma und Meißen (Punkt e), Veräußerungen von Grundeigentum und nutzbaren Rechten der evangelischen Kirche (Punkt g)[31], Anstellung und Entlassung der Mitglieder des Landeskonsistoriums, der geistlichen Mitglieder der Kreisdirektionen, der Superintendenten, der ordentlichen Professoren der Universität Leipzig und der Rektoren der Landesschulen (Punkt n). Die Minister in Evangelicis hatten ebenfalls über Beschwerden gegen Entscheidungen des Kultusministeriums in Verwaltungsangelegenheiten seiner Zuständigkeit, denen es nicht abhelfen wollte, zu entscheiden sowie über Beschwerden in den Angelegenheiten, die den Ministern in Evangelicis vorzulegen waren (Punkt p). Der sehr weitreichende Wirkungskreis des Kultusministers wurde vermittels dieser Übertragung der Entscheidungsgewalt auf die Minister in Evangelicis zumindest teilweise eingeschränkt und kollegialer Kontrolle unterstellt.

Problematisch war, inwieweit gegenüber den Ständen eine Verantwortlichkeit für die Entscheidungen in Erledigung des Auftrages in Evangelicis bestand. Gem. § 41 Abs. 1 SächsVerf. von 1831 waren nur die Vorstände der Ministerialdepartements, m. a. W. die Minister, den Ständen verantwortlich. Den Auftrag in Evangelicis übertrug die Verfassung in § 41 Abs. 3 dem „Vorstand des Ministerii des Cultus“ zusammen mit wenigstens zwei weiteren Ministern, ohne dabei auf die Verantwortlichkeit gesondert einzugehen. Denkbar ist es daher, dass der jeweilige Minister, in den meisten Fällen der Kultusminister, den Ständen gegenüber die Verantwortung trug[32]. Davon scheint die überwiegende zeitgenössische Literatur ausgegangen zu sein. Sie erörtert mit wenigen Ausnahmen die Frage der Verantwortlichkeit der Minister in Evangelicis als solche

---

[30] VO, das 'Regulativ über die Ressortverhältnisse zwischen dem Ministerio des Cultus und öffentlichen Unterrichts und den in Evangelicis beauftragten Staatsministern betr.', v. 12. Nov. 1837, KglGVBl. 1837, S. 103–106; SächsHStA, Min. f. Volksbildung, Nr. 10363, Bl. 5 ff.

[31] Vgl. die Vorgänge zur Genehmigung entspr. Veräußerungen durch die Minister in Evangelicis, SächsHStA, Gesamtmin., Evangel., Loc. E 10.

[32] Vgl. die Denkschrift über die Stellung der Minister in Evangelicis, in: SächsHStA, Min. f. Volksbildung, Nr. 10363/1 (am Anfang – Akte nicht paginiert).

nicht, betont aber im Rahmen der verfassungsmäßigen Aufgaben der Minister deren Verantwortlichkeit gegenüber der Ständeversammlung[33]. Sachgerechter erscheint es demgegenüber, vom Ministerkollegium, d. h. den Ministern in Evangelicis in ihrer Gesamtheit auszugehen, da der Kultusminister von Verfassungs wegen gerade nicht allein Inhaber des Auftrags in Evangelicis war. Die Verantwortlichkeit der Minister in Evangelicis blieb letztlich fraglich[34]. Die Frage berührt eine Schnittstelle des monarchischen und parlamentarischen Prinzips, die in der sächsischen Verfassung von 1831 mit den unbeschränkbaren Herrschaftsrechten des Monarchen (§ 4 VerfUrk.) einerseits und der Ministerverantwortlichkeit (§ 41 VerfUrk.) und Pflicht zur Gegenzeichnung (§ 43 VerfUrk.) andererseits aufeinander treffen. Aus der Stellung der Minister in Evangelicis, die den Landesherren und Inhaber des Kirchenregiments vertraten, kann geschlossen werden, dass sie keine Verantwortung gegenüber den Ständen traf. Sie handelten in dieser Eigenschaft zum einen nicht als Staatsbehörde, sondern als oberste Kirchenleitung und zum anderen war in der Hierarchie keine höhere Kompetenz vorhanden. Gegen ihre Entscheidungen fand daher keine Be-

---

[33] *Fricker*, Grundriß des Staatsrechts, S. 55 f; *Mayer*, Staatsrecht, S. 251 ff; *Naundorff*, Verfassungs- und Verwaltungsgesetze, S. 115 u. S. 420; *Richter*, Lehrbuch des katholischen und evangelischen Kirchenrechts, S. 328; *Blanckmeister*, Kirchengeschichte, S. 409. Für die Verantwortlichkeit des Kultusministers vor allem unter Berufung auf praktische Gründe *Rieker*, Die rechtliche Stellung der evangelischen Kirche Deutschlands, S. 407 ff, S. 410; im Ergebnis wohl für eine Verantwortlichkeit des Kultusministers auch *Karl Berger*, Die Bedeutung und Wirkung der Gegenzeichnung im Staatsrecht des Reiches und des Königreiches Sachsen, 1912, S. 68 f, der zunächst die vom Landesherren in Ausübung des ius in sacra vorgenommenen Handlungen von der Gegenzeichnungspflicht ausnimmt, weil es sich dabei nicht um Regierungshandlungen, sondern um solche des Inhabers der Kirchengewalt handele, dann aber davon ausgeht, dass „kraft besonderer Vorschrift" auch derartige Handlungen der Gegenzeichnung des Kultusministers unterstellt werden könnten. Diese Regelung sei für Sachsen aber „überflüssig", weil zwar der König das ius in sacra besitzte, in seiner Ausübung aber von den in Evangelicis beauftragten Staatsministern vertreten werde.

[34] Abgeordneter *Biedermann*, Sächs. LT. 1871/73, Vhlg. 2. K., Bd. 1, S. 324 ff, der bei der Erörterung des Gesetzes zur Errichtung eines Landeskonsistoriums der Evangelisch-Lutherischen Landeskirche Sachsens ausführt, dass bisher das ius in sacra durch einen den Ständen verantwortlichen Minister, den Kultusminister, ausgeübt worden sei, nunmehr aber einer ihnen nicht verantwortlichen Behörde übertragen werde, wobei zwar auch dann die Minister in Evangelicis das Kirchenregiment repräsentierten, dabei aber zweifelhaft sei, „ob diese als solche den Ständen verantwortlich sind; denn als solche sind sie Vertreter des Landesherren selbst, der ja nicht verantwortlich ist." (*Biedermann*, ebd., S. 324); vgl. auch *Andreas Neemann*, Landtag und Politik in der Reaktionszeit. Sachsen 1849/50–1866, 2000 (Beiträge zur Geschichte des Parlamentarismus und der politischen Parteien, Bd. 126), der feststellt, dass der Umfang der Ministerverantwortlichkeit im Dunkeln blieb (S. 78) und zudem die Verfassung die Möglichkeit bot, das grundsätzlich bestehende Zustimmungserfordernis der Stände zu umgehen oder auf eine Akklamation zu verkürzen (S. 82). *Schmidt*, Die Staatsreform, S. 227 f, betont die Überordnung der Minister in Evangelicis über das Kultusministerium, ohne dabei allerdings auf ihre Verantwortlichkeit gegenüber den Ständen einzugehen.

schwerde statt. Diese Ansicht vertrat auch Gerber, wie noch auszuführen sein wird[35].

Die Ressortverhältnisse blieben bis zu Gerbers Ableben am 23. Dezember 1891 im Wesentlichen unverändert. In Fortsetzung der Verstaatlichung des Bildungswesens unterbreitete Gerber am 22. März 1875[36] an die Minister in Evangelicis den Vorschlag, die Anstellung oder Entlassung der ordentlichen Professoren an der Universität Leipzig allein dem Kultusministerium zu übertragen, das die jeweilige Genehmigung des Königs einzuholen habe. Zur Begründung verwies Gerber auf den Ursprung der Mitwirkung der in Evangelicis beauftragten Minister. Er führe auf die geistliche Genehmigung, das päpstliche Privileg[37], als Voraussetzung der Gründung und Anerkennung der Universität sowie ihrer finanziellen Unterstützung zurück. Dies sei jedoch nicht mehr zeitgemäß, weil die Universität auf Grund der veränderten Verhältnisse vom Staat unterhalten werde. Dies gelte ebenso für die Stellung der Rektoren der beiden Landesschulen[38]. Die Minister in Evangelicis lehnten diesen Antrag jedoch ab[39]. Sie befürworteten zwar die Einholung der königlichen Genehmigung und erkannten grundsätzlich die veränderten Verhältnisse an. Die Übertragung des Anstellungs- und Entlassungsrechts auf das Kultusministerium stelle aber eine wesentliche Änderung des Regulativs von 1837 dar, die der Zustimmung der Stände bedürfe[40]. Die betreffende Änderung hielten sie jedoch nicht für derart dringend, den Aufwand der dazu erforderlichen Vorlage an die Ständeversammlung zu rechtfertigen.

Der Vorstoß Gerbers ist mit Rücksicht auf die veränderten Kompetenzverhältnisse zwischen Kirche und Staat infolge des Volksschulgesetzes von 1873, das die Elementarschule der Staatsaufsicht unterstellte und von dem noch genauer die Rede sein wird[41], konsequent. Die Kirche wurde damit aus dem

---

[35] Vgl. unten § 17 II. u. III. 1.
[36] SächsHStA, Min. f. Volksbildung, Nr. 10363, Bl. 69.
[37] Um das päpstliche Privileg hatte sich der Markgraf von Meißen Friedrich IV. (und spätere Kurfürst Friedrich I.) bemüht. Es wurde vom Papst Alexander V. mit der Bestätigungsbulle v. 9. Sept. 1409 erteilt.
[38] Gemeint sind die Landesschulen in Meißen und Grimma. Die dritte sächsische Landesschule in Pforta, auch Schulpforta genannt, gelangte 1815 in Folge der Beschlüsse des Wiener Kongresses unter preußische Herrschaft.
[39] SächsHStA, Min. f. Volksbildung, Nr. 10363, Bl. 78.
[40] Gemeint ist das vorbezeichnete Regulativ über die Ressortverhältnisse zwischen dem Kultusministerium und den Ministern in Evangelicis, dessen Abänderung als eine zustimmungsbedürftige Gesetzesänderung im Sinne des § 86 der Verfassung von 1831 aufgefasst worden sein mag. Der Gesetzesbegriff selbst wurde durch die Verfassung nicht definiert: zu Letzterem *Neemann*, Landtag und Politik, S. 78.
[41] Vgl. unten § 18.

Schulwesen fast vollständig verdrängt. Das Bildungswesen erschien als Staatsaufgabe und die erhaltene Mitwirkung der Kirche bei der Bestellung von Professoren als systemfremd. Auch der allgemeinen Tendenz kirchlicher Eigenständigkeit in innerkirchlichen Aufgabenbereichen und zunehmender staatlicher Verantwortung für als staatlich anerkannte Aufgaben widersprach dieses Mitwirkungsrecht. Dagegen scheint die Reaktion der Minister in Evangelicis selbst durch die verhältnismäßig gering anmutende Änderung des Regulativs und den für eine solche Veränderung erforderlichen Aufwand, nämlich die Einbeziehung der Stände, schwer nachvollziehbar. Sie erweckt den Eindruck, dass an hergebrachten kirchlichen Rechten festgehalten und diese dem Staat nicht ohne darauf zielende Begehren von außen überlassen werden sollten. Es ist letztlich kein Grund erkennbar, das verfassungsmäßige Verfahren nicht auch für Änderungen dieses Umfangs zu nutzen. Auf der gleichen Motivation scheint der erneute Hinweis der Minister in Evangelicis an Gerber als Kultusminister im August 1880 zu beruhen, dass auch das Gesetz über die staatliche Oberaufsicht über die katholische Kirche vom 23. August 1876 das Mitwirkungsrecht der Minister in Evangelicis bei der Stellenbesetzung der ordentlichen Professoren an der Universität Leipzig und der Rektoren an den Landesschulen nicht berühre[42]. Daran zeigt sich einerseits das Bemühen Gerbers um eine konsequente Durchführung einmal anerkannter Prinzipien, andererseits die Tatsache, dass ihm unter den in Evangelicis beauftragten Staatsministern eine bedeutende, nicht aber überwiegende Stellung zukam.

[42] SächsHStA, Min. f. Volksbildung, Nr. 10363, Bl. 83. Gerber hatte die Minister in Evangelicis mit Schreiben vom 25. August 1880 (SächsHStA, ebd., Bl. 81) um Rückäußerung gebeten, ob diese seine Auffassung teilen, dass die Veräußerung des alten Seminargebäudes nach dem Umzug des Fletscherschen Seminars in die Antonstadt nicht der Genehmigung der Minister in Evangelicis bedürfe, weil dieses Erfordernis auf der alten Verbindung von Kirchen- und Schulwesen beruhe.

Dritter Teil
Strukturwandlungen in der sächsischen Staats- und Kirchenordnung unter dem Einfluss Gerbers

Erstes Kapitel
Berufung und Amtsausübung unter König Johann 1871 bis 1873

§ 15 Berufung Gerbers zum Kultusminister

I. Besonderheiten der Berufung

Der Eintritt Gerbers in den sächsischen Staatsdienst stellte einen Wendepunkt in seinem Leben dar. Er beendete seine erfolgreiche Lehrtätigkeit auf den Gebieten des Privat-, Staats- und Kirchenrechts sowie die wissenschaftliche Betätigung überhaupt, zu der ihm zukünftig keine Zeit mehr verblieb. Mit Gerber wurde ein gebürtiger Thüringer an den sächsischen Hof gerufen. Sein Amtsvorgänger v. Falkenstein trat offiziell altersbedingt zurück, war aber auch sonst seinem Amt wohl kaum mehr gewachsen. Die schwierige Lage der sächsischen Monarchie, bedingt durch die Reichsgründung und das Aufbegehren der katholischen Kirche, ließ eine stabile Innenpolitik als Stütze des Königtums geboten erscheinen. Welche Kräfte unter diesen Voraussetzungen die Berufung Gerbers bewirkten, ist sowohl aus Sicht Gerbers, als auch aus der des sächsischen Landesoberhauptes zu untersuchen.

II. Gerbers Abschied von der Wissenschaft

Bereits im März 1861 war Gerber durch den König von Württemberg das Amt des Württembergischen Kultusministers angetragen worden, das er aber, wie angeführt[1], wegen eines ihm nicht vertretbar erscheinenden, die katholische Kirche gegenüber der protestantischen begünstigenden Konkordats ablehnte[2]. Der sächsischen Berufung zehn Jahre später folgte er, obwohl die Zugehörigkeit des sächsischen Königs zur katholischen Kirche wohl weitergehende Zugeständnisse an die katholische Kirche erwarten ließ. Seine persönliche Einstellung zur katholischen Kirche scheint daher nicht allein maßgeblich für Gerbers Entscheidung gewesen zu sein. Ausschlaggebend war wohl seine Neigung zur Politik, die sich schon in seiner Tätigkeit als Abgeordneter des Norddeutschen Bundes 1867 und als Vorsitzender der ersten Evangelisch-Lutherischen Landes-

[1] Vgl. oben § 3 I.
[2] Vgl. § 15 II. 2.

synode Sachsens 1871 geäußert hatte. Hinzu kommt, dass Gerber mit dem Erscheinen der „Grundzüge eines Systems des deutschen Staatsrechts“ 1865 seine wissenschaftliche Tätigkeit zu einem gewissen Abschluss gebracht hatte und sich nun anderen Aufgaben zuwenden konnte und wollte.

1. Die politische Aufgabe als willkommene Ablösung der wissenschaftlichen Schaffenskrise

Als Gerber 1863 den Ruf nach Leipzig annahm, schien ihm sein Lebensziel erreicht. Er äußerte Jhering gegenüber, mit der ihn in Leipzig erwartenden Lehrtätigkeit die nächsten 20 Jahre seines Lebens zubringen zu wollen[3]. Rückblickend erklärte er auf dem sächsischen Landtag 1871/ 73 in der ersten Kammer, der Universität Leipzig die „glücklichsten Jahre“ seines Lebens zu verdanken[4]. Er genoss in Leipzig die auf der Größe der Universität und der damit einhergehenden lockeren Verbindung der Professoren untereinander beruhende Freiheit des gesellschaftlichen Umgangs, die es ihm ermöglichte, sich außerhalb der Vorlesungen ausschließlich wissenschaftlich literarischer Tätigkeit zu widmen[5], ohne an die im Rahmen der kleineren Jenaer Universität üblichen und erforderlichen Verpflichtungen gebunden zu sein. In dieser Zeit entstand dann auch seine staatsrechtliche Schrift „Grundzüge eines Systems des deutschen Staatsrechts“[6]. Gerber hatte aber auch Freude an der Lehrtätigkeit, die er mit Erfolg durchführte. Seine verhältnismäßig hohen Hörerzahlen sind Ausdruck der Anerkennung seiner Vortragsweise, der eleganten Wortwahl und seines vornehmen Auftretens durch die Studentenschaft[7]. Gerber selbst war sich dessen bewusst und betrachtete all dies als „Geschenk Gottes“[8].

In einem Brief an seinen langjährigen Freund Jhering schrieb er im Januar 1870, dass er mit den gegebenen Verhältnissen und seinem Amt als Professor zufrieden sei[9]. Bereits im Mai desselben Jahres berichtet er aber von einer Krise seiner literarischen Arbeit. Zwar wolle er gern Weiteres schaffen, verspüre aber keine Lust zu schreiben. Was gesagt sein sollte, habe er freigiebig und verständ-

---

[3] *Losano*, Briefwechsel, Brief Nr. 211 v. 16. März 1863, S. 525 ff, S. 528.
[4] Sächs. LT. 1871/73, Vhlg. 1. K., Bd. 1, S. 409.
[5] *Losano*, Briefwechsel, Brief Nr. 211 v. 16. März 1863, S. 525 ff, S. 528; Brief Nr. 214 v. 13. Mai 1863, S. 535 f, S. 535.
[6] Vgl. oben § 6 II.
[7] Vgl. für die staatsrechtlichen Vorlesungen: Beitrag eines unbekannten studentischen Hörers von Gerber, in: Deutsche Juristenzeitung 1909, Sp. 979 ff, Sp. 997
[8] *Losano*, Briefwechsel, Brief Nr. 211 v. 16. März 1863, S. 525 ff, S. 528.
[9] *Losano*, ebd., Brief Nr. 282 v. 2. Jan. 1870, S. 659 f, S. 659.

lich bereits geäußert, so dass wohl nichts hinzuzufügen bleibe[10]. Eine ähnliche Schaffenskrise hatte sich bereits im März 1868 abgezeichnet, als Gerber meinte, im Privatrecht „nur“ Detailstudien getrieben zu haben, im Staatsrecht infolge der politischen Veränderungen aber das Gefühl verspüre, nichts wissenschaftlich Dauerhaftes schaffen zu können[11]. Auch teilt Gerber im März 1871 Jhering mit, mangels Anregung und Austausch mit gleichgesinnten Kollegen und Freunden lediglich Weniges erreicht zu haben und in dieser Hinsicht von Schwerfälligkeit erfasst zu sein[12]. Waren solche Stimmungen – auch nach Gerbers Einschätzung[13] – nicht ungewöhnlich und nur vorübergehender Natur, so dürften sie der Aufnahme eines neuen Betätigungsfeldes aber förderlich gewesen sein. Das Zusammentreffen einer solchen Gemütsverfassung mit der Erwägung der Übernahme des Amtes des Kultusministers kann letztere positiv beeinflusst und den Abschied von der wissenschaftlichen Laufbahn erleichtert haben. Dem steht die Äußerung Gerbers nahe, eine Wahl in den Reichstag des neu begründeten Deutschen Reiches nunmehr, im Unterschied zu 1867, gern angenommen zu haben, wäre sie ihm angetragen worden, wenngleich er die Abgeordnetentätigkeit noch immer als Opfer seinerseits ansah[14].

Schließlich nahm Gerber das Angebot des sächsischen Königs, künftig das Amt des Kultusministers auszuüben, an, wobei einerseits die Selbsteinschätzung, wissenschaftlich nichts Herausragendes mehr erreichen zu können, andererseits die Möglichkeit, der Universität Leipzig weiter, wenn auch in anderer Position, verbunden zu bleiben, mitgespielt haben dürften[15]. Bereits im Juli 1869 hatte Jhering die Position des sächsischen Kultusministers wegen des Interesses der Regierung und Stände an der Förderung des Unterrichts sowie der Bereitschaft, die dazu erforderlichen Opfer zu bringen, als aussichts- und einflussreich eingeschätzt[16]. Das Ende seiner wissenschaftlichen Laufbahn ahnend, sah Ger-

---

[10] *Gerber* führt wörtlich aus: *„Ich habe mir einfach durch die Art meiner Bücher die Arbeit verlegt. Was ich zu sagen habe, habe ich zu freigebig in compendiöser Form hinausgeschossen und meine Resultate zu leicht verzehrbaren Appetitstückchen präparirt, die nun jeder ohne Mühe verschlucken kann.“* Vgl. *Losano*, Briefwechsel, Brief Nr. 285 v. 26. Mai 1870 an Jhering, S. 665 ff, S. 666.

[11] Vgl. *Losano*, ebd., Brief Nr. 272 v. 8. März 1868, S. 638 ff, S. 639.

[12] *Losano*, ebd., Brief Nr. 290 v. 10. März 1871, S. 678 ff, S. 679.

[13] Vgl. die Einschätzung Gerbers in einem Brief an Jhering, in: *Losano*, ebd., Brief Nr. 285 v. 26. Mai 1870, S. 665 ff, S. 666.

[14] Gerber an Jhering: *„Gern hätte ich das nach meinen Verhältnissen große Opfer gebracht, eine Reichstagswahl anzunehmen, wenn man irgendwo an mich gedacht hätte, das ist aber nirgends geschehen.“* *Losano*, ebd., Brief Gerbers an Jhering Nr. 290 v. 10. März 1871, S. 678 ff, S. 681.

[15] *Losano*, Briefwechsel, Brief Nr. 292 v. 23. Sept. 1871, S. 682 f, S. 683.

[16] *Losano*, ebd., Brief Nr. 279 v. 11. Juli 1869, S. 652 ff, S. 654.

ber diesen Schritt als Wende seines Lebensschicksals an[17]. Schon 1861 hatte er nach eigener Einschätzung seine „Befähigung und Neigung zu einer praktischen Thätigkeit erkannt und erprobt", womit er seine Arbeit als Abgeordneter des Württembergischen Parlaments seit 1855 und seine Mitwirkung seit 1857 in der Kommission zur Ausarbeitung eines deutschen Handelsgesetzbuches gemeint haben dürfte[18]. Damals überwog der wissenschaftliche Schaffensdrang noch den Reiz praktischer Umsetzung seiner Vorstellungen, der sich erst zehn Jahre später, 1871, durchsetzte. Die Beendigung der wissenschaftlichen Tätigkeit Gerbers erscheint damit nicht als Reflex zunehmender politischer Betätigung[19], sondern als bewusste Aufgabe zugunsten des neuen, seine Kapazitäten ebenso ausfüllenden Betätigungsfeldes, der Politik.

2. Einfluss der religiösen Bindung Gerbers auf seine Berufung

Was die religiöse Einstellung Gerbers angeht, so ist seine Haltung zur katholischen Kirche den Quellen unmittelbar nicht zu entnehmen. Sie lassen aber auf eine eher distanzierte und die evangelische Kirche bevorzugende Haltung schließen. Gerber wurde von seinen Familienmitgliedern[20] als ein tief religiöser der evangelischen Kirche angehöriger Christ charakterisiert. *Beschorner* kennzeichnet Gerbers Verhältnis zur katholischen Kirche als „sachgemäße, leidenschaftslose, aber feste und bestimmte Haltung"[21]. *Losano* und *Schmidt-Radefeldt* sprechen von einer klaren Parteinahme Gerbers zugunsten der Protestanten[22].

Die Hintergründe dieser Einschätzung können die Umstände erhellen, die dazu geführt haben, das ihm 1861 angetragene Amt des württembergischen Kultusministers abzulehnen und aufs Engste mit der damals in Württemberg sehr streitigen Konkordatsfrage zusammenhängen[23]. Gerber nahm das Amt insbesondere deshalb nicht an, weil er bereits die Form des Konkordats von 1857[24] zwi-

[17] *Losano*, ebd., Brief Nr. 292 v. 23. Sept. 1871, S. 682 f, S. 682.

[18] *Gerber* in seiner Denkschrift über das Württembergische Kultusmin. 1861, SächsHStA, Nachlass Gerber, Nr. 344, Bl. 6, in der er allerdings nicht ausführt, auf welche praktische juristische Tätigkeit er sich bezieht.

[19] So wohl *Pauly*, Gerber, S. 230.

[20] So seine Tochter Marie v. Gerber nach Aufzeichnungen Beschorners, in: *Beschorner*, Gerber, S. 106 f; vgl. *Losano*, Studien, S. 197 f.

[21] *Beschorner*, Gerber, S. 99.

[22] *Losano*, Studien, S. 197 f; *Schmidt-Radefeldt*, Gerber, S. 55.

[23] Die Gründe für die Ablehnung legte er in einer Denkschrift ausführlich nieder: *Gerber*, Das Württembergische Kultusmin., SächsHStA, Nachlass Gerber, Nr. 344.

[24] Vereinbarung zwischen dem Heiligen Stuhl u. König Wilhelm I. über die Verhältnisse der katholischen Kirche im Königreich Württemberg v. 8. April 1857, Württembergisches Regierungs-Blatt 1857, S. 114 ff; Text in: *Huber/Huber*, Staat und Kirche, Bd. 2, S. 183–187; Nach

schen dem Königreich Württemberg und dem Heiligen Stuhl aus staatsrechtlichen Gründen für nicht vertretbar hielt. Zwar sollten der katholischen Kirche Württembergs durchaus die ihr zustehenden Rechte gegeben, auch sollte sie von bestehenden Beschränkungen befreit werden, jedoch nur insoweit, als die Konzessionen als Ausfluss der Staatshoheit erschienen und mit dieser vereinbar seien. Das konnte nach Gerbers Ansicht nur im Wege staatlicher Gesetzgebung erfolgen, nicht aber vermittels eines Vertrages, der die katholischen Angelegenheiten in gewisser Weise als exterritorial erscheinen lasse[25]. Hinzu kam, dass die Stände das Konkordat, das der württembergische König 1857 zunächst ohne die erforderliche ständische Beteiligung in Kraft gesetzt hatte[26], nicht genehmigt hatten, als es ihnen – vier Jahre später – der amtierende Kultusminister vorlegte. Der König war dadurch genötigt, gegenüber den Ständen den Vertrag als hinfällig zu betrachten, fühlte sich innerlich jedoch weiterhin daran gebunden. Auch war er nicht willens, sein dem Papst gegebenes Wort zu brechen, weshalb der hauptsächliche Inhalt des Konkordats im Gesetzgebungswege gleichwohl verbindlich gemacht werden sollte. Genau dies wäre die Aufgabe Gerbers gewesen, die er jedoch mit der verantwortlichen Stellung des Kultusministers für nicht vereinbar hielt. Er forderte daher die öffentliche definitive Distanzierung der Regierung vom Konkordat, die Aufhebung der auf seiner Grundlage erlassenen Verordnungen und die Regelung der Verhältnisse der katholischen Kirche Württembergs allein im Wege der Staatsgesetzgebung, woraufhin die Amtsübernahme scheiterte. Vor diesem Hintergrund lässt die Übernahme des Amtes des sächsischen Kultusministers 1871 darauf schließen, dass er seine Auffassung über die Art der Gestaltung des Verhältnisses von Staat und katholischer Kirche in Sachsen trotz des katholischen Bekenntnisses des Königs wohl als gewahrt ansah.

Die sächsischen Landesherren waren seit dem Übertritt Kurfürst Friedrich August I. zum Katholizismus 1697 dem Einfluss Roms ausgesetzt, dem sie sich nicht völlig entziehen konnten. Sie bewiesen jedoch mit der Aufrechterhaltung der evangelischen Staatskirche ihren der Missionsarbeit und dem Alleingeltungsanspruch der katholischen Kirche entgegengerichteten Freisinn. Im Übrigen verfolgte Sachsen eine strenge Kirchenpolitik. Dabei wurden die Beziehungen von Kirche und Staat durch einseitig vom Staat geschaffene Bestimmungen

---

der päpstlichen Bestätigung v. 22. Juni 1857 setzte sie König Wilhelm am 21. Dez. 1857 ohne Beteiligung der Stände in Kraft, vgl. *Huber/Huber*, ebd., S. 181 ff.

25 *Gerber*, Das Württembergische Kultusmin., SächsHStA, Nachlass Gerber, Nr. 344, Bl. 7 v. fol., Bl. 8, Anl. 3, Bl. 17.

26 Nach der päpstlichen Bestätigung v. 22. Juni 1857 setzte sie König Wilhelm am 21. Dez. 1857 ohne Beteiligung der Stände in Kraft; vgl. *Huber/Huber*, Staat und Kirche, Bd. 2, S. 181 ff.

geregelt. Bedeutsam war das Mandat vom 19. Februar 1827[27], demzufolge keine allgemeine vom Heiligen Stuhl oder sonst vom Vikariat für nötig erachtete Anordnung öffentlich bekanntgegeben werden dürfe, wenn die Bekanntmachung nicht staatlicherseits genehmigt sei, m. a. W. nicht das Plazet des Landesherren oder der von ihm beauftragten Behörde trage. Somit darf angenommen werden, dass Gerber bei seiner Berufung zum Kultusminister ungeachtet des religiösen Bekenntnisses der sächsischen Landesherren eine der katholischen Kirche gegenüber zu milde, die Staatssouveränität beschränkende Haltung der Regierung nicht zu besorgen hatte.

III. Staatspolitische Hintergründe

1. Kirchenpolitische Situation 1871

Auch die Kirchenpolitik Sachsens stand seit der Proklamation des Unfehlbarkeitsdogmas durch die katholische Kirche 1870 unter dem Einfluss der Ereignisse des Kulturkampfes im preußischen Nachbarstaat[28]. Sie war bis dahin von politischer Toleranz verschiedener Bekenntnisse innerhalb des Landes geprägt, besonders der katholischen Landesherren zu ihren ganz überwiegend evangelisch-lutherischen Untertanen. Dabei scheint die tolerante Haltung König Johanns in kirchlichen Angelegenheiten nicht nur politisches Erfordernis, sondern auch persönliche Überzeugung gewesen zu sein[29]. König Johann hatte mit Friedrich Albert v. Langenn 1835 einen Protestanten zum Erzieher seines Sohnes berufen[30] und ihn angewiesen, diesen in der Konfession derart zu unterweisen, dass er dieser „ganz und fest“ angehöre, aber dies auch „ohne allen Widerwillen gegen fremde Konfessionsverwandte“[31]. Ferner verfügte er in Bezug auf die in Sachsen offensichtlichen Konfessionsunterschiede, “eine möglichst einfache Linie des Benehmens zu beobachten, in welcher sich die Überzeugung ausspricht, daß, bei allem Festhalten an dem konfessionellen Unterschiede, Achtung, Liebe und Vertrauen gegenseitig vollkommen bestehen können“[32]. Bereits

---

[27] Vgl. § 12 I.

[28] Vgl. unten § 19 I. u. § 12 I. 3.

[29] *Mühlner* spricht König Johann ein „entspanntes Verhältnis zu Vertretern anderer Konfession“ zu: *Manfred Mühlner*, Zum Bildungsweg König Johanns von Sachsen, in: König Johann von Sachsen 1801/1854–1873. Ein Blick auf Deutschland, 2000 (Saxonia, Schriftenreihe des Vereins für sächsische Landesgeschichte, Bd. 7), S. 23 ff, S. 30.

[30] Vgl. *Mühlner*, Zum Bildungsweg König Johanns von Sachsen, S. 24 u. S. 30.

[31] Beide Zitate aus: Lebensregeln des König Johann für seinen ältesten Sohn, in: *Max Dietrich* (Hrsg.), König Albert Gedenkblätter, Nr. 1 (1898), S. 3 ff, S. 3.

[32] Lebensregeln des König Johann für seinen ältesten Sohn, ebd., S. 4.

1835 versicherte Johann als Prinz gegenüber v. Manteuffel[33], der dem Prinzen empfohlen hatte, die Konfessionsunterschiede in Sachsen und die Stimmungen im Volke achtsam im Auge zu halten: „Was die Erziehung meiner Söhne betrifft, so können Sie versichert sein, daß ich sie ebensosehr vor Religionsgleichgültigkeit, als vor Intoleranz zu bewahren mich bestreben werde."[34] Diese Anweisungen waren im Hinblick auf die weitere Nachfolge in die Position des Landesfürsten und also aus politischen Gründen ratsam. Sie zielten aber als Erziehungsleitlinien zumindest auch zugleich auf die Charakterbildung insgesamt und beschränkten sich damit nicht allein auf politische Erfordernisse. Von einer toleranten Haltung gegenüber anderen Religionen zeugt ebenso sein Eintreten für die Gleichstellung der Juden in Sachsen[35] und die Formulierung von § 57 SächsVerf. von 1831, an der er als Mitglied der ersten Kammer sowie insbesondere deren Verfassungs- und Gesetzgebungsdeputation aktiv mitwirkte[36].

In Anerkennung des verfassungsmäßig gegenüber allen zugelassenen Religionsgemeinschaften der Parität verpflichteten Staates lehnte das sächsische Kultusministerium am 26. Juni 1871[37] die Verkündung des päpstlichen Unfehlbarkeitsdogmas durch die Katholiken in Sachsen ab. Die Verlesung des Fuldaer Hirtenbriefs, der mittelbar den Anspruch des Papstes auf die alleinige Wahrheit im Glauben enthielt, war aber am 1. Juni 1871[38] von demselben Ministerium, dem zu diesem Zeitpunkt noch Minister Freiherr *Paul v. Falkenstein* vorstand,

---

[33] *Georg August Ernst Frhr. v. Manteuffel*, geb. am 26. Okt. 1765 in Althörnitz (Oberlausitz), gest. am 8. Jan. 1842 in Dresden, seit 1791 im sächs. Staatsdienst, 1793 Landessyndikus der Niederlausitz u. Mitglied des Konsistoriums, 1797 Appellationsrat, 1799 Geheimer Finanzrat, 1812 Leiter des zweiten Departements bis 1825, ab 1825 Präsident des Geheimen Finanzcollegiums, 1828 Konferenzminister, seit 1830 Bundestagsgesandter, vgl. *Flathe*, Manteuffel, in: ADB, Bd. 20, Maaß–Kaiser Maximilian II., Neudr. der 1. Aufl. 1884, 1970, S. 257; *Stefan Hartmann*, Manteuffel, in: NDB, Bd. 16, Maly–Melanchton, 1990, S. 86.

[34] Johann gegenüber v. Manteuffel, der dem Prinzen empfohlen hatte, die Konfessionsunterschiede in Sachsen und die Stimmungen im Volke achtsam im Auge zu halten: vgl. Lebensregeln des König Johann für seinen ältesten Sohn, in: *Dietrich*, Gedenkblätter, Nr. 1, S. 4.

[35] Vgl. oben § 12 II. 2.

[36] *Siegfried Seifert*, Ein überzeugter Christ, in: König Johann von Sachsen. Zwischen zwei Welten, hrsg. von der Sächsischen Schlösserverwaltung und dem Staatlichen Schlossbetrieb Schloss Weesenstein, 2001, S. 71 ff, S. 73; *Dieter Wyduckel*, Prinz Johann als Jurist und Mitglied der Ersten Kammer des Sächsischen Landtages, ebd., S. 125 ff, S. 125, S. 127.

[37] SächsHStA, Min. f. Volksbildung, Nr. 11044, Bl. 152. Dem war das Ersuchen des apostolischen Vikars Forwerk vom 26. April 1871 um Erteilung des Plazets für die Verkündung des Unfehlbarkeitsdogmas vorausgegangen: SächsHStA, ebd., Bl. 150 f; vgl. auch SächsHStA, ebd., Nr. 11079, Bl. 27 v. fol., Bl. 30 ff, Bl. 39.

[38] SächsHStA, Min. f. Volksbildung, Nr. 11044, Bl. 146. Dem war das Ersuchen des apostolischen Vikars Forwerk vom 30. Mai 1871 um Erteilung des Plazets für die Verlesung des Hirtenbriefs deutscher Bischöfe vorausgegangen: SächsHStA, ebd., Bl. 142; vgl. auch SächsHStA, ebd., Nr. 11079, Bl. 24, Bl. 30 ff, Bl. 38 v. fol.

gestattet worden. Dies hatte in der Öffentlichkeit zunächst kaum Beachtung gefunden. Im Jahre 1873 behauptete aber der katholische Bischof und Hofprediger Wahl in einem Artikel in dem „Katholischen Kirchenblatt“ vom 6. und 13. Juli 1873, mit der Verlesung des von sämtlichen deutschen Bischöfen unterzeichneten Hirtenbriefes sei das Unfehlbarkeitsdogma in Sachsen verkündet worden[39]. Dies rief eine Welle des Protestes der evangelischen Bevölkerung hervor und bildete den Gegenstand heftiger Angriffe der Abgeordneten des sächsischen Landtages[40] gegen das Kultusministerium.

Gerber war genötigt, nach seinem Amtsantritt im Landtag wiederholt das Wort zu ergreifen[41], um der Kammer zu versichern, dass das Unfehlbarkeitsdogma in Sachsen *nicht* verkündet worden sei. Dabei ergab sich für ihn die Schwierigkeit daraus, dass er von der Genehmigung der Verlesung des Hirtenbriefes zunächst keine Kenntnis hatte, weil er mit den Vorgängen vor seiner Amtszeit nicht unmittelbar vertraut war. Er kam aber nach der Prüfung der Akten zu dem Ergebnis, dass die Verlesung des Fuldaer Hirtenbriefes schon „nach seinem Inhalt“[42] und auch sonst „in keiner Weise die Bedeutung einer Publikation“[43] gehabt haben konnte. Zur Begründung führte Gerber aus: *„Sie geschah aus Anlaß der Veranstaltung einer kirchlichen Feier des 25jährigen Jubiläums des Papstes und sein Inhalt bezog sich in der Hauptsache auf diese letztere, während der Beschlüsse des vaticanischen Concils nur in einem einleitenden Rückblicke gedacht wurde, welcher die Anschauungen einer in Sachsen mit keiner amtlichen Autorität bekleideten Versammlung wiedergab. Die Königl[iche] Staatsregierung erkennt in Gemäßheit von § 3 des Mandats vom 19. Februar 1827 nur Dasjenige für amtlich und formell publicirt an, dessen Publication von der katholischen Kirchenbehörde unmittelbar nachgesucht und durch Ertheilung landesherrlicher Genehmigung gestattet worden ist.“* Darüber hinaus habe *„das „Katholische Kirchenblatt“ nicht den Charakter eines amtlichen Organs der katholischen Kirchenbehörde [...], sondern [sei] lediglich ein Privatunternehmen [...], dessen Artikel keinerlei officielle Bedeutung“* zukomme[44].

Gerber gelang es damit als Nachfolger Falkensteins, diesen Schritt seines Vorgängers nachträglich rechtfertigend umzudeuten, der von einer unsensiblen,

---

[39] Vgl. Sächs. LT. 1873/74, Vhlg. 2. K., Bd. 1, S. 56 f. Daher forderte der Abgeordnete Ludwig die Regierung in einer Interpellation auf, eine Erklärung darüber abzugeben, ob in Sachsen das Unfehlbarkeitsdogma verkündet worden ist: Sächs. LT., ebd., S. 58.
[40] Abgeordneter Ludwig, Sächs. LT. 1871/73, Vhlg. 2. K, Bd. 5, S. 4782 ff.
[41] *Gerber*, Sächs. LT. 1871/73, Vhlg. 2. K., Bd. 5, S. 4786 f u. Sächs. LT. 1873/74, Vhlg. 2. K., Bd. 1, S. 60 f, S. 300 ff, S. 306 f.
[42] *Gerber*, Sächs. LT. 1873/74, Vhlg. 2. K., Bd. 1, S. 303.
[43] *Gerber*, Sächs. LT. 1873/74, Vhlg. 2. K., Bd. 1, S. 61.
[44] *Gerber*, Sächs. LT. 1873/74, Vhlg. 2. K., Bd. 1, S. 61.

die religiöse Situation und Empfindlichkeit Sachsens nicht hinreichend berücksichtigenden Einschätzung zeugt. Die infolge des beginnenden preußischen Kulturkampfes angespannte Situation erforderte in Sachsen eine geschickte, die Balance zwischen den widerstreitenden Interessen des Katholizismus und Protestantismus wahrende Ressortführung. Die Verhandlungen mit den beunruhigten Ständen und der aufbegehrenden katholischen Kirche bedingten Kompromissbereitschaft und Flexibilität, um eine Eskalation zu vermeiden. Das eher starre, auf einmal bezogenen Positionen verharrende Verhalten v. Falkensteins, wie es sich auch bei den Verhandlungen der ersten Evangelisch-Lutherischen Landessynode Sachsens gezeigt hatte[45], ließ nicht auf eine Anpassung an die schwierigen Verhältnisse hoffen. Minister v. Falkenstein war ungeachtet der personellen Veränderungen an der Spitze der Ministerien, die mit der politischen Neuorientierung nach dem Eintritt Sachsens in den Norddeutschen Bund verbunden waren, Kultusminister geblieben[46] und führte auch den Vorsitz im Gesamtministerium fort. Dabei tat sich der die Einigung Deutschlands unter preußischer Führung befürwortende Minister v. Friesen als eigentlicher Leiter gegenüber dem als alternd, unschlüssig und energielos erscheinenden Minister v. Falkenstein hervor[47]. Für Letzteren war bereits 1869 ein Nachfolger gesucht und Gerber in Erwägung gezogen worden[48]. Anlass und Auslöser für einen personellen Wechsel mag letztlich die Ablehnung seines Gesetzentwurfs zur Neuordnung des Schulwesens 1869 durch die Ständeversammlung gegeben haben[49]. Der Entwurf betraf die

---

[45] Vgl. oben § 8 III. 2.

[46] Desgleichen blieben im Amt der Justizminister Schneider, der Kultusminister v. Falkenstein, der Finanzminister v. Friesen, während der Innenminister und zugleich leitender Minister des Gesamtministeriums v. Beust sowie der Kriegsminister v. Rabenhorst aus dem Amt schieden.

[47] *Blaschke*, Verwaltung in Sachsen, S. 783. Speziell für das Volksschulwesen und den dringenden Reformbedarf des einstmals vorbildlichen, zwischenzeitlich überholten sächsischen Schulwesens: „Kultusminister Dr. von Falkenstein musste der überall zur Herrschaft gelangenden liberalen Weltanschauung weichen, und mit dem Leipziger Professor Dr. von Gerber, der sofort die Bahn einer entschiedenen Reform beschritt, zog ein neuer Geist in die Räume des Kultusministeriums ein." So *Alfred Leuschke*, Die Volksschulgesetzgebung Sachsens im 19. Jahrhundert und die Entwicklung unseres vaterländischen Schulwesens bis zur Gegenwart, in: Sächsische Schulzeitung, 22. August 1902, Nr. 34, S. 511 ff, S. 514.

[48] Vgl. *Losano*, Briefwechsel, Brief Nr. 279 v. 11. Juli 1869, S. 652 ff, S. 654.

[49] Vgl. bes. *Johannes Georgi*, Die politischen und geistigen Kämpfe um die sächsische Volksschulgesetzgebung von 1830–1873, Diss. Leipzig 1931, S. 73 ff, der zu dem Ergebnis kommt, Falkenstein habe infolge der heftigen Kritik der zweiten Kammer des sächsischen Landtages an seiner Gesetzesvorlage und deren eindeutiger Ablehnung keinen Rückhalt mehr in der zweiten Kammer gehabt und sei deshalb zurückgetreten (*Georgi*, ebd., S. 78). Sein Rücktritt sei ein Erfolg der liberalen Opposition (*Georgi*, ebd., S. 79). Auch *W. Pätzold*, Geschichte des Volksschulwesens im Königreich Sachsen, 1908, S. 182 f schlussfolgert aus der Ablehnung des Gesetzesentwurfs, Falkenstein sei deshalb als Kultusminister zurückgetreten.

seit langem geforderte Erneuerung des sächsischen Volksschulwesens[50]. Vor diesem Hintergrund konnte die Verabschiedung des Ministers v. Falkenstein aus Altersgründen als ein willkommener Rechtfertigungsgrund für die Neubesetzung des Ministeramts erscheinen. Für die Ernennung Gerbers sprach in dieser Situation wohl auch seine gegenüber Falkenstein weiterreichende Kompromiss- und Reformbereitschaft im Hinblick auf die Neugestaltung des Verhältnisses von Staat und Kirche, insbesondere was die Evangelisch-Lutherische Landeskirche und die damit unmittelbar in Zusammenhang stehende Organisation des Volksschulwesens anging. Daneben mag sich seine strenge Haltung gegenüber der katholischen Kirche günstig ausgewirkt haben, die geeignet war, die Stände nach dem katholischen Aufbegehren hinsichtlich der Wahrung und Förderung der Rechte und Interessen der evangelischen Kirche durch die Landesregierung zu beruhigen.

2. Eignung Gerbers als sächsischer Staatsmann

Die Befähigung Gerbers zu politischer Tätigkeit hatte sich bis zu seiner Berufung in den sächsischen Staatsdienst vielfältig gezeigt. Es ist anzunehmen, dass schon Gerbers Auftreten und Wirken während des konstituierenden Reichstages des Norddeutschen Bundes das Interesse des regierenden König Johann an einer ministeriellen Mitarbeit Gerbers im sächsischen Staatsdienst weckten. So schenkten ihm als Abgeordneten Sachsens im Norddeutschen Bund der sächsische König und seine Minister Aufmerksamkeit. In den täglichen Zusammenkünften der konservativen sächsischen Abgeordneten, bei denen Gerber zunächst noch anwesend war, oblag es ihm, den Deutschen Bundesentwurf vorzustellen und zu erläutern. Dabei war der sächsische Gesandte Geheimrat von Könneritz[51] teilweise zugegen[52]. Mit ihm besprach Gerber die Situation Sachsens sowie das weitere Vorgehen und erarbeitete schließlich ein vertrauliches Exposé für den sächsischen König. Dieses erschien dem Geheimrat v. Könneritz derart gelungen, dass er es sofort an den König weiterleitete[53]. Wohl nicht zuletzt deshalb wurde Gerber durch den Minister v. Friesen gebeten, sich zu der

---

[50] Vgl. zur Volksschulgesetzgebung unten § 18 I. 3.

[51] Es handelt sich um *Hans v. Könneritz* (geb. 1820, gest. 1911), einen Neffen des bekannten sächsischen Justizministers Julius Traugott v. Könneritz (geb. 1792, gest. 1866, seit 1825 in der sächsischen Staatsregierung tätig, 1831–1848 sächsischer Justizminister, 1843–1848 Vorsitzender des Gesamtministeriums). Er war sächsischer Gesandter in Berlin 1866–1875, zuvor in München und Stuttgart 1864–1866 und 1873–1891 Oberhofmarschall. Vgl. *Hans Jürgen Rieckenberg*, Könneritz, in: NDB, Bd. 12, Kle–Kre, 1980, S. 363 ff, S. 364.

[52] *Gerber, M.*, Aus den Briefen, Brief v. 26. Febr. 1867, S. 231 ff, S. 232; Brief v. 27. Febr. 1867, S. 233 f, S. 233; Brief v. 28. Febr. 1867, S. 234 f, S. 234.

[53] *Gerber, M.*, Aus den Briefen, Brief v. 4. März 1867, S. 241 f, S. 241; Brief v. 16. März 1867, S. 252 f, S. 253; Brief v. 7. März 1867, S. 245 ff, S. 247.

Möglichkeit gleichzeitiger Wahrnehmung der Stellung eines Vertreters der sächsischen Regierung im Reichstage an Stelle des in Dresden unabkömmlichen sächsischen Reichstagskommissars Geheimer Finanzrat v. Thümmel zu äußern[54]. Zu dieser ehrenvollen Beauftragung Gerbers kam es auf Grund der zügig voranschreitenden Arbeit des Reichstages und seines Abschlusses indessen nicht mehr. Gleichwohl drückt sich in dieser Erwägung der sächsischen Regierung das besondere Vertrauen in die politische Befähigung Gerbers und seine persönliche Eignung aus. Dies mochte dann für die Berufung Gerbers zum Kultusminister mit ausschlaggebend gewesen sein und etwaige Bedenken König Johanns überwogen haben.

König Johann hatte sich in seinem Brief von einer Reise an Prinz Albert vom 6. September 1871, also nur wenige Wochen vor der Ernennung Gerbers zum Staatsminister, wie folgt geäußert: *„Gerber war [...] bei mir und gefiel mir im Ganzen recht gut, nur über einen Punkt konnte ich mich nicht ganz mit ihm verständigen. Seine Ansicht ist doch von der Lutzschen nicht [gerade] entfernt.“*[55] Die schriftliche Darlegung Gerbers zu diesem Punkt hatte König Johann, wie er weiter mitteilt, nicht *„über das Bedenken hinweggeholfen“*[56], so dass er die Sache bis zu seiner Rückkehr auf sich beruhen lassen wollte. Gleichzeitig machte er deutlich, dass sein Bedenken nicht generell gegen die Berufung Gerbers zum Kultusminister spreche, indem er weiter schrieb: *„Möglich wäre es mir, mit ihm auszukommen da seine Ansicht und Richtung nur billig ist [...].“*[57]

In welchem Punkt die Meinungen auseinander gingen, teilt König Johann nicht mit. Naheliegend erscheint es aber, dass er auf die kirchenpolitischen Ansichten des bayrischen, katholischen Staatsministers *Johann Frhr. v. Lutz*[58], die

---

[54] *Gerber, M.*, Aus den Briefen, Brief v. 28. März 1867, S. 261 ff, S. 262 f.

[55] Brief König Johanns an Prinz Albert v. 6. Sept. 1871, SächsHStA, Nachlass König Albert, Nr. 22, Bl. 344 ff, Bl. 346 v. fol. u. r. fol.; vgl. auch *Albert Prinz v. Sachsen Herzog zu Sachsen*, Die Albertinischen Wettiner. Geschichte des sächsischen Königshauses 1763–1932, 2. Aufl., 1991, S. 283, wonach König Johann von einer Reise ins Elsaß, die er Ende August 1871 unternommen habe, an den für diese Zeit als Regent fungierenden Prinzen Albert einen Brief richtete, indem er Bedenken gegen die Ernennung Gerbers zum Kultusminister äußert und diesen mit dem bayrischen Minister v. Lutz vergleicht, allerdings ohne genauere Bezeichnung des Briefes. Es spricht einiges dafür, dass es sich um den im Text zitierten Brief König Johanns vom 6. September handelt.

[56] Brief König Johanns an Prinz Albert v. 6. Sept. 1871, SächsHStA, Nachlass König Albert, Nr. 22, Bl. 344 ff, Bl. 346 r. fol.

[57] Brief König Johanns an Prinz Albert v. 6. Sept. 1871, SächsHStA, ebd., Bl. 346 r. fol.

[58] Zur Person: geb. am 4. Dez. 1826 in Münnerstadt (Unterfranken), gest. am 3. Sept. 1891 in Niederpöcking am Starnberger See, Studium der Rechte in Würzburg, 1857 Protokollführer der Kommission zur Erstellung eines gemeinsamen deutschen Handelsgesetzbuches, 1858 erster Sekretär der Kommission zur Beratung des Seerechts, 1862 Assessor im bayrischen Justizministerium, 1866 Erster Kabinettssekretär u. unmittelbarer Berater des Königs, seit

auf eine Trennung von Staat und Kirche zielten[59], Bezug nahm. Sie waren in der Tat geeignet, König Johann, der in Erziehung und persönlicher Überzeugung dem Katholizismus aufs engste verbunden war, zu befremden. Zwar hatte er als Prinz am Zustandekommen der sächsischen Verfassung mitgewirkt, die den Konfessionen die Regelung ihrer inneren Angelegenheiten zugestand. Es darf jedoch auf Grund seiner Religiosität und nicht zuletzt der herrschaftsstabilisierenden Funktion der Kirche davon ausgegangen werden, dass er an der grundsätzlichen Verbindung von Staat und Landeskirche festhalten wollte. Die Tendenz einer genaueren Abgrenzung des kirchlichen und des staatlichen Bereichs zeichnete sich aber im Konsistorialgesetz, besonders bei der davon mit berührten Schulfrage ab. Daran hatte Gerber als Vorsitzender der ersten Evangelisch-Lutherischen Landessynode Sachsens im Mai 1871 aber mitgewirkt[60]. König Johann mag daraufhin für die im Ressort des Kultusministeriums dringend anstehenden Gesetzvorhaben, wie vor allem die Neugestaltung der Organisation der Landeskirche und die Erneuerung des Volksschulwesens, zu weitreichende Konzessionen an die Forderungen der zweiten Kammer des Landtages befürchtet haben, die auf eine stärkere Trennung von Staat und Kirche zielten. Die Kirchenfrage musste aber geklärt werden, um nicht die gesamte Zweite Staatsreform in Frage zu stellen. Dabei war nach dem Scheitern des Entwurfs des ehemaligen Kultusministers v. Falkenstein auf die Forderungen des Landtages mehr einzugehen. Dies mag wohl die Entscheidung König Johanns für Gerber letztlich staatspolitisch bestimmt haben.

Zweifel hätten sich freilich auch daraus ergeben können, dass Gerber kein gebürtiger Sachse war. Die sächsischen Minister gehörten auch in der zweiten Hälfte des 19. Jahrhunderts ganz überwiegend dem einheimischen Adel an. So hatte Gerber selbst, in Bezug auf das ihm angetragene Amt des württembergischen Kultusministers, seine Herkunft, seine Geltung als „Ausländer“ in Württemberg, für die unerlässlich erforderliche Vertrauensbildung im Volk als hinderlich angesehen[61]. Bei seiner Berufung zum sächsischen Kultusminister lehrte Gerber aber schon seit acht Jahren an der Universität in Leipzig. Er war so mit den sächsischen Verhältnissen und Besonderheiten zum einen und auf Grund seiner Tätigkeit als sächsischer Abgeordneter des Reichstages des Norddeutschen Bundes sowie Präsident der ersten Evangelisch-Lutherischen Landessy-

1867 Justizminister (bis 1871), 1869 zunächst kommissarisch, dann bis zu seiner Pensionierung 1890 bayrischer Staatsminister des Innern für Kirchen- u. Schulangelegenheiten, vgl. *Walter Grasser*, Lutz, in: NDB, Bd. 15, 1987, S. 568 ff.

[59] *Grasser*, Lutz, in: NDB, ebd., S. 569.

[60] Zum Konsistorialgesetz vgl. oben § 8 II. u. III. 1. u. 3., unten § 17.

[61] *Gerber*, Das Württembergische Kultusmin., SächsHStA, Nachlass Gerber, Nr. 344, Bl. 6 v. fol.

node Sachsens zum anderen bestens vertraut[62]. Gerbers Berufung fand letztlich dann breite Zustimmung, ohne dass sich den Quellen ein Anstoß an seiner Herkunft entnehmen ließe[63].

IV. Beginn der Tätigkeit Gerbers als Staatsminister

In der Literatur werden unterschiedliche Zeitpunkte für die Aufnahme der ministeriellen Arbeit Gerbers benannt. *Beschorner*[64] führt aus, v. Falkenstein sei Ostern 1871 als Kultusminister ausgeschieden und Gerber habe als Nachfolger am ersten Oktober dieses Amt angetreten[65]. Dagegen berichtet *v. Friesen* in seinen Erinnerungen[66], von Falkenstein habe im Sommer 1871 um Entlassung gebeten und wenige Wochen vor Beginn des Landtages seine Entlassung genommen. *Losano*[67] nimmt den Antritt der Nachfolge Gerbers in Ablösung v. Falkensteins für Ostern 1871 an. *Scheuffler*[68] wiederum urteilt, v. Falkenstein habe am 25. September 1871 mit gutem Gewissen den Ruhestand antreten können. Auch *Schmidt-Radefeldt* führt aus, dass Gerber seit September 1871 als sächsischer Kultusminister tätig gewesen sei[69]. Sie schlussfolgert dies aus dem Brief Gerbers an Jhering vom 23. September 1871, in dem er mitteilt, zum sächsischen Kultusminister ernannt worden zu sein und diese Ernennung angenommen zu haben, allerdings ohne Angabe weiterer Quellen. Die Illustrierte Zeitung vom 13. April 1872[70] berichtet, dass „nach längerer Vacanz" die Wahl Gerbers zum Kultusminister mit Befriedigung aufgenommen worden sei und im Nachruf für Gerber in den Dresdner Nachrichten vom 24. Dezember 1891[71] heißt es schließlich, Gerber sei am ersten Oktober 1871 von König Johann zum Staatsminister des Kultus und öffentlichen Unterrichts ernannt worden.

---

[62] Eine ähnliche Entwicklung, wenngleich von wesentlich geringerer Dauer, zeichnete sich bei dem Mitglied der „Märzregierung", Kultusminister von der Pfordten, ab, der aus Bayern stammte, aber bereits fünf Jahre eine Professur an der Universität Leipzig inne hatte, ehe er als Kultusminister tätig wurde. Er war seit 1843 juristischer Professor an der Universität Leipzig, von März 1848 bis Januar 1849 sächsischer Kultusminister und kehrte dann nach Bayern zurück. Vgl. *Heinrich Joh. Scheuffler*, Sächsische Kultusminister, in: Sächsisches Kirchen- und Schulblatt LXI (1911), Sp. 582–586, Sp. 585.

[63] Illustrierte Zeitung Leipzig, 13. April 1872, Sp. 261 f, Karl Friedrich von Gerber.

[64] *Beschorner*, Gerber, S. 97; *ders.*, Gerber, in: ADB, Bd. 49, S. 293.

[65] *Beschorner*, Gerber, S. 97.

[66] *Friesen*, Erinnerungen, Bd. 3, S. 379.

[67] *Losano*, Studien, (Biographische Daten Jherings u. Gerbers), S. 309.

[68] *Scheuffler*, Sächsische Kultusminister, Sp. 631–633, Sp. 632.

[69] *Schmidt-Radefeldt*, Gerber, S. 84 u. S. 101.

[70] Illustrierte Zeitung Leipzig, 13. April 1872, Sp. 261.

[71] Dresdner Nachrichten, 24. Dez. 1891, Bl. 1, Sp. 1.

Aus den Protokollen über die Sitzungen des Gesamtministeriums ergibt sich, dass in der Sitzung im Gesamtministerium am 28. Juli 1871 die Entscheidung König Johanns mitgeteilt wurde, *„das von dem Staatsminister Freiherrn von Falkenstein auf sein vorgerücktes Alter gegründete Gesuch um Entlassung aus dem Staatsdienste“*[72] zu bewilligen und zugleich zu bestimmen, *„dass von demselben bis zur Ernennung seines Nachfolgers die Leitung des Ministerialdepartements des Cultus und öffentlichen Unterrichts und der Vorsitz im Gesamtministerium noch fortgeführt werde.“*[73] Weiter heißt es dann im Protokoll über die Sitzung im Gesamtministerium vom 23. September 1871[74], dass Gerber die Geschäfte am 1. Okt. 1871 übernehme und am selben Tag v. Falkenstein in den Ruhestand trete.

Danach werden die Quellen durch die Literatur überwiegend bestätigt, als wohl tatsächlich das Entlassungsgesuch v. Falkensteins im Sommer 1871 erfolgte, Ende September über den endgültigen Zeitpunkt seiner Entlassung und Übernahme der Geschäfte durch Gerber zum 1. Oktober 1871 entschieden wurde und die vorläufige Fortführung der Leitung des Ministeriums durch v. Falkenstein bis zum Eintreten Gerbers im weitesten Sinne noch als Vakanz angesehen werden kann. Für eine Amtsübernahme oder Vorbereitung einer solchen bereits zu Ostern 1871 konnte eine Quelle bei den Recherchen zu der vorliegenden Arbeit nicht gefunden werden. Die Übernahme der Geschäfte des Kultusministeriums durch Gerber erfolgte somit zum ersten Oktober 1871.

---

[72] SächsHStA, Min. f. Volksbildung, Nr. 10335, Bl. 1.
[73] SächsHStA, ebd., Bl. 1.
[74] SächsHStA, ebd., Bl. 2.

§ 16 Die persönliche Beziehung zwischen König Johann und Gerber

I. Wissenschaft als gemeinsame Basis

Einen wichtigen Aspekt der Berufung Gerbers in den sächsischen Staatsdienst und seiner erfolgreichen ministeriellen Tätigkeit bildet die persönliche Beziehung zu König Johann. Beide Persönlichkeiten waren im Rahmen der Staatsverfassung voneinander abhängig. Der König setzte die Minister in ihr Amt ein und konnte sie jederzeit abberufen. Doch bedurften seine Gesetzgebungsmaßnahmen der Kontrasignatur der jeweiligen Fachminister. Die Position des Kultusministers in Sachsen beim Amtsantritt Gerbers 1871 begründete durch dessen weitreichende Kompetenzen eine besondere Vertrauensstellung. War er doch Leiter der obersten Verwaltungsbehörde der Evangelisch-Lutherischen Landeskirche und zugleich der Staatsbehörde, welche die Oberaufsicht über alle Religionsgemeinschaften ausübte, sowie Minister in Evangelicis. Es ist daher verständlich, dass mit dieser Aufgabe nicht nur eine fachlich kompetente, sondern auch im persönlichen Wesen angenehme Persönlichkeit betraut werden sollte. Für eine begründete Aussage über das persönliche Verhältnis zwischen König Johann und Gerber stehen ihre wissenschaftliche Betätigung und insbesondere ihre Korrespondenz zur Verfügung.

Eine Verständigung über fachliche Angelegenheiten konnte zwischen König Johann und Gerber auf hohem Niveau geführt werden. König Johann verfügte über eine vielseitige Bildung[1], trieb selbst wissenschaftliche Forschungen und ist vor allem für seine Dantestudien und -übersetzung ebenso bekannt wie anerkannt[2]. Über fünf Jahre wurde er in der Chemie und Physik unterwiesen[3]. Mit 8

---

[1] *Hellmut Kretzschmar*, Das sächsische Königtum im 19. Jahrhundert. Ein Beitrag zur Typologie der Monarchie in Deutschland, in: Historische Zeitschrift 170 (1950), S. 457 ff, S. 466, auch in: Vom Anteil Sachsens an der neueren deutschen Geschichte. Ausgewählte Aufsätze, hrsg. v. Reiner Groß/Manfred Kobusch, S. 478 ff, S. 486 f

[2] *Kretzschmar*, ebd., S. 467; *Sebastian Neumeister*, Der königliche Übersetzer, in: König Johann von Sachsen. Zwischen zwei Welten, hrsg. v. der Sächsischen Schlösserverwaltung u. dem Staatlichen Schlossbetrieb Schloss Weesenstein, 2001, S. 141 ff; *ders.*, Philalethes – König Johann als Dante-Übersetzer, in: Winfried Müller/Martina Schattkowsky (Hrsg.), Zwischen Tradition und Modernität. König Johann von Sachsen 1801–1873, 2004, S. 203 ff.

[3] Sein Lehrer war der Chemiker Prof. Heinrich Wilhelm Stein. *Gerald Wiemers*, König Johanns Anteil an der Entwicklung der sächsischen Hochschulen, in: König Johann von Sachsen. Zwischen zwei Welten, hrsg. v. der Sächsischen Schlösserverwaltung u. dem Staatlichen Schlossbetrieb Schloss Weesenstein, 2001, S. 443 ff, S. 443; zu seiner Erziehung und Ausbildung vgl. auch *Reiner Groß*, Johann von Sachsen – Zum politischen Lebensbild eines wettinisch-albertinischen Prinzen und Königs im 19. Jahrhundert, in: König Johann von Sachsen 1801/1854–1873. Ein Blick auf Deutschland, 2000 (Saxonia, Schriftenreihe des Vereins für sächsische Landesgeschichte, Bd. 7), S. 9 ff, S. 12.

Jahren, am 22. April 1809, hatten seine Eltern ihn gemeinsam mit seinen Brüdern an der Universität Leipzig immatrikulieren lassen[4]. Er besaß gute juristische Kenntnisse, die ihm neben eigenen Studien sein Lehrer, der Strafrechtler *Christoph Karl Stübel* vermittelte[5]. Sein Interesse galt juristischen, besonders Verwaltungsfragen sowie dem Unterrichtswesen[6]. Prinz Johann beteiligte sich als Mitglied der ersten Kammer des sächsischen Landtages aktiv an der Erarbeitung der ersten sächsischen Verfassung von 1831, war seit 1832 Mitglied des Finanzkollegiums und seit 1830 des Geheimen Rats[7]. Er hatte zwar kein Universitätsstudium absolviert, erhielt aber in Anerkennung seiner praktischen juristischen Arbeit zu Recht am 4. März 1836 die Ehrendoktorwürde der Universität Leipzig als Doktor beider Rechte verliehen[8]. Die Königlich Sächsische Gesellschaft der Wissenschaften zu Leipzig wählte ihn am ersten Juli 1846 zu ihrem ersten Ehrenmitglied[9].

---

[4] *Wiemers*, König Johanns Anteil, S. 445.

[5] *Wyduckel*, Prinz Johann als Jurist, S. 125. Zur Person Stübels: geb. am 3. Aug. 1764 in Pausitz, gest. am 5. Okt. 1828 in Dresden, Studium der Rechte in Wittenberg, 1789 Privatdozent der juristischen Fakultät, 1791 Erlangung der Doktorwürde, 1795 ordentlicher Prof. in Wittenberg u. a. für sächs. u. deutsches Kriminalrecht, 1796 Beisitzer in der Fakultät, am Schöppenstuhl u. beim Hofgericht, 1815 Rechtslehrer in Leipzig u. zugleich Lehrer der Prinzen Friedrich, Clemens u. Johann, zunächst mit zwei weiteren Kommissarien, seit 1819 allein mit Erarbeitung eines sächs. Strafgesetzbuches betraut, das er 1826 vollendete: *Christoph Eisenhart*, Stübel, in: ADB, Bd. 36, Steinmetz–Stürenburg, Neudr. der 1. Aufl. 1893, 1971, S. 704.

[6] *Kretzschmar*, Königtum, S. 466; zur Würdigung seines rechtlichen Wirkens vgl. *Dieter Wyduckel*, Johanns rechtliches Wirken als Monarch, in: König Johann von Sachsen. Zwischen zwei Welten, hrsg. v. der Sächsischen Schlösserverwaltung u. dem Staatlichen Schlossbetrieb Schloss Weesenstein, 2001, S. 377 ff; *ders.*, Das frühe rechtliche Wirken Johanns von Sachsen in seiner Bedeutung für Sachsen und Deutschland, in: König Johann von Sachsen 1801/1854–1873. Ein Blick auf Deutschland, 2000 (Saxonia, Schriftenreihe des Vereins für sächsische Landesgeschichte, Bd. 7), S. 34 ff, S. 35 ff; *ders.*, Die Thronreden König Johanns und die politisch-rechtliche Praxis der Gesetzgebung, in: Winfried Müller/Martina Schattkowsky (Hrsg.), Zwischen Tradition und Modernität. König Johann von Sachsen 1801–1873, 2004, S. 69 ff, S. 77 f.

[7] *Wyduckel*, Prinz Johann als Jurist, S. 125; *ders.*, Das frühe rechtliche Wirken Johanns von Sachsen, S. 38 ff. Zu Johanns aktiver Mitarbeit im sächsischen Landtag vgl. weiter *Groß*, Johann von Sachsen, S. 13 ff.

[8] *Wyduckel*, Prinz Johann als Jurist, S. 125.

[9] Seit 1919 trägt die Gesellschaft die Bezeichnung Sächsische Akademie der Wissenschaften zu Leipzig. Prinz Johann blieb ihr einziges Ehrenmitglied aus fürstlichem Hause. Zu Ehrenmitgliedern wurden auch die sächsischen Kultusminister Johann Paul v. Falkenstein am 31. Oktober 1853 und Carl Friedrich Wilhelm v. Gerber am 1. Juli 1872 gewählt. Seit 1854 stand Johann als König der Gesellschaft als Protektor vor. Vgl. *Wiemers*, König Johanns Anteil, S. 444 f.

Während eines Besuchs der Universität Leipzig vom 28. bis 31. Januar 1866 nahm König Johann an verschiedenen Vorlesungen teil[10]. Gerber als damaliger Rektor der Universität konnte daher leicht mit ihm zusammentreffen. Es oblag ihm, den König bei seinen Inspektionen der Universitätsverhältnisse und Einrichtungen[11] zu begleiten. Gerber scheint von der Persönlichkeit Johanns sehr angetan. Insbesondere zollte er ihm wegen seines in Gesprächen mit Dozenten der Universität mehrfach unter Beweis gestellten Bildungsstandes und Wissensumfangs sowie seiner Gelehrsamkeit Achtung und Bewunderung[12]. Nach dem Urteil seiner Tochter *Marie v. Gerber* war Gerber von „größter Verehrung [...] für das sächsische Königshaus erfüllt, ganz besonders für die gütige, würdige und geistvolle Persönlichkeit des Königs Johann."[13]

Ein fachlicher Meinungsaustausch, die komplexe schleswig-holsteinsche Frage[14] betreffend, hatte bereits kurz nach der Niederlassung Gerbers in Leipzig 1863 stattgefunden. Im Auftrag König Johanns erstellte er in diesem Zusammenhang ein lehnrechtliches Gutachten[15]. König Johann selbst hatte zu dieser politisch brisanten Frage vier Denkschriften verfasst[16]. Die Diskussion rechtlicher Fragen setzte sich auch in der Zeit Gerbers ministerieller Tätigkeit fort. König Johann nahm insbesondere an der Erörterung der Möglichkeiten einer Publikation des Elementarvolksschulgesetzes 1873, das von der ersten Kammer des Landtages angenommen, von der zweiten aber mit einfacher Mehrheit abge-

---

[10] "Allgemeine Zeitung", 3. Febr. 1866, Nr. 34, S. 538; vgl. *Losano*, Briefwechsel, Brief Nr. 240, Anm. 5, S. 583 ff, S. 584. Bereits 1857 hatte Johann vom 4.–6. August die Universität besichtigt. 1859 nahm er an der Jubiläumsfeier der Universität teil und besuchte diese 1862, 1866, 1869 sowie letztmalig 1872. Vgl. *Wiemers*, König Johanns Anteil, S. 445 f.

[11] "Allgemeine Zeitung", 30. Jan. 1866, Nr. 30, S. 470 u. *Losano*, Briefwechsel, Jhering an Gerber, Brief Nr. 240, Anm. 5, S. 583 ff, S. 584.

[12] Gerber an Jhering, in: *Losano*, Briefwechsel, Brief Nr. 241 v. 21. Febr. 1866, S. 586 ff, S. 586.

[13] *Gerber, M.*, Aus den Briefen, S. 226.

[14] Vgl. zu dieser Problematik und der Haltung Sachsens: *Jonas Flöter*, Bundesrecht und deutsche Frage, in: König Johann von Sachsen 1801/1854–1873. Ein Blick auf Deutschland, 2000 (Saxonia, Schriftenreihe des Vereins für sächsische Landesgeschichte, Bd. 7), S. 53 ff, 58 ff; *Neemann*, Landtag und Politik, S. 464 ff.

[15] *Gerber*, Gutachten über die Frage, ob die coinvestiti compossessores den nicht besitzenden Gesamtbelehnten vorangehen, v. 16. Dez. 1863: SächsHStA, Fürstennachlässe, Hausarchiv König Johann, Nr. 43 (gesonderter Einband). Weitere Gutachten für König Johann in Betreff der schleswig-holsteinschen Frage erstellten Gerbers Leipziger Kollege und Lehrer, Prof. Albrecht, Archivdirektor v. Weber und Dr. Leverkus: SächsHStA, ebd. (jeweils gesondert eingebunden).

[16] König Johann, 4 (eigenhändige) Denkschriften: SächsHStA, Fürstennachlässe, Hausarchiv König Johann, Nr. 43 [innerhalb des Locats geführt unter a) bis d)]. Weitere (eigenhändige) Stellungnahme König Johanns: SächsHStA, ebd., Nr. 44 [innerhalb des Locats geführt unter d)]. Vgl. auch *Beschorner*, Gerber, S. 96; *Flöter*, Bundesrecht und deutsche Frage, S. 59.

lehnt worden war, regen Anteil. Er legte Wert auf die rechtlichen Stellungnahmen Gerbers und erörterte selbst die Anwendbarkeit der einschlägigen Verfassungsnormen[17].

II. Der Briefwechsel zwischen König Johann und Gerber: Respekt und freundschaftlicher Umgang

Ein vollständiger Briefwechsel zwischen König Johann und Gerber liegt nicht vor. Immerhin zeugen 25 Briefe König Johanns an Gerber aus der Zeit von 1866 bis 1873[18] sowie zwei Briefe Gerbers an König Johann[19] von der Korrespondenz und erhellen das persönliche Verhältnis beider Persönlichkeiten.

Gerbers Briefe selbst an Freunde[20] entsprechen seiner auch im Übrigen, insbesondere in seinen wissenschaftlichen Werken geübten Korrektheit, Knappheit und Prägnanz. Es sind im Wesentlichen Mitteilungen über Tatsachen. Beweggründe, Sorgen und Zweifel werden nur selten erwähnt. Dies ist aber, wie schon *Losano*[21] zutreffend analysiert, weder Unfreundlichkeit oder mangelndes Vertrauen in die Freundschaft, noch Unfähigkeit zur Verbalisierung von Gefühlen, als vielmehr Ausdruck seines eher überlegt zurückhaltenden Wesens.

Eine Ausnahme bilden die Briefe des jungen Gerber an seinen Lehrer und „väterlichen Freund"[22] *Mittermaier*[23]. Gerber erbat Rat und vor allem tatkräftige Unterstützung von Mittermaier bei der Begründung seiner akademischen Laufbahn. Er schildert ebenso emotional wie umfangreich seine Beweggründe, verfällt freilich nicht in Weitschweifigkeit und Larmoyanz, die seine stets gewärtige Zurückhaltung nicht zuließen.

In den beiden oben genannten Briefen Gerbers an König Johann wird die Form der zeitüblichen Distanziertheit des Umgangs und der Schriftsprache eingehalten, was bei der Gerber eigenen Korrektheit selbstverständlich erscheint. Es sind dies deutliche Hervorhebungen der Ehrerbietung in Anrede und Gruß-

---

[17] Vgl. dazu näher unten § 18 II.
[18] SächsHStA, Nachlass Gerber, Nr. 126.
[19] *Gerber*, zwei Briefe an König Johann von Sachsen, 20. Febr. 1873, Handschriftenabteilung der Sächsischen Landes- und Universitätsbibliothek Dresden.
[20] Vgl. Briefe Gerbers an Jhering, in: *Losano*, Briefwechsel.
[21] *Losano*, Studien, S. 192.
[22] *Beschorner*, Gerber, S. 89.
[23] Briefe Gerbers an Mittermaier, in: *Beschorner*, Gerber, S. 88–91; Gerbers Entwicklungsgang aus seinen Briefen an Geheimrat C. J. A. Mittermaier, in: Festgabe der Deutschen Juristen-Zeitung zum 500jährigen Jubiläum der Universität Leipzig, 1909, Sp. 149–153; zur Person Mittermaiers vgl. oben § 2 II.

formel, die dem Über- und Unterordnungsverhältnis entsprechen. Gerber wählt die Anrede „Euer Königlichen Majestät“ und unterzeichnet mit „In tiefster Ehrfurcht verharrend Der Königlichen Majestät allerunterthänigster Diener Dr. Gerber“ sowie „In tiefster Ehrfurcht verharrend Euer Königlicher Majestät allerunterthänigster Diener Dr. Carl Friedrich v. Gerber“. Dennoch scheint die Kürze der Anrede und weitestgehend geradlinige Unterbreitung der eigentlichen Mitteilung für eine gewisse Lockerung des Formenzwanges zu sprechen. In diesen Briefen lässt Gerber der Anrede unmittelbar sein Anliegen folgen, indem er schreibt: „Euer Königlichen Majestät legt der ehrfurchstvollst Unterzeichnete in der Anlage den Entwurf eines Decrets Seitens Herrn von Friesen in tiefster Unterthänigkeit vor.“ In dem weiteren eingesehenen Brief heißt es: „Euer Königlichen Majestät gestatte ich mir noch heute die Redaction des Decrets unterthänigst zu unterbreiten, welche ich zu allerhöchster Annahme empfehlen möchte.“[24] Im Zusammenhang mit der Erörterung der Publikation des Volksschulgesetzes vom 26. April 1873[25] konnten zwei weitere Briefe Gerbers an König Johann[26] eingesehen werden, in denen er ebenfalls die Anrede „E[ue]r Königlichen Majestät“ wählt und unterzeichnet mit „In tiefster Ehrfurcht Euer Königlichen Majestät allerunterthänigster Diener Dr. v. Gerber“, bzw. mit „In tiefster Ehrfurcht verharrend Euer Königlicher Majestät allerunterthänigster Diener Dr. Carl Friedrich v. Gerber“.

Dagegen erscheinen in Schreiben von Professoren an Gerber als Kultusminister, der ihnen hierarchisch vorgesetzt war, als Anreden Formulierungen wie „Hochwohlgeborener Herr, Hochverehrter Herr Staatsminister“[27] und „Hochgebietenster Herr Staatsminister, Hochwohlgeborener Herr! Eur. Exzellenz bitte ich um Erlaubnis einen Antrag unterbreiten zu dürfen, auf dessen Erfolg ich kaum zu hoffen wage, den ich aber doch nicht unterlassen will.“[28]

Auch umgekehrt erscheint es bemerkenswert, dass die vor allem im Nachlass Gerbers befindlichen brieflichen Mitteilungen König Johanns an seinen Minister, die ganz überwiegend dienstlichen Bezug[29] haben und u. a. das Volks-

---

[24] Dabei lässt sich aus dem Zusammenhang nicht erkennen, auf welches Dekret sich Gerber bezieht.

[25] Vgl. § 18 II.

[26] Brief Gerbers an König Johann v. 3. März 1873, SächsHStA, Gesamtmin., Loc. 79.8, Bl. 17 r. u. v. fol.; Brief Gerbers an König Johann v. 20. März 1873, SächsHStA, ebd., Bl. 21 f.

[27] Leipzig, 14. Okt. 1874, Prof. Brockhaus an Gerber, SächsHStA, Nachlass Gerber, Nr. 23.

[28] Berlin, 9. April 1888, Prof. Dr. Dolbruck an Minister Gerber, SächsHStA, Nachlass Gerber, Nr. 34.

[29] Siehe allerdings den Brief vom 8. Mai 1873, mit dem König Johann das Urlaubsgesuch Gerbers bewilligt und auch Bezug auf den Sohn Gerbers (den 1866 geborenen Carl Ludwig) nimmt: Brief König Johanns an Gerber v. 8. Mai 1873, SächsHStA, Nachlass Gerber, Nr. 126.

schulgesetz vom 26. April 1873[30], die Leitung des Josephinenstifts[31] und die Bewilligung eines Urlaubsgesuchs Gerbers[32] betreffen, einen durchgehend freundschaftlichen unbürokratischen Charakter aufweisen. Sie tragen fast ausschließlich die Titulierung „Liebster Freund“ sowie die Grußformel „Mit ausgezeichneter Hochachtung Ihr ergebenster Johann“[33]. Dies gleicht bemerkenswerterweise dem Charakter der Briefe König Johanns an König Wilhelm IV. und König Wilhelm I. von Preußen. Diese verband eine langjährige Freundschaft, welche selbst durch die Ereignisse von 1866/ 67 nicht gebrochen wurde[34]. König Johann wendete sich ebenso mit den Worten „Liebster Freund“[35] oder „Theuerster Freund“[36] an seinen Vetter Wilhelm und unterzeichnete „mit ausgezeichneter Hochachtung Dein ergebenster Vetter und Bruder Johann“[37] und auch „mit den Versicherungen der aufrichtigsten Gesinnungen, mit welchen ich bin Dein ergebenster Freund und Vetter Johann“[38]. Die Anrede „Liebster Freund“ findet sich aber auch in den Briefen König Johanns an den langjährig im Staatsdienst tätigen Finanzminister v. Friesen[39] und in einem Brief an den mit vielfältigen Aufgaben betrauten Archivdirektor v. Weber[40].

---

[30] Vgl. z. B. die aufgeführten Briefe unten § 18 II. 4. Fn. 54; Brief König Johanns an Gerber v. 25. Febr. 1873, SächsHStA, Gesamtmin., Loc. 79.8, Bl. 12 f, der die Anrede „Treuster Freund“ und die Grußformel „Mit vorzüglichster Hochachtung Ihr ergebenster Johann“ enthält; Brief König Johanns an Gerber v. 2. März 1873, SächsHStA, ebd., Bl. 14 mit der Anrede „Liebster Freund“ und der Grußformel „Mit vorzüglichster Hochachtung Ihr ergebenster Johann“.

[31] Brief König Johanns an Gerber v. 22. Okt. 1872 u. v. [?]. Nov. 1872, SächsHStA, Nachlass Gerber, Nr. 126.

[32] Brief König Johanns an Gerber v. 8. Mai 1873, SächsHStA, Nachlass Gerber, Nr. 126.

[33] Vgl. die 25 Briefe des König Johanns v. Sachsen an Minister v. Gerber (1866–1873, vielfach undatiert), SächsHStA, Nachlass Gerber, Nr. 126.

[34] Vgl. *Richard v. Friesen*, Erinnerungen aus meinem Leben, Bd. 2, 1880, S. 354.

[35] König Johann an König Wilhelm, in: *Georg*, Briefwechsel, Brief Nr. 283 v. Sept. 1863, S. 420 ff, S. 420; Brief Nr. 285 v. 16. Febr. 1864, S. 427 f, S. 427; Brief Nr. 297 v. 7. Febr. 1867, S. 449 f, S. 449.

[36] König Johann an König Wilhelm, ebd., Brief Nr. 295 v. 31. Dez. 1866, S. 447 f, S. 447.

[37] König Johann an König Wilhelm, ebd., Brief Nr. 293 v. 2. Aug. 1866, S. 445 f, S. 446.

[38] König Johann an König Wilhelm, ebd., Brief Nr. 295 v. 31. Dez. 1866, S. 447 f, S. 448.

[39] Briefe König Johanns an Minister v. Friesen, abgedruckt in: *Hellmut Kretzschmar*, Die Zeit König Johanns von Sachsen 1854–1873. Mit Briefen und Dokumenten, 1960 (Berichte über die Verhandlungen der Sächsischen Akademie der Wissenschaften zu Leipzig, Bd. 105 H. 4), S. 115 ff: Brief v. 18. Juli 1862 (in: *Kretzschmar*, ebd., S. 121), Brief v. 4. Sept. 1866 (in: *Kretzschmar*, ebd., S. 137 f), Brief v. 12. Sept. 1866 (in: *Kretzschmar*, ebd., S. 138 f), Brief v. 19. Sept. 1866 (in: *Kretzschmar*, ebd., S. 139), Brief v. 2. Sept. 1870 (in: *Kretzschmar*, ebd., S. 149 f), Brief v. 19. Okt. 1870 (in: *Kretzschmar*, ebd., S. 150).
Zur Person: Richard Freiherr v. Friesen, geb. am 9. Aug. 1808, gest. am 25. Feb. 1884, 1834 in der Landesdirektion tätig, 1835 in der Kreisdirektion Leipzig, 1836 Referendar u. 1841 Regierungsrat im Innenministerium, 1849 bis 1852 sächs. Innenmin., 1853 Kreisdirektor in Zwickau, seit 1858 sächs. Finanzmin., 1866 Mitglied der Landeskommission u. zweiter sächs.

Dabei darf die geschilderte Ausdrucksform wohl wiederum nicht nur als allgemein übliche Weise des Schriftverkehrs zwischen dem Königlichen Hause und den Ministern angesehen werden. So tragen die im Nachlass Gerbers erhaltenen Briefe der Prinzen Friedrich August[41] und Georg[42], die ebenfalls überwiegend dienstliche Angelegenheiten zum Gegenstand haben[43], formelleren Charakter. Sie beginnen mit der Anrede „Euer Exzellenz“[44] und schließen mit „Eur. Exzellenz ganz ergebener Fr. August“[45], „Eur. Exzellenz sehr ergebener

---

Bevollmächtigter bei den Friedensverhandlungen in Berlin, seit Okt. 1866 sächs. Außen- u. Finanzmin., 1870 Kommissar für die Verhandlungen mit den süddeutschen Staaten über den Beitritt zum Norddeutschen Bund, 1871 bis 1876 zugleich Vorsitzender des sächs. Gesamtmin., vgl. hierzu *Hans Beschorner*, Friesen, in: ADB, Bd. 49, Kaiser Friedrich III.–Hanfstein, Nachdr. der 1. Aufl. 1904, 1971, S. 143 ff; *Flöter*, Beust, S. 121.

40 Eigenhändiger Brief König Johanns an Weber (undatiert, handschriftlicher Vermerk Webers mit der Zuordnung zum 10. März 1864), in: SächsHStA, Nachlass Karl v. Weber, Tagebücher, Bd. 4, Anfang 1856–26. Nov. 1865, Bl. 205 v. fol. u. r. fol. Zur Person vgl. oben § 14 II. 1.

41 SächsHStA, Nachlass Gerber, Nr. 70, 4 Briefe Friedrich Augusts (Prinz), Herzog zu Sachsen. Prinz Friedrich August war König von Sachsen von 1904 bis 1918.

42 SächsHStA, Nachlass Gerber, Nr. 77, 49 Briefe des Prinzen Georg, Herzog zu Sachsen. Prinz Georg war König von Sachsen von 1902 bis 1904.

43 Vgl. Briefe Prinz Georgs an Gerber: z. B. Brief v. 11. Mai 1875 zur Vorlage über ein Gesetz zum Verhältnis der katholischen Kirche in Sachsen (Oberaufsichtsgesetz, vgl. unten § 19 III.) sowie Briefe v. 12. u. 27 Mai 1875, in denen Besprechungstermine festgelegt werden, ohne den betreffenden Gegenstand zu benennen, naheliegend wäre, dass ebenfalls der Entwurf des Oberaufsichtsgesetzes besprochen werden sollte. Vgl. weiter Brief v. 16. Okt. 1875, der sich auf einen Schullehrer bezieht; Briefe v. 28. Nov. 1875 u. 18. Dez. 1875, die die Erlangung von Auskünften aus den päpstlichen Archiven in Rom zur Familie der Wettiner betreffen; Brief v. 19. Febr. 1876 zu einer Budgetangelegenheit; Brief v. 12. März 1876 zu einer Stiftungsangelegenheit; Brief v. 14. Sept. 1876 das Neustädter Gymnasium betr.; Brief v. 11. April 1877 wegen der Besichtigung des „Historischen Museums“ durch den König, der sich Prinz Georg anschließen will; Brief v. 6. Juni 1882 zur Besetzung der Direktorenstelle des Historischen Museums; Briefe v. 14. Sept. 1883, v. 16. u. 21. [Dez.?] 1884, 28. Jan. 1885, 22. Febr. 1885, die Anstellungen bisheriger Lehrer der Kinder Georgs und die Entlassung aus Dienstverhältnissen zur Unterrichtung der Kinder Georgs betr.; Brief v. 7. Nov. 1888, in dem Georg Gerber um Erstellung eines Stundenplanes für die Studien seiner Söhne an der Universität Freiburg bittet und Briefe v. 22. April 1890, 25. April 1890, in denen Georg um Auskunft zu einem der Lehrer seiner Söhne bittet, der laut Gerüchten ein „abgefallener und beweibter katholischer Priester“ sei, was Gerber wohl nicht bestätigte. Weitere Briefe enthalten Danksagungen für die von Gerber übermittelten Schriften: z. B. Brief v. 21. Juni 1872 (Gerbers „Gesammelte Juristische Abhandlungen“); 27. Okt. 1875 (neue Auflage Gerbers „System des deutschen Privatrechts“). Alle Briefe in: SächsHStA, Nachlass Gerber, Nr. 77.
Vgl. Briefe Prinz Augusts an Gerber: z. B. Brief v. 22. Febr. 1885, mit dem August um Anstellung des Feldwebels Gerlach im Historischen Museum bittet, bzw. mit Brief v. 6. Dez. 1885 für die Anzeige der erfolgten Anstellung dankt; Brief v. 26. Juni 1891, mit dem August für die Glückwünsche Gerbers zugleich im Namen aller Staatsminister zu seiner (Augusts) Verlobung dankt. Alle Briefe in: SächsHStA, Nachlass Gerber, Nr. 70.

44 SächsHStA, Nachlass Gerber, Nr. 77 (Briefe Prinz Georgs), Nr. 70 (Briefe Prinz Augusts).

Exzellenz ganz ergebener Fr. August“[45], „Eur. Exzellenz sehr ergebener Fr. August“[46] sowie „Mit den Versicherungen der vorzüglichsten Hochachtung verbleibe ich Eur. Exzellenz ergebenster Georg H[erzog] z[u] S[achsen]“[47], sodann in der Zeit von 1872 bis etwa 1875 „Mit dem Ausdruck der vorzüglichsten Hochachtung und herzlichsten Freundschaft verharre ich Eur. Exzellenz ergebenster Georg H. z. Sachsen“[48], danach wieder überwiegend „Mit der Versicherung der vorzüglichsten Hochachtung Eur. Exzellenz ergebenster Georg H. z. S.“[49].

Die von *Falkenstein*[50] zitierten Briefe König Johanns an seinen langjährigen Minister Freiherrn v. Beust zeugen ebenfalls von einem freundschaftlichen Umgangston, lassen aber dennoch deutliche graduelle Unterschiede zu den an Gerber gerichteten Briefen erkennen[51]. König Johann wendet sich mit den Worten: "Lieber Minister Freiherr von Beust“[52], „Lieber Staatsminister Freiherr von Beust“[53] an seinen Minister und schließt mit den Worten „Ich verbleibe stets Ihr wohlgeneigter Johann“[54] und „Mit der ausgezeichnetsten Hochachtung und der aufrichtigsten Zuneigung verharre ich, lieber Staatsminister Freiherr von Beust Ihr ergebenster Johann“[55]. Ebenso titulierte König Johann weitere Regierungsmitglieder und hochrangige Staatsbeamte. Er schrieb „Lieber Minister Zschinsky!“[56], „Lieber Generalleutnant Rabenhorst!“[57], „Lieber Staatsminister

---

[45] SächsHStA, Nachlass Gerber, Nr. 70, Brief v. 22. Febr. 1885.
[46] SächsHStA, ebd., Brief v. 6. Dez. 1885 u. Brief v. 26. Juni 1891.
[47] SächsHStA, Nachlass Gerber, Nr. 77, Brief v. 23. Febr. 1872.
[48] SächsHStA, Nachlass Gerber, Nr. 77, Briefe v. 11. Mai 1875, 12. Mai 1875, 28. Sept. 1875, 27. Okt. 1875, 28. Nov. 1875.
[49] SächsHStA, Nachlass Gerber, Nr. 77, Briefe v. 18. Dez. 1875, 19. Febr. 1876, 12. März 1876, 14. Sept. 1876, 11. April 1877, 3. Juli 1877, 11. Juli 1877, 7. Juni 1879, 2. Juli 1879, 12. Juli 1879, 11. Febr. 1880 u. a.; vereinzelt: „Mit den Versicherungen der vorzüglichsten Hochachtung und herzlichsten Freundschaft Eur. Exzellenz ergebenster Georg H. z. S.“ Brief v. 29. Juni 1882, v. 14. Sept. 1883 u. 16. Dez. 1884, ebd.
[50] *Johann Paul v. Falkenstein*, Johann, König von Sachsen, 1867, S. 44 ff.
[51] *Flöter* charakterisiert die persönlichen Beziehungen König Johanns zu v. Beust in Anlehnung an die Aussagen des Archivdirektors v. Weber zurückhaltend als gut, aber nicht hervorragend und vor allem von der Anerkennung der fachlichen Fähigkeiten Beusts getragen: *Flöter*, Beust, S. 265 u. Fn. 199, 200.
[52] Brief König Johanns an Beust v. 3. Mai 1856 anlässlich der Verleihung der Rautenkrone, in: *Falkenstein*, Johann, S. 44.
[53] Brief König Johanns an Beust v. 16. Aug. 1866 anlässlich der Entlassung aus dem Staatsdienst, in: *Falkenstein*, ebd. S. 65.
[54] Brief König Johanns an Beust v. 3. Mai 1856, in: *Falkenstein*, ebd., S. 45.
[55] Brief König Johanns an Beust v. 16. Aug. 1866, in: *Falkenstein*, ebd., S. 66.
[56] Brief König Johanns an Zschinsky v. 3. Mai 1856, in: *Falkenstein*, ebd., S. 45.
[57] Brief König Johanns an Rabenhorst v. 3. Mai 1856, in: *Falkenstein*, ebd., S. 46.

Generalleutnant von Rabenhorst!"[58], „Lieber Minister Behr!"[59]. Die Anrede Gerbers – wie auch die Friesens und Webers – als „Liebster Freund" erscheint von daher als eine Ausnahme. Auch die briefliche Mitteilung des Ministers von Beust an Johann trägt der zeitgemäßen Förmlichkeit mehr Rechnung. Beust wendet sich mit seinem Entlassungsgesuch an König Johann mit der Anrede „Allerdurchlauchtigster, allergnädigster König und Herr! Ew. Majestät" und schließt mit der Grußformel: „In tiefster Ehrfurcht Ew Majestät allerunterthänigst gehorsamster Fd. Freiherr von Beust"[60].

Die Briefe König Alberts an Gerber sind denen König Johanns ähnlich. Sie wenden sich mit dienstbezogenen Inhalten[61] an Gerber als „Liebster Freund"[62] oder „Verehrter Freund" [63] und enthalten die Grußformen „Ihr Albert"[64], „In alter Freundschaft Ihr Albert"[65] oder auch selten „Ihr ergebener Albert"[66].

Die vergleichbare Ungezwungenheit in der Korrespondenz zwischen König Albert und Gerber lässt auf ähnlich gute persönliche Beziehungen schließen. Es darf angenommen werden, dass sie auf die Entscheidung der Beibehaltung Gerbers als Kultusminister nach dem Thronwechsel nicht ohne Einfluss waren.

---

[58] Brief König Johanns an Rabenhorst v. [ ] Sept. 1866, in: *Kretzschmar*, Die Zeit König Johanns von Sachsen, S. 136 f.

[59] Brief König Johanns an Behr v. 1. Jan. 1859, in: *Falkenstein*, Johann, S. 48 .

[60] Brief Beust an König Johann v. 15. Aug. 1866, in: *Falkenstein*, ebd., S. 67 f.

[61] Vgl. z. B. Briefe v. 24. Jan. 1875 u. 5. Juli 1875 zur Amtsübernahme Bischof Bernerts als apostolischer Vikar; Brief v. 19. Nov. 1877 wegen der Ausstellung von Bildern; Brief v. 11. Juli 1876, der die Gewährung von Urlaub an Gerber und eine Begnadigungssache betr.; Brief v. 4. Sept. 1880, in dem Albert mitteilt, die Ansichten und Bedenken Gerbers zu teilen, ohne die Angelegenheit zu benennen; Brief v. 16. Mai 1882 wegen des Ankaufs italienischer Bilder für die Gemäldegalerie; Briefe v. 8. Juni 1883, 30. Mai 1886, 25. Mai 1887, 18. Mai 1888, 23. Dez. 1890 zu Personalangelegenheiten der Universität Leipzig u. Brief v. 28. Aug. 1885 zu einer Personalangelegenheit des Grimmaer Seminars; Brief v. 7. Sept. 1885 mit Beileidsbekundung „zu dem schweren Verlust" (Gerbers Sohn Richard war am 2. Aug. 1885 gestorben.); Brief v. 24. Juni 1891 mit dem Dank für die Glückwünsche Gerbers und der anderen Minister zur Verlobung seines Sohnes August. Alle Briefe in: SächsHStA, Nachlass Gerber, Nr. 5.

[62] Briefe von König Albert v. Sachsen an Gerber (1874–1891), SächsHStA, Nachlass Gerber, Nr. 5: Briefe v. 19. Nov. 1877, 17. Febr. 1874, 11. Juli 1876, 5. Juli 1875, 4. Sept. 1880 u. a. bis 1891.

[63] Briefe v. 30. Mai 1886 u. 7. Dez. 1889, SächsHStA, ebd.

[64] Briefe v. 24. Jan. 1875, 19. Nov. 1877, 17. Febr. 1874, 11. Juli 1876, 16. Mai 1882, 8. Juni 1883, 15. Juli 1884 u. a., SächsHStA, ebd.

[65] Brief v. 5. Juli 1875, 4. Sept. 1880, 28. April 1885, 7. Sept. 1885 u. weitere, SächsHStA, ebd.

[66] Brief v. 25. Mai 1887, SächsHStA, ebd.

Die Minister untereinander titulierten sich als „Hochgeehrter Herr College“, „Höchstgeehrtester College“, „Hochzuverehrender Herr College“[67], aber auch „Verehrter Freund und College“[68] und bezeugten ihre gegenseitige Achtung mit den üblichen Formen „In wahrster und aufrichtiger Hochachtung und Ergebenheit“[69] sowie „ergreife ich mit Vergnügen diesen Anlaß die Versicherung vorzüglichster Hochachtung und Ergebenheit zu erneuern“[70].

Die charakteristische, wenngleich im Hinblick auf den Minister Friesen und den Archivdirektor Weber nicht einmalige Abweichung des Schriftverkehrs zwischen König Johann und Gerber von der sonst üblichen Form scheint darauf hinzuweisen, dass beide, wie wohl ebenso König Johann mit Friesen und Weber, ein freundschaftliches, sympathiegetragenes persönliches Verhältnis pflegten. Dies begann wohl bereits deutlich vor Gerbers Berufung zum Kultusminister. Der Brief König Johanns an Gerber als damaliger Rektor der Universität Leipzig vom 19. August 1866[71] trägt bereits erste freundschaftliche Züge, wenn auch die späteren deutlichen Freundschaftsbekundungen noch nicht hervortreten, wie sich in der Anrede als „Meinem Herrn Rector magnificus [...] Gerber“ und dem Gruß „Mit ausgezeichneter Hochachtung Ihr ergebenster Johann“[72] zeigt.

III. Zusammenfassende Würdigung

Die gegenseitige Ehrerbietung und Achtung König Johanns und Gerbers, wie sie insbesondere in den Briefen zum Ausdruck kommt, war sicher ein wesentlicher Grund der Berufung Gerbers zum Kultusminister durch den König. Darüber hinaus verband beide eine von ihren wissenschaftlichen Neigungen und wohl auch ihrer Wesensart in Bezug auf Exaktheit, Pflichtgefühl und Loyalität getragene persönliche Sympathie. Diese Konstellation dürfte in der politischen Zusammenarbeit gewiss von Vorteil gewesen sein. Sie erscheint mitursächlich dafür, dass es in Sachsen zwischen der katholischen Kirche und der sächsischen

---

[67] Briefe des Min. v. Fabrice (1873–1885) u. des Min. v. Friesen (1873–1891), SächsHStA, Nachlass Gerber, Nr. 53 (Fabrice), Nr. 73 (Friesen).

[68] Brief v. 19. Sept. 1876, 27. Febr. 1874 („Verehrtester Freund und College!“), 6. Aug. 1873 („Mein hochgeehrter Freund und College!“), SächsHStA, ebd., Nr. 73.

[69] Briefe Minister v. Fabrice an Gerber v. 6. Juli 1874, 10. Jan. 1878, SächsHStA, ebd., Nr. 53.

[70] Brief Gerbers an Min. v. Falk in Berlin v. 24. Febr. 1878, SächsHStA, Nachlass Gerber, Nr. 54; ganz ähnlich auch Briefe des Min. v. Fabrice an Gerber: Brief v. 23. Jan. 1885, SächsHStA, Nachlass Gerber, Nr. 53.

[71] Brief König Johanns an Gerber v. 19. Aug. 1866, mit dem er Gerber für die Übersendung der aktuellen Ausgabe seines „Deutschen Privatrechts“ dankt: SächsHStA, Nachlass Gerber, Nr. 126.

[72] Briefe König Johanns an Gerber (1866–1873), SächsHStA, ebd., Nr. 126.

Staatsgewalt nicht, auch nicht im Hinblick auf das Oberaufsichtsgesetz über die katholische Kirche in Sachsen, zu Auseinandersetzungen kam, die dem Kulturkampf im preußischen Nachbarstaat vergleichbar gewesen wären[73].

---

[73] Ebenso *Wyduckel*, Staats- und Kommunalverwaltung, S. 40; vgl. zum Kulturkampf oben §§ 15 III. 1. u. 19 I. sowie zum Oberaufsichtsgesetz über die katholische Kirche in Sachsen § 19 III.

§ 17 Gerbers Anteil am Konsistorialgesetz vom 15. April 1873

Gerbers Amtszeit unter König Johann war deutlich kürzer als seine Tätigkeit unter König Albert, darf aber im Hinblick auf die bewirkten Veränderungen als die intensivere gelten. In dieser Periode wurde vorgezeichnet, worauf die weitere rechtliche und politische Arbeit aufbaute und sich die ministerielle Verwaltungsarbeit konzentrierte. Erst Anfang des 20. Jahrhunderts kündigten vergleichbar tiefgreifende Umwandlungen eine neue Epoche an.

I. Allgemeines

Mit seinem Amtsantritt zum ersten Oktober 1871 konnte Gerber an das Hauptwerk der ersten Landessynode der Evangelisch-Lutherischen Landeskirche Sachsens, das Konsistorialgesetz[1], an dessen Zustandekommen er als Präsident der Synode selbst mitgewirkt hatte, direkt anschließen. Es galt, die errungenen Beschlüsse der Synode mit den Vorstellungen der Stände in Einklang zu bringen. Dies gestaltete sich schwieriger, als zunächst vom Kirchenregiment angenommen worden war. Die ständische Mitwirkung sollte nach Ansicht der Kirchenleitung nur die finanziellen Regelungen der Gesetzesvorlage umfassen. Darüber hinaus sei eine Zustimmung des Landtages nicht erforderlich, weil das Gesetz eine Kirchenangelegenheit betreffe, die gem. § 57 SächsVerf. dem Kompetenzbereich der Kirchenleitung zuzuordnen sei[2]. Dagegen erhoben die Kammern verfassungsrechtliche Bedenken. Sie hielten bereits die Bezeichnung als Kirchengesetz für unzulässig, weil das Konsistorialgesetz nicht durch das staatliche Gesetzgebungsverfahren, d. h. insbesondere ohne die Mitwirkung der Stände zustande gekommen war. Vor allem aber sahen sie in verschiedenen Regelungen des Gesetzes[3] ihre politische Gesetzgebungskompetenz berührt und verlangten über diese Bestimmungen des Entwurfs eine gesonderte Entscheidungsmöglichkeit. Die Regierung sah sich dadurch zur Vorlage eines Publikationsgesetzes zum Konsistorialgesetz veranlasst, d. h. eines Gesetzes diejenigen Punkte des Konsistorialgesetzes betreffend, die das Gebiet der politischen Gesetzgebung berührten. In der unterschiedlichen Beurteilung der Regelungsgehalte des Konsistorialgesetzes durch die Minister in Evangelicis und die Landessy-

---

[1] Kirchengesetz, die Errichtung eines Evangelisch-Lutherischen Landeskonsistoriums betr., v. 15. April 1873; in Kraft getreten am 15. Okt. 1874: KglGVBl. 1873, S. 376–382; Abdruck bei *Friedberg*, Verfassungsgesetze, S. 379–383.

[2] Entwurf einer VO, die Einrichtung der Behörden für die evangelisch-lutherische Kirche betr., übersendet am 5. April 1871 durch das Kultusministerium an die in Evangelicis beauftragten Staatsminister: SächsHStA, Gesamtmin., Evangel., Loc. D 4, Bl. 1 ff, Bl. 5–16; *Herzog*, Konsistorialgesetz, S. 163; *Gerber*: Sächs. LT. 1871/73, Vhlg. 2. K., Bd. 1, S. 326.

[3] Hierzu eingehender unten II.

node als der Evangelisch-Lutherischen Landeskirche vorbehaltene Angelegenheiten einerseits und durch die Stände als Akteure staatlicher Gesetzgebung andererseits, spiegelt sich der Interessenstreit zwischen Staat und Landeskirche um die Regelungsbefugnis in kirchlichen Angelegenheiten wider. Es ging m. a. W. um die Frage der Zuordnung zur kirchlichen oder staatlichen Gesetzgebung.

II. Gerbers Position in der Diskussion über das Gesetzgebungs-verfahren

Der Landtag begegnete dem Kirchengesetz mit Vorbehalten. Er bezweifelte die Kompetenz der Kirchenleitung und Synode zur beabsichtigten Verfahrensweise und forderte die Möglichkeit einer ständischen Mitwirkung.

Die Synode hatte den mit Änderungen angenommenen Gesetzentwurf am 3. Juni 1871 den in Evangelicis beauftragten Ministern zugeleitet[4]. Am 18. Dezember 1871[5] wurde er mit einem Entwurf zum Haushaltsplan an die zweite Kammer weitergeleitet. Die Diskussion[6] der Vorlage brachte die Sorge zum Ausdruck, das Konsistorialgesetz übertrage staatliche Rechte auf die Kirche und gefährde so die Staatssouveränität. Das geforderte ständische Mitwirkungsrecht könnte aufgrund der Bestimmungen zur Beteiligung des Landeskonsistoriums an der Schulaufsicht gegeben sein. Auch sei die mit dem Kirchengesetz bewirkte Aufhebung des Gesetzes über die Kreisdirektionen gem. § 86 SächsVerf. nur mit Genehmigung der Stände möglich[7]. Der Landtag beschloss daraufhin, das Kirchengesetz insgesamt einer Überprüfung auf mitwirkungsbedürftige Regelungen zu unterziehen.

Die Bemühungen Gerbers im Rahmen dieser Erörterungen zielten auf die Begrenzung der Mitwirkung des Landtages, womit er auch seiner monarchischen Grundeinstellung gefolgt sein mag. Gerber hatte sich neben der Schulfrage vor allem mit der vermeintlichen Übertragung staatlicher Rechte auf die Kir-

---

[4] Sächs. LS. 1871, Akten, I. Abt., S. 67–76.

[5] Kgl. Dek. Nr. 28, den Aufwand für das zu errichtende Evangelisch-Lutherische Landeskonsistorium betr.: Sächs. LT. 1871/73, Vhlg. 2. K., Bd. 4, S. 3206–3209; Sächs. LT. 1871/73, Akten, I. Abt., Bd. 2, S. 483 ff.

[6] Vgl. bes. die Rede des Abgeordneten *Biedermann*, Sächs. LT. 1871/73, Vhlg. 2. K., Bd. 1, S. 324 ff.

[7] Es gelang Gerber, dieses Bedenken mit dem Hinweis auf das staatliche Gesetz über die Verwaltungsorganisation auszuräumen (*Gerber*, Sächs. LT. 1871/73, Vhlg. 2. K., Bd. 1, S. 326). Im ersten Entwurf des Publikationsgesetzes heißt es, dass die Regelung in § 9 der ständischen Mitwirkung bedürfe, diese aber mit der Genehmigung der übrigen die staatliche Gesetzgebung berührenden Punkte des Konsistorialgesetzes als erteilt anzusehen sei (SächsHStA, Gesamtmin., Evangel., Loc. D 4, Bl. 111 f). Die Erläuterung findet sich in den Motiven des Publikationsgesetzes wieder (Motive zum Publikationsgesetz, Ziffer 7).

che auseinander zu setzen. Die Abgeordneten waren besorgt, dass der Staat die Kontrolle über die Kirche verlöre, weil er die Leitung der Kirchenverwaltung aus den Händen eines den Ständen verantwortlichen Staatsministers, dem Kultusminister, an die neu zu schaffende Kirchenbehörde gebe. Die verbleibende Kontrollmöglichkeit durch die in Evangelicis beauftragten Staatsminister sei dem nicht gleichzusetzen, weil deren Verantwortlichkeit gegenüber den Ständen fraglich sei[8]. Diese Auffassung zeigt, wie stark Kirche und Staat noch als Einheit betrachtet wurden und wie gering die Unterscheidung kirchlicher und staatlicher Kompetenz geachtet wurde. Sie verdeutlicht aber zugleich die Notwendigkeit einer Entflechtung, um die eigenständige Entwicklung eines modernen, konfessionell neutralen Staates zu ermöglichen, wie sie wohl auch im Interesse Gerbers gelegen haben mag.

Gerber sah seine Aufgabe vor allem darin, die tatsächlichen rechtlichen Verhältnisse zu klären. Er stellt zunächst die Unterscheidung des *ius in sacra* von dem *ius circa sacra* in ihrer historischen Entwicklung dar[9]. Die vom Staat vereinnahmten kirchlichen Rechte sollten nun zurückgewährt werden. Die Kirche erhalte damit die ihr originär zustehenden Rechte. Rechte des Staates seien deshalb nicht betroffen. Das dem Staat originär zuerkannte Oberaufsichtsrecht über alle Kirchen, mithin auch über die evangelisch-lutherische, bleibe davon unberührt. Gerber führt aus: *„Die Kirchengewalt, welche der Staat bisher ausgeübt hat, ist nicht ein Recht des Staates, sondern ist ein Recht der Kirchenregierung, welches nur äußerlich mit der Staatsgewalt verbunden war.“*[10] Er stellt weiter klar, *„daß es die alten, von jeher in Sachsen ausgeübten Befugnisse sind, welche nur einer anderen Behörde, einem anderen Organe zur Ausübung zugewiesen werden.“*[11] Daraus folgt zugleich die von Gerber aufgezeigte Verantwortlichkeit der Minister in Evangelicis nur gegenüber der Synode. Der Kultusminister sei damit, soweit sich seine Tätigkeit auf die Ausübung der Verwaltung des Kirchenregiments über die Evangelisch-Lutherische Landeskirche bezogen habe, zu keiner Zeit den Ständen verantwortlich gewesen, da nur die staatliche Amtsführung der Verantwortung vor dem Landtag unterliegen konnte. Die Übertragung der Kirchenverwaltung auf eine Kirchenbehörde bedeute mithin keinen Kontrollverlust für die Stände. Gerber kam deshalb zu dem Schluss, *„daß etwas Neues in Bezug auf die Kirchengewalt darin [im Konsistorialgesetz] nicht enthalten ist.“*[12]

---

[8] Abgeordneter *Biedermann*, Sächs. LT. 1871/73, Vhlg. 2. K., Bd. 1, S. 324 ff.
[9] *Gerber*, Sächs. LT. 1871/73, ebd., S. 326; ausführlich, Sächs. LT. 1871/73, Vhlg. 2. K., Bd. 4, S. 3217–3219, S. 3218 f.
[10] *Gerber*, Sächs. LT., 1871/73, Vhlg. 2. K., Bd. 1, S. 326.
[11] *Gerber*, Sächs. LT., ebd.
[12] *Gerber*, Sächs. LT., ebd.

Gleichwohl konnte Gerber die Bedenken der Stände wegen der doch bedeutenden Veränderung durch die Errichtung der obersten Kirchenbehörde nicht zerstreuen. Dies wohl ahnend, signalisierte er bereits in seiner ersten Erörterung des Gegenstandes Kompromissbereitschaft: *„Gegen die Verweisung der Sache zur Prüfung an eine Deputation selbst habe ich natürlich nicht das Mindeste einzuwenden."*[13]

III. Gerbers Stellungnahmen zu den Bedenken der Stände

1. Publikationsgesetz vom 16. April 1873

Die erste Deputation der zweiten Kammer gelangte nach Prüfung des Konsistorialgesetzes zu dem Ergebnis, dass das Gesetz die staatliche Gesetzgebungskompetenz der Stände über die finanzielle Bewilligung hinaus berühre und der Ständeversammlung deshalb in geeigneter Weise Gelegenheit zur gesetzgeberischen Mitwirkung zu geben sei[14]. Der daraufhin von Kultusminister Gerber erarbeitete Entwurf eines Publikationsgesetzes zum Konsistorialgesetz[15] enthielt die streitigen Regelungen und wurde im Februar 1872[16] dem Landtag vorgelegt. Die besondere Bedeutung des Publikationsgesetzes lag darin, dass die von Gerber bereits in den Verhandlungen der Ständeversammlung über die Notwendigkeit ihrer gesetzgeberischen Mitwirkung dargelegte Unterscheidung des *ius in sacra* vom *ius circa sacra* fixiert und in den Motiven zum Publikationsgesetz im Einzelnen erläutert wurde[17]. Die Aufsicht der Minister in Evangelicis sollte demnach nur die Leitung des evangelisch-lutherischen Kirchenregiments, das *ius in sacra* betreffen. Dagegen war dem Kultusminister die staatliche Oberauf-

---

[13] *Gerber*, Sächs. LT., ebd. Dies brachte Gerber Anerkennung auch von Seiten liberaler Landtagsmitglieder, wie des Abgeordneten Biedermann (Zur Person vgl. unten III.) in seinen Lebenserinnerungen: *Karl Biedermann*, Mein Leben und ein Stück Zeitgeschichte, Bd. 2, 1849–1886, 1886, S. 305.

[14] *Herzog*, Konsistorialgesetz, S. 195.

[15] Beschlossen als Staatsgesetz: Gesetz, zur Publikation des Kirchengesetzes wegen Errichtung eines evangelisch-lutherischen Landeskonsistoriums, v. 16. April 1873: KglGVBl. 1873, S. 374–376; Auszug bei *Huber/Huber*, Staat und Kirche, Bd. 2, S. 1033 ff.

[16] Dek. Nr. 7 v. 13. Febr. 1872, Gesetz, die Publikation des Kirchengesetzes wegen Errichtung eines Evangelisch-Lutherischen Landeskonsistoriums betr.: Sächs. LT. 1871/73, I. Abt., Bd. 3, S. 127–128. Vgl. auch Sächs. LT. 1871/73, Vhlg. 2. K., Bd. 4, S. 3209–3210 u. oben § 8 III. 3.

[17] § II Publikationsgesetz in Erläuterung des § 1 des Konsistorialgesetzes, Gesetz zur Publikation des Kirchengesetzes wegen Errichtung eines Evangelisch-Lutherischen Landeskonsistoriums, v. 16. April 1873, Motive zum Publikationsgesetz, Nr. 1, KglGVBl. 1873, S. 374–376; Abdruck auch in *Huber/Huber*, Staat und Kirche, Bd. 2, S. 1032 f. Vgl. weiter *Herzog*, Konsistorialgesetz, S. 196 ff.

sicht, das *ius circa sacra*, auch über die Evangelisch-Lutherische Landeskirche zugewiesen. Er war insoweit den Ständen verantwortlich[18].

Die bereits in der Debatte um die Mitwirkungsbedürftigkeit der Ständeversammlung am Kirchengesetz zur Errichtung eines Landeskonsistoriums erhobenen weiteren Einwände[19], wie die Zulässigkeit der Bezeichnung als Kirchengesetz und die Mitwirkung im Bereich der Schule, wurden bei der Prüfung des Publikationsgesetzes eingehend diskutiert, wie im Folgenden näher darzulegen ist.

2. Zulässigkeit der Bezeichnung als Kirchengesetz

Im Rahmen der Erörterungen des Publikationsgesetzes zum Kirchengesetz wurde eingewendet, bereits die Regelung durch ein nur zwischen den Ministern in Evangelicis und der Synode vereinbartes Gesetz sei unzulässig[20]. Es könne weder die rechtliche Qualität eines Konkordates, noch die eines staatlichen Gesetzes haben. Es sei vielmehr nur als kirchliche Anordnung zu bezeichnen, um den Schein der Autorität eines Staatsgesetzes zu vermeiden. Unter einem 'Gesetz' werde eine Regelung verstanden, die durch das staatliche Gesetzgebungsverfahren zustande gekommen ist. Die Bezeichnung als Kirchengesetz erwecke daher den Anschein einer dem Staatsgesetz und dem Staat ebenbürtigen kirchlichen Regelung, d. h. der hierarchischen Gleichstellung der Kirche mit dem Staat. Die Unterordnung der Kirche unter die Staatsautorität müsse aber nach außen verdeutlicht werden[21].

---

[18] § II Publikationsgesetz; *Herzog*, Konsistorialgesetz, S. 196.

[19] Gegenstand der Diskussion war auch erneut die Unterscheidung zwischen dem *ius in sacra* und dem *ius circa sacra* mit den dargelegten Argumenten.

[20] Abgeordneter *Streit*, Sächs. LT. 1871/73, Vhlg. 2. K., Bd. 4, S. 3214 ff, S. 3214; zur Person: *Lothar Ottokar Wilhelm Streit*, geb. am 6. Nov. 1823 in Gera, gest. am 4. Juni 1898 in Schönfeld, Oberbürgermeister der sächs. Stadt Zwickau, fortschrittlich gesinnter Reichstags- u. sächs. Landtagsabgeordneter, Vizepräsident der zweiten Kammer des Landtages 1871/73 (vgl. Mitteilungen über die Mitglieder des Landtages, in: Sächs. LT. 1871/73, Vhlg. 2. K., Bd. 1, S. 16; *Anton Bettelheim* (Hrsg.), Biographisches Jahrbuch und deutscher Nekrolog, Bd. 5, 1903, Totenliste 1898, S. 61*; *Biedermann*, Mein Leben, Bd. 2, S. 407, der *Streit* der Fortschrittpartei als einer Partei der entschiedener Liberalen im Gegensatz zu den gemäßigt Liberalen zuordnet; *ders.*, ebd., Bd. 2, S. 296).

[21] Abgeordneter *Streit*, Sächs. LT. 1871/73, Vhlg. 2. K., Bd. 4, S. 3214 ff, S. 3214 u. Abgeordneter *Ludwig* (*Richard Ludwig*, Advocat in Chemnitz, Führer der Chemnitzer Fortschrittspartei: vgl. *Biedermann*, Mein Leben, Bd. 2, S. 295), Sächs. LT., 1871/73, Vhlg. 2. K., Bd. 4, S. 3216 f.

Der Entwurf war zunächst vom Kultusministerium als Verordnung an die Minister in Evangelicis vorgelegt worden. Sie beschlossen bei der zweiten Beratung der Vorlage, diese als Kirchengesetz zu bezeichnen[22]. Die zugrundeliegenden Erwägungen für diesen Beschluss sind dem Protokoll nicht zu entnehmen. Gerber rechtfertigte die Bezeichnung, indem er auf den umfassenderen Sprachgebrauch des Wortes 'Gesetz' abstellte: *„Der Ausdruck „Gesetz" ist ja, wie jedem Juristen bekannt ist, ein sehr allgemeiner."*[23] Und weiter: *„Man spricht von Gesetz bei allen Arten von Anordnungen und Verordnungen, welche auf eine längere Dauer wirken sollen. Darum sollte man diesen allgemeinen Ausdruck doch auch gebrauchen können für eine Anordnung, welche für eine ganze Kirche eines Landes auf jedenfalls längere Dauer hin eine der wichtigsten Grundlagen derselben constituirt."*[24] Er bestätigte so, dass es sich nicht um ein Staatsgesetz oder einen Kirchenvertrag handle. Die staatliche Souveränität werde nicht berührt, denn es sei selbstverständlich, dass kirchliche Angelegenheiten durch eine Kirchenbehörde geregelt würden. Dadurch werde gewährleistet, dass der Staat sich den staatlichen Angelegenheiten widmen könne. Er könne und dürfe der neuen Staatsidee, d. h. der stärkeren Abgrenzung von Kirche und Staat, entsprechend nicht in unmittelbare privilegierende Beziehung mit einer bestimmten Religionsgemeinschaft treten. Die staatliche Oberaufsicht über *alle* Religionsgemeinschaften bleibe dabei unberührt[25].

Zu Recht verwies Gerber damit die Ständeversammlung auf ihre verfassungsmäßigen Mitwirkungsrechte, die sich trotz der weiten Fassung von § 86 SächsVerf. unter Berücksichtigung von § 57 SächsVerf. nur auf staatsbezogene Gesetze erstrecken konnten, was hier nur für das Publikationsgesetz zutraf[26]. Soweit die Stände dennoch für die Evangelisch-Lutherische Landeskirche als Vertreter gewirkt und bei wichtigen die Kirche betreffenden Gegenständen mitberaten hatten[27], war ihre Tätigkeit nunmehr durch die Landessynode abgelöst worden[28]. Die Bezeichnung als Gesetz konnte daher ihre Befugnisse bezüglich der Landeskirche weder erweitern noch hinsichtlich ihrer staatlichen Kompetenzen beschränken. Im Ergebnis blieb die Bezeichnung als Kirchengesetz damit erhalten und prägte fortan die kirchenrechtliche Gesetzessprache.

---

[22] Prot. der Sitzung der Minister in Evangelicis v. 2. Mai 1871: SächsHStA, Gesamtmin., Evangel., Loc. D 4, Bl. 58 ff.

[23] *Gerber*, Sächs. LT. 1871/73, Vhlg. 2. K., Bd. 4, S. 3218.

[24] *Gerber*, ebd.

[25] Hierzu u. zu Vorstehendem *Gerber*, ebd.

[26] Vgl. hierzu auch die Analyse bei *Feller*, Kirchenvorstands- und Synodalordnung, S. 33 ff, S. 43.

[27] *Feller* bezeichnet dies als ein „historisches Recht" der Stände, das aus Jahrhunderte langer, konsequenter und ungestörter Übung erwachsen sei: *Feller*, ebd., S. 46.

[28] *Feller*, ebd., S. 51 f.

3. Der Religionsunterricht und die 'sittlich-religiöse' Erziehung

Von besonderer Bedeutung war auch die mit dem Gesetz zur Errichtung des Landeskonsistoriums berührte Schulfrage. Die Kompetenzverhältnisse im Schulbereich erwiesen sich auch hier als zentrales Problem für die Abgrenzung der staatlichen und kirchlichen Wirkungskreise und damit die im Rahmen der Zweiten Staatsreform erforderliche Neugliederung der Staatsverwaltung, die durch die damals noch bestehenden staatskirchenrechtlichen Strukturen unmittelbar die Neuorganisation auch der kirchlichen Verwaltung mit bedingte[29]. Die Stände sahen in der Aufsicht des Landeskonsistoriums über den evangelisch-lutherischen Religionsunterricht[30] und die 'sittlich-religiöse' Erziehung gem. § 4 Abs. 2 und § 5 Nr. 4 KonsistorialG ein Einfallstor für die Kirche, die Schulaufsicht an sich zu ziehen, zumal die sittliche, d. h. moralische Erziehung mit der religiösen ausdrücklich verbunden wurde. Sie ließen sich auch nicht mit dem Verweis auf den ebenfalls dem Landtag vorgelegten Entwurf eines Volksschulgesetzes[31] beruhigen, durch das die Schulaufsicht dem Staat zugewiesen wurde[32]. Das Publikationsgesetz stellte vor diesem Hintergrund in § III klärend fest, dass die dem Landeskonsistorium eingeräumte Aufsicht über den Religionsunterricht und die sittlich-religiöse Erziehung die staatliche Schulaufsicht in keiner Weise einschränke. In der Tat wurde dem Landeskonsistorium bezüglich der sittlich-religiösen Erziehung im Übrigen lediglich ein Antragsrecht gewährt (§ III PublikationsG).

Den Begriff der 'sittlich-religiösen' Erziehung definiert das Publikationsgesetz nicht. Bei der Beratung des Gesetzentwurfs und erneut des Publikationsgesetzes wurde die Erstreckung der kirchlichen Aufsicht auf dieses Gebiet von beiden Kammern jedoch stark diskutiert.

Die Aufsicht des Landeskonsistoriums auch über die sittlich-religiöse Erziehung der Jugend in der Schule wurde auf Veranlassung der Landessynode[33] nach längerer Debatte in den Entwurf eingebracht. Die Schwierigkeit lag in der

[29] Vgl. näher hierzu unten § 18 IV. 3.

[30] Die ganz überwiegende Zahl der Volksschulen war entsprechend der konfessionellen Prägung der Bevölkerung in Sachsen evangelisch-lutherischen Bekenntnisses (1880 gab es lediglich 38 katholische Volksschulen.), *Burkhard Poste*, Schulreform in Sachsen 1918–1923, 1993 (Studien zur Bildungsreform, Bd. 20), S. 262.

[31] Der Entwurf des Volksschulgesetzes wurde der zweiten Kammer im Dez. 1871 zugeleitet, vgl. unten § 18 II. 1.

[32] Der Staat übt die Schulaufsicht durch das Kultusministerium als oberster Schulbehörde (§ 36 VolksschulG), den Bezirksschulinspektor (§ 32 VolksschulG) und den Ortsschulvorstand, der insoweit im Auftrag des Staates tätig ist (§ 29 Abs. 1 VolksschulG), aus.

[33] Verschiedene Anträge dazu, insbes. Antrag Synodaler *Erdmannsdorf*, Sächs. LS. 1871, Vhlg., S. 287 ff.

Zeitdifferenz zwischen der Vorlage des Konsistorialgesetzes und des Volksschulgesetzes[34]. Letzteres wurde dem Landtag erst nach dem Abschluss der Synode zugeleitet und hatte ihr nicht vorgelegen. Die Synodalen ersuchten daher während ihrer Beratungen 1871 die Kirchenleitung mehrfach um Klarstellung des Verhältnisses von Kirche und Schule[35] und schließlich um Vorlage der zu treffenden Bestimmungen über die Art und Weise der Beaufsichtigung des Religionsunterrichts durch das Landeskonsistorium an die Synode vor dem Inkrafttreten des neuen Volksschulgesetzes[36]. Das Gesetz zur Errichtung eines Landeskonsistoriums traf zur Gestaltung des Verhältnisses von Staat und Kirche zur Schule keine Regelungen[37]. Die Vorschläge dazu reichten im Rahmen der Diskussion in der Synode von der Übertragung der Schulaufsicht auf die Kirche unter staatlicher Mitwirkung bei der Aufsicht bis hin zu dem umgekehrten, der Vorlage näher stehenden Fall staatlicher Schulaufsicht mit kirchlicher Beteiligung. Selbst die vollständige Trennung der Bereiche im Sinne der ausschließlichen Staatsaufsicht über die Schule, den Religionsunterricht eingeschlossen, fand Fürsprecher[38]. Überwiegend erachteten die Synodalen die gewährte Aufsicht über den Religionsunterricht als selbstverständlich, aber nicht als ausreichend. Damit sei nur *ein* Gegenstand der Schule betroffen, nicht aber die Mitsprache in der Schulangelegenheit an sich. Die Sorge, der Religionsunterricht werde auf *eine* Schuldisziplin, wie Rechnen und Lesen, reduziert und die Kirche dadurch aus einem wichtigen Arbeitsgebiet zurückgedrängt, bestimmte die Diskussion. Sie mündete in die Forderung, die Rechte der Evangelisch-Lutherischen Landeskirche in Schulangelegenheiten bereits im Konsistorialgesetz festzulegen und durch die Erstreckung der kirchlichen Schulaufsicht auf die sittlich-religiöse Erziehung als Ganzes zu wahren.

Was unter der 'sittlich-religiösen' Erziehung zu verstehen sei, erschließt sich aus dieser Debatte nur teilweise. Die Religion wurde als „Herzschlag der ganzen Erziehung in der Volksschule"[39] angesehen. Unterricht müsse erziehend

[34] Dies wurde schon in den Beratungen des Entwurfs durch die Minister in Evangelicis hervorgehoben. Vgl. Prot. der Sitzung der Minister in Evangelicis v. 21. April 1871, SächsHStA, Gesamtmin., Evangel., Loc. D 4, Bl. 48 ff.

[35] Superintendent *Anacker*, Sächs. LS. 1871, Vhlg., S. 251; Pastor *Leonhardi*, ebd., S. 260.

[36] Synodalschrift v. 3. Juni 1871, Sächs. LS. 1871, Akten, I. Abt., S. 67 ff. Dem Ersuchen wurde nachgekommen mit der Vorlage des Erlasses Nr. 1 des Kirchenregiments, die Art der Aufsicht des Landeskonsistoriums über den Religionsunterricht betreffend vom 10. Juni 1874, welcher der außerordentlichen Synode zu ihrer ersten Sitzung am 18 Juni 1874 (Sächs. LS. 1874, Vhlg., S. 18) vorgelegt wurde.

[37] Die zunächst in den Motiven enthaltenen Prinzipien des vorgesehenen Schulgesetzes wurden nach Beratung der Minister in Evangelicis bewusst weggelassen. Vgl. Prot. der Sitzung v. 2. Mai 1871, SächsHStA, Gesamtmin., Evangel., Loc. D 4, Bl. 58 ff.

[38] Bürgerschullehrer *Gesell*, Sächs. LS. 1871, Vhlg., S. 250 f.

[39] Pastor *Leonhardi*, Sächs. LS. 1871, Vhlg., S. 260.

sein und die mit der Erziehung zu bildende Lebensgrundlage sei die Religion, so dass sich die Kirche als Erzieherin darstelle[40]. Sie sei daher berufen, die Einhaltung der im Religionsunterricht gelegten Grundlagen in den übrigen Lehrfächern zu überwachen, Lehrbücher und Lehrvorschriften zu kontrollieren sowie die sittlich-religiöse Haltung der Lehrer zu überprüfen. Der sittlich-religiösen Erziehung wurden die zur „Grundlage der bürgerlichen Intelligenz, der bürgerlichen Berufstüchtigkeit“[41] dienenden Lehren gegenübergestellt. Bezüglich letzterer komme dem Staat die alleinige Schulaufsicht zu[42]. Dies suggeriert einen Unterschied zwischen der Religion und ihrer Ausübung im engeren Sinne und in einem weiteren Sinne, die praktische Anwendung der im Religionsunterricht vermittelten Lehren und Erziehungsziele im übrigen Schulunterricht betreffend[43]. Ersteres wäre dann als die religiöse Erziehung im Religionsunterricht denkbar, Letzteres als die sittlich-religiöse Erziehung im Übrigen. Dies stünde aber mit dem Anspruch der Kirche, die Religion sei Grundlage *aller* Erziehung, nicht in Einklang. Dieser Widerspruch könnte vom ursprünglichen Gehalt sittlichen Verhaltens als ein von der Sitte, d. h. der kollektiven Lebensordnung gefordertes Benehmen her aufgehoben werden. Die sittlich-religiöse Erziehung wäre danach vorstellbar als ein aus dem Zeitverständnis der Religion zu forderndes Erziehungsziel. Darin scheint eine gewisse Vorsicht enthalten, die wahre, richtige Auslegung der Religionsregeln aus der Heiligen Schrift durch die Forderung einer rein religiösen Erziehung nicht beanspruchen zu wollen. Mit der sittlich-religiösen Erziehung wäre dann aber doch wiederum die religiöse Erziehung gemeint. Dieses letztere Verständnis führt zu einer besseren Übereinstimmung der Erörterungen verschiedener Synodaler in Bezug auf das Erfordernis des Aufsichtsrechts der Kirche im Rahmen der Schule. Sie hoben Kirche und Religion als Lebensgrundlage und Erziehungsideal hervor, bzw. sprachen wörtlich innerhalb der Diskussion lediglich von religiöser Erziehung[44]. Auch das spätere Publikationsgesetz (§ III) führt in Bezug auf die sittlich-religiöse Erziehung aus, dass das Landeskonsistorium insoweit nur zur Stellung von Anträgen an das Unterrichtsministerium auf Grund von Wahrnehmungen über den Zustand der *religiösen Jugendbildung* berechtigt ist, und stellt die sittlich-religiöse Erziehung in der Volksschule der religiösen Jugendbildung gleich. Erklärbar ist die Debatte wohl nur aus einer Grundeinstellung heraus, die der Religion zentrale Bedeutung für das staatliche und gesellschaftliche Zusammenleben der Menschen insgesamt zuerkennt.

---

[40] Konsistorialrat *Ludthard*, ebd., S. 290 ff.
[41] Superintendent *Meier*, ebd., S. 298.
[42] Superintendent *Meier*, ebd.
[43] Synodaler *Erdmannsdorf*: „Aufsicht über die sittlich-religiöse Erziehung der Jugend in den Schulen, also auf die praktische Anwendung des Religionsunterrichts in der Schule“, Sächs. LS. 1871, Vhlg., S. 298.
[44] Synodaler Advokat *Höffner*, ebd., S. 290.

Der damalige amtierende Kultusminister v. Falkenstein bezeichnete bei den Synodalverhandlungen die Aufsicht über die sittlich-religiöse Erziehung als zu ungenau[45]. Er erklärte wiederholt[46], dass sie vom Religionsunterricht nicht zu trennen sei, weil dieser die wichtigste Grundlage dafür bilde. Dem Landeskonsistorium würde damit durch den Regierungsentwurf auch insoweit das Aufsichtsrecht bereits gewährt. Er führte weiter aus, dass die dem Kultusministerium zuzuweisende Leitung der Volksschule gerade die Beobachtung der sittlich-religiösen Erziehung in der Schule beinhalte, zu deren Ausübung es lediglich in Bezug auf den Religionsunterricht der Mithilfe des Landeskonsistoriums bedürfe. Dies wiederum konnte zur Erhellung der Bedeutung sittlich-religiöser Erziehung wenig beitragen. Wenn die sittlich-religiöse Erziehung wirklich im konfessionellen Religionsunterricht wurzeln soll, erscheint die Aufsicht hierüber durch das Kultusministerium als Staatsbehörde schwerlich durchführbar. Ist sie aber als Überwachung der religiösen Erziehung über den Religionsunterricht hinaus zu verstehen, dann wäre das Aufsichtsbegehren der Kirche nachvollziehbar. Dies würde dann allerdings eine zumindest parallele geistliche Schulaufsicht zur Folge haben. Nicht zu Unrecht trugen die Stände Sorge[47], der Staat könne dadurch die ihm zustehende Schulaufsicht der Kirche in die Hand geben.

Gerber äußerte sich während der Synodalverhandlungen zu diesem Gegenstand nicht. Im Publikationsgesetz[48] und den Erörterungen[49] hierzu suchte er – wohl nicht zuletzt im Interesse eines Konsenses der Stände, die die staatliche Schulaufsicht bedroht sahen, für das Konsistorialgesetz, bzw. das Publikationsgesetz – durch die Beschränkung der Aufsicht über die sittlich-religiöse Erziehung auf Antragsrechte, die Einflussmöglichkeiten der Kirche zu begrenzen[50].

---

[45] So auch andere Synodale, wie z. B. *Zarncke*. Friedrich Karl Theodor Zarncke: deutscher Philolog, geb. am 7. Juli 1825 in Zahrenstorf/Meklenburg, gest. am 15. Okt. 1891 in Dresden, seit 1850 in Leipzig, wo er zunächst außerordentlicher, seit 1858 ordentlicher Prof. für deutsche Sprache u. Literatur war, 1850 Gründung des Literarischen Centralblatts für Deutschland. Vgl. *C. Sievers*, Zarncke, in: ADB, Bd. 44, Wolfenbüttel – Zeis, Neudr. der 1. Aufl. 1898, 1971, S. 700 ff u. S. 413 ff.

[46] Sächs. LS. 1871, Vhlg., S. 310 f, S. 416 f.

[47] Bes. der Abgeordnete *Ludwig* (Richard L., Advocat in Chemnitz, Liberaler), Sächs. LT. 1871/73, Vhlg. 2. K., Bd. 4, S. 3225.

[48] § III Publikationsgesetz.

[49] *Gerber*, Sächs. LT. 1871/73, Vhlg. 2. K., Bd. 4, S. 3225.

[50] Die mit dem von den Ständen geforderten Publikationsgesetz erreichte Klarstellung des Verhältnisses des Staates und der Kirche in Schulangelegenheiten konnte das Misstrauen jedoch nicht vollständig ausräumen. Die dem Landeskonsistorium vom Kultusministerium zu erstellende Anweisung zur Handhabung der Schulaufsicht in den gesetzlichen Grenzen sollte nicht nur der Synode, sondern auch den Ständen zur Kenntnis gebracht werden, bevor das Gesetz in Kraft trete. Gerber stellte sich entschieden gegen diesen Antrag, den er als unnötig und vor allem die Verwirklichung des Gesetzesvorhabens erheblich verzögernd ansah, konnte

Damit wurde die in Gang befindliche Tendenz zur Verstaatlichung des Schulwesens und zur Abscheidung der staatlichen von der kirchlichen Verwaltung konsequent fortgesetzt.

IV. Die Neuordnung der Kirchenorganisation und ihre Auswirkung auf das Verhältnis von Staat und Kirche

Das Landeskonsistorium konnte, wie bereits dargelegt[51], am 15. Oktober 1874 seine Arbeit auf der Grundlage des Kirchengesetzes und des Publikationsgesetzes aufnehmen. Die Mitglieder der neuen Kirchenbehörde wurden am gleichen Tag von Gerber persönlich in ihr Amt eingeführt[52]. Durch einen Präsidenten, den Oberhofprediger als Vizepräsidenten, zunächst zwei, später drei juristische und ebenso viele geistliche Räte, Hilfsarbeiter und besonders für Prüfungszwecke ernannte außerordentliche Mitglieder leitete es die Geschicke der Evangelisch-Lutherischen Landeskirche Sachsens. Sein Geschäftskreis umfasste die inneren kirchlichen Angelegenheiten. Dazu zählten u.a. die Beachtung der Kirchenverfassung, die Ausübung des Gottesdienstes, die Schulaufsicht über den Religionsunterricht und die 'sittlich-religiöse' Erziehung, des Weiteren die Ausbildung der Geistlichen sowie die Abschaffung und die Einführung neuer Agenden oder Gesangbücher[53]. Dabei hatte das Landeskonsistorium aber unerwartet geringe Entscheidungsbefugnisse. Denn beabsichtigte Vorlagen oder Beschlüsse waren in vielen Gegenständen seiner Zuständigkeit den Ministern in Evangelicis zur Genehmigung vorzutragen[54].

Die Konsistorialverfassung vervollständigte die mit der Kirchenvorstands- und Synodalordnung eingeleitete Begründung einer von der Staatsverwaltung zumindest unmittelbar unabhängigen Kirchenverwaltung durch schärfere Abgrenzung der Zuständigkeiten. Die kirchlichen Leitungsfunktionen waren damit aus dem staatlichen Behördenapparat herausgelöst, wenngleich auch weiter eine enge Verbindung zum Staat bewahrt wurde. Die Konsistorialmitglieder stellte das Gesetz den Staatsbeamten gleich[55]. Die oberste Kirchengewalt verblieb dem Landesherren, der sie durch die in Evangelicis beauftragten Staatsminister

---

aber den entsprechenden mehrheitlichen Beschluss nicht verhindern. (Vgl. Gerber, ebd., S. 3226.)

[51] Vgl. oben § 8 III. 3. u. ebd. Fn. 50.

[52] SächsHStA, Gesamtmin., Evangel., Loc. D 4, Bl. 158.

[53] *Blanckmeister*, Kirchengeschichte, S. 446; §§ 1, 4, 5 Konsistorialgesetz.

[54] Dies betraf u. a. Kirchengesetze u. VO, Veräußerungen von Kirchenland u. Gebäuden, Stellenbesetzungen, Titelverleihungen u. selbst Entscheidungen über Urlaubsgesuche der Superintendenten: SächsHStA, Gesamtmin., Evangel., Loc. D 10, Loc. D 11, Loc. E 8, Loc. E 10, Loc. E 11; vgl. § 7 Konsistorialgesetz.

[55] Vgl. § 3 KonsistorialG.

wahrnahm. Vereinzelt klang auch die Forderung vollständiger Trennung kirchlicher und staatlicher Angelegenheiten an. Der Abgeordnete der zweiten Kammer, der bedeutende liberal gesinnte Politiker und Publizist sowie Professor in Leipzig Dr. *Carl Friedrich Biedermann*[56] stellte bei der Beratung der Mitbestimmungsrechte des Landtags über die finanzielle Bewilligung hinaus fest: „Wenn man sagt, es geht die Sache nicht uns an, wir haben kein Wort hineinzureden in die Sache der Kirche, so müßte auch die Kirche selbst die Mittel aufbringen."[57] Dieser richtigen Konsequenz wurde erst Jahrzehnte später, 1913, mit dem Zugeständnis des Selbstbesteuerungsrechts an die evangelischen Kirchgemeinden[58] näher getreten, das ihre finanzielle Selbständigkeit begründete.

Die vollständige Eigenständigkeit der Kirche war mit dem Konsistorialgesetz weder erreicht noch bezweckt worden[59]. Nur aus der bestehenden und auch nach der Konsistorialverfassung verbleibenden Verbindung von Staat und Kirche erscheint es erklärlich, dass an der Fortsetzung der Verhandlungen zum Konsistorialgesetz durch Gerber als Kultusminister offensichtlich kein Anstoß genommen wurde. Als Präsident der Synode hatte er die Position der Landeskirche vertreten und stand nunmehr auf der Seite des Kirchenregiments. Nach Ger-

---

[56] Geb. am 19. Sept. 1812 in Leipzig, gest. am 5. März 1901 ebd., 1838 Prof. der Staatswissenschaften u. der Philosophie in Leipzig, Liberaler, 1848 im Frankfurter Vorparlament, dann erster Vizepräsident der Nationalversammlung, 1853 Entzug der Professur, 1855–1863 Prof. in Weimar, seit 1865 wieder Prof. in Leipzig, 1871–1874 Mitglied der Nationalliberalen Fraktion des Deutschen Reichstages, 1849/50 u. erneut 1869–1876 auch Mitglied des sächs. Landtages u. Führer der national-liberalen Fraktion. Er bezeichnete sich selbst als gemäßigt liberal (*Karl Biedermann*, Mein Leben und ein Stück Zeitgeschichte, Bd. 1, 1812–1849, S. 358 ff, Bd. 2, S. 14, S. 292 ff, S. 308), Publizist u. Begründer mehrerer Zeitschriften (1842 Deutsche Monatsschrift für Literatur und öffentliches Leben: *Biedermann*, ebd., Bd. 1, S. 71 ff; 1844 „Herold", Wochenschrift für Politik, Literatur und öffentliches Gerichtsverfahren: *Biedermann*, ebd., Bd. 1, S. 106 ff): vgl. *Herbert Helbig*, Biedermann, in: NDB, Bd. 2, Behaim–Bürkel, unveränderter Nachdr. der 1. Aufl. 1955, 1971, S. 223 f; *Biedermann*, Mein Leben, Bd. 1 u. Bd. 2, bes. zur Tätigkeit im sächs. Landtag vgl. Bd. 1, S. 203 ff, Bd. 2, S. 13 ff, S. 204, S. 292 ff.

[57] Abgeordneter *Biedermann*, Sächs. LT. 1871/73, Vhlg. 2. K., Bd. 1, S. 325.

[58] Kirchengesetz, den Haushalt der evangelisch-lutherischen Kirchgemeinden betr., v. 10. Juli 1913, KglGVBl. 1913, S. 274–277 (Mit § 3 Abs. 2 werden die Kirchgemeinden ermächtigt, ihren Aufwand in Ergänzung anderer Einnahmen auch durch Kirchensteuern aufzubringen.); Kirchensteuergesetz v. 11. Juli 1913, KglGVBl. 1913, S. 223–249. Dieses staatliche Kirchensteuergesetz stellt in § 1 fest, dass die Kirchgemeinden zur Deckung ihres Bedarfs Besitzwechselabgabe, Einkommenssteuer, Grundsteuer u. Kopfsteuer erheben dürfen.

[59] Dies stellte bereits der Kultusminister *v. Falkenstein* in der 11. Sitzung der Synode am 25. Mai 1871 klar, in der er ausführte, dass es sich weder um eine Trennung des Staates von der Kirche, noch der Kirche von der Schule handele, Sächs. LS. 1871, Vhlg., S. 258 ff; ebenso *Gerber* am Schluss der Synode, Sächs. LS. ebd., S. 615.

bers[60] Auffassung bildete die Synode, ähnlich wie die Ständeversammlung gegenüber der Landesregierung durch die ihr verantwortlichen Minister, ein Kontrollorgan der Kirchenleitung, dem die Minister in Evangelicis verantwortlich waren. Als Kultusminister vertrat Gerber aber die Staatsbehörde, die das staatliche Oberaufsichtsrecht über die Religionsgemeinschaften, mithin auch und gerade über die Evangelisch-Lutherische Landeskirche, ausübte. Damit war eine Interessenkollision gegeben. Zur Vertrauensbildung hat die Autorität Gerbers, die auf seinen staats- und kirchenrechtlichen Kenntnissen und Fähigkeiten beruhte, trotz dieser Interessenkollision wesentlich beigetragen. Sie wurde von den Abgeordneten auch anerkannt[61] und war geeignet, seinen Ausführungen infolge der Sachkompetenz besonderen Nachdruck zu verleihen.

Die Verbindung von Staat und Kirche wurde auch auf Behördenebene nicht vollständig gelöst. Die intensive Mitwirkung des Kultusministers blieb erhalten[62]. Sie basierte auf den weitreichenden Vorlagepflichten des Konsistoriums an die Minister in Evangelicis, unter denen ihm als für den Staat mit Kirchenangelegenheiten Vertrautem besondere Bedeutung[63] zukam.

Die der Kirche übertragene Leitung und Verwaltung ihrer Angelegenheiten wurde freilich nicht widerspruchslos akzeptiert, sondern bedurfte im Hinblick auf die staatliche Souveränität der Rechtfertigung. Die Unterscheidung des *ius in sacra* vom *ius circa sacra* erlangte daher einen herausragenden Stellenwert. Sie bildete die wesentliche Voraussetzung für die Zustimmung des Landtages zum Konsistorialgesetz. Denn nur so konnten die hauptsächlichen Bedenken der Stände, die einen Verlust staatlicher Rechte an die Kirche befürchteten, ausgeräumt werden. Es liegt ein großes Verdienst Gerbers darin, aufgrund seiner Sachkompetenz die Abgrenzung der Bereiche während der Erörterungen im Landtag deutlich und nachvollziehbar dargelegt zu haben. Die seit Beginn des 19. Jahrhunderts erfolgende Rückbesinnung auf die Ursprünge der Reformation mit der Unterscheidung beider Bereiche i. S. der Zwei-Reiche-Lehre zeichnet sich als Grundlage der Herausbildung eines eigenständigen evangelisch-lutherischen Kirchenwesens in Sachsen einerseits und des modernen religiös neutralen Staates andererseits ab. Die Bemühungen zielten zwar auf die Über-

[60] Gerber, Sächs. LT. 1871/73, Vhlg. 2. K., Bd. 1, S. 326, erklärt, *„daß der Minister in seiner Eigenschaft als Vertreter des jus in sacra eben der Synode verantwortlich ist und daß diese Verantwortlichkeit das rechtliche Interesse dieses Verhältnisses vollständig erschöpft."*

[61] Abgeordneter *Biedermann*, Sächs. LT. 1871/73, Vhlg. 2. K., Bd. 1, S. 324.

[62] *Blanckmeister*, Kirchengeschichte, S. 446; *Christoph Link*, Staat und Kirche in der neueren deutschen Geschichte. Fünf Abhandlungen, 2000 (Schriften zum Staatskirchenrecht, Bd. 1), S. 79.

[63] Diese bestand nicht in einer Vorrangstellung, sondern lediglich einem besonderen Gewicht seiner Ansichten auf Grund der spezifischen Sachkenntnis durch ressortmäßige Befassung mit Kirchenangelegenheiten.

tragung von mehr Rechten an die Kirche, doch sollte dies nicht unter Einschränkung originär staatlicher Kompetenzen erfolgen. Diese würden dem Staat erhalten bleiben, denn soweit eine Lösung der kirchlichen Verwaltung von der staatlichen erfolge, erhielte die Kirche lediglich bis dahin vom Staat wahrgenommene, tatsächlich originär kirchliche Angelegenheiten zurück. Die Ausgliederung der Kirche, die gleichwohl Teil der Staatsverwaltung blieb[64], erfolgte so nicht ohne Probleme, führte am Ende aber doch zu einem von beiden Seiten getragenen Kompromiss.

Ein spezifisches Verdienst Gerbers besteht darin, dass er der Erörterung dieser Frage mit der Vorlage des Publikationsgesetzes Raum gab. Die Gesetzesvorlage erschien vor allem im Interesse der Verwirklichung der neuen Kirchenordnung erforderlich, weil die Stände ihre Bewilligung sonst wohl versagt hätten. Gerbers Eingehen auf die Bedenken der Kammern und sein Nachgeben durch die zügige Vorlage des beantragten Publikationsgesetzes zeugen von seinem Bemühen um die Verselbständigung der Kirche im Rahmen des Möglichen. Er leistete damit einen wesentlichen Beitrag zur Unterscheidung der Bereiche von Staat und Kirche im Rahmen der staatskirchenrechtlichen Verhältnisse, die er in den „Grundzügen des deutschen Staatsrechts" wie folgt zusammenfasst: *„Der Staat unterwirft sie [die Kirche] nicht seiner Herrschaft, sondern anerkennt sie als selbstberechtigtes Gemeinwesen und gestattet die selbständige Entfaltung ihres Lebens, soweit diess die Rücksicht auf das Nebeneinanderstehen mehrerer Kirchen und auf die Erfüllung seiner eigenen Aufgaben zulässt. Er verleiht ihr seinen Schutz [...] Denn von der Kirche erwartet er, was er selbst nicht geben kann und doch so dringend bedarf, die Erhaltung der Religion in Familie und Gesellschaft und damit des hauptsächlichen Quells jener höheren sittlichen Kräfte im Volke, welche die Lebensbedingungen eines freien und glücklichen Staatswesens bilden."*[65]

---

[64] So *Biedermann*, Sächs. LT. 1871/73, Vhlg. 2. K., S. 325.

[65] *Gerber*, Grundzüge, S. 74.

§ 18 Gerbers Anteil am Volksschulgesetz vom 26. April 1873

Die Klärung der Schulfrage und die Erneuerung des Schulwesens nötigten Gerber am Beginn seiner Ministertätigkeit zu zügiger Arbeit in großem Umfang. Sein Amtsvorgänger, Minister v. Falkenstein, hatte dem vergangenen Landtag 1870 die Zusage erteilt, der folgenden Ständeversammlung den Entwurf eines Volksschulgesetzes vorzulegen[1]. Die Bedeutung dieses Gesetzeswerks für Sachsen, die Diskussionen im Landtag, besonders die unter den Ministern im Gesamtministerium sowie die einschlägige Korrespondenz mit König Johann, ermöglichen Rückschlüsse auf die persönliche Leistung Gerbers, der am Zustandekommen des Gesetzes großen Anteil hatte. Die Würdigung der Gesetzinitiative bedarf eines vorangestellten Überblicks zur Entwicklung des Elementarvolksschulwesens in Sachsen.

I. Die Schulentwicklung bis 1873

Die lange Tradition sächsischer Schulpolitik spiegelt sich in zahlreichen Schulordnungen wider[2]. Dabei lag die Schule zunächst uneingeschränkt in der Hand der Kirche[3]. Die Anfänge des Schulwesens in Sachsen reichen bis ins 12. Jahrhundert[4] zurück, eine gezielte Förderung setzte sich aber erst mit der Reformation durch. Es entstanden im Laufe der Zeit in den Städten deutsche Stadtschulen, die sich zu lateinlosen Bürgerschulen entwickelten, höhere Schulen und viele Privatschulen von allerdings zweifelhafter Lehrqualität[5], die im 18. Jahrhundert das eigentliche Volksschulwesen bildeten. Auf dem Lande entwickelte sich das Volksschulwesen aus dem meist durch den Küster erteilten Religionsunterricht, der sich zunehmend auf elementare Lehrgegenstände erstreckte. Die häufigste Form des Unterrichts stellte bis ins 19. Jahrhundert die so genannte Reiheschule dar, in der der Unterricht reihum von den Ortsansässigen in ihren

---

[1] Sächs. LT. 1869/70, Vhlg. 2. K., Bd. 4, S. 2765 ff, S. 2789 f. Wenige Wochen vor Beginn des neuen, am 29. Oktober 1871 eröffneten Landtages schied v. Falkenstein aus dem Amt.

[2] Vgl. *Gerhard Arnhardt*, Die Erneuerung des „Elementar-Volksschulwesens" im Rahmen der liberalen Staatsreformen nach 1831 in Sachsen, in: Dresdner Hefte Jg. 8 (1991), S. 64 ff, S. 66.

[3] Vgl. näher *U. Baring*, Die Konfessionsschule in Sachsen und Württemberg, ihre rechtliche Gewähr und die Stellung des Religionslehrers zu Kirche und Staat, in: Vaterland Nr. 14–24 (1910), S. 29 ff.

[4] Schulen wurden erwähnt 1183 in Meißen, 1205 in Meißen an der Kirche zu St. Afra, 1218 in Bautzen, 1227 in Wurzen. Vgl. *Pätzold*, Volksschulwesen, S. 3.

[5] Sie wurden auch als Winkelschulen bezeichnet, lehrten völlig ohne Unterrichtsplan, hatten aber wegen des deutlich geringeren Schulgeldes großen Zulauf. Vgl. *Pätzold*, Volksschulwesen, S. 47 ff.

Häusern erteilt wurde, wenn den Gemeinden die Mittel zur Unterhaltung eines Schulraumes und zur Anstellung eines Kinderlehrers fehlten[6].

Nachdem bereits in den letzten Jahrzehnten des 18. Jahrhunderts die beginnende Umsetzung des Seminargedankens[7] und die Verbesserung der Lehrerbesoldung von dem zunehmenden Interesse an der Schule künden, stellte das erste Volksschulgesetz vom 6. Juni 1835[8] das sächsische Volksschulwesen auf eine wesentlich verbesserte Grundlage. Es führte u. a. die generelle Schulpflicht[9] für alle Kinder in Sachsen gesetzlich ein und erweiterte sie auf acht Jahre, legte der Lehrtätigkeit einen verbindlichen Stundenplan zu Grunde und trug der als notwendig erkannten Herabsetzung der Schülerzahlen durch eine maximale Klassenstärke von immerhin 60 Schülern Rechnung. Die Einführung festgelegter Schulbezirke und -gemeinden sowie die Sicherung finanzieller Mittel gaben dem Volksschulwesen starken Aufschwung. Die Schulgemeinden erreichten aber keine Eigenständigkeit. Sie waren zur Unterhaltung und Errichtung der Schulen verpflichtet, erhielten das Kollaturrecht aber nicht. Die staatliche Oberaufsicht erstreckte sich nur auf die äußere Verwaltung, die Aufsicht und Leitung der Schule blieb den Kirchenbehörden zugewiesen. Der Schulzwang verpflichtete die Eltern unabhängig von ihrer finanziellen Situation, ihre Kinder zur Schule zu entsenden und das Schulgeld zu entrichten[10].

Das Gesetz von 1835 wurde jedoch schon bald den mit der zunehmenden Industrialisierung einhergehenden wirtschaftlichen und politischen Veränderun-

---

[6] *Pätzold*, ebd., S. 72 ff. Dabei richtete sich der Unterrichtsinhalt nach dem jeweiligen Bildungsstand des Unterrichtenden: *Pätzold*, ebd., S. 26.

[7] Bereits im Nov. 1785 wurde die Errichtung eines Lehrerseminars in Dresden vom Kurfürsten genehmigt und dieses 1787 eröffnet. Weitere Seminare entstanden 1797 in Freiberg, 1810 in Plauen, 1811 in Zittau, 1817 in Bautzen: *Pätzold*, ebd., S. 107 f.

[8] Gesetz, das Elementar-Volksschulwesen betr., v. 6. Juni 1835, KglGVBl. 1835, S. 279–297 u. AusführungsVO dazu v. 9. Juni 1835, KglGVBl. 1835, S. 298–358. Aufbauend auf dem Entwurf des Lehrers Gottlob Leberecht Schulze, der zur Ausarbeitung eines Gesetzesentwurfs zum Elementarschulwesen in das Kultusministerium berufen worden war: *Arnhardt*, Erneuerung, S. 65; *Gerd Hohendorf*, Das sächsische Schulgesetz von 1835 – Teil der liberalen Staatsreformen?, in: Sächs. Heimatbl. Jg. 29 (1983), S. 39 ff, S. 40 f; *Leuschke*, Volksschulgesetzgebung, S. 512; *Ulrike Kirchberg*, Vom Privileg zum Allgemeingut? Bildungspolitik in Sachsen im 19. Jahrhundert, in: König Johann von Sachsen 1801/1854–1873. Ein Blick auf Deutschland, 2000 (Saxonia, Schriftenreihe des Vereins für sächsische Landesgeschichte, Bd. 7), S. 80 ff.

[9] Sie bestand bereits seit 1769: Generale, die ernstlichere Anhaltung der Kinder zur Schule, ingleichen die Prüfung derselben Fähigkeit zu den Studien betr., v. 24. Juli 1769, Cod. Aug., I. Fortsetzung, Tom. I, S. 247 ff; *Pätzold*, Volksschulwesen, S. 46; *Arnhardt*, Erneuerung, S. 64.

[10] *Leuschke*, Volksschulgesetzgebung, S. 513; *Hohendorf*, Schulgesetz, S. 41.

gen nicht mehr gerecht, so dass Reformforderungen laut wurden[11]. Das daraufhin ergangene Gesetz vom 3. Mai 1851[12] bewirkte indessen kaum Verbesserungen. Mit der Übernahme des Kultusministeriums durch v. Falkenstein 1853 erfolgten einige Anpassungen, die aber hinter den erhobenen Forderungen weit zurück blieben[13]. Der in Verantwortung des Ministers v. Falkenstein 1869 im Landtag eingebrachte Gesetzentwurf zur Neuordnung des Schulwesens wurde von der Ständeversammlung fast vollständig abgelehnt, weil er die geforderte umfassende Neuordnung des Schulwesens nicht enthielt[14]. Erst mit der Reichsgründung 1871 erreichten die Reformforderungen eine Intensität, die dann zum Volksschulgesetz von 1873 führte. Es erhielt den konfessionellen Charakter der Volksschule aufrecht, bewirkte aber durch die weitere Verstaatlichung der Schulaufsicht eine erhebliche Veränderung im Rahmen der Ablösung der Volksschule von der Kirche und bildete bis zum Ende der Monarchie 1918 die Grundlage des Volksschulwesens.

II. Gerbers Mitwirkung am Zustandekommen des Gesetzes

1. Der Geschäftsgang

Im Dezember 1871 konnte der Entwurf eines Volksschulgesetzes in die zweite Kammer des Landtages eingebracht werden[15]. Sie nahm die Vorlage mit erheblichen Änderungen im März 1872 an. Seit November 1872[16] befasste sich die erste Kammer mit dem Entwurf, stimmte ihm aber ebenfalls, wenn auch in

---

[11] Die Lehrer organisierten sich in Lehrervereinen, um auf ihre Situation aufmerksam zu machen sowie konkrete Vorschläge zur Abhilfe zu unterbreiten. Zahlreiche Einzelpetitionen gingen dem Landtag zu, ereichten aber keine nachhaltige Wirkung, woraufhin Julius Kell, der Herausgeber der Sächsischen Schulzeitung, sie zu einer Gesamtpetition sammelte, die am 6. Nov. 1845 an die Ständeversammlung übergeben werden konnte: *Pätzold*, Volksschulwesen, S. 162 ff. Der Kultusminister der „Märzregierung", v. der Pfordten, erklärte gegenüber Petitoren seine Mitwirkung bei der Hebung des Schulwesens und die Regierung setzte eine Kommission zur Erarbeitung eines Gesetzentwurfs ein. Vgl. *Pätzold*, ebd., S. 165 f.

[12] Gesetz, einige Abänderungen u. Zusätze zum Volksschulgesetze v. 6. Juni 1835 betr., v. 3. Mai 1851, KglGVBl. 1851, S. 107–110; vgl. auch *Pätzold*, Volksschulwesen, S. 170 f.

[13] Positiv hervorzuheben sind die Einführung des Turnunterrichts 1863 (mit dem Volksschulgesetz vom 1873 zum obligatorischen Lehrfach erhoben), die Hebung des Ansehens der Schulen und Lehrer durch die Umbenennung der Armenschulen in Gemeindeschulen 1866 und die mit Verordnung vom 1. Juni 1865 gewährte universitäre Aus- und Fortbildung einiger Lehrer.

[14] *Georgi*, Die politischen und geistigen Kämpfe, S. 73 ff; *Pätzold*, Volksschulwesen, S. 182 f.

[15] Dek. v. 8. Dez. 1871, Sächs. LT. 1871/73, Akten, I. Abt., Bd. 2, S. 153–191.

[16] Der geänderte Entwurf wurde von der zweiten Kammer an die erste weitergeleitet, die ihn zunächst zur Berichterstattung an eine außerordentliche Deputation verwies.

wesentlich veränderter und von den Beschlüssen der zweiten Kammer abweichender Fassung, zu. Das sich anschließende Vereinigungsverfahren gem. §§ 91, 131 VerfUrk. war nur teilweise erfolgreich. Die Kammern blieben überwiegend bei ihren Beschlüssen stehen. Die zweite Kammer lehnte die auch von der Regierung gebilligte veränderte Fassung der ersten Kammer, allerdings nur mit einfacher Mehrheit, ab[17]. Dies wiederum führte zu einer intensiven Diskussion über die Modalitäten der weiteren Verfahrensweise, insbesondere einer Publikation des Gesetzes unter Anwendung von § 92 der Verfassung (wird ausgeführt)[18]. Im Ergebnis wurde das hoch umstrittene Volksschulgesetz dann aber am 26. April 1873[19] veröffentlicht und zum 15. Oktober 1874[20] in Geltung gesetzt.

2. Vorgehensweise nach dem Abstimmungsergebnis der Kammern

Die Regierung überprüfte nach der Ablehnung des Gesetzes durch die zweite Kammer entsprechend der Erklärung ihres Vertreters im Landtag[21] die Möglichkeit des Zustandekommens des Gesetzes nach § 92 SächsVerf. Die Verfassungsbestimmung legte fest, dass ein Gesetzvorschlag erst dann zu verwerfen sei, wenn nach erfolglosem Vereinigungsverfahren[22] in einer der beiden Kammern wenigstens zwei Drittel der Anwesenden für die Verwerfung stimmten. Damit eröffnete die Verfassung – im Umkehrschluss – die Möglichkeit, ein Gesetz gegen die einfache Mehrheit der Abgeordneten zustande kommen zu lassen. Nachdem die erste Kammer dem Entwurf des Volksschulgesetzes zugestimmt und die zweite Kammer ihn nicht mit Zweidrittelmehrheit, sondern lediglich

[17] Die Majorität überragte die Minorität bei den wichtigen Prinzipienfragen (§§ 6, 19) nur mit vier Stimmen (41 Nein-, 37 Ja-Stimmen bzw. 40 Nein-, 36 Ja-Stimmen), Sächs. LT. 1871/73, Vhlg. 2. K., Bd. 5, S. 4230 ff (Abstimmungen zu den §§ 1–18 VolksschulG, S. 4238 f zu § 6 VolksschulG), S. 4266 ff (Abstimmungen zu den §§ 19–38 VolksschulG, S. 4266 zu § 19 VolksschulG).

[18] Diese Problematik beschäftigte das Gesamtministerium in drei Sitzungen: 3. März, 5. u. 18. April 1873. Zahlreiche Erörterungen in Vorbereitung dieser Beratungen erfolgten schriftlich: SächsHStA, Gesamtmin., Loc. 79. 8; „Der § 92 der Verfassungsurkunde des Königreichs Sachsen", in: Wissenschaftliche Beilage der Leipziger Zeitung, Nr. 11 v. 6. Febr. 1873, S. 61–63.

[19] Gesetz, das Volksschulwesen betr., v. 26. April 1873, KglGVBl. 1873, S. 350–374.

[20] Vgl. §§ 5, 6 der VO des Kultusmin. den Eintritt der veränderten Zuständigkeit der Behörden für Kirchen-, Schul- und Stiftungssachen betr., v. 26. Aug. 1874 (KglGVBl. 1874, S. 216; Abdruck in: *Seydewitz*, Codex, S. 608 ff).

[21] Minister v. Friesen erklärte in der Sitzung am 7. März 1873, dass die Regierung wird „vom rechtlichen und verfassungsmäßigen Standpunkt aus und ohne alle Einmischung irgendwelcher politischer Rücksichten zu erwägen haben, ob der Fall von § 92 vorliegt": Sächs. LT. 1871/73, Vhlg. 2. K., Bd. 5, S. 5034 ff, S. 5034.

[22] Vgl. §§ 91 u. 131 SächsVerf. v. 1831.

einfacher Mehrheit abgelehnt hatte, kam eine Verwerfung des Gesetzentwurfes nach der Verfassung nicht in Betracht. Es schienen aber für das Volksschulgesetz die Voraussetzungen des § 92 SächsVerf. vorzuliegen, seine Anwendung damit nur mehr eine vor allem politische Frage zu sein.

Gerber brachte aber auch noch andere verfassungsmäßige Verfahrensweisen zur Rücknahme bzw. definitiven Erledigung des Gesetzentwurfs ins Gespräch[23]. Er zeigte dabei auf, wie eine Publikation des Gesetzes unter Wahrung der Glaubwürdigkeit und Vertrauenswürdigkeit der Landesregierung verhindert werden könne. Dies scheint für eine Intention Gerbers zu sprechen, das Gesetz nicht zustande kommen lassen zu wollen. Die Möglichkeit des Verfahrens nach § 90 SächsVerf. stand seines Erachtens nicht mehr zur Verfügung. Sie berechtigte den König, einen Gesetzentwurf noch während der ständischen Diskussion darüber zurückzunehmen. Die Verhandlungen der Kammern waren aber bereits beendet.

Gerber erwog weiter die Anwendung des § 94 SächsVerf., wonach ein Gesetzentwurf ganz zurückgenommen oder erneut während desselben Landtages mit Widerlegungsgründen in gleicher Weise oder den Ständen mit von der Regierung selbst vorzuschlagenden Änderungen vorgelegt werden konnte, wenn er von diesen mit Abänderungen angenommen, vom König aber nicht genehmigt worden war[24]. Die Vorschrift ließ eine Entscheidung auch nach Abschluss der Beratungen der Kammern zu, setzte nach Ansicht Gerbers jedoch voraus, dass die von den Kammern beschlossenen, vom König nicht genehmigten Änderungen solche seien, denen die Regierung noch nicht zugestimmt hatte. Die von der ersten Kammer beschlossene Fassung des Volksschulgesetzes enthielt aber Änderungen, mit denen sich die Regierung bereits einverstanden erklärt hatte.

Als weiteren Weg, das Gesetz nicht zu publizieren, verwies Gerber auf die Verweigerung der königlichen Sanktion. Nach § 112 VerfUrk. bedurfte selbst ein von beiden Kammern angenommener Gesetzentwurf mit Bezug auf Angelegenheiten des Landes für seine Wirksamkeit der ausdrücklichen Sanktion, d. i. der Genehmigung durch den König. Den scheinbaren Widerspruch zur Rücknahmemöglichkeit nach § 90 VerfUrk. erklärt Gerber damit, dass der Unterschied in der Wirkung der jeweiligen Versagung der Wirksamkeit liege. Die Rücknahme nach § 90 VerfUrk. beseitige den Entwurf von Anfang an, so dass

---

[23] *Gerber*, Entwurf eines Briefes an Min. v. Friesen v. 15. Febr. 1873, SächsHStA, Nachlass Gerber, Nr. 348, Bl. 15 ff.

[24] Hierzu u. zum Folgenden: *Gerber*, SächsHStA, ebd., Bl. 15 ff; Diese Möglichkeit erörtert Gerber auch eingehender in einem Briefwechsel mit Minister v. Friesen, der die Anwendung des § 94 im Gegensatz zu Gerber zunächst favorisiert: SächsHStA, ebd., Bl. 17 ff, Bl. 22, Bl. 26.

ein neuer Entwurf einzubringen sei, über den auch erneut verhandelt werden müsse. Demgegenüber verhindere die Zurückstellung der Genehmigung nur die Wirksamkeit des Entwurfs, der aber existent bleibe und bei nachträglicher Genehmigung in Kraft treten könne.

Die Regierung wiederspreche damit auch nicht ihrer öffentlich gemachten Zusage, das Gesetz zu publizieren, sofern sie dazu verpflichtet sei. Diese Verpflichtung sei aber gerade zu prüfen und könne daher nach eingehender Prüfung verneint werden, weil die Regierung nicht zugesagt habe, das Gesetz unter allen Umständen zu publizieren[25]. Die Ministerkollegen griffen diese Argumentation jedoch kaum auf. Die Diskussion konzentrierte sich damit auf die Anwendung des § 92 SächsVerf.

3. Die Anwendung des § 92 der sächsischen Verfassung von 1831

Die Regierung prüfte von Mitte Februar bis Mitte April 1873, ob das Volksschulgesetz zu publizieren sei, d. h., ob ihm, wie sich freilich nur im Umkehrschluss aus § 92 SächsVerf. ergibt, die königliche Sanktion, mit der Folge der Publikation, d. h. dem Zustandekommen des Gesetzes, verliehen werden könne. In dieser Phase vertrat Gerber keine einheitliche Position. Er erhob zunächst politische, dann verfassungsrechtliche Bedenken. Im Ergebnis ließ er sich dann von den politischen Argumenten, die für eine Publikation des Gesetzes sprachen, überzeugen.

Seine politischen Erwägungen legte Gerber in einem an König Johann gerichteten Brief vom 17. Februar 1873 dar[26]. Das Vertrauen der zweiten Kammer und eine darauf basierende gedeihliche Zusammenarbeit, wie sie insbesondere umfangreiche Reformen erforderten, sei bei Anwendung des § 92 VerfUrk. zukünftig in Frage gestellt, weil in so zahlreichen und lebhaft diskutierten Differenzpunkten die sich gegen den Gesetzentwurf aussprechende Mehrheit der zweiten Kammer übergangen werde. Sie könne dies als Missachtung werten und sich dem verantwortlichen Ministerium feindselig gegenüberstellen. *„Auf Jahre hinaus würde die Basis der mit Hilfe des § 92 zustande gebrachten Ordnungen in Kirche und Schule als eine angefochtene und problematische gelten, welche*

---

[25] *Gerber*, SächsHStA, ebd., Bl. 15 ff.

[26] Es liegt nur der amtliche Entwurf eines entsprechenden Briefes vor, so dass nicht bestimmt gesagt werden kann, ob er tatsächlich abgesandt wurde. Es spricht aber für Letzteres, dass der König in seinem Brief vom 6. April 1873 an Gerber auf die in Gerbers Briefentwurf vom 17. Febr. 1873 enthaltene Rücktrittserwägung eingeht: amtl. Entwurf eines Briefes Gerbers an König Johann v. 17. Febr. 1873, SächsHStA, Nachlass Gerber, Nr. 348, Bl. 1–4; Brief König Johann an Gerber v. 6. April 1873, SächsHStA, Nachlass Gerber, Nr. 126.

die so nothwendige Sicherheit und Zuversichtlichkeit des Handelns im Ministerium ausschlösse."[27] Ferner stehe zu befürchten, diese Vorgehensweise werde als Agitationsmittel bei den bevorstehenden Wahlen genutzt und die Ablehnung eines dem nächsten Landtage vorzulegenden Schul- und Kirchengesetzes bewirken. Es empfehle sich daher, das Volksschulgesetz nicht zu publizieren, auch wenn damit „die so viel gewünschte Reorganisation des Schulwesens und die Errichtung des Landeskonsistoriums"[28] unterbleiben müsse. Die bisherigen Zustände seien nicht derart unbefriedigend, dass ihre Fortdauer nicht ertragen werden könne, bis es unter günstigeren Umständen mit kleineren Veränderungen gelingen würde, Reformen zu bewirken. Allerdings sei es ihm dann nicht mehr möglich, das Ministerium weiter zu führen, so dass er um seine Entlassung bitte. Seine Autorität wäre nämlich beseitigt und das Vertrauen der Synode in ihren einstigen Präsidenten, von dem sie die Durchsetzung ihrer Interessen erwarte, gebrochen. Ein neuer, der Synode nicht verbundener Minister wäre diesen Schwierigkeiten nicht ausgesetzt. Er stünde nicht an, dieses Mittel zu ergreifen, wenn er überzeugt sei, dass sein Rücktritt alle Schwierigkeiten löse[29]. Das Volksschulgesetz hatte der Synode zwar nicht vorgelegen[30], sein Zustandekommen war aber infolge der damals engen Verbindung staatlicher und kirchlicher Verwaltung für die gesamte Neuordnung der Organisation der Verwaltungsbehörden und nicht zuletzt auch für die Wirksamkeit des von der Synode beschlossenen Konsistorialgesetzes erforderlich.

Nach diesen Worten scheint Gerber überzeugt, dem König die Publikation des Gesetzes unter Anwendung von § 92 SächsVerf. nicht empfehlen zu können, um die zukünftige politische und Regierungsarbeit nicht zu gefährden. Dabei verkennt er nicht die weitreichenden Folgen, wenn die Publikation des Gesetzes unterbliebe. Politisch wäre er damit gescheitert, denn für das in Fortführung der Synodalbeschlüsse erforderliche Volksschulgesetz, für dessen Akzeptanz er sich in beiden Kammern stark eingesetzt hatte, hatte er im Landtag gerade nicht die Mehrheit erlangen können. Hintergrund seiner Ablehnung der Publikation unter Anwendung von § 92 SächsVerf. war wohl auch, dass sich damit nicht nur die Regierung über das Zustimmungserfordernis hinwegsetzen und dem Gesetz dadurch ein Makel anhaften würde, sondern auch, dass dieser Makel nicht von seiner politischen Leistung und seinem persönlichen Ansehen zu trennen wäre[31].

---

[27] Amtl. Entwurf eines Briefes Gerbers an König Johann v. 17. Febr. 1873, SächsHStA, Nachlass Gerber, Nr. 348, Bl. 1–4, Bl. 3.
[28] SächsHStA, ebd., Bl. 3.
[29] SächsHStA, ebd., Bl. 3 f.
[30] Vgl. schon oben § 17 III. 3.
[31] Nach der Schilderung *Beschorners* (Gerber, S. 98) äußerte Gerber nach der Entscheidung für die Publikation gegenüber dem Wirklichen Geheimen Rat Fischer in Berlin: „Was war es

Auch hätte das endgültige Scheitern des Gesetzes umso deutlicher seine Niederlage aufgezeigt, in deren Folge er für sich nur den Rücktritt sah. Die Rücktrittsdrohung zeugt von der überragenden Bedeutung, die die Frage für Gerber hatte und war wohl bestimmt und geeignet, auf König Johann in dieser kritischen Regierungsphase Druck auszuüben.

Mit seiner Stellungnahme an das Gesamtministerium vom 24. Februar 1873[32] kommt Gerber nach der letzten Abstimmung der zweiten Kammer über das Volksschulgesetz gleichwohl zu dem Ergebnis, die Publikation unter Anwendung des § 92 SächsVerf. dem König nunmehr direkt zu empfehlen. Auf die nur wenige Tage zuvor geäußerten politischen Bedenken geht er in dieser Stellungnahme nicht ein. Es wird daher nicht manifest, ob Gerber durch König Johann beeinflusst wurde oder politischem Druck seiner Ministerkollegen ausgesetzt war, die auf eine Publikation gedrängt haben könnten, um die damit in Zusammenhang stehenden weiteren Reformgesetze durchzusetzen. Aus einem unvollständigen, d. h. insbesondere undatierten und nicht adressierten amtlichen Entwurf eines diesbezüglichen Schreibens Gerbers[33] spricht sein Bemühen, die politischen Bedenken zu zerstreuen. Darin heißt es, das Hauptproblem bei der Diskussion des Volksschulgesetzes sei die von der Mehrheit der zweiten Kammer geforderte 'konfessionslose Schule'. Soweit Bedenken gegen den Religionsunterricht bestünden, würde das Gesetz aber der neuen Auffassung der Schule als staatlicher Anstalt gerecht, indem es den Einfluss der Kirche auf alle anderen Fächer außer dem Religionsunterricht fast völlig aufhebe, das Aufsichtsrecht der Superintendenten und geistlichen Räte abschaffe und an deren Stelle weltliche, fachwissenschaftlich gebildete Schulinspektoren treten lasse. Das sei auch im Sinne der Mehrheit der zweiten Kammer ein ganz wesentlicher Fortschritt. Dass keine Mehrheit für das Gesetz habe erreicht werden können, sei auf Differenzen in einzelnen Punkten zurückzuführen, nicht aber auf das Gesetz insgesamt, so dass mit Einwänden gegen die Publikation nicht zu rechnen sei.

Diese Ansicht stützt Gerbers ursprüngliche Bemühungen um eine Lösung des Konfliktes durch das Verfahren nach § 94 SächsVerf., wonach über den gleichen oder durch die Regierung veränderten Entwurf erneut abzustimmen

---

noch für eine schöne Zeit, als Sie als Student zu meinen Füßen saßen! Was bin ich jetzt? Ein unzufriedener, unglücklicher Mann!"

[32] Schreiben Gerbers an das Gesamtmin. v. 24. Febr. 1873, eingegangen am 25. Febr. 1873: SächsHStA, Gesamtmin., Loc. 79. 8, Bl. 1 ff. Ein inhaltlich gleicher Entwurf dieses Schreibens befindet sich in: SächsHStA, Nachlass Gerber, Nr. 348, Bl. 27–32.

[33] Unvollständiger, undatierter u. nicht adressierter amtl. Entwurf mit Korrekturanmerkungen Gerbers, SächsHStA, Nachlass Gerber, Nr. 348, Bl. 42 ff u. erneut Bl. 53 ff. (Der Nachlass Gerbers Nr. 348 ist insgesamt nicht chronologisch geordnet, so dass dieses Dokument zeitlich nicht genau eingeordnet werden kann.)

gewesen wäre. Gerber hätte damit sein Ziel, das Gesetz durch entsprechende Zustimmung des Landtages zustande kommen zu lassen, vielleicht doch noch erreichen können. Diese zweite Chance lehnte er aber aus formellen Gründen, wie ausgeführt[34], ab.

Um den Auffassungswandel Gerbers zu verdeutlichen, aber auch den politischen Druck, unter dem er stand, seien im Folgenden der Verfahrensablauf und der rechtliche Argumentationsgang, soweit hier von Belang, vor Augen geführt. Gerber weist in der genannten Stellungnahme an das Gesamtministerium vom 24. Februar 1873 nunmehr auf formelle verfassungsrechtliche Bedenken hin. Er sei zunächst davon ausgegangen, dass die formellen Voraussetzungen des § 92 SächsVerf. vorlägen, d. h. insbesondere die Regierung allen Änderungen im Sinne der Vorschrift zugestimmt und diese damit „adoptiert"[35] habe. Erst jetzt habe er eine Abschrift der vorläufigen Zusammenstellung der ständischen Schriften erhalten, um seine Ansicht zu prüfen. Danach liege in zwei Punkten die Genehmigung der Regierung zu Änderungen nicht ausdrücklich vor, so dass er Zweifel an einer für § 92 SächsVerf. erforderlichen „Adoption" durch die Regierung hege.

Gerber führt einmal den die Zahlung von Schulgeld regelnden § 7 Abs. 2 VolksschulG an. Dieser war durch die Annahme des Antrages des Abgeordneten der ersten Kammer, Bürgermeister Martini, dahingehend abgeändert worden, dass entgegen der generellen Verpflichtung zur Zahlung von Schulgeld nach dem Regierungsentwurf von einer Erhebung bei der Fortbildungsschule abgesehen werden sollte[36]. Gerber hatte dieser Abänderung vom Ministertische aus zugestimmt, bezweifelte nunmehr jedoch, ob eine solche Erklärung überhaupt als Regierungserklärung und ausreichende Zustimmung im Sinne einer „Adoption" angesehen werden könne.

Er sah erhebliche verfassungsrechtliche Bedenken aber auch in der Regelung des das Kollaturrecht und das damit verbundene Besetzungsverfahren betreffenden § 19 B VolksschulG. Der Gesetzentwurf hatte die Beschränkung

---

[34] Vgl. oben II. 2.

[35] Die zweite Kammer hatte 1855 in einem einstimmigen Deputationsbericht festgestellt, dass § 92 der Verfassung nicht nur auf ursprüngliche Entwürfe, sondern auch Änderungen anzuwenden sei, wenn diese von der Regierung „adoptiert" worden seien. Vgl. Schreiben Gerbers an das Gesamtmin. v. 24. Febr. 1873: SächsHStA, Nachlass Gerber, Nr. 348, Bl. 27–32, Bl. 27 u. Sächs. LT. 1855, Akten, 2. K., Bd. 3, S. 1839.

[36] Schreiben Gerbers an das Gesamtmin. v. 24. Febr. 1873, SächsHStA, Gesamtmin., Loc. 79. 8, Bl. 2; Sächs. LT. 1871/73, Vhlg. 1. K., Bd. 1, S. 920 f. In diesem Punkt stimmte die erste Kammer mit der zweiten überein, die die Erhebung eines Schulgeldes in das Ermessen der einzelnen Schulvorstände stellen wollte (vgl. Bericht der außerordentlichen Dep. der 1. K. über das Vereinigungsverfahren, Sächs. LT. 1871/73, Vhlg. 1. K., Bd. 2, S. 1338 ff, S. 1347).

privater Kollaturrechte zugunsten einer Mitwirkung der Gemeinden vorgesehen. Dagegen hatte die zweite Kammer der Ständeversammlung die vollständige Beseitigung der Kollaturrechte gefordert und wollte stattdessen das Recht der Besetzung bezüglich aller Schulstellen auf die Gemeinden übertragen. Die Staatsregierung hatte schließlich, wie Gerber ausführt[37], dem Vorschlag der außerordentlichen Deputation der ersten Kammer zugestimmt, wonach das Besetzungsrecht für die Schulstellen weitgehend der obersten Schulbehörde übertragen werden sollte[38]. Gerber teilt hierzu in der obigen Stellungnahme an das Gesamtministerium mit, er habe bei der Prüfung der vorläufigen ständischen Schriften feststellen müssen, dass das Protokoll des Vereinigungsverfahrens über die Zustimmung der Regierung keine Aufzeichnung enthalte, so dass die Absicht der „Adoption“ durch die Regierung zwar gegeben gewesen, diese selbst aber nicht beurkundet sei. Es sei deshalb zweifelhaft, ob der nur aus Indizien zu schließende Adoptionswille der Regierung ausreiche. Gerber geht weiter auf die Frage ein, ob seine Aufforderung am Ende seiner parlamentarischen Rede vor der Abstimmung in der zweiten Kammer den vorliegenden, die Abänderungen also enthaltenden Entwurf anzunehmen, genüge. Er „trage Bedenken, diese Frage zu bejahen.“[39]

Seines Erachtens handle es sich hierbei um zwei höchst unbedeutende Punkte, derenthalben dann das ganze Gesetz in Wegfall komme und weitere Hemmnisse einträten. Da hier jedoch Verfassungsrecht betroffen sei, bestehe die Pflicht zur äußersten Korrektheit, auch wenn die Kammern auf diesbezügliche Hindernisse noch nicht gestoßen seien, noch diese geltend gemacht hätten[40].

Aus den Stellungnahmen seiner Ministerkollegen wird indessen deutlich, dass sie Gerbers Ansichten nicht teilten[41]. Auch der Geheime Rat v. Weber ge-

---

[37] *Gerber*, Sächs. LT. 1871/73, Vhlg. 1. K., Bd. 1, S. 980 ff, S. 981; Schreiben Gerbers an das Gesamtmin. v. 24. Febr. 1873, SächsHStA, Gesamtmin., Loc. 79. 8, Bl. 3 f.

[38] Vgl. Bericht der außerordentlichen Dep. der 1. K. über das Vereinigungsver-fahren, Sächs. LT. 1871/73, Vhlg. 1. K., Bd. 2, S. 1355 ff, S. 1358.

[39] Schreiben Gerbers an das Gesamtmin. v. 24. Febr. 1873: SächsHStA, ebd., Bl. 4.

[40] Schreiben Gerbers an das Gesamtmin. v. 24. Febr. 1873: SächsHStA, ebd., Bl. 4, 4 v. fol.; Entwurf dieses Briefes: SächsHStA, Nachlass Gerber, Nr. 348, Bl. 30.

[41] Anm. zum Schreiben Gerbers an das Gesamtmin. v. 24. Febr. 1873 (ebd., Bl. 5 ff): Justizmin. Abeken (Bl. 5 f), Innenmin. v. Nostitz-Wallwitz (Bl. 6), Finanzmin. v. Friesen (Bl. 7 f) u. Kriegsmin. v. Fabrice (Bl. 6). Letzterer äußert nur, in dieser Angelegenheit eine Besprechung im Gesamtministerium für erforderlich zu halten. Sehr weitgehend ist die Auffassung von Abeken, wonach es bereits ausreichend sei, wenn die Kammer vor der Abstimmung von dem Entschluss der Regierung, die vorgeschlagene Änderung zu „adoptieren“ *„gewußt hat oder bei gehöriger Aufmerksamkeit gewußt haben muß"*, so dass für ihn *„kein Grund auf[zu]finden [sei], der zu der Annahme führe, daß die Zustimmungserklärung ausdrücklich, und zwar speziell mit Bezug auf die einzelne Abänderung erfolgt sein müßte"* (Bl. 5 f).

langt in seiner Stellungnahme vom 26. Februar 1873 zu dem Ergebnis, dass es keinen Unterschied bedeuten könne, zu welcher Zeit und in welcher Form die Regierung einer Änderung zustimme[42]. Minister v. Friesen, dem sich Minister v. Nostiz-Wallwitz anschloss, geht sogar soweit, dem jeweiligen Ressortminister, hier dem Kultusminister, die alleinige Entscheidung und Verantwortung über die Frage des Zustandekommens nach § 92 VerfUrk. zuzuweisen. Nur dieser wirke bei den gesamten Verhandlungen mit und kenne die abgegebenen Erklärungen. Der Kultusminister, d. h. Gerber, solle sich daher bestimmt erklären, wie unter allen bekannten Umständen in Bezug auf das Volksschulgesetz zu verfahren sei[43]. Damit war die Verantwortung Gerber zugeschoben, der sich in dieser Frage wiederum mit dem König ins Benehmen setzen musste.

König Johann hatte bereits am 25. Februar 1873 mit Gerber die in Rede stehenden Verfassungsfragen erörtert, dessen Bedenken aber nicht geteilt. Dies geht aus dem Brief des Königs an Gerber vom selben Tag hervor. Darin heißt es: *„Treuster Freund Infolge unserer heutigen Unterredung habe ich die Verhandlungen über das Schulgesetz noch einmal zur Hand genommen und bin dabei zu Zweifel über die aufgestellten Bedenken gekommen"*[44] Gerber konnte sich damit einer Unterstützung seiner formal-juristisch und politisch begründeten ablehnenden Haltung durch den König nicht mehr sicher sein und hatte zudem die seiner Meinung entgegenstehende Auffassung seiner Ministerkollegen bereits zur Kenntnis nehmen müssen.

In der darauffolgenden Sitzung des Gesamtministeriums vom 3. März 1873, bei der bemerkenswerter Weise Gerber selbst Protokoll führte,[45] wurden die formellen Bedenken ebenfalls nicht geteilt und wurde ein entsprechender Beschluss durch alle Mitglieder des Gesamtministeriums gefasst. Gerber behielt sich eine Erklärung vor. Am Abend desselben Tages teilte er König Johann

---

[42] Geheimer Rat *v. Weber*, Stellungnahme v. 26. Febr. 1873: SächsHStA, Gesamtmin., Loc. 79. 8, Bl. 9 f.

[43] Anm. Finanzmin. v. Friesen zum Schreiben Gerbers v. 24. Febr. 1873, ebd., Bl. 7 ff, Bl. 8 v. fol.; Anm. Innenmin. v. Nostiz-Wallwitz zum Schreiben Gerbers v. 24. Febr. 1873, ebd., Bl. 6. Im Ergebnis gelangten die Minister in der Sitzung des Gesamtministeriums vom 5. April 1873 zu der Ansicht, dass die Frage der Publikation des Gesetztes nicht allein die Kompetenz des Kultusministeriums und seines Vorstandes betreffe, sondern das gesamte Staatsministerium die Verantwortung dafür gegenüber den Ständen zu übernehmen habe, weil es sich um eine Verfassungsfrage handele: SächsHStA, Gesmtmin., Loc. 79. 8, Bl. 91 r. fol.

[44] Brief König Johanns an Gerber v. 25. Febr. 1873: SächsHStA, Gesamtmin., Loc. 79. 8, Bl. 12 f.

[45] Sitzungsprot., SächsHStA, Gesamtmin., Loc. 79. 8, Bl. 15–16.

mit[46], wegen des Interesses des Landes an der Publikation des Gesetzes seine formellen Bedenken aufgeben und der Publikation zustimmen zu wollen.

Bei der anschließenden staatsrechtlichen Prüfung nach eingehender Durchsicht der ständischen Schrift gelangte Gerber im Hinblick auf die geäußerten formellen Mängel gleichwohl zu der Überzeugung, dass eine Publikation unter Anwendung von § 92 VerfUrk. nicht erfolgen könne[47]. Sowohl die Hoffnung, dass sich in der ständischen Schrift die Regierungszustimmung finden lasse als auch die Erwartung, bei Gelegenheit der Verhandlung der zweiten Kammer am 7. März 1873 sich mit dieser über die staatsrechtliche Thematik verständigen zu können, hätten sich zerschlagen. Damit seien die Voraussetzungen des am 3. März 1873 mitgeteilten Entschlusses für ihn erloschen.

In der hierauf abgehaltenen Sitzung des Gesamtministeriums vom 5. April 1873[48] wurden eingehend alle formellen Bedenken und politischen Gesichtspunkte erneut erwogen. Die Versagung der Publikation könne das Vertrauen der regierungstreuen konservativen Partei zerstören, so dass sie die Regierung, insbesondere bei den bevorstehenden Landtagswahlen, nicht mehr unterstützen würde. Ebenso drohe, dass die Opposition darin eine Schwäche der Regierung sehen könne und nur noch weiterreichende Forderungen stellen würde. Es komme hinzu, dass die weiteren auf dem Landtag 1871/ 73 beschlossenen Organisationsgesetze nicht in Kraft treten könnten. Dies war ein außerordentlich bedeutsamer Gesichtspunkt, weil damit die gesamte Zweite Staatsreform auf dem Spiel stand.

Gerber zeigte sich nach allem enttäuscht von der konservativen Partei. Auf deren drohende Verstimmung durch Ablehnung der Publikation des Gesetzes sei kein Gewicht zu legen, weil *„jene Partei eine wesentliche Berücksichtigung nach ihrem Verhalten, ueberhaupt nicht zu beanspruchen habe, da nur die wenigsten Mitglieder derselben in der 2. Kammer bei den Verhandlungen über das Schulgesetz der Regierung mit Eifer und Intelligenz kräftig zur Seite gestanden, die Mehrzahl nicht einmal ein lebhaftes Interesse gezeigt"*[49] hätte. Die Minister folgten jedoch seinen Ansichten weiterhin nicht, so dass der Beschluss zur

---

[46] Brief Gerbers an König Johann v. 3. März 1873: SächsHStA, Gesamtmin., Loc. 79. 8, Bl. 17.

[47] Brief Gerbers an König Johann u. Votum über die Publikation des Volksschulge-setzes v. 20. März 1873: SächsHStA, Gesamtmin., Loc. 79. 8, Bl. 21–22 (Gerber nimmt Bezug darauf, dass ihm der König gestattet hatte, sein Votum über die Frage der Publikation schriftlich zu überreichen.); Entwürfe dazu, SächsHStA, Nachlass Gerber, Nr. 348, Bl. 6–9, 12.

[48] Prot. der Sitzung des Gesamtmin. v. 5. April 1873, SächsHStA, Gesamtmin., Loc. 79. 8, Bl. 85–91.

[49] Prot. der Sitzung des Gesamtmin. v. 5. April 1873, ebd., Bl. 89 r. u. v. fol.

Publikation zunächst von diesen, mit Ausnahme Gerbers, gefasst wurde. Der hierbei anwesende König Johann behielt sich die Genehmigung ausdrücklich vor[50].

Am Ende lenkte Gerber jedoch trotz allem ein. Er fasste nach Beendigung der Sitzung, d. h. noch am 5. April, wie aus dem Brief König Johanns an Gerber vom 6. April hervorgeht[51], den Entschluss, die Publikation zu befürworten. An das Gesamtministerium schrieb er am 7. April dazu: *„Ich habe das Protokoll [Protokoll des Gesamtministeriums vom 5. April 1873] signirt, bemerke aber, daß ich inzwischen nach nochmaliger Erwägung aller einschlägigen Momente mich zum Beitritte zu dem Beschluß des Gesamtministeriums habe entschließen können und hiervon dem Herrn Vorstand v. Friesen bereits am 6. April Kenntniß gegeben habe.“*[52] Am 18. April 1873 erklärte daraufhin der König die Genehmigung zur Publikation[53].

Die konkreten Gründe für seine Zustimmung teilt Gerber nicht mit. Aus einem Brief des Ministers v. Friesen vom 4. April 1873[54], also einen Tag vor der Sitzung des Gesamtministeriums und Gerbers Entscheidung, wird allerdings erkennbar, dass Gerber starkem Druck durch seinen Ministerkollegen, der zudem gleichzeitig den Vorsitz im Gesamtministerium führte, ausgesetzt war. Friesen weist in seinem Schreiben unter Berücksichtigung des von Gerber für diesen Fall angedrohten Rücktritts auf die Nachteile einer Entscheidung gegen die Publikation hin. Friesen ist der Ansicht, es werde *„die Aufgabe des verbleibenden [sic!] Theils der Minister sein, dafür zu sorgen, daß die unausbleiblichen, nachtheiligen Folgen dieses Ereignisses – nicht für die Personen der verbleibenden Minister, sondern für den König und die deutschen Interessen des Bundes* [d. i. des Deutschen Reiches] – *möglichst vermindert und beseitigt werden.“* Weiter heißt es, dass hierzu eine *„ganz offene und schnelle Darlegung des ganzen Sachverhalts“* erfolgen müsse, wodurch es zu Bedenken und Anfeindungen gegen den ausscheidenden Minister kommen könne, was *„dem Ansehen der Regierung und dem Werk der Kammern nicht förderlich“* sein könne. Er bittet daher in Vorbereitung der für den Folgetag anberaumten Sitzung des Gesamtministeriums, *„in welcher definitive Entschließung wegen Publication des Schulgesetztes gefaßt werden soll“*, um eine *„Unterredung“* mit Gerber. Es sei erforderlich, sich gegenseitig über die aufgezeigten nachteiligen Folgen klar

[50] Prot. der Sitzung des Gesamtmin. v. 5. April 1873, ebd., Bl. 91.
[51] Brief König Johanns an Gerber v. 6. April 1873, SächsHStA, Nachlass Gerber, Nr. 126. König Johann nimmt darin auf eine entsprechende Mitteilung Gerbers an ihn vom Abend des 5. April 1873 Bezug.
[52] Mitteilung Gerbers an das Gesamtmin. v. 7. April 1873, SächsHStA, Gesamtmin., Loc. 79. 8, Bl. 93.
[53] SächsHStA, Gesamtmin., Loc. 79. 8, Bl. 95.
[54] Brief v. Friesens an Gerber v. 4. April 1873, SächsHStA, Nachlass Gerber, Nr. 73.

derlich, sich gegenseitig über die aufgezeigten nachteiligen Folgen klar zu werden. Diese Unterredung muss Gerber dann wohl zum Einlenken veranlasst haben.

In seinen Lebenserinnerungen geht *Friesen* nur wenig auf den Konflikt und die starken Spannungen innerhalb der Regierung ein und führt dazu lediglich aus, dass der Gesetzentwurf zunächst *„allgemeine Anerkennung und Zustimmung, anfänglich, wie es schien, auch bei den liberalen Parteien [fand], so daß die Regierung auf eine rasche Erledigung der Sache hoffen zu dürfen glaubte."* Nach dem endgültigen Abstimmungsergebnis sei die Regierung zur Publikation unter Anwendung von § 92 SächsVerf. berechtigt gewesen und *„da es dringend zu wünschen war, daß die vielen, wie allgemein anerkannt wurde, guten und zweckmäßigen Bestimmungen des Gesetzes nicht an einem Widerspruche scheiterten, der doch allein auf einem politischen Partei-Interesse beruhe* [gemeint sind die Interessen der liberalen Parteien in der zweiten Kammer], *so hielt sich die Regierung auch für verpflichtet, von jenem Rechte Gebrauch zu machen."*[55]

4. Auswirkungen auf das Verhältnis zwischen König Johann und Gerber

Die Frage der Publikation des Schulgesetzes ist wiederholt Gegenstand der Erörterung in der Korrespondenz zwischen König Johann und Gerber gewesen[56]. Daraus wird ein starkes Interesse König Johanns an der Sache selbst und

---

[55] *Friesen*, Erinnerungen, Bd. 3, S. 385.

[56] Vgl. z. B. Briefe König Johanns an Gerber: Brief v. 28. März 1872, mit dem er Gerber zu sich bittet, um den Bericht der Deputation über das Schulgesetz (dabei handelt es sich um die Deputation der zweiten Kammer, an die der Entwurf im Dez. 1871 geleitet worden war; die erste Kammer befasste sich erst seit Nov. 1872 mit dem Entwurf: vgl. oben § 18 II. 1.) mit ihm zu besprechen; Brief v. 4. Okt. 1872, in dem König Johann auf Abänderungsanträge der zweiten Kammer zum Volksschulgesetzentwurf, u. a. zur Frage der Beseitigung von Patronatsrechten und der Erhebung von Schulgeld Bezug nimmt; Brief v. 6. April 1873, in dem Johann Gerber seine Freude ausdrückt, dass dieser der Publikation des Volksschulgesetzes unter Anwendung von § 92 SächsVerf. zugestimmt habe und es weiter für wünschenswert halte, dass die Publikation des Volksschulgesetzes möglichst bald erfolge, damit auch in der Öffentlichkeit Klarheit über diese Frage hergestellt werde; Brief undatiert (Bl. 24), in dem sich König Johann mit der Frage der Anwendbarkeit der §§ 90 und 92 SächsVerf., bzw. der §§ 92 und 94 SächsVerf. (weiterer undatierter Brief, Bl. 32) befasst und in einem weiteren undatierten Brief (Bl. 28) der damit in Zusammenhang stehenden Frage der Notwendigkeit der Beurkundung ministerieller Äußerungen, um diese als 'Adoption' der betreffenden Änderung durch die Regierung (eine Voraussetzung der Anwendung des § 92 SächsVerf.) ansehen zu können; Brief undatiert (Bl. 38), in dem König Johann mit der „2/3-Frage" wiederum die Anwendung von § 92 SächsVerf. anspricht; Brief undatiert (Bl. 42) bezieht sich auf § 19

an den Ansichten Gerbers dazu erkennbar. Bemerkenswert ist, dass König Johann sich die Genehmigung der Publikation in der Abschlusssitzung des Gesamtministeriums am 5. April 1873 ausdrücklich vorbehielt. Die Vermutung liegt nahe, dass König Johann die endgültige Entscheidung seines Kultusministers abwarten und sich weitere Schritte vorbehalten wollte. Besonders im Hinblick auf den erwogenen Rücktritt Gerbers für den Fall der Verwerfung des Gesetzentwurfes scheint es, als ob Johann sich die gegebenenfalls erforderliche Abwägung zwischen Gesetz und Minister, d. h. zwischen Nichtpublikation des Entwurfs und Rücktritt Gerbers, offen lassen wollte. Dies hätte ihn in die prekäre Lage gebracht, sich zwischen dem Minister und der Publikation entscheiden zu müssen. Erwogen hat er eine Trennung wohl, die ihm gewiss nicht leicht gefallen wäre. Umso erleichterter war er über den Entschluss Gerbers, der Publikation beizutreten, d. h. darüber, „daß die Gefahr sich von Ihnen [Gerber] trennen zu müssen glücklich beseitigt ist“[57]. Für Gerber war damit aber der politische Kampf innerhalb der Regierung verloren.

Inwieweit König Johann die Entscheidung Gerbers beeinflusste, scheint kaum feststellbar. Die Zustimmung Gerbers zur Publikation bezeichnet er als einen „neuen Beweis Ihrer treuen Aufrichtigkeit“[58], was eher auf eine politische Motivation, als auf juristische Einigkeit schließen lässt. Bei Gerber zeigt sich hier eine positivistische, stark am Gesetzestext orientierte Argumentation, die er den politischen Erwägungen entgegensetzt. Er stellt hinsichtlich der Verfassungsauslegung hohe Anforderungen und zieht seiner juristisch-methodischen Grundposition entsprechend enge Grenzen. Politische Momente sollten demnach von der materiellrechtlichen Bedeutung der betroffenen Norm unabhängig sein. Hielt er an dieser wissenschaftlichen Überzeugung auch nachhaltig fest, so war er andererseits doch zu sehr Staatsmann, um sich dem politischen Erfordernis nicht zu beugen. Dies ist wohl auch Ausdruck der pragmatischen Einsicht, dass juristisch-wissenschaftliche Erkenntnis und politische Entscheidung nicht immer bruchlos in Einklang zu bringen sind.

VolksschulG und ein weiterer undatierter Brief (Bl. 48) auf § 7 VolksschulG. Alle Briefe in: SächsHStA, Nachlass Gerber, Nr. 126.

[57] Brief König Johanns an Gerber v. 6. April 1873, SächsHStA, Nachlass Gerber, Nr. 126.

[58] Brief König Johanns an Gerber v. 6. April 1873, SächsHStA, ebd.

III. Regelungsgehalt des Gesetzes

Das in vier Abschnitte gegliederte Gesetz[59] legte den Schulaufbau fest und ordnete die Aufsichtsrechte grundlegend neu. Die im Laufe der Zeit herausgebildete, vom Volksschulgesetz von 1835, das nur eine Art der Volksschule kannte, abweichende tatsächliche Einteilung in drei Volksschultypen, die einfache, mittlere und höhere Volksschule (§ 3 VolksschulG.), blieb gegen die Bestrebungen für eine einheitliche Volksschule ohne Schulgeldpflicht erhalten[60]. Die Schularten unterschieden sich vor allem durch ein verschieden hohes Schulgeld, die zulässige Klassenstärke, die Anzahl der einzurichtenden Klassenstufen sowie den Umfang des Lehrstoffs voneinander. Die einfache Volksschule zielte lediglich auf die Vermittlung der Grundkenntnisse in den gem. § 2 VolksschulG. vorgesehenen Lehrfächern, wohingegen die mittlere Volksschule „eine nach Umfang und Inhalt die einfache Volksschule überragende Bildung" vermitteln sollte, die sich aber auf die in § 2 des Gesetztes vorgesehenen Lehrfächer beschränkte und eine Verlängerung der Schulzeit in das Ermessen der Schulgemeinde stellte (§§ 12, 13 VolksschulG.). Die höhere Volksschule schließlich erforderte insbesondere eine Erweiterung des Unterrichts auf andere Lehrfächer, wie z. B. Fremdsprachen und eine obligatorische Verlängerung der Schulzeit (§ 13 VolksschulG.). Die unterschiedliche Struktur und Leistungsfähigkeit der für die Errichtung und Unterhaltung der Schulen zuständigen Schulgemeinden bedingte eine derartige Abstufung.

Erhalten blieben aufgrund der wachsenden Schülerzahlen und des damit steigenden Lehrerbedarfs auch die bisherigen Klassenstärken[61]. Sehr positiv wirkte sich die Gliederung der einzelnen Schulen in Jahrgangsstufen aus, wonach die höhere Volksschule in mindestens fünf Stufen, die einfache mindestens zweistufig zu führen war. Bereits seit den 80ger Jahren des 19. Jahrhunderts hatten die zweistufigen Volksschulen die einstufigen vollständig abgelöst[62].

Von herausragender Bedeutung war die Erstreckung der staatlichen Aufsicht auf das gesamte Volksschulwesen unter Herausbildung einer eigenständigen Schulverwaltung. Auf der untersten Ebene standen die neu begründeten Schulgemeinden. Ihnen kam die selbständige Schulverwaltung, d. h. die Errich-

---

[59] Volksschulgesetz v. 26. April 1873 (vgl. Fn. 19): 1. Allgemeine Vorschriften, 2. Errichtung der Volksschule, 3. Ausbildung und Anstellung der Lehrer und deren Rechtsverhältnisse, 4. Verwaltung und Aufsicht der Volksschule.

[60] Vgl. *Pätzold*, Volksschulwesen, S. 187 f; *Poste*, Schulreform, S. 266 ff.

[61] In der einfachen Volksschule durften weiter bis zu 60 Kinder in einer Klasse unterrichtet werden. Für mittlere Volksschulen war die Schülerzahl auf 50, in höheren Volksschulen auf 40 reduziert (§§ 12, 13 VolksschulG). Vgl. *Pätzold*, Volksschulwesen, S. 188.

[62] *Poste*, Schulreform, S. 267.

tung und Unterhaltung sowie die Finanzierung der Schulen, durch einen zu bestellenden Schulvorstand unter staatlicher Oberaufsicht zu[63]. Die Eigenständigkeit der Schulgemeinden bestand vor allem in der Möglichkeit, über die gesetzlichen Minimalanforderungen hinauszugehen. Dies bedeutete infolge der hohen finanziellen Mehrbelastung der Gemeinden, nicht zuletzt durch die ihnen mit der Neuorganisation der Verwaltung übertragene Selbständigkeit, eine strukturbedingt von Gemeinde zu Gemeinde verschiedene, beschränkte Emanzipation. Des Weiteren oblag den Schulgemeinden die Ortsschulaufsicht, die sich nach den Schultypen gliederte. In mittleren und höheren Schulen führte sie ein Direktor aus, in der einfachen Volksschule mit weniger als sechs Lehrern bis auf einige Ausnahmen der Ortsgeistliche[64]. Die mittlere Ebene stellten die Bezirksschulinspektionen dar. Sie bestanden gem. § 34 Abs. 2 VolksschulG. in Städten mit revidierter Städteordnung aus dem Stadtrat und dem Bezirksschulinspektor, in allen übrigen Orten aus dem Amtshauptmann des Bezirks und dem Bezirksschulinspektor. Als Bezirksschulinspektoren sollten bewährte Fachleute tätig werden, die unter Ablösung der Superintendenten die Fachaufsicht im Schulbezirk wahrnahmen[65]. Die oberste Schulbehörde bildete das Ministerium des Kultus und öffentlichen Unterrichts, das mit der Leitung und Beaufsichtigung des gesamten Schulwesens betraut war[66].

IV. Gerbers gestalterischer Einfluss auf das Verhältnis von Staat und Kirche durch das Volksschulgesetz

Die Unterstützung des Regierungsentwurfs durch Gerber als dem maßgeblichen Initiator[67] ist selbstverständlich und berufsbedingt. Umso schwieriger ist es, eine Aussage über sein ganz persönliches Verständnis zu den darin enthaltenen Regelungen und Prinzipien zu treffen. Die ministerielle, von politischen Erwägungen getragene Auffassung wird sich dabei von der eigenen Meinung

---

[63] Vgl. §§ 9, 10, 24 VolksschulG v. 1873.

[64] Vgl. § 29 VolksschulG v. 1873.

[65] Vgl. § 32 Abs. 1 VolksschulG v. 1873; *Pätzold*, Volksschulwesen, S. 186.

[66] §§ 35, 36 VolksschulG v. 1873.

[67] Nach Einschätzung seines Ministerkollegen v. Friesen arbeitete Gerber die Gesetzesvorlage persönlich aus; *Friesen*, Erinnerungen, Bd. 3, S. 780. Dies lässt sich aus den Akten jedoch nicht mit Bestimmtheit schließen. Gerber konnte wohl auf eine Konzeption seines Amtsvorgängers v. Falkenstein zurückgreifen, der in der Sitzung des Gesamtministeriums vom 21. April 1871 Grundzüge einer neuen Schulorganisation erläutert hatte; vgl. SächsHStA, Gesamtmin., Evangel., Loc. D 4, Bl. 51. Es darf aber wohl nicht zuletzt im Hinblick auf das Pflichtbewußtsein Gerbers davon ausgegangen werden, dass er selbst den Entwurf maßgeblich erarbeitete, um die weiteren mit dem Volksschulgesetz in engem Zusammenhang stehenden Reformen nicht zu verzögern. Vgl. in diesem Sinne *Georgi*, Die politischen und geistigen Kämpfe, S. 80; Äußerung *Gerbers*, Sächs. LT. 1871/73, Vhlg. 2. K., Bd. 2, S. 1343.

nicht ohne weiteres trennen lassen. Die starke Persönlichkeit Gerbers stützt aber die Vermutung, dass er offiziell nur das vertrat, was er auch persönlich mitzutragen bereit war. Die Vorlage eines Volksschulgesetzes bezeichnete er selbst in der Generaldebatte der zweiten Kammer als „außerordentlich große", schwierige und einen Aufschub nicht zulassende Aufgabe, deren Ergebnis, d. h. hier der Entwurf, ihn mit innerer Befriedigung erfülle[68].

Das Volksschulgesetz widerspiegelt den fortschreitenden Prozess der Ablösung des Staates von der Kirche, in dessen Verlauf der Kirche und ihren Geistlichen zunehmend die Schulangelegenheiten aus den Händen genommen wurden. Die Verhandlungen der Kammern hierzu waren geprägt von den unterschiedlichen Auffassungen des Verhältnisses von Staat und Kirche, der Diskussion um die Leitungshoheit in Schulfragen und dem Ringen zwischen Konfessionalismus und Konfessionslosigkeit von Staat und Schule. Dieser grundsätzliche Widerstreit fand besonderen Ausdruck in den Bestimmungen des Gesetzentwurfs über die Schulaufsicht und den Religionsunterricht[69], wie im Folgenden auszuführen ist.

1. Verselbständigung der Schule

Das Volksschulgesetz verfolgte das Ziel qualifizierterer Volksbildung in Schulen mit eigener Verwaltung unter staatlicher Aufsicht. Dazu trug die Bildung eigenständiger Schulgemeinden bei. Sie waren sowohl von der politischen als auch der kirchlich-konfessionellen Gemeinde verschiedene Rechtspersönlichkeiten, wenngleich sie territorial mit den politischen Gemeinden häufig übereinstimmten[70]. Die Trennung der Schulgemeinde von der politischen Gemeinde wurde zu Recht als Durchbrechung des Prinzips staatlicher Schulleitung gerügt. Diese Inkonsequenz setzte sich in der Durchbildung des Leitungsprinzips auf der untersten Ebene fort, denn in kleineren Schulgemeinden verblieb die Ortsschulaufsicht dem Pfarrer, wenn er sie auch nicht im Auftrag der Kirche, sondern des Staates auszuüben hatte. Die konfessionelle Bindung wurde auch im Schulvorstand aufrechterhalten. Zwar erhielt der Lehrer ein Mitsprache- und Stimmrecht im Vorstand, doch war auch der Pfarrer Mitglied.

---

[68] Sächs. LT. 1871/73, Vhlg. 2. K., Bd. 2, S. 1343.

[69] Ebenso bei der Frage der Teilnahmepflicht der Dissidenten am Religionsunterricht, dem Kollaturrecht sowie der Zuweisung der Unterhaltslast an die Schulgemeinde.

[70] *Poste*, Schulreform, S. 271. Die Bewohner eines Schulbezirkes bildeten unter Ausschluss anderer Religionsangehöriger, die eigene Volksschulen unterhielten, die Schulgemeinde; vgl. § 9 Abs. 1 Volksschulgesetz v. 1873.

Gerber stellte klar, dass es Ziel des Gesetzes sei, „dem sächsischen Volk die evangelische Volksschule [zu] erhalten“[71]. Die Trennung der Volksschule von der Kirche sei nicht beabsichtigt[72]. Einen konfessionellen Charakter des Staates mit dem Argument, dass der Volksschulunterricht sich dem Staatswesen vollkommen anpassen müsse[73], wollte er dagegen nicht anerkennen. Die Leitung der Volksschule obliege allein dem Staat, die Ausübung der Ortsschulaufsicht durch den Pfarrer in manchen Gemeinden aber erfolge ebenso im Interesse und Auftrag des Staates, wobei die Kirche nur insoweit beteiligt werde, wie dies im Interesse der Schule erforderlich sei[74]. Dennoch ging Gerber mit der Übertragung der gesamten Schulleitung und Aufsicht an den Staat deutlich über die Vorstellungen seines Amtsvorgängers, Minister von Falkenstein, hinaus. Letzterer unterstützte Gerber in den Verhandlungen zum Volksschulgesetz, verschwieg aber seine Abneigung gegen die Tendenz der Zurückdrängung der Kirche aus dem Schulwesen nicht[75], womit er König Johann näher gestanden haben mag als jener[76]. Besonders wandte er sich gegen die Einführung der Bezirksschuldirektoren. Die Einrichtung dieser Mittelinstanz in der Schulverwaltung sah er als nicht erforderlich an, weil Beschwerden über die bis dahin die Aufsicht versehenden Superintendenten nicht erhoben worden seien. Eine Änderung sei deshalb nicht nötig, so dass unnötigerweise das „ohnehin sehr lax gewordene Band zwischen Kirche und Schule gelockert wird“[77]. Lediglich in anderen deutschen Ländern, in denen die katholische Schule, im Unterschied zu Sachsen, vorherrsche, erschien auch v. Falkenstein eine Minderung des Einflusses der Kirche wünschenswert[78].

2. Religionsunterricht

Das Volksschulgesetz trug dem zunehmenden, wirtschaftlich bedingten Bildungsbedürfnis durch die Bereicherung des Lehrstoffs unter größerer Beachtung der Realien sowie der Einführung des obligatorischen Turn- und Fortbildungsunterrichts Rechnung. Der konfessionelle Religionsunterricht nahm den-

---

[71] Sächs. LT. 1871/73, Vhlg. 2. K., Bd. 2, S. 1410.
[72] Sächs. LT. 1871/73, Vhlg. 1. K., Bd. 1, S. 865.
[73] So Abgeordneter *Biedermann*, Sächs. LT. 1871/73, Vhlg. 2. K., Bd. 2, S. 1410.
[74] Sächs. LT. 1871/73, Vhlg. 2. K., Bd. 5, S. 4218.
[75] *Falkenstein*, Sächs. LT. 1871/73, Vhlg. 1. K., Bd. 1, S. 1060.
[76] Vgl. zur Stellung König Johanns bzgl. der Frage der Verbindung von Staat und Kirche oben § 15 III. 2.
[77] *Falkenstein*, Sächs. LT. 1871/73, Vhlg. 1. K., Bd. 1, S. 1060. Dabei hatte er selbst bei der Erörterung einer neuen Schulorganisation in der Sitzung des Gesamtministeriums vom 21. April 1871 Bezirksschulinspektoren in die Konzeption eingestellt. SächsHStA, Gesamtmin. Evangel., Loc. D 4, Bl. 51.
[78] *Falkenstein*, Sächs. LT. 1871/73, Vhlg. 1. K., Bd. 1, S. 1060.

noch eine zentrale Stellung ein, die sich in dem hohen Anteil am Gesamtunterricht[79] zeigte. Selbst Kinder von Dissidenten, die keiner Religion angehörten, d. h. konfessionslose Kinder, hatten nach § 6 Abs. 4 VolksschulG. „an dem Religionsunterricht einer anerkannten oder bestätigten Religionsgesellschaft Teil zu nehmen." Die Aufsicht über den evangelisch-lutherischen Religionsunterricht verblieb gem. § 29 Abs. 5 VolksschulG i. V. m. § 4 Abs. 2 und § 5 Nr. 4 KonsistorialG dem Landeskonsistorium der Evangelisch-Lutherischen Landeskirche. Darüber hinaus war das Landeskonsistorium gem. § 37 Abs. 2 VolksschulG i. V. m. § III PublikationsG zum Konsistorialgesetz zur Stellung von Anträgen an das Kultusministerium über Wahrnehmungen zur 'religiösen Jugendbildung'[80] berechtigt. Die hiergegen in der zweiten Kammer erhobene Kritik, verbunden mit der Forderung nach einer konfessionslosen, d. h. einer nicht an eine bestimmte Konfession gebundenen, sondern für alle Schüler unabhängig ihrer religiösen Bindung zugänglichen Schule, zielte auf ein laizistisches Verständnis der Glaubens- und Gewissensfreiheit. Dieser Auffassung wurde seitens der Regierung und der überwiegenden Zahl der Abgeordneten jedoch entgegengetreten[81]. Hierin zeigt sich nicht nur das seitens des Staates und der konservativen Partei unterstützte starke Interesse der Kirche am Erhalt ihres Einflusses im Staatsgefüge, sondern auch die traditionelle Bindung der ganz überwiegenden sächsischen Bevölkerung an die Kirche. Sie basiert auf einer Religiosität, die eine Erziehung auf anderer als religiöser Grundlage nicht anerkennen konnte oder wollte. Dies

---

[79] Vgl. *Poste*, Schulreform, S. 264 m. w. N. § 2 Volksschulgesetz von 1873 führt den Religionsunterricht an erster Stelle der „Wesentliche[n] Gegenstände des Unterrichts der Volksschule" auf. Nach § 1 des Gesetzes diente die Volksschule der Vermittlung der „Grundlagen sittlich-religiöser Bildung" und den für das bürgerliche Leben nötigen allgemeinen Kenntnissen und Fertigkeiten.

[80] § III Publikationsgesetz zum Konsistorialgesetz konkretisiert die dem Landeskonsistorium im Konsistorialgesetz übertragene Aufsicht über die sittlich-religiöse Erziehung zu einem Antragsrecht über Wahrnehmungen über den Zustand der religiösen Jugendbildung. Vgl. oben § 17 III. 3.

[81] Die Majorität der außerordentlichen Deputation der zweiten Kammer für das Volksschulgesetz forderte in ihrem Bericht, die konfessionell indifferente bürgerliche Gemeinde statt der vom Gesetzentwurf vorgesehenen Schulgemeinde als Schulträger einzusetzen, hielt aber am konfessionell zu erteilenden Religionsunterricht als Lehrfach fest, womit die Volksschule als konfessionslose, nicht aber religionslose Schule anzusehen sei (vgl. Bericht der Dep. der 2. K., Sächs. LT. 1871/73, Vhlg. 2. K., Bd. 2, S. 1299 ff, S. 1299 f, 1305 f). *Gerber* als Regierungsmitglied wendete sich dagegen und ergriff in diesem Sinne mehrfach das Wort, wie im Text nachfolgend aufgeführt (Sächs. LT. 1871/73, Vhlg. 2. K., Bd. 2, S. 1344, S. 1346, S. 1412 f). Gegen die konfessionslose Schule sprechen sich weiter die Minorität der außerordentlichen Deputation, die am Regierungsentwurf insoweit festhalten wollte, sowie z. B. die Abgeordneten *Horn* (Sächs. LT. 1871/73, ebd., S. 1336, S. 1338), *Käferstein* (Sächs. LT. 1871/73, ebd., S. 1349 f, S. 1350 u. S. 1413), *v. Zahn* (Sächs. LT. 1871/73, ebd., S. 1399 ff, S. 1402 f), *Hahn* (Sächs. LT. 1871/73, ebd., S. 1416) und die Mitglieder der ersten Kammer (vgl. nur Sächs. LT. 1871/73, Vhlg. 1. K., Bd. 1, S. 900 ff) aus.

ist einer der Gründe dafür, dass der konfessionelle Charakter der Schule grundsätzlich erhalten blieb.

Gerber trat wiederholt hierfür ein. Er sah nur die Kirche als befähigt an, „für die Begründung derjenigen sittlichen und religiösen Erziehungsgrundlagen" zu sorgen, „ohne welche überhaupt an ein gedeihliches Staatswesen nicht zu denken ist"[82]. Der Religionsunterricht ist ihm „das Leben und Gestalt gebende Princip des ganzen Volksschulunterrichts"[83]. Er müsse ein konfessioneller sein, weil es nach seiner Überzeugung keinen anderen gebe[84].

3. Ursachen der konkreten Gestaltung des Gesetzes

Mit Rücksicht auf die politischen und gesellschaftlichen Verhältnisse, unter denen das Volksschulgesetz zustande kam, können als Ursachen der konkreten Gestaltung Überlegungen zur Konsensfähigkeit des Entwurfs, staatskirchenrechtliche Aspekte und persönliche, Gerber betreffende Gründe herangezogen werden.

Gerbers Stellungnahmen in den Beratungen der Kammern waren erkennbar von dem Bemühen getragen, eine für beide Kammern konsensfähige Grundlage herzustellen, was ihm im Ergebnis allerdings nicht vollständig gelang. Betonte er dabei zum einen die dem modernen Staat entsprechende, allein staatliche Leitung der Schule, hob er zum anderen zugleich die Bewahrung traditioneller, insbesondere kirchlich-religiöser Prinzipien hervor. Letzteres war schon im Hinblick auf die erforderliche Unterstützung der konservativ ausgerichteten ersten Kammer geboten. Die Betonung des konfessionellen Charakters der Schule darf aber nicht darüber hinwegtäuschen, dass die Kirche im Sinne auch der liberalen Kräfte ganz erheblich in ihrer bisherigen Stellung zur Schule beschränkt wurde[85]. Sie führte die Aufsicht nur noch über den Religionsunterricht (§ 29 Abs. 5 VolksschulG). Bezüglich der sittlich-religiösen Erziehung, bzw. der religiösen Jugendbildung war sie auf Mitteilungen und Anträge an die Schulbehörde beschränkt (§ 37 Abs. 2 VolksschulG i. V. m. § III PublikationsG zum Kon-

---

[82] Sächs. LT. 1871/73, Vhlg. 2. K., Bd. 2, S. 1344.
[83] Sächs. LT., ebd., S. 1346.
[84] Sächs. LT., ebd., S. 1409.
[85] Dies wurde von liberaler Seite auch anerkannt. So äußert der Leiter der liberalen Fraktion, Karl Biedermann (zur Person vgl. oben § 17 IV., Fn. 56) in seinen Lebenserinnerungen, dass zwar das Volksschulgesetz „nicht ganz so nach Wunsch ging", aber das Gesetz „manche erfreuliche Fortschritte in unserem Volksschulwesen an[bahnte]", wobei er Bezug nimmt auf die Einsetzung von Bezirksschulinspektoren, die Erweiterung des Lehrstoffes, die Einführung der obligatorischen Fortbildungsschule und die Besserstellung der Volksschullehrer: *Biedermann*, Mein Leben, Bd. 2, S. 304 f.

sistorialgesetz). Dabei hätte Gerber, selbst wenn er denn daran interessiert gewesen wäre, den Forderungen der zweiten Kammer nicht vollständig nachgeben können, ohne die Ablehnung durch die erste Kammer besorgen zu müssen. Schon in der zweiten Kammer fanden die stark liberal geprägten Ansichten letztlich keine überwältigende Mehrheit, was sich in der Ablehnung des Entwurfs der ersten Kammer, den auch die Regierung genehmigte, durch weniger als zwei Dritteile der Anwesenden im Sinne von § 92 SächsVerf. dokumentierte[86].

Gerber hatte vor diesem Hintergrund in Fragen der Gesetzgebung nicht zuletzt auch politische Interessen und Rücksichten zu wahren. Die Stellung des Staates in der Schulfrage war von einer entwicklungsgeschichtlich bedingten Ambivalenz geprägt. Ein modernes Staatswesen musste aufgrund seiner verfassungsmäßigen Bindung bestrebt sein, die Verknüpfung nur zu *einer* Religionsgemeinschaft zu lösen, um das ihm kraft seiner Souveränität zukommende Schutzrecht über *alle* Religionsgemeinschaften ausüben zu können. Bedeutete dies einerseits für den sächsischen Staat die Lösung von der Evangelisch-Lutherischen Landeskirche, bildete die Kirche andererseits wiederum eine wichtige Stütze des Staates, so dass die sächsische Regierung auf deren Erhalt bedacht sein musste. Dies darf wohl umso mehr in einer Zeit des Erstarkens der demokratisch-liberalen Kräfte angenommen werden. Die Erhaltung der konfessionellen Schule in ihrer zumindest auch herrschaftsstabilisierenden und -legitimierenden Funktion[87], in ihrer – wenn auch nicht ausschließlichen, so doch erkennbaren – Aufgabe der Erziehung staatstreuer Untertanen, stellt sich daher als zeitbedingtes Staatsinteresse dar. Die weitergehenden Forderungen der Liberalen mögen ex post zwar als entwicklungsnotwendig erscheinen, sind ex ante aber in Zusammenschau mit der angestrebten vollständigen Demokratisierung als existenzielle Bedrohung der bestehenden Herrschaftsform zu sehen, wie sich dann nach 1918 praktisch-politisch erwies. Das Volksschulgesetz ist so zum einen von der Ausrichtung auf die Bedürfnisse eines modernen entwicklungsfähigen Staatswesens in der Tradition konfessioneller Bindung gekennzeichnet, zum anderen von der Erweiterung staatlicher Betätigung im Schulwesen unter Aufrechterhaltung erheblicher Einflussmöglichkeiten der Kirche. In der Tendenz weisen einige der tragenden Prinzipien bereits den Weg zur Simultanvolksschule, d. h. einer Volksschule, die Schülern unabhängig von ihrer Religionszugehörigkeit offen steht, die in der zweiten Kammer bereits erwogen worden war[88].

---

86 Zur Abstimmung über den Entwurf in der Fassung nach dem Vereinigungsverfahren der Kammern bzgl. der verbliebenen Differenzpunkte (eine Gesamtabstimmung fand nicht statt) vgl. oben Fn. 17.

87 Vgl. hierzu die detaillierte Untersuchung durch *Poste*, Schulreform, S. 260 ff.

88 Realschulen und Gymnasien waren bereits ohne Bindung an eine bestimmte Konfession zugänglich, wobei der Religionsunterricht in der jeweiligen Religion nachzuweisen war, aber

Schließlich ist der konfessionellen Bindung Gerbers ein Einfluss wohl nicht abzusprechen. Er wurde nicht von ungefähr als „überzeugter Christ und von tiefer Religiosität durchdrungen“[89] beschrieben. Es liegt daher die Annahme nahe, dass er auch persönlich der Vorstellung verhaftet war, eine konfessionslose Erziehung sei nicht in der Lage, sittliche Werte für eine gedeihliche Lebensweise in der Gesellschaft zu vermitteln.

Konnte – und wollte – Gerber mit dem Volksschulgesetz eine diesbezügliche Trennung von Kirche und Schule nicht bewirken, so bleibt doch hervorzuheben, dass ein wesentlicher Schritt zur Lösung der engen Verbindung des Staates mit der Kirche im Bereich der Schule erfolgte. Damit konnte eine weitere Voraussetzung für die im Rahmen der Zweiten Staatsreform beabsichtigte Neuorganisation der Verwaltung und Verselbständigung der Gemeinden geschaffen werden. Die vollständige Übertragung der Schulaufsicht auf den Staat mit dem Volksschulgesetz ermöglichte schließlich auch das Inkrafttreten des Konsistorialgesetzes, das – konkretisiert durch das Publikationsgesetz zum Konsistorialgesetz – die bisherige kirchliche Schulverwaltung, wie dargelegt[90], auf die Aufsicht über den Religionsunterricht beschränkte und im Übrigen der obersten Kirchenbehörde gegenüber dem Kultusministerium als oberster Schulaufsichtsbehörde ein Antragsrecht für Beanstandungen der religiösen Jugendbildung gewährte. Bei einem Scheitern des Volksschulgesetzes hätte die kirchlich gebundene Schulaufsicht mit der entsprechenden Behördenstruktur auf der Grundlage des Schulgesetzes von 1835 aufrechterhalten bleiben müssen, worauf Gerber – wenn auch wohl mehr aus taktischen Gründen – im Rahmen der Beratungen hinwies[91]. Umgekehrt ermöglichte erst die Übernahme der Aufgaben der Kirchenverwaltung durch die Landeskirche selbst mit eigener Behördenstruktur die Schulaufsicht durch die Schulgemeinden und Bezirksschuldirektionen, womit die staatliche Verwaltung partiell entlastet wurde. Die mit dem Volksschulgesetz und dem Konsistorialgesetz erreichte Umstrukturierung der Kirchen- und Schulverwaltung erscheint so als wesentliche Voraussetzung und eigentliche Schubkraft der weiteren Staatsreform. Indem Gerber die Durchsetzung dieser Gesetze gegen nicht unerheblichen Widerspruch im Landtag und im Unterschied zu seinem insoweit nicht erfolgreichen Amtsvorgänger gelang – wenn auch unter

---

Schüler unterschiedlicher Konfession in einer Schule, in einer Klasse vereinigt waren. Dies sah die zweite Kammer auch im Elementarvolksschulwesen als möglich und bei strikter Durchführung der vom Regierungsentwurf vorgezeichneten Prinzipien ausführbar an. Vgl. Bericht der außerordentlichen Dep. für Schulsachen der ersten Kammer, Sächs. LT. 1871/73, Vhlg. 1. K., Bd. 1, S. 849–859, S. 852 ff.

[89] Charakteristik durch seine Tochter, Marie v. Gerber, nach: *Beschorner*, Gerber, S. 87 ff, S. 106 f.

[90] Siehe § 17 III. 3.

[91] Vgl. oben II. 3.

Hinnahme eines persönlichen wie politischen Unterliegens –, darf er als eine prägende Reformpersönlichkeit dieser Epoche angesehen werden.

Zweites Kapitel
Gerbers Amtszeit unter König Albert 1873 bis 1891

§ 19 Gerbers Anteil am Gesetz zur staatlichen Oberaufsicht über die katholische Kirche vom 23. August 1876

Einen weiteren Schwerpunkt der Amtstätigkeit Gerbers stellt die rechtliche Klärung des Verhältnisses des Staates zur katholischen Kirche dar. Die Entstehung des diesbezüglichen Gesetzes in der Zeit des Kulturkampfes im benachbarten Preußen erfordert eine Auseinandersetzung mit der Frage, inwieweit sich die Machtstreitigkeiten zwischen der katholischen Kirche und dem preußischen Staat auch auf das sächsische Nachbarland auswirkten, m. a. W. aufgrund welcher Umstände sich die Verhältnisse in Sachsen anders entwickelten und entwickeln konnten.

I. Sachsen und der Kulturkampf

Die Auseinandersetzungen des preußischen Staates mit der katholischen Kirche in den Jahren 1870 bis etwa 1887 wurden in Sachsen aufmerksam verfolgt und der konfessionelle Friede zu einem Schlüsselwort sächsischer Kirchenpolitik.

Das auch in der katholischen Kirche zunehmende Streben nach Eigenständigkeit und die Rückbesinnung auf kirchliche Aufgaben weckten bei der protestantischen Bevölkerung Misstrauen und die Sorge, die katholische Kirche könne auch in Sachsen wieder derart an Einfluss gewinnen, dass sie die Evangelisch-Lutherische Landeskirche in ihrer Vorrangstellung bedrohen oder aus dieser Stellung gar verdrängen könne. Die Proklamation des Unfehlbarkeitsdogmas 1870[1] und die später 1873 öffentlich verbreitete Meinung, es sei über den Hirtenbrief auch in Sachsen verkündet worden, führten in der sächsischen Bevölkerung zur Beunruhigung und wurden als ein Angriff auf die staatliche, zur Gleichbehandlung aller aufgenommenen Religionsgesellschaften verpflichtende Neutralität verstanden[2]. Zwar richtete sich die Proklamation an die katholischen Gläubigen, doch hieß es darin auch: „Wir warnen alle Glieder der von Gott uns anvertrauten Herde vor den Gefahren der bezeichneten Irrwege, welche von der Gemeinschaft der heiligen Kirche trennen. Wir ermahnen alle Gläubigen auf das eindringlichste zum treuen und standhaften Festhalten an dem Glauben unserer

---

[1] Vgl. § 12 I. 3. u. zur Proklamation in Sachsen § 15 III. 1.
[2] Vgl. *Blanckmeister*, Kirchengeschichte, S. 452 f.

Mutter, der heiligen katholischen Kirche“[3] Alle Glaubenslehren außer der katholischen – und damit auch die der evangelisch-lutherischen – wurden als Irrwege bezeichnet, was die Entrüstung in der sächsischen Bevölkerung hervorgerufen haben dürfte. Im ganz überwiegend protestantischen Preußen führte dies mit weiteren innenpolitischen Erwägungen Bismarcks zu den ‘Kampfgesetzen‘ gegen die katholische Kirche, die den Kulturkampf einleiteten[4].

Für die sächsische Staatspolitik bedeuteten diese Ereignisse eine Verschärfung der Spannungen zwischen der außenpolitisch erforderlichen Achtung päpstlicher Weisungen an die katholischen Landesherren und der innenpolitisch unerlässlichen Sicherung des protestantischen Bekenntnisses der fast ausschließlich[5] evangelischen Bevölkerung. Gleichwohl kam es in Sachsen nicht zu vergleichbaren Auseinandersetzungen zwischen katholischer Kirche und der sächsischen Staatsgewalt. So wurde das beiderseitige Einvernehmen in den Landtagsverhandlungen 1875/ 76 wiederholt betont[6]. Der Gefahr einer Störung des bestehenden Verhältnisses von sächsischem Staat und katholischer Kirche in Sachsen, das stets im Sinne konfessionellen Friedens verstanden wurde, war sich die Regierung bewusst. Bereits bei der Beratung des Volksschulgesetzes im April 1873 erörterten die Mitglieder des Gesamtministeriums in Anwesenheit König Johanns, der Kronprinzen Albert und Prinz Georg die Möglichkeit einer Rückwirkung der gegen die katholische Kirche gerichteten Maßnahmen in Preußen auf die Verhältnisse der katholischen Kirche in Sachsen[7]. Sie gelangten zu der Ansicht, *„Kämpfe und Reibungen im Innern der Kirche würden [...] nicht ausbleiben, allein sie würden durch die Publikation des Volksschulgesetzes kaum wesentlich verschärft, jedenfalls nicht allein hervorgerufen werden“*[8]. Dementsprechend nahmen derartige Erwägungen keinen breiten Raum ein. Sie wurden auch von den katholisch gebundenen königlichen Hoheiten nicht betont und verfolgt. Daraus darf geschlossen werden, dass eine eventuelle Besorgnis in Zusammenhang mit der Volksschulgesetzgebung als gering erachtet wurde.

Eine deutlich zentralere Stellung nahm die Frage des Verhältnisses von Staat und Kirche bei den Beratungen des Oberaufsichtsgesetzes ein. In den Kammern wurde die Besorgnis geäußert, die Gesetzvorlage erfolge zu einem

---

[3] *Blanckmeister*, ebd., S. 453.
[4] Eingehend *Huber/Huber*, Staat und Kirche, Bd. 2, S. 580 ff.
[5] Zum prozentualen Anteil der Bevölkerung Sachsens an den verschiedenen Religionsgemeinschaften vgl. § 12.
[6] Sächs. LT. 1875/76, Vhlg. 1. K., S. 1017 ff.
[7] Sitzung im Gesamtmin. v. 5. April 1873, SächsHStA, Gesamtmin., Loc. 79.8, Bl. 88 v. fol., Bl. 90 v. fol.
[8] Sitzung im Gesamtmin. v. 5. April 1873, SächsHStA, ebd., Bl. 90 v. fol.

ungünstigen Zeitpunkt und fordere den Kulturkampf in Sachsen heraus[9]. Die bestehenden Regelungen sowie die tatsächliche praktische Handhabung der staatlichen Aufsicht seien für die Abgrenzung beider Interessenträger auch fernerhin ausreichend. Für eine Revision der Bestimmungen mit dem Risiko, den Widerstand und Aufstand der katholischen Kirche in Sachsen ebenso auszulösen wie in Preußen, bestehe daher keine Veranlassung.

Dieser Meinung schloss sich die sächsische Regierung an. Das zeigt auch die Behandlung der seit Jahrzehnten verzögerten und dann erst spät auf Anfordern von Vertretern der zweiten Kammer in den Landtag eingebrachten Gesetzesvorlage. So betonte der frühere Kultusminister von Falkenstein in der Landtagsverhandlung 1876 die Verpflichtung der Regierung zur Vorlage eines entsprechenden Gesetzentwurfs aufgrund des ständischen Antrages des vorangegangenen Landtages, führte dann aber aus: *„Uebrigens muß ich freilich sagen: an und für sich sind eigentlich die Verhältnisse bei uns in Sachsen von der Art, daß wir nach meiner persönlichen Ueberzeugung ein solches Gesetz alle Wege nicht nöthig gehabt und nicht nöthig haben"*[10]. König Albert fasste das Interesse der Regierung in einem Brief an Gerber vom 5. Juli 1875 zusammen, in dem er äußerte, man „wünscht vor allem nicht in den Kulturkampf hineingezogen zu werden"[11].

Demgegenüber trat *Gerber* für die gesetzliche Regelung der bisher geübten Grundsätze ein. Die Gefahr der Übertragung des Kulturkampfes auf Sachsen schätzte er dabei offensichtlich als sehr gering ein. Er hielt den gewählten Zeitpunkt auch für geeignet, weil die Stimmung der Gemüter günstig sei[12]. Letzteres mag sich auf die Sorge der evangelischen Bevölkerung bezogen haben, von der Gerber angesichts des Aufbegehrens der katholischen Kirche in Preußen Unterstützung erwarten durfte. Das Kultusministerium leitete daher die Gesetzesvorlage bereits mit Schreiben vom 9. August 1875, also noch vor Eröffnung des Landtages, dem Gesamtministerium zu[13]. Gerber folgte damit dem ständischen Antrag vom 12. Juni 1874, wonach die Regierung ersucht worden war, spätestens dem folgenden Landtag einen Gesetzentwurf über die Regelung der staatli-

---

[9] Vgl. *Falkenstein*, Sächs. LT. 1875/76, Vhlg. 1. K., S. 1033 f. Vgl. weiter: Sächs. LT. 1875/76, ebd., S. 1016 ff, S. 1017 (*andere*), S. 1018 f (*Zehmen*, Ludwig Eduard Victor, Kammerherr auf Stauchitz, Regierungsrat a. D.), S. 1019 (*Erdmannsdorf*, Heinrich Otto v., Kammerherr auf Schönfeld), S. 1023 (*Criegern*, Friedrich Robert v., Appellationsgerichtspräsident a. D., Niederlößnitz) u. Sächs. LT. 1875/76, Vhlg. 2. K., Bd. 2, S. 1576 ff, S. 1576 (*Hausen*, Heinrich Bernhard Frhr. v., Amtshauptmann in Zwickau).

[10] *Falkenstein*, Sächs. LT. 1875/76, Vhlg. 1. K., S. 1033.

[11] Brief Albert an Gerber, 5. Juli 1875, SächsHStA, Nachlass Gerber, Nr. 5.

[12] Sitzung im Gesamtmin. v. 24. Sept. 1875, SächsHStA, Min. f. Volksbildung, Nr. 10902, Bl. 211 v. fol.

[13] SächsHStA, Min. f. Volksbildung, Nr. 10902, Bl. 210.

chen Oberaufsicht über die katholische Kirche vorzulegen[14]. Er war zudem durch die Diskussion um die Publikation des Unfehlbarkeitsdogmas mittels Verlesung des Fuldaer Hirtenbriefes besonders motiviert.

Seine Ministerkollegen konnte Gerber von dem Gesetzesvorhaben aber nicht überzeugen. Sie beschlossen im September 1875, die Vorlage hinsichtlich der Vorgänge in Preußen und der Zufriedenheit mit der in Sachsen tatsächlich geübten Handhabung der staatlichen Aufsicht sowie den gegenwärtigen Verhältnissen der katholischen Kirche im sächsischen Königreich zurückzustellen[15]. Dabei war zugrundegelegt worden, dass diese Ansicht auch von der Mehrheit der Landtagsabgeordneten geteilt werde, so dass es ratsam erschien abzuwarten, ob die Behandlung des ständischen Antrages tatsächlich noch gefordert werde. Gerber hatte die Vorlage dagegen befürwortet[16]. Sie enthalte für die Regierung nichts Nachteiliges, beseitige aber Mängel der bisherigen Bestimmungen. Eine Rücknahme des Gesetzentwurfs bei entsprechender Beantragung durch die Stände sei jederzeit möglich. Die Regierung habe dann aber ihrer Vorlagepflicht entsprochen. Der Entwurf wurde dennoch erst auf die Interpellation der zweiten Kammer vom 8. März 1876 an diese übermittelt[17].

Die Umstände der Genese der Vorlage legen den Schluss nahe, dass der konfessionelle Frieden in Sachsen auch über 150 Jahre nach dem Übertritt des sächsischen Herrscherhauses zum Katholizismus und trotz der zahlenmäßig geringen katholischen Bevölkerung in Sachsen überwiegend von der Regierung als labil erachtet wurde. Zudem nährten die Vorgänge in Preußen und die Tatsache der weltweiten, nicht auf das sächsische Territorium beschränkten Organisation der katholischen Kirche das Misstrauen und Schutzverlangen der protestantischen sächsischen Bevölkerung. Das Oberaufsichtsgesetz beruht insoweit nicht auf einer Offensive gegen die katholische Kirche im Rahmen des Kulturkampfes. Die preußischen Verhältnisse boten aber Anlass, die lang geplante Vorsorge[18] durch Schaffung einer gesetzlichen Grundlage staatlichen Handelns zu treffen. Diese war freilich zugleich präventiv geeignet, der katholischen Kirche in Sachsen die beanspruchte Vorrangstellung des sächsischen Staates zu verdeutlichen.

---

[14] Gerber hatte als Regierungsvertreter der Ständeversammlung eine antragsgemäße Vorlage zugesagt. Vgl. Bericht der 3. Dep. der 1. K., Sächs. LT. 1873/74, Akten, Berichte der 1. K., Bd. 1, S. 175–186.

[15] Die Mehrheit der Minister sprach sich gegen die Vorlage aus: Sitzung im Gesamtmin. v. 24. Sept. 1875, SächsHStA, Min. f. Volksbildung, Nr. 10902, Bl. 211 ff.

[16] Sitzung im Gesamtmin. v. 24. Sept. 1875, ebd., Bl. 211 v. fol.

[17] Übermittlung mit Dek. Nr. 60 v. 15. März 1876, Sächs. LT. 1875/76, Akten, I. Abt., Bd. 4, S. 173–210.

[18] Bereits seit 1845 zeigten sich Tendenzen zur Revision der Bestimmungen.

II. Gerbers Haltung zu den Einwänden gegen die Gesetzesvorlage

1. Die Zulässigkeit der Regelung durch ein Staatsgesetz

Nachdem das Oberaufsichtsgesetz in der zweiten Kammer mit deutlicher Mehrheit angenommen worden war, musste sich Gerber mit den Einwänden der ersten Kammer auseinandersetzen.

Anstoß nahmen Prinz Georg[19], der die katholischen Interessen des Königshauses vertrat, sowie einige andere Kammermitglieder[20] bereits an der Form der Vorlage als eines Staatsgesetzes. Der Staat habe nicht das Recht, sein Verhältnis zur Kirche einseitig durch Gesetz zu regeln[21]. Die Abgrenzung der teilweise eng beieinanderliegenden Tätigkeitsbereiche könne nur durch Bestimmungen erfolgen, die beide Beteiligte einvernehmlich treffen. Die einseitige Fixierung der Rechte und Pflichten führe zu Reibungen und Differenzen. Auch gefährde sie den bestehenden konfessionellen Frieden[22].

Eine diesbezügliche gesetzliche Grundlage hatte es tatsächlich bis zum Inkrafttreten des Oberaufsichtsgesetzes nicht gegeben. Wohl gab es Regulative, die zwar nicht als Gesetze bezeichnet wurden, aber ähnlich wie diese mit Zustimmung beider Kammern zustande gekommen waren und Regelungen über das Verhältnis von Staat und Kirche festlegten[23]. So blieb das Mandat vom 19. Februar 1827[24] bis zur gesetzlichen Regelung im August 1876 die einzige rechtliche Grundlage für die Ausgestaltung der Beziehungen des sächsischen Staates zur katholischen Kirche, wenn man von dem letztlich nicht zustande gekommenen, in der Praxis aber dennoch angewandten[25] Regulativ von 1837[26], bzw. dem von 1845[27] einmal absieht.

---

[19] Sächs. LT. 1875/76, Vhlg. 1. K., S. 1018.
[20] U. a. Abgeordneter *Erdmannsdorf*, Sächs. LT. 1875/76, Vhlg. 1. K., S. 1019 ff, S. 1020.
[21] *Prinz Georg*, Sächs. LT. 1875/76, Vhlg. 1. K., S. 1018.
[22] Abgeordneter *Erdmannsdorf*, Sächs. LT. 1875/76, Vhlg. 1. K., S. 1022. Den konfessionellen Frieden sah auch der Amtsvorgänger *Falkenstein* durch die Regelungen zum Plazet ernsthaft gefährdet: Sächs. LT. 1875/76, Vhlg. 1. K., S. 1033 f, S. 1034.
[23] Abgeordneter *Erdmannsdorf*, Sächs. LT. 1875/76, ebd., S. 1022.
[24] Vgl. dazu oben § 12 I. 2.
[25] *Forwerk*, Geschichte, S. 175; *Huber/Huber*, Staat und Kirche, Bd. 1, S. 157, Fn. 19; *Carl Gottlieb von Weber*, Systematische Darstellung des im Königreiche Sachsen geltenden Kirchenrechts, 2. Aufl., 1843–45, Bd. 1, S. 51, Anm. 3.
[26] Regulativ wegen Ausübung des weltlichen Hoheitsrechts über die katholische Kirche im Königreiche Sachsen, Text: *Huber/Huber*, Staat und Kirche, Bd. 1, S. 157–160; *G. F. Rheinwald*, Acta historico-ecclesiastica Jg. 1837, 1840, S. 632 ff.
[27] Regulativ wegen Ausübung des weltlichen Hoheitsrechts über die katholische Kirche im Königreiche Sachsen, vorgelegt an die Stände mit Dek. v. 4. Okt. 1845: Sächs. LT. 1845/46,

Demgegenüber rechtfertigte *Gerber*[28] das Vorgehen der Regierung. In formeller Hinsicht sei mit dem ständischen Antrag von 1874, der die Vorlage eines Gesetzes forderte, die Handlungsform vorgegeben worden[29]. Das sei auch materiell zutreffend, denn der Staat habe auf dem Gesetzesweg zu handeln. Dies sollte der Sache nach bereits mit dem Regulativentwurf von 1837 und erneut 1845 erreicht werden[30]. Diese Entwürfe seien den Ständen nur „zur Prüfung und Begutachtung" vorgelegt worden, während der Gesetzentwurf ihre verfassungsmäßige Zustimmung erfordere. Gerber fügte jedoch hinzu: *„Ein Regulativ, welches die Zustimmung der beiden Kammern erhalten hat, steht so ziemlich auf dem Standpunkte eines Gesetzes."*[31] Er wollte also wohl auch eine quasigesetzliche Regelung gelten lassen. Eine vertragliche Vereinbarung kam demgegenüber für ihn nicht in Betracht. Als Begründung führte er an, dass auch die Staaten, die – wie Österreich, Württemberg und Baden[32] – ihr Verhältnis zur Kirche zunächst durch Konkordate geregelt hätten, um deren Aufhebung zugunsten gesetzlicher Neuregelung bemüht gewesen seien[33].

Die Position Gerbers zeugt von der bereits im Rahmen der Überlegungen zum württembergischen Konkordat gewonnenen Auffassung[34], dass die Feststellung der Verhältnisse des Staates zur Kirche nur durch ein Gesetz erfolgen könne. Dadurch erscheine die Konzession an die Kirche als Ausfluss der Staatsgewalt, d. h. als staatliche Angelegenheit. Die vertragsbedingte Gleichstellung der Parteien bewirke dagegen den Anschein, als ob die Abgrenzung zur Kirche nicht

---

Akten, I. Abt., Bd. 2, S. 261–268 (269 ff Motive). Es entspricht ganz überwiegend dem Regulativentwurf von 1837, der wegen eines Streitpunktes in Bezug auf das königliche Plazet nicht die Zustimmung der Kammern erhielt, 1845 erneut eingebracht wurde, nach Zustimmung der ersten Kammer aber in der zweiten wegen der Kürze der Zeit nicht mehr beraten wurde u. daher nicht zustande kam. Vgl. *Langer*, Landesherrliches Patronatsrecht, S. 11 f.

[28] *Gerber*, Sächs. LT. 1875/76, Vhlg. 1. K., S. 1027 ff; 2. K., Bd. 2, S. 1581 f.

[29] *Gerber*, ebd., 1. K., S. 1028; 2. K., S. 1581.

[30] *Gerber*, ebd., 1. K., S. 1027 ff, S. 1028; 2. K., S. 1581 f.

[31] *Gerber*, ebd., 1. K., S. 1027 ff, S. 1028.

[32] Vgl. zum Abschluss von Konkordaten im 19. Jh.: *Klaus Obermayer*, Die Konkordate und Kirchenverträge im 19. und 20. Jahrhundert, in: Walther Peter Fuchs (Hrsg.), Staat und Kirche im Wandel der Jahrhunderte, 1966, S. 166 ff; *Link*, Staat und Kirche, S. 49 ff. Österreich ersetzte 1874 das Konkordat von 1855 durch staatliche Gesetzgebung (*Obermayer*, ebd., S. 172 f; *Link*, ebd., S. 50), Württemberg und Baden schlossen 1857 bzw. 1859 Konkordate ab, denen die Stände aber ihre Zustimmung verweigerten, so dass beide Länder das Verhältnis von Staat und katholischer Kirche einseitig durch Staatsgesetz regelten (*Obermayer*, ebd., S. 173; *Link*, ebd., S. 74 f). Bayern hatte bereits 1817 als erster Bundesstaat ein Konkordat abgeschlossen, publizierte es aber gegen den Protest des Papstes als Anhang zum Religionsedikt von 1818, das von ihm in wesentlichen Punkten abwich (*Obermayer*, ebd., S. 171; *Link*, ebd., S. 69 f).

[33] *Gerber*, Sächs. LT. 1875/76, Vhlg. 1. K., S. 1027 f.

[34] Vgl. oben § 15 II. 2.

den Staat selbst in seiner Struktur betreffe, sondern eine äußere Angelegenheit sei[35].

Darin zeigt sich eine konsequente Umsetzung des staatlichen Souveränitätsgedankens. Die Gleichbehandlung aller gem. § 56 SächsVerf. aufgenommenen Religionsgesellschaften durch den Staat erscheint so nur dann gewährleistet, wenn der Staat *allein* seine Stellung zu diesen bestimmen und ändern kann. Darin kommt die Befürchtung zum Ausdruck, dass der Staat im Rahmen vertraglicher Vereinbarungen bei der Durchsetzung eigener Interessen zu Zugeständnissen genötigt sein könne, die dann von der jeweiligen Verhandlungsposition abhingen. Einflussreiche Religionsgesellschaften würden so möglicherweise günstigere Bedingungen aushandeln können als schwächere. Dies wiederum konnte Gefahren für die Verpflichtung des Staates zur Gleichbehandlung aller aufgenommenen Religionsgemeinschaften mit sich bringen. Aus Gerbers staatsrechtlicher Sicht erschien es so begrüßenswert, die in der Verfassung niedergelegten wesentlichen Grundsätze durch ein Staatsgesetz zu konkretisieren. Dies bot, da und insofern im Gesetzgebungsverfahren zugleich eine Begrenzung der Herrschaftsausübung des Staates gesehen werden konnte, Schutz vor staatlicher Willkür. Die so erreichte Rechtssicherheit erscheint in einer Zeit staatskirchenrechtlicher Irritationen durch die Vorgänge in Preußen nach allem jedenfalls geeignet, Beruhigung zu geben. Für die heute übliche Praxis konkordatärer bzw. staatskirchenvertraglicher Regelungen kann Gerber demnach nicht in Anspruch genommen werden.

2. Das landesherrliche Plazet

Das landesherrliche Plazet für kirchliche Anordnungen war im Hinblick auf die besondere konfessionelle Konstellation in Sachsen Hauptgegenstand der Debatten in beiden Kammern. Das Plazet war in den §§ 2 und 3 des in drei Abschnitte[36] gegliederten Gesetzes geregelt. Danach waren Verordnungen allgemeinen Inhalts über innere kirchliche Angelegenheiten der Regierung zur Kenntnis[37] zu bringen. Dagegen bedurften allgemeine Verordnungen, die unmittelbar oder mittelbar in staatliche oder bürgerliche Verhältnisse eingriffen, staat-

[35] *Gerber*, Das württembergische Kultusministerium, SächsHStA, Nachlass Gerber, Nr. 344; vgl. § 15 II. 2.

[36] Die §§ 1–6 betreffen die Zulässigkeit und Verfahrensweise der Verordnungstätigkeit der katholischen Kirche, die §§ 7–16 ihre juridische und die §§ 17–33 die kirchliche Verwaltung. Die Schlussbestimmungen in §§ 35–38 stellen die Verletzungen des Gesetzes unter Strafe und treffen eine Regelung zur Verfahrensweise bzgl. der Geltung des Gesetzes in der Oberlausitz.

[37] Vgl. § 2 des Gesetzes, wonach die Vorlage vor der Verkündung erfolgen muss. Der Entwurf hatte die gleichzeitige Vorlage mit der Veröffentlichung vorgesehen.

licher Genehmigung. Die Zustimmung war in der Verordnung zu bekunden[38]. Die sächsische Regierung hielt damit wie auch die Länder Bayern und Württemberg entgegen der Tendenz im Deutschen Reich, das Plazet aufzuheben[39], grundsätzlich daran fest. Nach dem Gesetzentwurf sollte es aber auf die allgemeinen äußeren Angelegenheiten beschränkt werden. Das Mandat vom 19. Februar 1827 und auch die Regulativentwürfe von 1837 und 1845 hatten das landesherrliche Plazet demgegenüber noch auf alle öffentlichen allgemeinen Anordnungen erstreckt[40]. Die bereits in dem genannten Mandat von 1827 enthaltene Regelung, wonach das Plazet für alle allgemeinen Anordnungen, die durch Druck oder öffentlichen Anschlag bekannt gemacht werden sollen, erforderlich war, sahen die Stände bei der Erörterung des Regulativentwurfs von 1837 nicht als ausreichend an. Sie beantragten, das Plazet auf alle Formen der Veröffentlichung von allgemeinen Anordnungen zu erstrecken und darüber hinaus, in der Anordnung selbst zu bekunden. Diese Anträge berücksichtigte der Regulativentwurf von 1845[41], der nun für alle allgemeinen, in irgendeiner Weise zu veröffentlichenden Anordnungen, die im Entwurf auch näher bestimmt wurden, das Plazet forderte. Ebenso war nach dem Entwurf das Plazet in der Verordnung selbst ausdrücklich zu erwähnen, wenn eine Bekanntmachung durch Druck oder öffentlichen Anschlag erfolgen sollte, sowie auch bei anderen Arten der Bekanntmachung, wenn dies vom König für nötig erachtet und vom Ministerium des Kultus besonders angeordnet wird. Trotz des dazu deutlich beschränkten Umfangs des Erfordernisses des Plazets, wie es nunmehr im Gesetzentwurf von 1876 vorgesehen wurde, waren die Bestimmungen zum Plazet Gegenstand heftiger Kritik.

Prinz Georg kennzeichnete mit seinem grundlegenden Einwand gegen das Gesetz treffend die Situation der katholischen Kirche in Sachsen. Er wandte kritisch ein, es könnten zwar faktische Zustände akzeptiert werden, die prinzipielle Zustimmung hierzu aber, die in einer gesetzlichen Fixierung der geübten Praxis liege, sei nicht möglich. Dies gelte vor allem für das in Sachsen seit langem beachtete und im Regulativ von 1827 enthaltene Plazet, das ein Katholik nicht offiziell anerkennen könne[42]. Auch der amtierende apostolische Vikar, Bischof

---

[38] Vgl. § 3 des Gesetzes.

[39] In Baden, Hessen und Österreich war das landesherrliche Plazet so weitgehend eingeschränkt, dass dies einer Aufhebung gleichkam. Vgl. *Richard Dove/Emil Friedberg* (Hrsg.), Miscellen, in: Zeitschrift für Kirchenrecht, Bd. 14 (1877–79), S. 206.

[40] Vgl. § 3 des Mandats v. 19. Febr. 1827 u. oben § 12 I. 2.; *Gerber*, Sächs. LT. 1875/76, Vhlg. 1. K., S. 1027 ff, S. 1028 f; *Dove/Friedberg*, Miscellen, in: Zeitschrift für Kirchenrecht, Bd. 14, S. 206.

[41] Regulativ v. 1845 (Titel vgl. Fn. 27), Sächs. LT. 1845/46, Akten, I. Abt., Bd. 2, S. 261 ff. Zu den seit 1837 erfolgten Änderungen u. Ergänzungen im Entwurf v. 1845 vgl. Motive: Sächs. LT. 1845/46, ebd., S. 269 ff, bes. S. 270 u. S. 271.

[42] *Prinz Georg*, Sächs. LT. 1875/76, Vhlg. 1. K., S. 1018.

Bernert, sprach sich gegen die Pflicht zur Bekundung des Plazets in den entsprechenden Verordnungen aus[43]. Dadurch würde der Anschein erweckt, die katholischen Verordnungen erlangten erst mit der staatlichen Genehmigung ihre Gültigkeit. Sie seien aber weder von der Publikation durch den apostolischen Vikar, noch von staatlicher Genehmigung abhängig und ohne weiteres für das Gewissen der Gläubigen verbindlich. Dies sei bei den Verhandlungen über den Regulativentwurf 1845 noch ausdrücklich festgestellt worden. Bezüglich der aktuellen Gesetzvorlage sei eine solche Klarstellung aber nicht erfolgt. Auch deshalb könne er dem Gesetzentwurf nicht zustimmen. Gerbers Amtsvorgänger v. Falkenstein reihte sich in die kritischen Stimmen ein, indem er gerade in den Bestimmungen über das Plazet die größte Gefährdung des konfessionellen Friedens begründet sah, die Gefahr nämlich, „einen Kampf hervorzurufen, an den man bis jetzt noch gar nicht gedacht haben mag.“[44]

Gegen diese Einwände rechtfertigte *Gerber* das Gesetz im Wesentlichen mit den bestehenden, überwiegend faktischen Verhältnissen. Ihre gesetzliche Fixierung glaubte er dem Fortbestand des konfessionellen Friedens förderlich[45]. Dagegen sei, „wenn auch lange Zeit der thatsächliche Zustand als solcher befriedigte“, nicht auszuschließen, dass durch die Veränderung der Verhältnisse, wobei Gerber wohl besonderes die Machtkämpfe zwischen Staat und Kirche in Preußen im Auge gehabt haben mag, „Verwicklungen und Umstände“ eintreten könnten, die die Fortführung eines „naiven Unschuldszustands“ nicht mehr gestatteten. Gerber kommt daher zu dem Schluss, dass der Staat, *„wenn er den confessionellen Frieden, der bisher thatsächlich bestand, nun auch rechtlich sichern und erhalten, wenn er ihn gegenüber den Stürmen der Zeit wahren will, sich gerade deshalb aufgefordert fühlen [muss], das, was er bisher thatsächlich erprobt hat, zu fixiren und gesetzlich festzustellen.“*[46]

Die für das Plazet bedeutsame Unterscheidung innerer und äußerer Kirchenangelegenheiten, wobei es nach dem Gesetzentwurf nur für letztere einzuholen war, wurde auch als zu ungenau kritisiert[47]. Der Staat könne so letztlich jeden Gegenstand katholischer Verordnungen dem Plazet unterwerfen, zumal die Entscheidung in Zweifelsfällen dem Kultusminister obliegen sollte, dessen Funktion als einer der Minister in Evangelicis weiteren Anlass zur Kritik gab[48].

---

[43] Apostolischer Vikar Bischof *Bernert*, Sächs. LT. 1875/76, Vhlg. 1. K., S. 1041.
[44] *Falkenstein*, Sächs. LT. 1875/76, Vhlg. 1. K., S. 1033 f.
[45] *Gerber*, Sächs. LT. 1875/76, Vhlg. 1. K., S. 1027.
[46] *Gerber*, ebd.
[47] *Falkenstein*, ebd., 1. K., S. 1034; Abgeordneter *Zehmen*, ebd., 1. K., S. 1018 f.
[48] Abgeordneter *Erdmannsdorf*, ebd., 1. K., S. 1019 ff, S. 1021; Apostolischer Vikar Bischof *Bernert*, ebd., 1. K., S. 1024 ff, S. 1025.

Deshalb wurde neben der Forderung, das Plazet ganz in Wegfall zu bringen[49], auch die nach vollumfänglicher Beibehaltung wie im Mandat von 1827 erhoben[50].

Dagegen verwies Gerber[51] auf § 57 SächsVerf., der i. V. m. § 56 SächsVerf. den aufgenommenen Religionsgesellschaften, so auch der katholischen Kirche, die Eigenständigkeit in ihren inneren Angelegenheiten garantiere. Die Schwierigkeit der Einordnung von inneren und äußeren Angelegenheiten der Kirche sei nicht zu umgehen und zudem in anderen Gesetzen, wie dem Konsistorialgesetz, bereits begrifflich enthalten. Es sei dem Kultusminister zuzumuten, dass er in Wahrung der Verpflichtung des Staates zur Gleichbehandlung aller aufgenommenen Religionsgesellschaften objektiv entscheide und sich nicht von den ihm als in Evangelicis beauftragter Minister übertragenen Interessen der Landeskirche leiten lasse.

Eine begründete Schlechterstellung der katholischen Kirche durch die Beurkundungspflicht des Plazets[52], insbesondere gegenüber der evangelischen Kirche, die nach § 7 Konsistorialgesetz nur an die in Evangelicis beauftragten Minister Bericht erstatten müsse, konnte Gerber nicht sehen[53]. Er wies erneut auf den Unterschied des *ius in sacra* und des *ius circa sacra* hin. Die Berichtspflicht des Landeskonsistoriums an die Minister in Evangelicis als Inhaber des *ius in sacra* und oberste Kirchenbehörde müsse von der das *ius circa sacra* übenden Staatsregierung streng getrennt werden. In Angelegenheiten, die das *ius circa sacra* betreffen, sei auch die evangelische Kirche gehalten, nach dem Publikationsgesetz vorzugehen und habe nicht an die Minister in Evangelicis zu berichten. Eine Benachteiligung der katholischen Kirche gegenüber der evangelischen sei daher ebensowenig zu erkennen wie Eingriffe in die inneren Angelegenheiten der Ersteren. Mit dem Gesetzentwurf würde „nicht im Geringsten [...] in die Freiheit der Religionsausübung eingegriffen“, ebenso nicht „in die Selbständigkeit der inneren Verwaltung der Kirche“ und sei auch „nicht mit einer Silbe das Princip der Parität“ verletzt[54]. Damit nutzte Gerber argumentativ geschickt erneut die diffizile Unterscheidung zwischen dem *ius in sacra* und dem *ius circa sacra*, wenngleich er die Bedenken der Stände dadurch wohl nicht auszuräumen vermochte.

---

[49] Abgeordneter *Zehmen*, ebd., 1. K., S. 1018 f, S. 1019.
[50] *Falkenstein*, ebd., 1. K., S. 1034.
[51] *Gerber*, ebd., 1. K., S. 1038 f.
[52] Vgl. Abgeordneter *Erdmannsdorf*, ebd., 1. K., S. 1021 f.
[53] *Gerber*, ebd., 1. K., S. 1027 ff, S. 1029.
[54] *Gerber*, ebd., 1. K., S. 1027.

Das Gesetz wurde schließlich auch in der ersten Kammer mit lediglich geringen Änderungen mit 22 zu 17 Gegenstimmen angenommen.

III. Auswirkung auf das Verhältnis des Staates zur katholischen Kirche

Das Gesetz vom 23. August 1876 stellte das verfassungsmäßige Oberaufsichtsrecht des Staates über die Kirchen[55] gegenüber der katholischen Kirche ausdrücklich fest, ohne dass damit wie in Preußen die Wirkungen eines Kulturkampfes ausgelöst worden wären. Es stand in der Tradition der staatskirchenrechtlichen Bestimmungen durch das Mandat von 1827[56], die Regulativentwürfe von 1837 und 1845 sowie der sächsischen Verfassung von 1831. Das Oberaufsichtsgesetz wahrte die staatlichen Hoheitsrechte und enthielt neben verfassungsbedingten Milderungen, wie insbesondere die Aufhebung des Plazets für Verordnungen in innerkirchlichen Angelegenheiten[57], aber auch Verschärfungen der Staatsaufsicht[58]. Das Recht des *recursus ab abusu*, d. h. die bereits durch die §§ 58 und 36 SächsVerf. eröffnete Möglichkeit, Beschwerden über den Missbrauch der kirchlichen Gewalt auch bei den obersten Staatsbehörden einzulegen, wurde bestätigt[59] und die Kirche im Rahmen ihrer Gerichtsbarkeit auf geistliche Zuchtmittel beschränkt. Das Gesetz regelte weiter die Vorbildung und Anstellung der Geistlichen sowie deren Amtsenthebung bei grober Verletzung der Amtspflichten oder staatlicher Gesetze. Als besonders einschneidend galt die Anzeigepflicht für alle kirchlichen Stellenbesetzungen. So verbot das Gesetz jede Ordenstätigkeit mit Ausnahme der weiblichen Kinder- und Krankenpflegeorden.

Das sächsische Oberaufsichtsgesetz zeigte sich im Vergleich mit den so genannten Kampfgesetzen der vom Kulturkampf erfassten Staaten, wie insbesondere Preußen, ähnlich streng gegenüber der katholischen Kirche. Jedoch

---

[55] Vgl. § 57 Abs. 1 SächsVerf. v. 1831.

[56] Mandat v. 19. Febr. 1827, KglGS. 1827, S. 13–29.

[57] Vgl. die zugestandene Autonomie der Kirchen in diesem Bereich durch § 57 Abs. 2 SächsVerf. v. 1831.

[58] Prinz Georg hielt fest: „*Was das Materielle des Gesetzes betrifft, so muß ich einräumen, daß es sich im großen Ganzen an das seither Bestehende hält, natürlich mit einigen Modificationen, einigen Milderungen, aber auch manchen Verschär-fungen.*" Siehe *Prinz Georg*, Sächs. LT. 1875/76, Vhlg. 1. K., S. 1018. Zu den Verschärfungen der Staatsaufsicht vgl. *Huber*, Verfassungsgeschichte, Bd. 4, S. 766.

[59] Vgl. § 9 des Gesetzes, der zum einen feststellt, dass das Beschwerderecht die Pflicht des Staates, gegen Verletzungen der Staatsgesetze durch den Mißbrauch kirchlicher Straf- und Zuchtgewalt von Amts wegen einzuschreiten, nicht aufhebt und zum anderen die Kompetenz der Staatsbehörde im Falle einer solchen Beschwerde auf den staatlichen Bereich der ergangenen kirchlichen Verfügung beschränkt.

wurde der konfessionelle Friede in den Gesetzgebungsverhandlungen stets betont. Die Diskussion ließ aber die ernste Sorge um seinen dauerhaften Fortbestand erkennen. Nicht zu Unrecht wies Prinz Georg[60] daher darauf hin, dass von dem Gesetz ein starkes Misstrauen gegen die katholische Kirche ausgehe, wie wenn diese Angriffe gegen den Staat intendiere. Unter Beachtung der reichsweiten Vorgänge, besonders im Nachbarstaat Preußen, war dieses Misstrauen nicht unberechtigt. In Sachsen verfolgten die Stände die Missionstätigkeit und die infolge der katholischen Landesherren erleichterte Einflussnahme der katholischen Kirche seit jeher wachsam. Hiervon zeugen schon die seit dem Übertritt des Herrscherhauses zum Katholizismus bis zum Erlass der Verfassung von 1831 stets wiederholt geforderten und gewährten Religionsversicherungen[61]. Der evangelischen Landeskirche bot das Gesetz demgegenüber erneut Gewähr für ihren Bestand sowie Schutz vor dem katholischen Macht- und Missionsanspruch, wie er in der Proklamation des Unfehlbarkeitsdogmas 1870 Ausdruck gefunden hatte.

Aus der Sicht der katholischen Kirche musste das Gesetz bereits grundsätzlich und im Besonderen hinsichtlich des Plazets als unbefriedigend erscheinen. Auch wenn das landesherrliche Plazet gegenüber der Regelung im Mandat vom 19. Februar 1827 eine Abschwächung erfuhr, wollte es die katholische Kirche generell, d. h. ungeachtet seines Umfangs, weder offiziell anerkennen noch durch ein Staatsgesetz geregelt sehen, wie dies Prinz Georg und Bischof Bernert verdeutlichten[62]. Aber auch in der katholischen Presse[63] erhoben sich zahlreiche Stimmen gegen das Gesetz, zu dessen Aufhebung es Ende des 19. Jahrhunderts massive Bestrebungen gab[64]. Es war wohl die besondere Position der katholischen Kirche in Sachsen, die dazu beigetragen hat, dass es infolge der den preußischen Maigesetzen an Strenge kaum nachstehenden sächsischen Gesetzgebung gleichwohl nicht zu kampfähnlichem Widerstand seitens der Kirche kam[65]. Hin-

[60] *Prinz Georg*, Sächs. LT. 1875/76, Vhlg. 1. K., S. 1018.
[61] Vgl. oben § 12 I. Fn. 12–14.
[62] *Prinz Georg*, Sächs. LT. 1875/76, Vhlg. 1. K., S. 1018; Apostolischer Vikar Bischof *Bernert*, ebd., 1. K., S. 1024 ff, S. 1027.
[63] Katholisches Volksblatt aus Sachsen v. 30. Juli 1876, S. 126 f, in: SächsHStA, Min. f. Volksbildung, Nr. 10902.
[64] Sie wurden maßgeblich vom apostolischen Vikar Bischof Wahl betrieben. Vgl. *Blanckmeister*, Kirchengeschichte, S. 454 ff. Zu Bestrebungen um Milderung des Gesetzes durch den apostolischen Nuntius in München sowie Wortmeldungen in der Presse vgl. SächsHStA, Min. f. Volksbildung, Nr. 10903.
[65] *Huber*, Verfassungsgeschichte, Bd. 4, S. 766; *Scheuffler*, Sächsische Kultusminister, Sp. 632 f; *Beschorner*, Gerber, S. 99; eingehender *Blanckmeister*, Kirchengeschichte, S. 454. Anders *Feine*, Kirchliche Rechtsgeschichte, S. 680, der zu dem Schluss gelangt, dass Sachsen den Kulturkampf nach preußischem Vorbild mitmachte. Dies kann aber nur bzgl. des ver-

zu kam, dass der prozentuale Anteil der Katholiken an der sächsischen Gesamtbevölkerung sehr gering war[66]. Die katholische Kirche war vor diesem Hintergrund wohl deshalb bereit und zugleich genötigt, weitreichende Zugeständnisse zu machen, um ihren Einfluss nicht zu verlieren. Das „Katholische Volksblatt" schilderte das Gesetz so treffend als *„auferlegtes Joch, gegen dessen Auflegung man Einsprache erhob, aber von sich abzuwälzen nicht die Macht hat"*[67]. Dies lässt die Schlussfolgerung zu, dass der konfessionelle Frieden weniger auf gegenseitiger Beruhigung über die staatskirchenrechtliche Situation, als vielmehr auf dem Stillhalten der katholischen Kirche aufgrund ihrer Schwäche in Sachsen beruhte.

Darüber hinaus zeugt die Hinnahme dieses Gesetzes durch die katholischen sächsischen Könige aber auch von deren Loyalität gegenüber der überwiegend protestantischen Bevölkerung. Andererseits waren sie wiederum bestrebt, die Kompetenz des Kultusministers in Angelegenheiten 'ihrer' Religion über die gesetzlichen Bestimmungen hinaus zu begrenzen, bzw. deren Ausübung zu kontrollieren. So wies König Albert 1890[68] das Kultusministerium unter Bezugnahme auf ein Protokoll vom 26. Mai 1876 darauf hin, dass bisher nicht nur in den durch das Oberaufsichtsgesetz von 1876 bestimmten Fällen, sondern in allen Fällen, in denen die Einholung der königlichen Entschließung angemessen erschien, diese auch eingeholt worden sei. Er verfügte deshalb: *"Ich wünsche, daß dieses Vorgehen auch ferner beibehalten wird, und bestimme daher, daß in allen nachbezeichneten Fällen Meine Entschließung zu Anwendung des Gesetzes vorher einzuholen ist."*[69] In Bezug auf staatliche Herrschaftsinteressen konnten die Landesherren, wenn sie es denn wollten, auf diese Weise die strenge Handhabung der Staatshoheitsrechte gegenüber der katholischen Kirche mittragend befürworten. Sie sicherte ihnen Distanz zur römisch-katholischen Kirchenmacht und deren damit einhergehenden geringeren Einfluss auf die Staatsleitung.

Mit dem Oberaufsichtsgesetz gelang es Gerber, unter formeller und materieller Wahrung der staatlichen Souveränität die Ausübung der staatlichen Oberaufsicht gegenüber der katholischen Kirche auf eine gesetzliche Grundlage zu stellen. Der zur Gleichbehandlung aller aufgenommenen Religionsgesellschaften verpflichtete, souveräne Staat konnte der katholischen Kirche nun entschie-

---

gleichbaren Charakters der sächsischen Gesetzgebung nachvollzogen werden, nicht jedoch auch hinsichtlich deren Auswirkungen.

[66] 2,5–4 %, vgl. auch oben § 12 I. 1.

[67] SächsHStA, Min. f. Volksbildung, Nr. 10902, Bl. 326.

[68] Anweisung König Alberts v. Aug. 1890, SächsHStA, Min. f. Volksbildung, Nr. 10902 (Beiheft zur Akte am Anfang, Bl. 1–5).

[69] Anweisung König Alberts, ebd., Bl. 3 v. fol.

dener gegenübertreten als dies bei Verhandlungen mit den ihr persönlich als Glieder unterworfenen sächsischen Landesherren möglich gewesen wäre. Gerber knüpfte mit dem Gesetz an bestehende Regelungen und bereits praktizierte Grundsätze an. Dagegen nutzte er offenbar sehr bewusst die Kampfstimmung im preußischen Nachbarstaat und die Unterstützung der evangelischen sächsischen Bevölkerung nicht für deutlich weiterreichende staatliche Hoheitsrechte. Auch darin darf ein Grund für die Erhaltung des konfessionellen Friedens in Sachsen und nicht zuletzt ein Verdienst Gerbers gesehen werden.

§ 20 Die Förderung der weiteren Schulentwicklung in Sachsen durch Gerber

Die Zeit zwischen den strukturellen Änderungen im Bildungswesen Anfang der siebziger Jahre des neunzehnten Jahrhunderts bis zum Ende der Monarchie und darüber hinaus bis zu den erneuten Reformen Anfang der zwanziger Jahre des folgenden Jahrhunderts ist von den Problemen der praktischen Durchführung des Volksschulgesetzes gekennzeichnet. Gerber widmete sich dabei intensiv der quantitativen und qualitativen Verbesserung des Bildungswesens auf allen Ebenen, die Universität Leipzig eingeschlossen. Die Veränderungen schöpften die bestehenden systembedingten Möglichkeiten für eine höhere Qualität der Bildungsanstalten aus, ohne jedoch grundlegende Erneuerungen zu bewirken. Eine Phase des Verwaltens schloss sich damit an die vorausgehende des Gestaltens an.

I. Die Volksschulen und höheren Schulen

Mit Inkrafttreten des Volksschulgesetzes von 1873[1] hatte eine Periode der Reorganisation des Elementarschulwesens begonnen. Ihre Durchführung forderte die ganze Kraft der neuen Verwaltung. Einige Anforderungen an die Schulen, wie beispielsweise die maximale Klassenstärke, waren zwar nicht grundlegend neu, aber bisher nicht durchgesetzt und kontrolliert worden[2]. Das Gesetz brachte dazu Veränderungen, die mit nicht unerheblichen finanziellen Belastungen für die Schulgemeinden verbunden waren[3]. Dennoch erfolgte ein steter Ausbau der Schulen, um die gesetzlichen Minimalanforderungen zu erreichen. Größere Gemeinden förderten die Ortsschule darüber hinausgehend[4]. Auch errichteten die Gemeinden vielerorts neue Schulgebäude[5].

Umfang und Qualität des Unterrichts sicherte *Gerber* mit der Erarbeitung neuer Lehrpläne, wozu er den Seminardirektor Kockel als Geheimen Schulrat 1874 in das Kultusministerium berief[6]. Für den Volksschulunterricht konnte am 5. November 1878[7] ein einheitlicher Lehrplan eingeführt werden.

---

[1] Vgl. zum Volksschulgesetz v. 26. April 1873 oben § 18.

[2] *Pätzold*, Volksschulwesen, S. 197.

[3] Den Schulgemeinden oblag u. a. die Errichtung und Unterhaltung der Schulgebäude und die Besoldung der Lehrer. Vgl. oben § 18 III.

[4] Teilweise konnte die Klassenstärke unter die gesetzlichen Höchstgrenzen gesenkt und weitere Klassenstufen eingerichtet werden: *Pätzold*, Volksschulwesen, S. 188, S. 198, S. 201 ff.

[5] Nachweise bei *Pätzold*, ebd., S. 205.

[6] *Pätzold*, ebd., S. 190.

[7] Lehrplan für den Unterricht in einfachen Volksschulen, KglGVBl. 1878, S. 434–445.

Die von Gerber mit dem Volksschulgesetz von 1873 durchgesetzte obligatorische Fortbildungsschule für Jungen, die eine weitere Fortbildungsschulpflicht von drei Jahren für die aus der einfachen Volksschule entlassenen Jungen mit mindestens zwei Stunden Unterricht wöchentlich und dem Ziel der Wiederholung und Vertiefung des Volksschullehrstoffes vorsah, stieß zunächst besonders bei Industrie und Handel, die ihren Lehrlingen die Teilnahme zu ermöglichen hatten, auf Widerstand[8]. Mit der Orientierung des Lehrstoffes an den Anforderungen des Berufs der Jugendlichen, der Empfehlung von berufsspezifischen altersunabhängigen Klassen sowie der Einbeziehung von Vertretern der Industrie in die inhaltliche Unterrichtsplanung konnte die Akzeptanz nach und nach verbessert werden, bis schließlich aus den Fortbildungsschulen die Berufsschulen hervorgingen[9]. Für den Fortbildungsunterricht ließ Gerber ebenfalls einheitliche Mindestanforderungen ausarbeiten und in Lehrplänen[10] fixieren. In diesem Zusammenhang soll nicht unerwähnt bleiben, dass auch die dem Ministerium des Innern unterstehenden gewerblichen und technischen Lehranstalten erhebliche Förderung erfuhren. Die „polytechnische Schule" in Dresden wurde so zum „Polytechnikum", 1890 dann zur „Technischen Hochschule" erhoben, um schließlich 1961 zur „Technischen Universität" zu werden[11].

Im Realschulwesen führte Gerber die bereits von seinem Amtsvorgänger eingeleitete Untergliederung in zwei Ordnungen durch eine strengere Trennung der ersten und zweiten Ordnung weiter[12]. Die Abgänger der Realschulen erster Ordnung hatten seit 1877[13] Zugang zur Universität. 1884[14] erfolgte die Um-

---

[8] Die Fortbildungsschule wurde auch als Sonntags- oder Abendschule bezeichnet (§ 3 Abs. 1 b). Zur Fortbildungsschulpflicht vgl. § 4 Abs. 8 Volksschulgesetz u. zur Freistellungspflicht der Lehrherren u. Arbeitgeber § 5 Abs. 2 Volksschulgesetz. Zum Unterrichtsumfang vgl. § 14 Abs. 1–3, wonach die Stundenzahl auf 6 erweitert werden konnte und in diesem Falle auch das Lehrziel zu erhöhen war. Der Unterricht war sonntags oder in der Woche abends zu erteilen. Für Mädchen konnte der Schulvorstand eine Fortbildungsschule errichten und deren Besuch für zwei Jahre zur Schulpflicht erheben (§ 14 Abs. 6). Vgl. weiter *Pätzold*, Volksschulwesen, S. 189 u. S. 213 ff; *Poste*, Schulreform, S. 483 ff; zum Mädchenschulwesen vgl. *Kirchberg*, Vom Privileg zum Allgemeingut?, S. 86 f.

[9] *Pätzold*, ebd., S. 213 f.

[10] Mit Verordnung vom 18. Oktober 1881 konnte ein Normallehrplan für die Fortbildungsschule in Kraft treten (Lehrplan für den Unterricht in Fortbildungsschulen, KglGVBl. 1881, S. 197–204). Diesen Lehrplan hatte ebenfalls Geheimer Schulrat Kockel ausgearbeitet: *Pätzold*, Volksschulwesen, S. 190. Bereits am 5. Nov. 1878 waren Bestimmungen über die Disziplin in der Fortbildungsschule getroffen worden.

[11] *Reiner Pommerin*, Geschichte der Technischen Universität Dresden 1828–2003, 2003 (175 Jahre Technische Universität Dresden, Bd. 1), S. 46 ff (polytechnische Schule), S. 56 ff (Polytechnikum), S. 79 ff (Technische Hochschule), S. 276 ff, S. 291 (Technische Universität).

[12] Vgl. *Beschorner*, Gerber, S. 101.

[13] VO, zur Ausführung des Gesetzes v. 22. Aug. 1876 über die Gymnasien, Realschulen u. Seminare betr., v. 29. Jan. 1877, KglGVBl. 1877, S. 43–140.

wandlung der Realschulen erster Ordnung in Realgymnasien mit neun Klassenstufen. Ihrem Ausbildungsziel nach waren sie naturwissenschaftliche Gymnasien. In den siebziger Jahren des neunzehnten Jahrhunderts nahmen die Realschulen unter der Obhut Gerbers, besonders die zweiter Ordnung, zahlenmäßig stark zu[15]. Neben den bestehenden zwei Gymnasien –eines davon war das bekannte Gymnasium zum Heiligen Kreuz in Dresden, auch als Kreuzschule bezeichnet[16] – ließ Gerber fünf weitere errichten[17].

Die 1893/ 94 in Kraft getretenen neuen Lehrpläne für Gymnasien, Realschulen und Seminare entstammten noch der Ministertätigkeit Gerbers[18] und vervollständigten seinen Ausbau des Bildungswesens.

In den Jahren 1907 bis 1912 forderten die liberalen Kräfte mit Nachdruck die Reform des Volksschulgesetzes von 1873. Sie drangen insbesondere auf die Einführung der Simultanschule auch in diesem Bereich. Dagegen war der Widerstand der Konservativen, die im Bunde mit den Kirchen für den Erhalt der Konfessionsschule eintraten, so stark, dass der Entwurf zur Volksschulreform 1912 scheiterte[19]. Erst der gesellschaftliche Umbruch mit der Ablösung der Monarchie infolge der Novemberrevolution 1918/ 19 leitete eine erneute Reform des Schulwesens ein[20].

---

[14] Gesetz, veränderte Bestimmungen über die Realschulen I. u. II. Ordnung betr. v. 15. Febr., KglGVBl. 1884, S. 21–22; AusführungsVO, KglGVBl. 1884, S. 22–60.

[15] *Beschorner*, Gerber, S. 101.

[16] Vgl. zur Kreuzschule *Herbert Kunath*, Beiträge zur Chronik der Kreuzschule und des Kreuzchores zu Dresden, 1988, Teil 2, S. I., S. 11 ff.

[17] Gymnasium zu Dresden-Neustadt 1874, in Leipzig 1880, in Plauen 1889, Umwandlung der Realschule Wurzen 1882/83 u. Schneeberg 1888 in königliche Gymnasien: *Beschorner*, Gerber, S. 102.

[18] Sie basieren auf dem Gesetz v. 22. Aug. 1876 (KglGVBl. 1876, S. 317–335), der VO v. 29. Jan. 1877 (KglGVBl. 1877, S. 43–140) u. der VO v. 8. Juli 1882 (VO, Änderungen u. Nachträge zur VO v. 29. Jan. 1877 betr., KglGVBl. 1882, S. 151–153); *Beschorner*, Gerber, S. 101 f; *Losano*, Studien, S. 312.

[19] *Poste*, Schulreform, S. 44.

[20] Vgl. Verordnung vom 12. Dezember 1918, die die simultane Volksschule einführte (Die Evangelisch-Lutherische Landeskirche protestierte gegenüber dem Kultusministerium gegen diese Maßnahme, vgl. m. w. N. *Poste*, Schulreform, S. 188 f.) und die Anweisung des Kultusministeriums an die Bezirksschulräte vom 10. April 1919, bei der Verpflichtung der Volksschullehrerinnen und Volksschullehrer von der Abnahme des Gelöbnisses religiöser Treue neben dem Diensteid Abstand zu nehmen (Die Anweisung sollte zuerst als Verordnung Nr. 493 a C erlassen werden, wovon auf Grund des Protestes der Evangelisch-Lutherischen Landeskirche und des apostolischen Vikariats abgesehen worden war. Vgl. m. w. N. *Poste*, Schulreform, S. 189.); Gesetz über die Trennung des Kirchen- u. Schuldienstes der Volksschullehrer v. 10. Juni 1921, SächsGVBl. 1921, S. 147–148; Gesetz über die Aufhebung der Schulgemeinden v. 11. Juli 1921, SächsGVBl. 1921, S. 231–238; Gesetz über die Umwandlung der

II. Die Ausbildung des Fachpersonals

Für die Verbesserung der Lehrerausbildung sowie die Hebung des Ansehens der Lehrer und ihrer finanziellen Situation setzte sich Gerber nachhaltig ein, um die erstrebte qualifiziertere Unterrichtung in den Volksschulen zu gewährleisten. Er reformierte die Lehrerbildung mit der Lehrerordnung vom 14. Juli 1873[21]. Sie vereinigte das Proseminar mit dem Seminar zu einem einheitlichen Lehrgang in 6 aufsteigenden Klassen. Der Lehrstoff erfuhr die gebotene Erweiterung mit der Wiedereinführung des Lateinunterrichts[22], der Psychologie und Logik sowie eingehenderer Studien der deutschen Literatur. Das Gesetz über die Gymnasien, Realschulen und Seminare vom 22. August 1876[23] und die Ausführungsverordnung vom 29. Januar 1877[24] bewirkten die Zuweisung des Seminarwesens zu den höheren Schulen sowie die Festlegung eines ausführlichen Lehrplanes. Die Kontrolle der Ausbildungsqualität stellte Gerber durch verbesserte Prüfungsordnungen für Lehrer und Lehrerinnen an Volksschulen vom 1. November 1877[25], für das höhere Schulamt vom 31. August 1887[26] und für die pädagogische Prüfung an der Universität Leipzig vom 26. Januar 1888[27] sicher. Konferenzen und entsprechende Vereinigungen förderten die Weiterbildung der Lehrer im Amt. Die Seminarausbildung wurde dann 1913[28] von sechs auf sieben Jahre erweitert, 1915[29] ein neuer Lehrplan für die Lehrer- und Lehrerinnenseminare erstellt.

Lehrerseminare u. der Lehrerinnenseminare v. 8. April 1922, SächsGVBl. 1922, S. 164; Schulbedarfsgesetz v. 31. Juli 1922, SächsGVBl. 1922, S. 405–412.

[21] Bekanntmachung, die Publikation einer Lehrordnung für die evangelischen Schullehrer-Seminare betr., v. 14. Juli 1873, KglGVBl. 1873, S. 485–503.

[22] Durch die Seminarordnung von 1859 war der Lateinunterricht wie auch die Logik, gestrichen und der Lehrstoff insgesamt gemindert worden. Bekanntmachung, die Publikation der „Ordnung der evangelischen Schullehrerseminare im Königreiche Sachsen" betr., v. 15. Juni 1859, KglGVBl. 1859, S. 250–270; *Pätzold,* Volksschulwesen, S. 172.

[23] KglGVBl. 1876, S. 317–335.

[24] KglGVBl. 1877, S. 43–140.

[25] Bekanntmachung, die Prüfungsordnung für Lehrer u. Lehrerinnen an Volksschulen betr., v. 1. Nov. 1877, KglGVBl. 1877, S. 306–332.

[26] Bekanntmachung, die Ordnung der Prüfung für das höhere Schulamt betr., v. 31. Aug. 1887, KglGVBl. 1887, S. 125–149.

[27] Bekanntmachung, die Ordnung der pädagogischen Prüfung an der Universität Leipzig betr., v. 26. Jan. 1888, KglGVBl. 1888, S. 4–6.

[28] Gesetz, die Abänderung des Gesetzes über die Gymnasien, Realschulen u. Semi-nare v. 22. Aug. 1876 betr., v. 14. Jan. 1913, KglGVBl. 1913, S. 16–19.

[29] VO zur Ausführung des Gesetzes v. 14. Jan. 1913 (vgl. Fn. 26), v. 10. März 1915, KglGVBl. 1915, S. 47–151.

Daneben trugen die Verbesserungen der Lehrerbesoldung und der Pensionsverhältnisse zur Hebung des Ansehens des Lehrerstandes bei. Bereits 1872[30] und erneut 1874[31] konnte Gerber Erhöhungen der Lehrerbesoldung durchsetzen. Die Erweiterung der Witwen- und Waisenpensionen 1872[32] sowie der Ruhegehälter bei Emeritierung der Lehrer an höheren Anstalten trat hinzu. Mit dem Gesetz vom 10. März 1890[33] über den Wegfall der Pensionsbeiträge der Geistlichen und Lehrer bewirkte Gerber eine weitere finanzielle Entlastung. Die Lehrer waren seit der Errichtung der Pensionskasse für Witwen und Waisen 1840 verpflichtet gewesen, dieser beizutreten und jährliche Beiträge zu zahlen, die seit 1872 ein Prozent des Lehrergehaltes betrugen[34]. Diese Zahlungsverpflichtungen entfielen nunmehr. Schließlich erfolgte 1891[35] durch Gerber die Vorlage eines Entwurfs zu einem umfassenden Gehaltsgesetz an die Stände, die er aber infolge seines plötzlichen Todes nicht mehr durchsetzen konnte[36].

III. Die Universität Leipzig

Der Universität Leipzig war Gerber als eines ihrer ehemaligen Mitglieder besonders zugetan. Er bemühte sich um angesehene Persönlichkeiten für die Professuren, förderte den Ausbau der Fakultäten und setzte die Gewährung der Mittel zur Finanzierung erforderlicher Neubauten durch[37]. Dazu gehörten die Errichtung der neuen Universitätsbibliothek von 1887 – 91 sowie der Beginn des Umbaus der alten Universität. Die Zahl der Mitglieder und Studierenden der Universität stieg in seiner Amtszeit stetig an.

---

[30] Gesetz, die Gehaltsverhältnisse der Lehrer an Elementarvolksschulen betr., v. 9. April 1872, KglGVBl. 1872, S. 132–134.

[31] Gesetz über einige Abänderungen des Gesetzes v. 9. April 1872 (vgl. Fn. 28) betr., v. 23. Jan. 1874, KglGVBl. 1874, S. 4–5.

[32] Gesetz zur Abänderung u. Ergänzung des Gesetzes v. 1. Juli 1840, die Errichtung einer Pensionskasse für die Witwen u. Waisen der Lehrer an evangelischen Schulen betr., v. 9. April 1872, KglGVBl. 1872, S. 119–121; näher *Pätzold*, Volksschulwesen, S. 146 ff.

[33] KglGVBl. 1890, S. 42–44.

[34] Die Pensionskasse wurde mit Gesetz vom 1. Juli 1840, die Errichtung einer Pensionskasse für die Witwen und Waisen der Lehrer an evangelischen Schulen betreffend eingerichtet und mit Gesetz vom 9. April 1872 abgeändert. Vgl. *Pätzold*, Volksschulwesen, S. 145 f.

[35] Dek. Nr. 14 v. 11. Nov. 1891, Entwurf eines Gesetzes über einige Abänderungen des Gesetzes v. 9. April 1872 (vgl. Fn. 28) betr., Sächs. LT. 1891/92, Kgl. Dek., Bd. 3, S. 64–66.

[36] Während der Beratungen erlitt Gerber einen Schlaganfall und starb am folgenden Tag, dem 23. Dezember 1891. Vgl. *Losano*, Studien, S. 312. Sein Nachfolger, Kultusminister v. Seydewitz, legte einen neuen Entwurf vor, der mit Gesetz, die Gehaltsverhältnisse der Lehrer an den Volksschulen betreffend, vom 4. Mai 1892 wirksam wurde. Vgl. KglGVBl. 1892, S. 139–140; *Pätzold*, Volksschulwesen, S. 193.

[37] Zu den namhaften Besetzungen und der Erweiterung der Fachbereiche sowie zum Folgenden vgl. *Beschorner*, Gerber, S. 102 ff.

IV. Würdigung der Reform des Bildungswesens

Die Reform des Bildungswesens unter der Führung Gerbers erfolgte umfassend. Sie hält die Mitte zwischen liberalem Fortschritt und konservativer Tradition. Die Schulen, die Technische Hochschule Dresden und die Universität Leipzig erfuhren starke Förderung. Den Forderungen der Liberalen und Sozialdemokraten nach einer konfessionslosen, d. h. weltlichen Schule, nach der Abschaffung der Schulaufsicht durch den Ortsgeistlichen und der Trennung von Kirche und Schule konnte und wollte er nicht nachkommen, wohl auch um ihre herrschaftsstabilisierende Funktion, d. h. die Erziehung "christlicher Untertanen" als Stütze des monarchisch geprägten Staatssystems zu erhalten[38]. So spiegelte sich die noch ständisch geprägte Gesellschaft am Ende des 19. Jahrhunderts in einer entsprechend typisierten Schulorganisation, d. h. in der Trennung von hohem und niederem Bildungswesen nach Standes- und Klassenzugehörigkeit, in der Trennung von Jungen- und Mädchenbildung und in der Trennung nach Konfessionen wider[39]. Dies entsprach einerseits einer tradierten Auffassung, wonach mit der Herkunft, Geschlechtszugehörigkeit und Konfession eine spezifische Lebensführung verbunden wurde, in deren Tradition auch die Kinder zu erziehen waren. Andererseits diente die Schulorganisation, besonders in ihrer stark konfessionellen Prägung als Herrschaftsmittel zur Absicherung und Legitimierung der bestehenden Herrschaftsverhältnisse, d. h. dem staatskirchenrechtlichen System in Sachsen, in dem die Interessen der Evangelisch-Lutherischen Landeskirche mit denen der Regierung im Königreich Sachsen insofern weitgehend übereinstimmten[40]. Der erhobenen Forderung rückwärts gerichteter Maßnahmen leistete er keine Folge[41]. Gerber erweist sich so als ein entschiedener Reformer mit Augenmaß, dem daran gelegen war, notwendige Veränderungen in Angriff zu nehmen, ohne die Grundlagen des monarchisch-konstitutionellen Systems in Zweifel zu ziehen.

---

[38] Hierzu u. zum Folgenden allgemein vgl. *Poste*, Schulreform, S. 260 ff; *Hans-Georg Herlitz* (u. a. Hrsg.), Deutsche Schulgeschichte von 1800 bis zur Gegenwart. Eine Einführung, 1993, S. 64 ff, S. 84, S. 130 f, S. 231 f.

[39] Vgl. *Herlitz*, Deutsche Schulgeschichte, S. 231. Die Trennung nach Konfessionen spielte in Sachsen wegen der ganz überwiegend protestantischen Bevölkerung anders als z. B. in Preußen nur eine untergeordnete Rolle.

[40] *Poste*, Schulreform, S. 260 ff.

[41] Besonders gegen die Fortbildungsschule richteten sich Petitionen der extrem Konservativen. Vgl. *Pätzold*, Volksschulwesen, S. 189.

Drittes Kapitel
Auswirkungen auf die Entwicklung der Staats- und Kirchenverfassung nach Gerbers Amtstätigkeit

§ 21 Die Aufhebung des staatskirchlichen Systems

I. Die Zeit bis zum Ende der Monarchie in Sachsen

Nach dem Ableben Gerbers wurden der Jurist *Paul v. Seydewitz*[1] Kultusminister, in der Folge Richard v. Schlieben (1906 - 1908), Heinrich Gustav v. Beck (1908 - 1918) und Alfred v. Nostitz-Wallwitz (1918)[2]. Den Vorsitz im Gesamtministerium und bei den in Evangelicis beauftragten Staatsministern übernahm der seit 1890 amtierende Finanzminister *Julius Hans v. Thümmel*[3]. Den Vorsitz in beiden Kollegien konnten auch der Justizminister Schurig (1895 - 1901), der Innen- und Außenminister v. Metzsch (1901 - 1906), der Finanzminister v. Rüger (1906 - 1910) und der Justizminister Otto (1910 - 1912) übernehmen[4]. Als 1912 v. Hausen die Leitung des Gesamtministeriums erhielt, konnte ihm als Kriegsminister nicht auch der Vorsitz bei den Ministern in Evan-

---

[1] Geb. am 3. März 1843 in Lauterbach, gest. am 17. Dez. 1910 in Dresden, zunächst im sächs. Justizdienst tätig, dann im Verwaltungsdienst u. seit 1871 Mitarbeiter im Kultusmin., 1892–1906 Kultusmin. u. zugleich seit 1895 Min. des Kgl. Hauses, vgl. *Huber*, Verfassungsgeschichte, Bd. 4, S. 404 (u. ebd. Fn. 24); *Thomas Pfeiffer* (Hrsg.), Sachsen als Verfassungsstaat, 1998, S. 174; *Kosch*, Biographisches Staatshandbuch, Bd. 2, S. 1108.

[2] *Pfeiffer*, Sachsen, S. 175. Zur Person: *Alfred v. Nostitz-Wallwitz*, geb. am 21. Dez. 1870 in Dresden, gest. 1953, Sohn des Gesandten Oswald v. Nostitz-Wallwitz (1830–1885, sächs. Bundesratbeauftragter), ehelichte 1904 die Schriftstellerin Helene v. Nostitz-Wallwitz, eines der Kinder war der Schriftsteller, Übersetzer u. Diplomat Oskar v. Nostitz-Wallwitz (1908–1997); vgl. *Josef Matzerath*, Helene v. Nostitz-Wallwitz, in: NDB, Bd. 19, Nauwach–Pagel, 1999, S. 356; *Kosch*, Biographisches Staatshandbuch, Bd. 2, S. 928.

[3] So laut Protokoll des Gesamtministeriums vom 28. Dezember 1891: SächsHStA, Min. f. Volksbildung, Nr. 10362, Bl. 89 und *Pfeiffer*, Sachsen, S. 174. Anders aber *Huber*, Verfassungsgeschichte, Bd. 4, S. 404 und *Schmidt*, Zentralverwaltung Sachsens, in: Letopis, Nr. 27/2, S. 119, die den Justizminister Schurig seit 1891 als Vorsitzenden des Gesamtministeriums nennen, der aber nach *Pfeiffer* (ebd.) und vor allem dem Protokoll des Gesamtministeriums vom 15. Februar 1895 (SächsHStA, Min. f. Volksbildung, Nr. 10362, Bl. 113) erst 1895 zum Vorsitzenden des Gesamtmininisteriums ernannt wurde. Thümmel war beim Tod Gerbers gegenüber Schurig auch der dienstältere Minister, weil er bereits im März 1890 zum Finanzminister ernannt wurde und gleichzeitig den Auftrag in Evangelicis erhielt (Prot. Gesamtmin. v. 17. März 1890, SächsHStA, Min. f. Volksbildung, Nr. 10362, Bl. 72), Schurig aber erst nach dem Tod des Justizministers v. Abeken (15. Okt. 1890) Ende 1890 Justizminister wurde (vgl. *Schmidt*, Zentralverwaltung Sachsens, in: Letopis, Nr. 27/2, S. 119).

[4] Vgl. hierzu u. zum Folgenden: Prot. des Gesamtmin.: SächsHStA, Min. f. Volksbildung, Nr. 10362, Bl. 111 ff (zu Schurig), Bl. 165 ff (zu v. Metzsch), Bl. 215 ff (zu v. Rüger), Bl. 244 (zu Otto), Bl. 259 (zu v. Hausen u. v. Beck), Bl. 272 (zu v. Beck), Bl. 296 (zu Hinze).

gelicis übertragen werden. Diese Funktion erhielt daher der Kultusminister v. Beck, der mit dem Ruhestand v. Hausens 1914 wieder beide Positionen auf sich vereinigen konnte. Infolge des Ruhestandes des Ministers v. Beck 1918 gingen sie für kurze Zeit auf den Justizminister Heinze[5] über.

Mit Gerber waren die überwiegend noch von König Johann sorgfältig ausgewählten Minister aus dem Amt geschieden[6]. Ihre Nachfolger führten die seit Ende der achtziger Jahre des 19. Jahrhunderts einsetzende insgesamt mehr verwaltende, denn gestaltende Regierungspolitik fort. Im Wesentlichen wurden die unablässigen Anpassungen an die Reichsgesetzgebung vollzogen.

Jedoch kam es in einzelnen Bereichen auch zu zukunftsweisenden Gesetzgebungsaktivitäten, wie das fortschrittliche Allgemeine Baugesetz vom 1. Juli 1900, das die verschiedenen landesgesetzlichen Vorschriften und örtlichen Bauordnungen vereinigte[7], das Wassergesetz von 1909 und das Berggesetz von 1910 sowie das Gesetz gegen die Verunstaltung von Stadt und Land von 1909[8], mit dem erstmals wirksam gegen bauliche Verunstaltungen durch industrielle und ortsfremde Bauweise vorgegangen wurde, zeigen. Des Weiteren konnte mit dem Gesetz über die Verwaltungsrechtspflege von 1900 das sächsische Oberverwaltungsgericht geschaffen und der seit 1835 durch die Verfahren in Administrativjustizsachen und das Organisationsgesetz von 1873 eröffnete Verwaltungsrechtsweg abgesichert und durch die Einführung der Anfechtungsklage fortgebildet werden[9]. Dagegen erfolgten im staatskirchenrechtlichen Bereich bis zum Ende des ersten Weltkrieges keine grundlegenden Veränderungen mehr.

---

[5] Rudolf Heinze war der letzte Vorsitzende im Gesamtministerium. Vgl. *Huber*, Verfassungsgeschichte, Bd. 4, S. 73, Anm. 70.

[6] Neben Gerber und Abeken waren 1890/91 auch die Minister v. Könneritz (Finanzen), Fabrice (Kriegsmin.) und H. v. Nostitz-Wallwitz (Innenmin.) aus dem Amt geschieden; vgl. *Schmidt*, Zentralverwaltung Sachsens, in: Letopis, Nr. 27/2, S. 119; *Pfeiffer*, Sachsen, S. 174 f.

[7] Allgemeines Baugesetz für das Königreich Sachsen v. 1. Juli 1900, KglGVBl. 1900, S. 381–427 (AusführungsVO dazu ebd., S. 428–443); *Schmidt*, Zentralverwaltung Sachsens, in: Letopis, Nr. 27/2, S. 131; vgl. hierzu *Hartmut Bauer* (u. a. Hrsg.), 100 Jahre Allgemeines Baugesetz Sachsen, 2000.

[8] Wassergesetz v. 12. März 1909, KglGVBl. 1909, S. 227–276; Gesetz, die neue einheitliche Fassung der gesamten Berggesetzgebung enthaltend, v. 31. Aug. 1910, KglGVBl. 1910, S. 217–367; Gesetz gegen die Verunstaltung v. Stadt u. Land v. 10. März 1909, KglGVBl. 1909, S. 219–221 (AusführungsVO dazu ebd. S. 221–223). Letzteres wie auch das Wassergesetz wurden vom Ministerialdirektor Walter Schelcher entworfen. Vgl. *Schmidt*, Zentralverwaltung Sachsens, in: Letopis, Nr. 27/2, S. 131; *Christoph Jestaedt/Susanne Dehwald*, Sachsen als Verfassungsstaat, hrsg. v. Thomas Pfeiffer, 1998, S. 42; *Blaschke*, Verwaltung in Sachsen, S. 788 f.

[9] Gesetz über die Verwaltungsrechtspflege, v. 19. Juli 1900, KglGVBl. 1900, S. 486–512; *Wyduckel*, Der Verwaltungsaufbau, S. 102 ff; *Jestaedt/Drehwald*, Sachsen, S. 39, S. 42f.

Die Auswirkungen des ersten Weltkrieges, die auch in Sachsen schmerzlich spürbar wurden, steigerten dann den Unwillen der Bevölkerung, besonders der Arbeiter, über die schwierigen Lebensumstände und nährten Friedensforderungen. Unter dem politischen Einfluss der Arbeiterparteien war es bereits 1917 und 1918 zu Streiks gekommen, die schließlich im November 1918 revolutionären Charakter annahmen. König Friedrich August III., der seit 1904 Sachsen regierte[10], sah sich gezwungen, das Land zu verlassen. Von Guteborn bei Ruhland aus verzichtete er am 13. November 1918 für sich und alle seine Nachfahren auf den sächsischen Königsthron[11] und beendete damit die lange Tradition wettinischer Landesherrschaft. Mit der Ausrufung der Weimarer Republik am 9. November 1918 begann das Zeitalter bürgerlich-parlamentarischen Staatswesens auch in Sachsen.

II. Die Neuorientierung der Evangelisch-Lutherischen Landeskirche Sachsens nach dem Ende der Monarchie

Auch und gerade für die Evangelisch-Lutherische Landeskirche Sachsens bedeutete das Ende der Monarchie einen geschichtlichen Wendepunkt. Sie war in ihrer inneren Struktur durch den Verlust des landesherrlichen Kirchenregiments, der Grundlage ihrer vierhundertjährigen Entwicklungsgeschichte, unmittelbar betroffen. Das monarchische Staatsoberhaupt, der *summus episcopus* und Schutzherr ihrer bisherigen gesellschaftlichen und politischen Stellung, repräsentiert durch die Minister in Evangelicis, war weggefallen. Die Weimarer Verfassung vom 11. August 1919 schuf mit dem Übergang zur demokratischen Staatsform auch für das Staatskirchenrecht neue Rahmenbedingungen[12]. Das Verhältnis der Evangelisch-Lutherischen Landeskirche Sachsens zum Staat bestimmte sich nunmehr auf der Grundlage des Art. 137 Abs. 1, wonach es keine Staatskirche mehr gab. Die Regelung bedeutete eine entscheidende Wende in den staatskirchenrechtlichen Beziehungen, die eine Epoche zum Abschluss brachte, zugleich aber auch neue Perspektiven eröffnete und zu strukturellen Änderungen nötigte. Die Anpassung der Kirchenorganisation an die unvermittelt eingetretene Eigenständigkeit musste daher Programm und Ziel der evangelischen Landeskirche sein.

[10] Regierungszeiten der sächs. Könige nach Johann: König Albert 1873–1902, König Georg 1902–1904, König Friedrich August III. 1904–1918.
[11] Vgl. *Kobuch*, Sachsen, S. 156.
[12] Verf. des Deutschen Reiches v. 11. Aug. 1919, *Ernst Rudolf Huber* (Hrsg.), Dokumente zur deutschen Verfassungsgeschichte, Bd. 4, Deutsche Verfassungsdokumente 1919–1933, 3. Aufl., 1991, S. 151–179.

Dank des Ausbaus einer zunehmend eigenständigen Kirchenverfassung bereits seit Einführung der Kirchenvorstands- und Synodalordnung 1868 konnten die Strukturen der Evangelisch-Lutherischen Landeskirche jedoch weitgehend beibehalten werden. Die Aufgaben des evangelisch-lutherischen Kirchenregiments, dessen Ausübung in Sachsen den in Evangelicis beauftragten Staatsministern bis dahin oblegen hatte, übertrug das Evangelisch-Lutherische Landeskonsistorium als oberste Kirchenbehörde mit Zustimmung der Landessynode zu gemeinsamer Beschlussfassung nunmehr auf sich selbst und die sechs Mitglieder des ständigen Synodalausschusses[13].

Die Verfassung der Evangelisch-Lutherischen Landeskirche des Freistaates Sachsen vom 29. Mai 1922 bewirkte dann eine Aufteilung dieser Befugnisse auf das Landeskonsistorium, die Landessynode, bzw. den 'ständigen Synodalausschuss' und den Landeskirchenausschuss[14]. Der ständige Synodalausschuss wurde von der Synode für ihre Amtsdauer auf der ersten Tagung aus ihren Mitgliedern gewählt, trat bei Bedarf zu gemeinsamer Beratung mit dem Landeskonsistorium oder auch mit dem Landeskirchenausschuss zusammen und übte so Mitwirkungs- und Zustimmungsrechte im Tätigkeitsbereich des Landeskonsistoriums aus[15]. Der Landeskirchenausschuss setzte sich aus dem Landesbischof als Vorsitzendem, dem Präsidenten des Landeskonsistoriums, dem Präsidenten der Synode und zwei weiteren von der Synode zu wählenden Mitgliedern zusammen. Er vertrat die Landeskirche mit Ausnahme der rechtlichen Vertretung und hatte darüber hinaus weitere Befugnisse, wie z. B. die Einleitung eines etwa erforderlichen Einigungsverfahrens zwischen der Synode und dem Landeskonsistorium, die Begnadigung in kirchlichen Disziplinarangelegenheiten, die Mitwir-

---

[13] Kirchengesetz, die einstweilige Führung des evangelisch-lutherischen Kirchenregiments betr., v. 10. Juni 1919, Ev.-luth.VBl. 1919, S. 77; SächsGVBl. 1919, S. 107; AusführungsVO v. 10. Juni 1919, Ev.-luth.VBl. 1919, S. 77–78.

[14] Verf. der Evangelisch-Lutherischen Landeskirche des Freistaates Sachsen v. 29. Mai 1922, Ev.-luth.VBl. 1922, S. 35–58; in Kraft getreten zum 1. Okt. 1926 durch Kirchengesetz über die Einführung der Verf. der Evangelisch-Lutherischen Landeskirche des Freistaates Sachsen, v. 18. Sept. 1926, Ev.-luth.VBl. 1926, S. 93–94; SächsGVBl. 1926, S. 339. Zu den einzelnen Befugnissen vgl. § 46 (Landeskonsistorium), § 18 (Landessynode), § 20 (Synodalausschuss), § 27 (Landeskirchenausschuss).

[15] Er bestand aus 6 Mitgliedern, drei geistlichen und drei weltlichen. Diese wählten aus ihrer Mitte einen Vorsitzenden und einen stellvertretenden Vorsitzenden. Er hatte insbesondere vom Landeskonsistorium vorbereitete Kirchengesetze zu begutachten, an der Wahl der Mitglieder des Landeskonsistoriums mitzuwirken sowie verschiedene Zustimmungsrechte, wie z. B. beim Erlass von Notverordnungen, der Anordnung allgemeiner Kirchenvisitationen der Landeskirche, der Anordnung allgemeiner Landeskirchenkollekten, der Anstellung der Superintendenten und der außerordentlichen Mitglieder des Landeskonsistoriums auszuüben. Vgl. §§ 19, 20 Kirchenverf. v. 1922.

kung bei der Verkündung der Kirchengesetze und die Versetzung der Mitglieder des Landeskonsistoriums in den Ruhestand[16].

Die Evangelisch-Lutherische Landeskirche erhielt damit eine stark kollegialisch geprägte Struktur. Zum geistlichen Oberhaupt berief die Kirchenverfassung einen Landesbischof, der zugleich den bereits erwähnten Vorsitz im Landeskirchenausschuss übernahm und verfassungsmäßiges Mitglied des Landeskonsistoriums war[17].

Ungeachtet der neuen rechtlichen und politischen Gegebenheiten erhielt die Evangelisch-Lutherische Landeskirche Sachsens auch nach der Revolution ihr traditionell enges Verhältnis zum Staat aufrecht[18]. So erkannte das Evangelisch-Lutherische Landeskonsistorium in seiner Empfehlung an die Geistlichen für ein Gebet des Bußtages 1918 die neuen Machthaber als Obrigkeit an[19]. Die Landeskirche war so entgegen den revolutionären Forderungen nicht bereit, sich vollständig vom Staat zu lösen. Sie hielt z. B. an der Verbindung von Staat und Kirche im Schulwesen fest und sah sich deshalb in ihrer durch Staatsnähe gestärkten und geschützten privilegierten Stellung bedroht, als mit den Schulgesetzen von 1921 bis 1922 das Ziel der Trennung verfolgt wurde[20]. Auch wandte sie sich entschieden gegen die beabsichtigte Einführung der konfessionell nicht gebundenen, so genannten Simultanvolksschule[21]. Anders als die katholische Kir-

---

[16] Vgl. § 27 Kirchenverf. v. 1922.

[17] Vgl. § 28 Kirchenverf. v. 1922. Bereits mit Wirkung zum ersten Oktober 1922 trat der erste Geistliche an der bisherigen evangelischen Hofkirche zu Dresden das Amt mit der Dienstbezeichnung Landesbischof an: Ev.-luth.VBl. 1922, Mitteilungen, S. 97. Im Gottesdienst am ersten Oktober 1926 anlässlich des Inkrafttretens der Kirchenverfassung hielt der Landesbischof erstmalig die Predigt als verfassungsmäßiger Landesbischof: VO, das Inkrafttreten der Kirchenverf. der Evangelisch-Lutherischen Landeskirche des Freistaates Sachsen betr., v. 20. Sept. 1926, Ev.-luth.VBl. 1926, S. 95.

[18] *Poste*, Schulreform, S. 186 ff; *Konrad Hesse*, Kirche und Staat, in: Roman Herzog (u. a. Hrsg.), Hermann Kunst/Siegfried Grundmann (Begr.), Evangelisches Staatslexikon, Bd. 1, A–M, 3. Aufl. 1987, Sp. 1546 ff, Sp. 1551.

[19] VO des sächs. Ev.-luth. Landeskonsistoriums betr. den bevorstehenden Landesbußtag, v. 12. Nov. 1918; *Heinz Hürten*, Die Kirchen in der Novemberrevolution. Eine Untersuchung zur Geschichte der Deutschen Revolution 1918/19, 1984, S. 35.

[20] *Poste*, Schulreform, S. 187 ff. Zu wichtigen Reformgesetzen im Schulwesen vgl. *ders.*, ebd., S. 70.

[21] *Poste*, ebd., S. 187 ff; detaillierter *Hürten*, Die Kirchen, S. 68 ff. Die nach dem Volksschulgesetz von 1873 bestehende konfessionelle Schule wurde durch die Simultanschule mit der Verordnung über den Wegfall des Schulgeldes in der öffentlichen Volks- und Fortbildungsschule und über die Einführung der allgemeinen Volksschule vom 12. Dezember 1918 (SächsGVBl. 1918, S. 392–393) ersetzt. Mit der „Resolution Cordes“ hatte die Evangelisch-Lutherische Landeskirche Sachsens gefordert, die Entscheidung über eine Trennung von Staat

che war die evangelische gerade in Sachsen von ihrer Entstehung und Geschichte her in einer Weise an den Staat gebunden, dass ihr eine konsequente Ablösung vom und eine oppositionelle Haltung zum Staat weder vertraut war noch erstrebenswert erschien.

Im weiteren Laufe der Zeit erwuchs aus den leidvollen Erfahrungen nationalsozialistischer und kommunistischer Gewaltherrschaft ein neues Verständnis vom Verhältnis der Kirchen zum Staat[22], das mit der Wiedervereinigung Deutschlands und der Geltung des Grundgesetzes in den neuen Bundesländern auch Eingang in die Verfassung des Freistaates Sachsen vom 27. Mai 1992[23] fand. Sie zeugt von einem auf enger Kooperation unter gegenseitiger Anerkennung und Achtung beruhenden staatskirchenrechtlichen System, das vielgestaltigen Beziehungen zwischen Staat und Kirche Raum gibt. Damit konnte an Traditionen wieder angeknüpft werden, die bereits in die Weimarer Verfassung als staatskirchenrechtliche Kompromisslösung aufgenommen worden waren und in denen über Brüche hinweg auch etwas von Gerbers Wirken als Kultusminister und Minister in Evangelicis enthalten ist, das es hier rechts- und verfassungsgeschichtlich zu würdigen galt.

---

und Kirche der Nationalversammlung zu übertragen und der Kirche eine ausreichende Übergangszeit einzuräumen. Vgl. *Hürten*, Die Kirchen, S. 115.

[22] Zur staatskirchenrechtlichen Entwicklung vgl. *Link*, Staat und Kirche, S. 40, S. 144; *Carsten Nicolaisen*, Kirchenkampf, in: Roman Herzog (u. a. Hrsg.), Hermann Kunst/Siegfried Grundmann (Begr.), Evangelisches Staatslexikon, Bd. 1, A–M, 3. Aufl., 1987, Sp. 1606 ff, Sp. 1613 ff; *Guido Burger*, Staatskirchenrecht in Sachsen. Das Verhältnis von Staat und Religionsgemeinschaften im sächsischen Landesrecht, 1998 (Leipziger Juristische Studien, öffentlich-rechtliche Abteilung, Bd. 2) S. 25 ff.

[23] Zur Entstehungsgeschichte der Verfassung des Freistaates Sachsen (nach der Wiedervereinigung) vom 27. Mai 1992: *Steffen Heitmann*, Zur Entstehung des *„Gohrischen Entwurfs"* der Sächsischen Verfassung, in: *ders.*, Die Revolution in der Spur des Rechts. Verdienst und Schwäche des Umbruchs in der früheren DDR, 1996, S. 31 ff; *ders.*, Geschichtliche Entwicklung, in: Christoph Degenhart/Claus Meissner (Hrsg.), Handbuch der Verfassung des Freistaates Sachsen, 1997, § 1, Rn. 16 ff; *ders.*, Entstehung und Grundgedanken der Verfassung des Freistaates Sachsen, in: Die Entwicklung der Rechtsstaatlichkeit in den neuen Bundesländern, hrsg. v. der Deutschen Sektion der Internationalen Juristen-Kommission, 1992 (Jahrestagung/Deutschen Sektion der Internationalen Juristen-Kommission, 1991) (Rechtsstaat in der Bewährung, Bd. 27), S. 11 ff.
Die Kirchenangelegenheiten sind beim Ministerium der Justiz und beim Ministerium des Kultus angesiedelt: Beschluss der sächs. Staatsregierung über die Abgrenzung der Geschäftsbereiche der Staatsministerien v. 19. Mai 2005, SächsGVBl. 2005, S. 160–164, Nr. IV. 8. (Justizmin.: Grundsatzfragen des Staatskirchenrechtes u. grundlegende vertragliche Beziehungen des Staates zu den Kirchen u. sonstigen Religionsgemeinschaften des öffentlichen Rechtes) u. Nr. V. 1. (Kultusmin.: Angelegenheiten v. Kirchen u. sonstigen Religionsgemeinschaften; Religionsunterricht).

§ 22 Zusammenfassung und Ergebnisse der Arbeit

Die Beschäftigung mit dem politischen und rechtlichen Wirken Gerbers als Minister in Evangelicis war auf den Gesichtspunkt der Prägung des Verhältnisses von Staat und Religionsgemeinschaften, insbesondere das des Staates zu den beiden Großkirchen, durch seine Amtsführung ausgerichtet. Dabei zeigte sich, dass Gerber stärker als bisher gewürdigt die staatskirchenrechtliche Entwicklung Sachsens im ausgehenden 19. Jahrhundert mitgeprägt hat.

Gerber kamen dabei seine hohe wissenschaftliche Kompetenz und seine frühzeitige politische Betätigung zugute. Er qualifizierte sich sehr jung zum Professor und erhielt zahlreiche ehrenvolle Rufe, die seine Bedeutung für die Rechtswissenschaft auf dem Gebiet des Privat- und Staatsrechts hervorheben (§§ 2, 3). Seine wissenschaftlichen Leistungen begründen gleichzeitig sein politisches Format und sind zur Erfassung seines Wirkens unerlässlich. Gerber trug mit seinem zunächst für das Privatrecht, später auch für das Staatsrecht entwickelten systematischen, juristisch-konstruktiven, rechtspositivistischen Ansatz wesentlich dazu bei, die Rechtswissenschaft in Abgrenzung zu anderen Wissenschaftszweigen als Fachwissenschaft zu erweisen (§§ 4, 5). Dabei zielte er mit seiner juristisch-konstruktiven Methode auf die Herauslösung des rein juristischen Elements aus den geschichtlichen, sozialen und politischen Zusammenhängen, um es auf der Grundlage eines einheitlichen Prinzips zu systematisieren. Damit trug er in Überwindung des Schulenstreits wesentlich zur Herausbildung eines begrifflich-konstruktiven, spezifisch juristischen Rechtspositivismus bei und förderte durch seine konsequente Systematisierung des germanisch-deutschen Rechts die wenige Jahre nach seinem Tod mit der Einführung des Bürgerlichen Gesetzbuchs im Reich, wie zuvor bereits 1865 mit dem Bürgerlichen Gesetzbuch für das Königreich Sachsen vollzogene Vereinheitlichung der deutschen Partikularrechte.

Besondere Beachtung fand die von Gerber maßgeblich beeinflusste Staatsrechtswissenschaft mit der These, den Staat als juristische Person zu erfassen, der seine Staatsgewalt auf die Willensmacht, den Staatswillen gründet (§ 6). Das Staatsrecht ist demnach die Lehre von der Staatsgewalt. Auch der Monarch ist in den Staat eingegliedert. Doch ist sein Wille mit dem Volkswillen gleichzusetzen, sodass die freie Willensbetätigung des Herrschers im Rahmen der durch den Staatszweck begrenzten Willensmöglichkeiten gewährleistet erscheint. Dabei ist Gerber nicht unpolitisch, sondern gibt deutlich seiner Abneigung gegenüber einer parlamentarisch-demokratischen Ordnung Ausdruck und erweist sich als überzeugter Vertreter des monarchischen Prinzips.

Nach der Würdigung des überaus erfolgreichen wissenschaftlichen Wirkens galt es die parallel dazu hervortretende politische Neigung Gerbers, die später sein politisches Wirken in den Vordergrund treten lassen sollte, zu untersuchen (§§ 7, 8). Bereits mit seiner Tätigkeit als Abgeordneter des Norddeutschen Bundes und nachfolgend als Präsident der ersten Landessynode der Evangelisch-Lutherischen Landeskirche Sachsens wandte er sich zunehmend politischen Aufgaben zu. Dabei gelang es ihm während der Verhandlungen des Reichstages zur Verfassung des Norddeutschen Bundes, die Bundesidee unter preußischer Führung engagiert zu fördern, gleichzeitig aber auch die spezifisch sächsischen Interessen zu wahren und sich so für hohe Staatsämter zu profilieren. Auf der Grundlage der Kirchenvorstands- und Synodalordnung von 1868, die die Zweite Staatsreform einleitete, konnte durch Gerbers geschicktes politisches Wirken das Hauptziel der Synode, nämlich die Errichtung einer kirchlichen Oberbehörde, des Landeskonsistoriums, mit dem 1871 als Kirchengesetz beschlossenen Konsistorialgesetz erreicht werden, das unter Beteiligung der Stände zusammen mit dem staatlichen Publikationsgesetz 1873 erging.

Für die Einordnung und Würdigung bereits dieser Wirkungsbereiche Gerbers wie insbesondere seiner folgenden politischen Tätigkeit als Staatsminister waren als Hintergrund der Staatsaufbau (§§ 9, 10) und die Kirchenorganisation (§§ 11, 12) in der zweiten Hälfte des 19. Jahrhunderts in Sachsen darzustellen. Sie bilden auch die Grundlage und den Rahmen für das Institut der Minister in Evangelicis, dem Gerber als Kultusminister verfassungsmäßig angehörte. Die Ministertätigkeit Gerbers entfaltete sich im Rahmen der ständisch-konservativ geprägten, dem süddeutschen Zweikammermodell folgenden sächsischen Verfassung vom 4. September 1831. Die auf der Grundlage der Verfassung neu geschaffenen sechs Fachministerien, wie u. a. das später von Gerber geleitete Ministerium des Kultus und öffentlichen Unterrichts, ersetzten die bisherigen Oberbehörden und leiteten den Verwaltungsumbau zur Umsetzung der Verfassungsgrundsätze in einer ersten Reformphase in den Jahren von 1831 bis 1835 ein. Die jeweiligen Minister führten ihre Ressorts eigenverantwortlich und bildeten zur Vereinheitlichung der Verwaltung das kollegial arbeitende Gesamtministerium, dem in der Regel der dienstälteste Minister, so für kurze Zeit an seinem Lebensende 1891 auch Gerber, vorstand, ohne jedoch formell eine Vorrangstellung einzunehmen. Die Gründung des Norddeutschen Bundes 1867 und des Reiches 1871 initiierten eine zweite Reformphase, die sich im Wesentlichen in den Jahren 1867 bis 1874, im staatskirchlichen Bereich bis 1876, vollzog. In der Folge konnte eine weitgehende Verselbständigung der staatlichen Tätigkeitsbereiche verbunden mit einer Dezentralisierung der Verwaltung, die Trennung von Justiz und Verwaltung auch auf unterer Ebene und eine Ablösung vom Einfluss besonders der evangelischen Kirche erreicht werden. Aufgrund der engen Verbindung von Staat und Kirche erfasste die Staats- und Verwaltungsreform auch und gerade die staatskirchenrechtlichen Bereiche, deren zukünftige Gestaltung notwendig der Neuorganisation der staatlichen Verwaltung vorausgehen musste, wie anschließend näher zu untersuchen war. Dabei steht die Kirchenverfassung der Evangelisch-Lutherischen Landeskirche Sachsens als der zahlenmäßig weit überwiegenden und in Sachsen bedeutendsten Religionsgemeinschaft im Vordergrund. Die evangelische Kirchenorganisation konnte durch die Zweite Staatsreform im Sinne von § 57 SächsVerf. von 1831, der die innerkirchlichen Angelegenheiten der jeweiligen Religionsgemeinschaft zur selbständigen Verwaltung zuweist, umgestaltet werden. Insbesondere durch die Errichtung des Landeskonsistoriums als kirchlicher Oberbehörde auf der Grundlage des Konsistorialgesetzes von 1873 wurde die Kirchenorganisation wesentlich ergänzt und damit eine weitere Verselbständigung der evangelischen Landeskirche erreicht, ohne dass freilich die enge Verbindung zum Staat wirklich gelöst worden wäre. Das Verhältnis des sächsischen Staates zur katholischen Kirche war durch eine strenge staatliche Aufsicht geprägt, die in dem Erfordernis des hoheitlichen Plazets für alle unmittelbar oder mittelbar staatliche Bereiche berührenden Anordnungen katholischer Behörden den stärksten Ausdruck fand und mit dem Oberaufsichtgesetz von 1876 umfassend durch ein Staatsgesetz geregelt wurde. Anderen zugelassenen Religionsgemeinschaften kam schon wegen ihrer geringen Mitgliederzahlen in Sachsen nur geringe Bedeutung zu.

Es waren sodann das Institut der Minister in Evangelicis und die Stellung des Kultusministers in ihrer wechselseitigen Bezogenheit darzustellen (§§ 13, 14). Die Besonderheit in Sachsen bestand darin, dass die Inhaber des Kirchenregiments, die jeweiligen regierenden Landesherren, seit Ende des 17. Jahrhunderts nicht mehr der Konfession ihres Kirchenvolkes angehörten. Die Ausübung des Kirchenregiments, *des ius in sacra*, übertrugen sie deshalb Regierungsmitgliedern, seit 1831 den Ministern in Evangelicis und seit 1840 den vier Fachministern des Kultus und öffentlichen Unterrichts, des Innern, der Finanzen und der Justiz, die so persönlich und gemeinsam die gesamte Leitung der Evangelisch-Lutherischen Landeskirche wahrnahmen. Der Kultusminister musste verfassungsmäßig stets dem lutherischen Bekenntnis angehören. In Bezug auf Angelegenheiten der evangelischen Kirche nahm der Kultusminister infolge starker Aufgabenhäufung eine zentrale Stellung ein. Er nahm erstens als einer der Minister in Evangelicis die Kirchenleitung wahr und übte zweitens die ihm vom Kirchenrat übertragenen Aufgaben einer obersten evangelischen Kirchenbehörde aus. Zugleich oblag ihm drittens auch die staatliche Aufsicht über die evangelische Kirche wie über alle Konfessionen, m. a. W. die Wahrnehmung des *ius circa sacra*. Dem Kultusminister kam so aufgrund seiner umfassenden Zuständigkeit für das evangelische Kirchenwesen unter den Ministern in Evangelicis eine herausragende Bedeutung, gleichwohl aber keine formale Vorrangstellung zu. So führte den Vorsitz unter den Ministern in Evangelicis vorzugsweise der

Vorsitzende des Gesamtministeriums und damit in der Regel der dienstälteste Minister oder der dienstälteste Minister aus dem Kreis der Minister in Evangelicis in Gleichordnung mit diesen. Im Januar 1891 wurde Gerber mit dieser Aufgabe betraut und vereinigte im März 1891 beide Funktionen in seiner Hand, da ihm auch der Vorsitz im Gesamtministerium übertragen wurde. Der sehr weitreichende Wirkungskreis des Kultusministers wurde durch das Erfordernis, zahlreiche Gegenstände des Ressorts den Ministern in Evangelicis zur Entscheidung vorzulegen, weitgehend einer kollegialen Kontrolle unterzogen. Dabei blieb die Verantwortlichkeit der Minister in Evangelicis gegenüber der Ständeversammlung letztlich fraglich, wobei Gerber die Auffassung vertrat, dass ihnen keine solche Verantwortlichkeit zukomme, weil sie bei der Ausübung des Auftrags in Evangelicis nicht als Staatsbehörde, sondern vielmehr als oberste Kirchenleitung handelten.

Die Bedeutung des Kultusministers in der Staats- und Kirchenorganisation erforderte des Weiteren die Darstellung der Gründe für die Berufung Gerbers in dieses Amt (§ 15). Bereits im Vorfeld seiner Berufung verstand Gerber es, als Präsident der ersten Synode der Evangelisch-Lutherischen Landeskirche die schwierige Balance zwischen katholischen Interessen einerseits und reformfähiger, von der evangelischen Landeskirche mitgeprägter Regierungsarbeit andererseits zu wahren. Dies ist als ein wesentlicher Grund für seine Berufung zum sächsischen Kultusminister in Ablösung des Freiherrn v. Falkenstein anzusehen. Gerber hatte die Gabe, erforderliche Reformmaßnahmen zu erkennen und durchzusetzen, ohne deren Grenzen im Interesse der bestehenden konstitutionellen Verhältnisse zu verkennen. Der verwaltungsrechtlich interessierte und befähigte König Johann hat ihn deshalb offenbar ganz bewusst in seine Regierung berufen, um die erforderlichen Reformen zustande kommen zu lassen, die sein bisheriger Minister v. Falkenstein wohl nicht voll unterstützte, aber auch nicht in der Lage war umzusetzen. Mit Gerbers Berufung zum sächsischen Kultusminister, die entgegen anders lautenden Vermutungen zum 1. Oktober 1871 erfolgte, ging die Aufgabe seiner erfolgreichen wissenschaftlichen Tätigkeit einher. Sie erscheint dabei aber nicht als nur notwendige Folge verstärkter politischer Betätigung, sondern kann als durchaus bewusste Hinwendung zur Politik angesehen werden, nachdem er seine wissenschaftliche Arbeit als im Wesentlichen abgeschlossen betrachtete.

Das Verhältnis Gerbers zu seinen sächsischen Landesherren, König Johann und König Albert kann als freundschaftlich und sympathiegetragen charakterisiert werden (§ 16). Es erscheint neben dem verantwortlichen Wirken beider Seiten mit ursächlich dafür, dass eine Eskalation des Interessenwiderstreits zwischen evangelischer und katholischer Kirche einerseits und der durch das Königtum repräsentierten Monarchie andererseits, im Gegensatz zum preußischen Nachbarstaat vermieden werden konnte.

Die von Gerber maßgeblich mitbestimmten und in engem Zusammenhang mit der Zweiten Staatsreform stehenden Gesetzgebungsmaßnahmen, die im dritten Teil der Arbeit zu erörtern waren, bewirkten eine Grenzziehung zwischen staatlicher und kirchlicher Sphäre unter bewusster Beibehaltung ihrer traditionellen Verbindung. Eine Weichenstellung hierfür erfolgte bereits mit dem Konsistorialgesetz und dem dazu ergangenen Publikationsgesetz (§ 17). Gerber gelang es, die drohende Ablehnung des von der Synode noch unter seiner Leitung als Kirchengesetz verabschiedeten Konsistorialgesetzes durch die darauf damit befasste Ständeversammlung abzuwenden. Die Stände sahen durch das Kirchengesetz ihre verfassungsmäßigen Mitwirkungsrechte unzulässig beschränkt. Gerber unterstellte daraufhin – die politische Notwendigkeit erkennend – alle den staatlichen Bereich berührenden Fragen des Konsistorialgesetzes durch das Publikationsgesetz ständischer Abstimmung. Im Ergebnis konnten das Landeskonsistorium als oberste Kirchenbehörde errichtet und die innerkirchlichen Verwaltungsaufgaben dem Verfassungsauftrag in § 57 VerfUrk. folgend aus der staatlichen Verwaltungsorganisation herausgelöst und von der neuen eigenständigen Kirchenbehörde übernommen werden.

In engem Zusammenhang mit dem Konsistorialgesetz stand, besonders hinsichtlich der Kompetenz der neuen Kirchenbehörde im Bereich des Volksschulwesens und der Frage der Ausübung der Schulaufsicht, das damals außerordentlich umstrittene Volksschulgesetz von 1873 (§ 18). Die zweite Kammer hatte den Gesetzentwurf mit einfacher Mehrheit abgelehnt, wodurch die Frage der Publikation des Gesetzes unter Anwendung von § 92 SächsVerf., der eine Publikation gegen die Mehrheit einer Kammer ermöglichte, wenn der Entwurf nicht mit Zwei-Drittel-Mehrheit abgelehnt wurde, in den Vordergrund trat. Innerhalb der Regierung kam es darüber zu einem harten, politischen Ringen, das fast zum Rücktritt Gerbers bzw. seiner Entlassung geführt hätte, am Ende aber durch sein Einlenken zugunsten der Publikation des Gesetzes entschieden wurde. Die staatliche Schulaufsicht konnte so mit der Bildung eigenständiger Schulgemeinden und staatlicher Bezirksschuldirektionen, die anstelle der Superintendenten die Schulaufsicht übernahmen und direkt dem Kultusministerium unterstanden, auf das gesamte Volksschulwesen erstreckt werden. Die Kirchen, insbesondere die evangelische, wurden dem Verfassungsauftrag entsprechend auch insoweit auf ihre inneren kirchlichen Aufgaben beschränkt und führten nur noch über den Religionsunterricht die Aufsicht; hinsichtlich der religiösen Jugendbildung im Übrigen waren die obersten Kirchenbehörden der jeweiligen Konfession nur zu Beanstandungen an das Kultusministerium berechtigt.

Ebenfalls nicht unproblematisch war in Gerbers Amtszeit die Auseinandersetzung um das Oberaufsichtsgesetz über die katholische Kirche von 1876, an dessen gütlichem Zustandekommen er wesentlichen Anteil hat (§ 19). Es regelte erstmals das Verhältnis des Staates zur katholischen Kirche in Sachsen durch ein Staatsgesetz, wobei dieser die Eigenständigkeit in innerkirchlichen Angelegenheiten, deren Regelung nun nicht mehr wie bis dahin der staatlichen Genehmigung mittels königlichen Plazets bedurften, zugestanden wurde. Im Übrigen blieb die schon mit dem Regulativ von 1827 begründete, im Laufe der Zeit teilweise verstärkte staatliche Aufsicht über die katholische Kirche in Sachsen ungeachtet der katholischen Landesherren Sachsens erhalten. Dass dennoch in Sachsen die katholische Kirche gegen den Staat nicht wie im benachbarten Preußen aufbegehrte, ist auf ihre schwache Stellung, die mit Rücksicht auf die ganz überwiegend evangelische Bevölkerung Sachsens zurückhaltende Positionierung der katholischen Landesherren und nicht zuletzt die von Gerber erkannte, für Sachsen günstige kirchenpolitische Situation zurückzuführen.

In der Folge widmete Gerber seine Amtstätigkeit der Umsetzung des Volksschulgesetzes und der Förderung des Bildungswesens, die alle Ebenen, so auch die Universität Leipzig, erfasste, ohne strukturell grundlegende Veränderungen zu bewirken (§ 20). Besonders die Erstellung neuer einheitlicher Lehrpläne für die Elementarvolksschule und die Fortbildungsschule konnten die Ausbildungsqualität steigern und im Falle der Fortbildungsschule durch die Orientierung am Berufsprofil der Schüler deren Akzeptanz bei Industrie und Handel deutlich stärken. Die Untergliederung der Realschulen in zwei Ordnungen führte Gerber konsequent weiter und gab dem Schulwesen damit die Form, wie sie bis zum Ende der Monarchie im Wesentlichen erhalten blieb. Sein Engagement erstreckte sich auch auf die Lehrerbildung, die er durch Vereinheitlichung der Ausbildung, Erweiterung des Lehrstoffes und Zuweisung des Seminarwesens an die höheren Schulen qualitativ erheblich steigerte, und die finanzielle Situation der Lehrer, die er u. a. durch die wiederholte Erhöhung der Lehrerbesoldung verbesserte. Intensiv förderte Gerber auch die Universität Leipzig, u. a. durch den Ausbau der Fakultäten und die Unterstützung der Errichtung einer neuen Universitätsbibliothek.

Die Auswirkungen auf die Entwicklung der Staats- und Kirchenverfassung nach Gerbers Amtstätigkeit (§ 21) zeigten sich zunächst in der Fortsetzung der seit den 1880er Jahren mehr verwaltenden Regierungstätigkeit im staatskirchlichen Bereich. Mit dem Ende der wettinischen Landesherrschaft 1918 und dem Übergang zur demokratischen Staatsform der Weimarer Republik wurden dann aber grundlegende Veränderungen erforderlich, die besonders die Evangelisch-Lutherische Landeskirche Sachsens zur Neuorientierung nötigten. Für die evangelische Kirche bedeutete das Ende der Monarchie auch das Ende des über

Jahrhunderte die innere Struktur prägenden landesherrlichen Kirchenregiments sowie zugleich die unvermittelt erlangte Eigenständigkeit. Mit den dadurch erforderlichen strukturellen Anpassungen konnte an die seit der Einführung der Kirchenvorstands- und Synodalordnung zunehmend eigenständige Kirchenverfassung angeknüpft und diese weitgehend beibehalten werden. Die neu zuzuordnenden Aufgaben des Kirchenregiments wurden zunächst auf das bestehende Landeskonsistorium und den ständigen Synodalausschuss zu gemeinsamer Beschlussfassung übertragen, später mit der stark kollegialisch, bischöflichen Kirchenverfassung von 1922, die 1926 in Kraft trat, auf die Landessynode, das Landeskonsistorium und den Landeskirchenausschuss. Die historisch enge Bindung an den Staat erhielt die Evangelisch-Lutheriche Landeskirche Sachsens auch nach der Revolution aufrecht. Die mit Art. 137 Abs. 1 WRV bewirkte Wende in den staatskirchlichen Beziehungen wurde erst im Laufe der folgenden Jahrzehnte, insbesondere unter dem Eindruck der leidvollen Erfahrungen nationalsozialistischer und kommunistischer Gewaltherrschaft umgesetzt, wobei – wie mit der sächsischen Verfassung von 1992 auf der Grundlage des Grundgesetzes – an die auch von Gerber mitgeprägten Traditionen über Brüche hinweg angeknüpft werden konnte.

Anhang: Auszug aus der sächsischen Verfassung vom 4. September 1831

(KglGS. 1831, S. 241 – 282)

Erster Abschnitt
Von dem Königreiche und dessen Regierung im Allgemeinen

§ 4

Der König ist das souveräne Oberhaupt des Staates, vereinigt in sich alle Rechte der Staatsgewalt und übt sie unter den durch die Verfassung festgesetzten Bestimmungen aus. Seine Person ist heilig und unverletzlich.

§ 6

Die Krone ist erblich in dem Mannsstamme des Sächsischen Fürstenhauses, nach dem Rechte der Erstgeburt und der agnatischen Linealfolge, vermöge Abstammung aus ebenbürtiger Ehe.

Dritter Abschnitt
Von den allgemeinen Rechten und Pflichten der Unterthanen

§ 26

Die Rechte der Landeseinwohner stehen für alle in gleicher Maße unter dem Schutze der Verfassung.

§ 27

Die Freiheit der Personen und die Gebahrung mit dem Eigenthume sind keiner Beschränkung unterworfen, als welche Gesetz und Recht vorschreiben.

§ 28

Jeder ist daher berechtigt, seinen Beruf und sein Gewerbe nach eigener Neigung zu wählen und sich dazu im In- oder Auslande auszubilden, soweit nicht hierbei ausdrückliche Gesetze oder Privatrechte beschränkend entgegenstehen.

§ 31

Niemand kann gezwungen werden, sein Eigenthum oder sonstige Rechte und Gerechtigkeiten zu Staatszwecken abzutreten, als in den gesetzlich bestimmten, oder durch dringende Nothwendigkeit gebotenen, von der obersten Staatsbehörde zu bestimmenden Fällen und gegen Entschädigung, welche ohne Anstand ermittelt und gewährt werden soll.

Entsteht ein Streit über die Summe der Entschädigung, und der Eigenthümer oder der Berechtigte will sich bei der Entscheidung der Verwaltungsbehörde nicht beruhigen, so bleibt ihm unbenommen, die Sache im ordentlichen Rechtswege zur Erledigung zu bringen; es ist aber einstweilen die Abtretung zu bewirken und die von jener Behörde festgesetzte Summe ohne Verzug zu bezahlen.

§ 32

Jedem Landeseinwohner wird völlige Gewissensfreiheit und, in der bisherigen oder der künftig gesetzlich festzusetzenden Maße, Schutz in der Gottesverehrung seines Glaubens gewährt.

§ 33

Die Mitglieder der im Königreiche aufgenommenen christlichen Kirchengesellschaften genießen gleiche bürgerliche und politische Rechte. Alle andere Glaubensgenossen haben an den staatsbürgerlichen Rechten nur in der Maße einen Anteil, wie ihnen derselbe vermöge besonderer Gesetze zukommt.

§ 34

Die Verschiedenheit des Standes und der Geburt begründet keinen Unterschied in der Berufung zu irgend einer Stelle im Staatsdienste.

§ 35

Die Angelegenheiten der Presse und des Buchhandels werden durch ein Gesetz geordnet werden, welches die Freiheit derselben, unter Berücksichtigung der Vorschriften der Bundesgesetze und der Sicherung gegen Mißbrauch, als Grundsatz feststellen wird.

§ 36

Jeder hat das Recht, über gesetz- oder ordnungswidriges Verfahren einer Behörde, oder Verzögerung der Entscheidung, bei der zunächst vorgesetzten, schriftliche Beschwerde zu führen.

Wird selbige von der vorgesetzten Behörde ungegründet gefunden, so ist diese verpflichtet, den Beschwerdeführer über die Gründe ihres Urtheils zu belehren. Glaubt derselbe, sich auch bei der Entscheidung der obersten Staatsbehörde nicht beruhigen zu können, so darf er die Beschwerde den Ständen, mit der Bitte um Verwendung, schriftlich vortragen, welche dann zu beurtheilen haben, ob die Sache geeignet sei, von ihnen am Throne bevorwortet zu werden.

Uibrigens bleibt auch Jedem unbenommen, seine Wünsche und Beschwerden bei dem Regenten unmittelbar anzubringen.

Vierter Abschnitt
Von dem Staatsdienste

§ 41

Es bestehen die Ministerial-Departements der Justiz, der Finanzen, des Innern, des Kriegs, des Cultus und der auswärtigen Angelegenheiten, deren Vorstände den Ständen verantwortlich sind.

Diese Vorstände bilden das Gesammt-Ministerium, als die oberste collegiale Staatsbehörde.

Auf den Vorstand des Ministerii des Cultus, welcher stets der evangelischen Confession zugethan seyn muß, in Gemeinschaft mit wenigstens zwei andern Mitgliedern des Gesammt-Ministerii derselben Confession, geht der bisherige Auftrag in Evanngelicis über. Zu seinem Wirkungskreise gehören die § 57 bezeichneten Angelegenheiten aller Confessionen.

Es kann ein Staatsrath gebildet werden, zu welchem, außer den Vorständen der Ministerial-Departements, diejenigen Personen gezogen werden, welche der König geeignet findet.

§ 43

Alle Verfügungen in Regierungsangelegenheiten, welche der König unterzeichnet, müssen von dem Vorstande eines Ministerial-Departements, welcher bei der Beschlußnahme wirksam gewesen ist, in der Reinschrift, zum Zeichen seiner Verantwortlichkeit für die Zweckmäßigkeit und Uibereinstimmung derselben mit den Gesetzen und der Verfassung des Landes, contrasigniert werden.

Eine solche mit der erforderlichen Contrasignatur nicht bezeichnete Verfügung ist als erschlichen zu betrachten und daher unverbindlich.

Fünfter Abschnitt
Von der Rechtspflege

§ 47

Sie sind bei Ausübung ihres richterlichen Amtes innerhalb der Grenzen ihrer Competenz von dem Einflusse der Regierung unabhängig.

Ueber Competenzzweifel zwischen den Justiz- und Verwaltungsbehörden entscheidet in letzter Instanz eine besondere Behörde, deren Organisation durch ein Gesetz bestimmt wird, und deren Mitglieder zur Hälfte aus Räthen des obersten Justizhofes bestehen müssen.

§ 49

Jedem, der sich durch einen Act der Staatsverwaltung in seinen Rechten verletzt glaubt, steht der Rechtsweg offen.

Ein besonderes Gesetz wird die nöthigen Ausnahmen und Bestimmungen treffen, damit durch die Ausübung dieses Befugnisses der freie Fortgang der Verwaltung nicht gehemmt werde.

Sechster Abschnitt
Von den Kirchen, Unterrichtsanstalten und milden Stiftungen

§ 56

Nur den im Königreiche aufgenommenen oder künftig, mittelst besondern Gesetzes, aufzunehmenden christlichen Confessionen steht die freie öffentliche Religionsübung zu.

Es dürfen weder neue Klöster errichtet, noch Jesuiten, oder irgend ein anderer geistlicher Orden, jemals im Lande aufgenommen werden.

§ 57

Der König übt die Staatsgewalt über die Kirchen (ius circa sacra), die Aufsicht und das Schutzrecht über dieselben nach den diesfallsigen gesetzlichen Bestimmungen aus, und es sind daher namentlich auch die geistlichen Behörden aller Confessionen der Oberaufsicht des Ministeriums des Cultus untergeordnet.

Die Anordnungen im Betreff der innern kirchlichen Angelegenheiten bleiben der besondern Kirchenverfassung einer jeden Confession überlassen. Insbesondere wird die landesherrliche Kirchengewalt (jus episcopale) über die evangelischen Glaubensgenossen, solange der König einer andern Confession zugethan ist, von der § 41 bezeichneten Ministerialbehörde ferner in der zeitherigen Maße ausgeübt.

§ 58

Beschwerden über Mißbrauch der kirchlichen Gewalt können auch bis zu der oberen weltlichen Staatsbehörde gebracht werden.

Siebenter Abschnitt
Von den Ständen

II. Wirksamkeit der Stände

§ 86

Kein Gesetz kann ohne Zustimmung der Stände erlassen, abgeändert oder authentisch interpretirt werden.

§ 87

Der König erläßt und promulgirt die Gesetze, mit Bezug auf die erfolgte Zustimmung der Stände, und ertheilt die zu deren Vollziehung und Handhabung erforderlichen, sowie die aus dem Aufsichts- und Verwaltungsrechte fließenden Verfügungen und Verordnungen.

§ 88

Der König erläßt auch solche, ihrer Natur nach der ständischen Zustimmung bedürfende, aber durch das Staatswohl dringend gebotene Verordnungen, deren vorübergehender Zweck durch Verzögerung vereitelt werden würde, mit Ausnahme aller und jeder Abänderungen in der Verfassung und dem Wahlgesetze.

Dafür, daß das Staatswohl die Eile geboten, sind sämtliche Minister verantwortlich. Sie haben deshalb insgesamt die Verordnungen zu contrasigniren; auch müssen letztere den Ständen bei der nächsten Zusammenkunft zur Genehmigung vorgelegt werden.

§ 90

Der König kann einen an die Kammern gerichteten Gesetzvorschlag noch während der ständischen Discussion darüber zurücknehmen. Dasselbe kann geschehen, wenn ein Gesetzvorschlag zwar von der Mehrheit der Kammern angenommen wird, dabei aber die § 129. erwähnte Absonderung der Abgeordneten eines Standes eingetreten ist.

§ 91

Wenn die Kammern über die Annahme eines Gesetzvorschlags getheilter Meinung sind, so haben sie, vor der Abgabe ihrer Erklärung, das § 131. Vorgeschriebene Vereinigungsmittel zu versuchen.

§ 92

Bleiben auch dann noch die Curiatstimmen beider Kammern getheilt, so ist zu der Verwerfung des Gesetzvorschlags erforderlich, daß in einer der beiden Kammern wenigstens zwei Drittheile der Anwesenden für die Verwerfung gestimmt haben.

§ 94

Wird ein von den Ständen mit Abänderungen angenommener Gesetzentwurf vom Könige nicht genehmigt, so kann selbiger entweder ganz zurückgenommen, oder vorher noch einmal, während desselben Landtags, mit Widerlegungsgründen in der vorigen Maße, oder auch mit von der Regierung selbst vorzuschlagenden Abänderungen, an die Stände gebracht werden. In beiden letzteren Fällen steht der Regierung frei, die unbedingte Erklärung über Annahme oder Ablehnung desselben zu verlangen.

§ 112

Alle ständische Beschlüsse, welche auf eine Angelegenheit des Landes Bezug haben, bedürfen, um wirksam zu werden, der ausdrücklichen Sanction des Königs.

III. Landtag und Geschäftsbetrieb bei selbigem

§ 131

Können sich beide Kammern, in Folge der ersten Berathung, über den betreffenden Gegenstand nicht sogleich vereinigen, so haben sie aus ihrem beiderseitigen Mittel eine gemeinschaftliche Deputation zu ernennen, welche unter den beiden Vorständen der Kammern über die Vereinigung der getheilten Meinungen zu berathschlagen hat, und deren Mitglieder hierauf das Resultat ihrer Verhandlung den Kammern zu anderweiter Berathung vorzutragen haben. Dafern sich dieselben auch dann nicht vereinigen, so treten bei Gesetzgebungs- und Bewilligungs-Gegenständen die § 128 enthaltenen Vorschriften ein. Bei blosen Berathungs-Gegenständen aber wird alsdann von jeder Kammer eine durch ihren Vorstand, im Namen derselben, unterzeichnete besondere Schrift bei der obersten Staatsbehörde eingereicht.

Dresdner Schriften zum Öffentlichen Recht

Herausgegeben von Jochen Rozek

Band 1 Matthias Röhl: Die Regulierung der Zusammenschaltung. Voraussetzungen und Rechtsfolgen der Zusammenschaltungsanordnung nach §§ 35, 36, 37 Telekommunikationsgesetz durch die Regulierungsbehörde für Telekommunikation und Post. 2002.

Band 2 Georg Mester: Die Volksinitiative in Sachsen. Ein Beitrag zur verfassungsgeschichtlichen und verfassungsrechtlichen Entwicklung des legislativen Einleitungsverfahrens seit der Verfassung von 1831. 2003.

Band 3 Ansgar Hense (Hrsg.): Denkmalrecht unter Denkmalschutz? Aktuelle rechtspolitische, verfassungs- und verwaltungsrechtliche Probleme von Denkmalschutz und Denkmalpflege. 2003.

Band 4 Jördis Bürger: Carl Friedrich Wilhelm von Gerber als sächsischer Kultusminister. Eine rechts- und verfassungsgeschichtliche Untersuchung zu seinem rechtlichen und politischen Wirken im Spannungsfeld von Staat und Kirche im ausgehenden 19. Jahrhundert. 2007.

www.peterlang.de

Stefan Burghard

Professor Dr. Wilhelm Kahl – Leben zwischen Wissenschaft und Politik

Frankfurt am Main, Berlin, Bern, Bruxelles, New York, Oxford, Wien, 2006.
200 S., 1 Abb.
Rechtshistorische Reihe. Verantwortlicher Herausgeber: Hans Hattenhauer.
Bd. 320
ISBN 3-631-54143-0 · br. € 39.–*

Die Arbeit behandelt die politische Laufbahn Professor Dr. Wilhelm Kahls, eines Kirchen- und Staatsrechtsgelehrten des endenden 19. und beginnenden 20. Jahrhunderts. Nach einem Abriß seiner wichtigsten juristischen Arbeiten beschäftigt sich der Hauptteil der Untersuchung mit Kahls politischem Werdegang zur Zeit der Weimarer Republik. Dabei wird ein für diese Epoche typischer Sinneswandel beschrieben. Galt Kahl zu Beginn seiner parlamentarischen Arbeit noch als unbelehrbarer Monarchist, so begann sich seine Auffassung hinsichtlich der Staatsform im Laufe der Jahre zu wandeln. Über alle Parteischranken hinweg war Kahl einer der angesehensten Politiker der Weimarer Republik.

Aus dem Inhalt: Kahls Laufbahn bis 1919 · Kahls politisches Leben vor und nach dem Ersten Weltkrieg · Kahls Wirken in der Deutschen Volkspartei · Mitarbeit Kahls im Verfassungsausschuss · Kahl in der Nationalversammlung · Mitglied des Reichstages · Ehrungen · Nachrufe

FSC
www.fsc.org
MIX
Papier | Fördert gute Waldnutzung
FSC® C083411

Kolibri 360 GmbH
Ferdinand-Jühlke-Straße 7
99095 Erfurt, Deutschland
produktsicherheit@kolibri360.de

Druck:
CPI Druckdienstleistungen GmbH
im Auftrag der
Kolibri 360 GmbH
Ferdinand-Jühlke-Str. 7
99095 Erfurt